# 监察法实用一本查

商浩文 / 编

编序系统阐释

中国法治出版社
CHINA LEGAL PUBLISHING HOUSE

# 编写说明

  2018年3月20日，十三届全国人大一次会议通过了《中华人民共和国监察法》[1]，在法律上正式确立了党统一领导、全面覆盖、权威高效的国家监察体制。通过国家监察体制改革，整合反腐败资源力量，形成集中统一、权威高效的反腐败体制，有利于形成严密的法治监督体系，从而实现全面推进依法治国的目标。2021年9月20日，国家监察委员会公布《中华人民共和国监察法实施条例》，明确自公布之日起施行。这是国家监察委员会根据《全国人民代表大会常务委员会关于国家监察委员会制定监察法规的决定》制定的第一部监察法规，有助于加强规范化、法治化、正规化建设，完善监察权运行机制。《监察法》[2]《监察法实施条例》条文的相关内容横跨纪法，融合了行政、纪检、司法等诸多内容，对纪检监察办案人员运用法治思维和法治方式惩治腐败，提出了更高的要求，也对教学科研人员乃至社会公众学习《监察法》提出了新挑战，便携、全面、实用的工具书对于快速查阅、综合理解与正确运用监察法规范至关重要。

---

 [1] 2024年12月25日第十四届全国人民代表大会常务委员会第十三次会议通过《全国人民代表大会常务委员会关于修改〈中华人民共和国监察法〉的决定》（自2025年6月1日起施行），对该法进行了修正。

 [2] 编写说明中《中华人民共和国监察法》统一简称为《监察法》，所涉其他法律法规采用同样的处理方式。

## 一、关于本工具书定位

通过向众多纪检监察人员调研，发现市面上全面成体系的纪检监察工作规范参考工具书较少，反观《刑法》《刑事诉讼法》等法律均有"一本通""规范总整理"等相关实用参考书籍。随着《政务处分法》《监察官法》《监察法实施条例》等法律规范的出台，监察法规范的有效检索和体系理解是监察理论和实务工作者面临的重要现实问题。

《监察法》的相关规范具有源生性，本书参考相关法条规范工具书的有益做法，拟以《监察法》条文作为主线和体系抓手，将分散的党内法规和国家法律规范进行整合，以便于纪检监察办案人员、研究人员以及众多法律爱好者进行理解和适用。在编撰的过程中坚持"纪法贯通""法法衔接"的基本理念，以服务监察工作实际为目的，基于便携、实用的原则，重点在于法条的具体理解和适用规范梳理。本书期待为纪检监察实务工作人员、教学科研人员以及广大公民快速检索、综合理解和正确运用纪检监察规范提供便捷的通道。

## 二、工具书特点

本工具书具有以下特色：

1. 坚持"纪法贯通"。党的纪律检查委员会与监察委员会合署办公履行纪检、监察两项职责，实行一套工作机构、两个机关名称。合署办公，不仅是两个机关组织架构的合署，更是纪检、监察两大职权的合并。监察委办理的案件，往往都会涉及被调查人违纪与违法，需要监察人员具备执纪和监察的复合型思维。而《监察法》仅9章、78个条文，许多操作性规定均有待进一步细化，但相关党内法规对于执纪过程的监督、调查、处置已有较为完善的规定。因此，为了顺应监察履职过程中"纪法贯通"的客观需要，本书坚持纪检监察法律法规、纪检监察职权职责有机统一的理念，系统梳理纪检监察规范体系，大量引用党内法规，以便为纪检监察办案人员提供有效索引参考。

2. 注重"法法衔接"。监察法律体系以《监察法》为基本法，其构成体系包括宪法、行政法、刑事法、国际条约等相关规范。《监察法》与《公务员法》《刑法》《刑事诉讼法》等应是有机衔接的。基于国家法律的统一性以及《监察法》有关管辖、调查、处置等诸多具体程序的条文偏于抽象，此类条文的理解和执行仍需结合相关法律的具体规定。例如，《监察法》与《刑法》涉及犯罪构成、刑罚制度等相关法律的衔接；《监察法》与《刑事诉讼法》更是涉及证据制度、调查与司法程序衔接等相关法律的衔接，等等。因此，本书也注重在《监察法》相关法规规范部分列举与其配套统一且实际操作性强的其他法律规定，凸显部门法之间执法标准、执法方式的协调性、系统性。另外，由于纪检监察机关工作人员不仅要查处职务违纪、违法，还需调查职务犯罪，因此附录还将监察委员会管辖罪名相关刑法规范目录收录进来，并将监察委员会管辖罪名的定罪量刑标准以图表形式分解，这样有助于读者查阅，以促进职务违纪、违法、犯罪的有机衔接和适用规范的统一性。

3.注重规范的体系性。一些工具书没有按照《监察法》的条文顺序有针对性关联相关法规规范条文，缺乏法条检索的便利性和针对性。本工具书以《监察法》条文为主线，梳理不同党内法规和法律规范的逻辑脉络，将与《监察法》具体条文相关而又分散在其他法规规范中的法条串联一起（节录相关法条），每个法条的阐释都会形成搭配合理、体系完整的法条群，使得读者对相关法律等的适用一览无余。本书中的党内法规按照党章、准则、条例、规则规定、办法、细则、规范性文件等进行排序；监察法律体系按照宪法、法律、法规、规章、规范性文件、国际公约等进行排序。对于相关规范作出的解释性意见，以文本为顺序，置于相关规范之下，以最大程度保证规范的体系性。

**三、编写条例说明**

1.检索方法

目录检索：通过目录定位条文内容以及相关法规规范。

页边检索：通过页变色块中的条文序号查阅相关条文。

页眉检索：通过页眉提示查阅相关条文。

（页边为章数、页眉为章名）

2.凡例

（1）目录。目录中在法条前编者增加"条文主旨"，便于查阅。

（2）正文。以《监察法》作为主线进行编排。涉及《监察法》条文内容的相关法规规范，按照国家法律法规、党内法规制度排序，同一效力等级的规范按照时间顺序排列。由于国家法律法规中《监察法实施条例》与《监察法》紧密相关，放在第一顺位，其他的同一类别的规范按照相关性和时间顺序排序。

（3）脚注。脚注中的引用条文按照以下顺序排列：与《监察法》条文的关联性、法律规范的法律效力、法律规范的发布时间等。

（4）相关法规规范编序的示例

1.11《公职人员政务处分法》（2020年7月1日）（节录）。

第一个"1"代表《监察法》法条的序号；第二个"1"是国家法律规范（含监察法规）的代码（本书中该顺位的"2"为党内法规的代码）；第三个"1"代表的是与该条相关的第一部法律（法规）规范。如"1.11"表示的是《监察法》第一条与之相关的第一部国家法律规范。同理，"1.21"表示的是《监察法》第一条与之相关的第一部党内法规。另外，对相关法律的解释性文件，则放在对应的法律下；如，上述"1.111"则表示的是《监察法》第一条与之相关的第一部国家法律规范的第一个解释性文件。

括号内的时间为国家法律规范和党内法规的施行时间；如是对法律的修正或修订，标明的则是修正或修订后的施行时间。

最后，本书编写过程中，硕士研究生张萌、李济芳、宋驰、何惠玲等在资料搜集整理方面提供了协助，特此致谢！

本书在编撰思路、编写体例、法条排列等方面均参考了之前相关工具书的有益做法，在此，向这些工具书的编者表达诚挚的谢意。当然，由于纪检监察法内容的庞杂，编撰过程中难免存在疏漏之处，敬请读者批评指正，如有相关建议请发送至邮箱 shw2018ccls@bnu.edu.cn，不胜感激！

商浩文

2025年3月于北京师范大学

# 目录

## 第一章 总则 ........................................................... 1

第一条 立法目的和立法依据 /1
第二条 监察工作坚持党的领导和监察工作的指导思想 /2
第三条 监察委性质和法定职责 /4
第四条 监察职权行使及配合制约 /6
第五条 监察工作原则 /12
第六条 监察工作方针 /15

## 第二章 监察机关及其职责 ................................... 18

第七条 监察机构设置 /18
第八条 国家监察委产生、组成和监督 /19
第九条 地方各级监察委员会的产生、职责、组成人员以及和权力机关、上级监察委员会的关系 /21
第十条 监察委领导体制 /22
第十一条 监察职责 /23
第十二条 派驻或者派出监察机构、监察专员 /36
第十三条 派驻或者派出监察机构、监察专员的监察职责 /41
第十四条 监察官制度 /45

## 第三章　监察范围和管辖 ········· 51

第十五条　监察对象　/51
第十六条　管辖原则　/58
第十七条　指定管辖和提级管辖　/60

## 第四章　监察权限 ············· 62

第 十 八 条　一般权限　/62
第 十 九 条　谈话、函询　/64
第 二 十 条　谈话、讯问　/66
第二十一条　强制到案　/68
第二十二条　询问　/68
第二十三条　责令候查　/71
第二十四条　留置　/72
第二十五条　管护　/75
第二十六条　查询、冻结　/75
第二十七条　搜查　/77
第二十八条　调取、查封、扣押　/78
第二十九条　勘验检查、调查实验　/81
第 三 十 条　鉴定　/83
第三十一条　技术调查　/85
第三十二条　通缉　/87
第三十三条　限制出境　/88
第三十四条　对被调查人提出从宽处罚建议　/89
第三十五条　对涉案人员提出从宽处罚建议　/97
第三十六条　刑事证据能力、取证要求、证明标准和非法证据排除规则　/98
第三十七条　职务违法犯罪问题线索移送制度和共同管辖　/104

## 第五章　监察程序 ············· 106

第三十八条　报案、举报的处理　/106
第三十九条　监察工作机制及内部监督管理　/109

| | | | |
|---|---|---|---|
| 第四十条 | 问题线索处理 /110 | 第四十九条 | 监察措施执行 /122 |
| 第四十一条 | 初步核实 /112 | 第五十条 | 管护、留置的工作要求和刑期折抵 /124 |
| 第四十二条 | 监察机关立案的条件和程序，以及立案后的处理 /114 | 第五十一条 | 案件审理 /125 |
| | | 第五十二条 | 处置方式 /125 |
| 第四十三条 | 调查取证的一般要求 /116 | 第五十三条 | 涉案财产处置 /139 |
| 第四十四条 | 调查措施的程序规范 /118 | 第五十四条 | 检察机关审查起诉程序 /141 |
| 第四十五条 | 调查方案的执行效力 /119 | | |
| 第四十六条 | 强制到案、责令候查、管护的批准和期限 /121 | 第五十五条 | 被调查人逃匿、死亡案件违法所得没收程序 /144 |
| 第四十七条 | 留置审批 /121 | | |
| 第四十八条 | 留置期限 /122 | 第五十六条 | 复审、复核 /147 |

## 第六章　反腐败国际合作 ······ 155

| | | | |
|---|---|---|---|
| 第五十七条 | 国家监察委员会的反腐败国际合作职责 /155 | 第五十九条 | 追逃追赃和防逃规定 /177 |
| 第五十八条 | 反腐败方面的司法执法等国际合作 /156 | | |

## 第七章　对监察机关和监察人员的监督 ······ 180

| | | | |
|---|---|---|---|
| 第六十条 | 人大监督 /180 | 第六十三条 | 内部监督 /188 |
| 第六十一条 | 外部监督 /182 | 第六十四条 | 禁闭措施 /190 |
| 第六十二条 | 特约监察员 /185 | 第六十五条 | 监察人员素能要求 /190 |

第六十六条　监察人员职业规范　/191
第六十七条　回避　/195
第六十八条　脱密期管理和从业限制　/197
第六十九条　被调查人及其近亲属的申诉　/199
第七十条　"一案双查"和错案责任追究　/202

## 第八章　法律责任 ········· 205

第七十一条　监察处理决定、监察建议的法律责任　/205
第七十二条　违反监察法行为的法律责任　/206
第七十三条　报复陷害行为的法律责任　/207
第七十四条　监察机关及其工作人员的法律责任　/210
第七十五条　依法追究刑事责任　/214
第七十六条　国家赔偿　/217

## 第九章　附　则 ········· 219

第七十七条　军事监察工作规定　/219
第七十八条　实施日期和废止日期　/219

附　监察委管辖罪名立案（定罪量刑）标准图解 ········· 220

# 第一章 总 则

## 第一条【立法目的和立法依据】

为了深入开展廉政建设和反腐败工作,加强对所有行使公权力的公职人员的监督,实现国家监察全面覆盖,持续深化国家监察体制改革,推进国家治理体系和治理能力现代化,根据宪法,制定本法。

### 关联法规指引

**1.11《中华人民共和国宪法》（2018年3月11日）（节录）**

第一百二十三条 中华人民共和国各级监察委员会是国家的监察机关。

第一百二十四条 中华人民共和国设立国家监察委员会和地方各级监察委员会。

……

第一百二十五条 中华人民共和国国家监察委员会是最高监察机关。

国家监察委员会领导地方各级监察委员会的工作,上级监察委员会领导下级监察委员会的工作。

**1.21《中国共产党章程》（2022年10月22日）（节录）**

总 纲

第六,坚持从严管党治党。全面从严治党永远在路上,党的自我革命永远在路上。新形势下,党面临的执政考验、改革开放考验、市场经济考验、外部环境考验是长期的、复杂的、严峻的,精神懈怠危险、能力不足危险、脱离群众危险、消极腐败危险更加尖锐地摆在全党面前。要把严的标准、严的措施贯穿于管党治党全过程和各方面。坚持依规治党、标本兼治,不断健全党内法规体系,坚持把纪律挺在前面,加强组织性纪律性,在党的纪律面前人人平等。强化全面从严治党主体责任和监督责任,加强对党的领导机关和党员领导干部特别是主要领导干部的监督,不断完善党内监督体系。深入推进党风廉政建设和反腐败斗争,以零容忍态度惩治腐败,一体推进不敢腐、不能腐、不想腐。

**1.22《深化党和国家机构改革方案》（2018年3月21日）（节录）**

一、深化党中央机构改革

中国共产党领导是中国特色社会主义最本质的特征。党政军民学,东西南北中,党是领导一切的。深化党中央机构改革,要着眼于健全加强党的全面领导的制度,优化党的组织机构,建立健全党对重大工作的领导体制机制,更好发挥党的职能部门作用,推进职责相近的党政机关合并设立或合署办公,优化部门职责,提高党把方向、谋大局、定政策、促改革的能力和定力,确保党的领导全覆盖,确保党的领导更加坚强有力。

（一）组建国家监察委员会。为加强党对反腐败工作的集中统一领导,实现党内监督和国家机关监督、党的纪律检查和国家监察有机统一，实现对所有行使公权力的公职人员监察全覆盖，将监察部、国家预防腐败局的职责，最高人民检察院查处贪污贿赂、失职渎职以及预防职务犯罪等反腐败相关职责整合，组建国家监察委员会，同中央纪律检查委员会合署办公，履行纪检、监察两项职责，实行一套工作机构、两个机关名称。

主要职责是，维护党的章程和其他党内法规，检查党的路线方针政策和决议执行情况，对党员领导干部行使权力进行监督，维护宪法法律，对公职人员依法履职、秉公用权、廉洁从政以及道德操守情况进行监督检查，对涉嫌职务违法和职务犯罪的行为进行调查并作出政务处分决定，对履行职责不力、失职失责的领导人员进行问责，负责组织协调党风廉政建设和反腐败宣传等。

国家监察委员会由全国人民代表大会产生，接受全国人民代表大会及其常务委员会的监督。

不再保留监察部、国家预防腐败局。

### 1.23 《中共中央关于全面深化改革若干重大问题的决定》（2013年11月12日）（节录）

十、强化权力运行制约和监督体系

坚持用制度管权管事管人，让人民监督权力，让权力在阳光下运行，是把权力关进制度笼子的根本之策。必须构建决策科学、执行坚决、监督有力的权力运行体系，健全惩治和预防腐败体系，建设廉洁政治，努力实现干部清正、政府清廉、政治清明。

……

健全反腐倡廉法规制度体系，完善惩治和预防腐败、防控廉政风险、防止利益冲突、领导干部报告个人有关事项、任职回避等方面法律法规，推行新提任领导干部有关事项公开制度试点。健全民主监督、法律监督、舆论监督机制，运用和规范互联网监督。

……

## 第二条【监察工作坚持党的领导和监察工作的指导思想】

坚持中国共产党对国家监察工作的领导，以马克思列宁主义、毛泽东思想、邓小平理论、"三个代表"重要思想、科学发展观、习近平新时代中国特色社会主义思想为指导，构建集中统一、权威高效的中国特色国家监察体制。

---关联法规指引---

### 2.11《中华人民共和国监察法实施条例》（2021年9月20日）（节录）

第二条 坚持中国共产党对监察工作的全面领导，增强政治意识、大局意识、核心意识、看齐意识，坚定中国特色社会主义道路自信、理论自信、制度自信、文化自信，坚决维护习近平总书记党中央的核心、全党的核心地位，坚决维护党中央权威和集中统一领导，把党的领导贯彻到监察工作各方面和全过程。

## 2.12《中华人民共和国宪法》（2018年3月11日）（节录）

### 序　言

……

中国新民主主义革命的胜利和社会主义事业的成就，是中国共产党领导中国各族人民，在马克思列宁主义、毛泽东思想的指引下，坚持真理，修正错误，战胜许多艰难险阻而取得的。我国将长期处于社会主义初级阶段。国家的根本任务是，沿着中国特色社会主义道路，集中力量进行社会主义现代化建设。中国各族人民将继续在中国共产党领导下，在马克思列宁主义、毛泽东思想、邓小平理论、"三个代表"重要思想、科学发展观、习近平新时代中国特色社会主义思想指引下，坚持人民民主专政，坚持社会主义道路，坚持改革开放，不断完善社会主义的各项制度，发展社会主义市场经济，发展社会主义民主，健全社会主义法治，贯彻新发展理念，自力更生，艰苦奋斗，逐步实现工业、农业、国防和科学技术的现代化，推动物质文明、政治文明、精神文明、社会文明、生态文明协调发展，把我国建设成为富强民主文明和谐美丽的社会主义现代化强国，实现中华民族伟大复兴。

……

### 第一章　总　纲

**第一条**　中华人民共和国是工人阶级领导的、以工农联盟为基础的人民民主专政的社会主义国家。

社会主义制度是中华人民共和国的根本制度。中国共产党领导是中国特色社会主义最本质的特征。禁止任何组织或者个人破坏社会主义制度。

## 2.21《中国共产党章程》（2022年10月22日）（节录）

### 总　纲

……

中国共产党以马克思列宁主义、毛泽东思想、邓小平理论、"三个代表"重要思想、科学发展观、习近平新时代中国特色社会主义思想作为自己的行动指南。

……

## 2.22《中国共产党组织工作条例》（2021年5月22日）（节录）

**第七条**　地方党委对本地区组织工作负主体责任。主要职责是：

……

（二）领导同级人大、政府、政协、监察机关、审判机关、检察机关、人民团体等党的组织工作，指导和督促检查下级党组织开展组织工作；

……

## 2.23《中国共产党统一战线工作条例》（2020年12月21日）（节录）

**第八条**　地方党委对本地区统一战线工作负主体责任。主要职责是：

……

（六）领导同级人大、政府、政协、监察委员会、法院、检察院和有关人民团体、企事业单位等做好本部门本单位本领域统一战线工作；

……

## 2.24《中国共产党中央委员会工作条例》（2020年9月30日起）（节录）

**第七条**　各级人大、政府、政协、监察机关、审判机关、检察机关，武装力量，各民主党派和无党派人士，人民团体，企事业单位，基层群众性自治组织，社会组织等，都必须自觉接受党中央领导。

第八条　全党各个组织和全体党员必须自觉服从党中央，向党中央看齐，坚决维护党中央权威和集中统一领导，自觉在思想上政治上行动上同党中央保持高度一致。

### 2.25 《中国共产党重大事项请示报告条例》（2019年1月31日）（节录）

第三十八条　领导干部应当向党组织报告下列事项：

……

（六）重大决策失误或者应对突发事件处置失当，纪检监察、巡视巡察和审计中发现重要问题，以及违纪违法情况；

……

### 2.26 《中国共产党党内监督条例》（2016年10月27日）（节录）

第二条　党内监督以马克思列宁主义、毛泽东思想、邓小平理论、"三个代表"重要思想、科学发展观为指导，深入贯彻习近平总书记系列重要讲话精神，围绕统筹推进"五位一体"总体布局和协调推进"四个全面"战略布局，尊崇党章，依规治党，坚持党内监督和人民群众监督相结合，增强党在长期执政条件下自我净化、自我完善、自我革新、自我提高能力，确保党始终成为中国特色社会主义事业的坚强领导核心。

### 2.27 《中国共产党纪律检查机关监督执纪工作规则》（2019年1月1日）（节录）

第二条　坚持以马克思列宁主义、毛泽东思想、邓小平理论、"三个代表"重要思想、科学发展观、习近平新时代中国特色社会主义思想为指导，全面贯彻纪律检查委员会和监察委员会合署办公要求，依规依纪依法严格监督执纪，坚持打铁必须自身硬，把权力关进制度笼子，建设忠诚干净担当的纪检监察干部队伍。

## 第三条【监察委性质和法定职责】

各级监察委员会是行使国家监察职能的专责机关，依照本法对所有行使公权力的公职人员（以下称公职人员）进行监察，调查职务违法和职务犯罪，开展廉政建设和反腐败工作，维护宪法和法律的尊严。

**关联法规指引**

### 3.11 《中华人民共和国监察法实施条例》（2021年9月20日）（节录）

第三条　监察机关与党的纪律检查机关合署办公，坚持法治思维和法治方式，促进执纪执法贯通、有效衔接司法，实现依纪监督和依法监察、适用纪律和适用法律有机融合。

### 3.12 《中华人民共和国公职人员政务处分法》（2020年7月1日）（节录）

第三条　监察机关应当按照管理权限，加强对公职人员的监督，依法给予违法的公职人员政务处分。

……

监察机关发现公职人员任免机关、单位应当给予处分而未给予，或者给予的处分违法、不当的，应当及时提出监察建议。

**第四条** 给予公职人员政务处分,坚持党管干部原则,集体讨论决定;坚持法律面前一律平等,以事实为根据,以法律为准绳,给予的政务处分与违法行为的性质、情节、危害程度相当;坚持惩戒与教育相结合,宽严相济。

### 3.21《中国共产党章程》(2022年10月22日)(节录)

**第四十六条** 党的各级纪律检查委员会是党内监督专责机关,主要任务是:维护党的章程和其他党内法规,检查党的路线、方针、政策和决议的执行情况,协助党的委员会推进全面从严治党、加强党风建设和组织协调反腐败工作,推动完善党和国家监督体系。

党的各级纪律检查委员会的职责是监督、执纪、问责,要经常对党员进行遵守纪律的教育,作出关于维护党纪的决定;对党的组织和党员领导干部履行职责、行使权力进行监督,受理处置党员群众检举举报,开展谈话提醒、约谈函询;检查和处理党的组织和党员违反党的章程和其他党内法规的比较重要或复杂的案件,决定或取消对这些案件中的党员的处分;进行问责或提出责任追究的建议;受理党员的控告和申诉;保障党员的权利。

……

### 3.22《中国共产党党内监督条例》(2016年10月27日)(节录)

**第二十六条** 党的各级纪律检查委员会是党内监督的专责机关,履行监督执纪问责职责,加强对所辖范围内党组织和领导干部遵守党章党规党纪、贯彻执行党的路线方针政策情况的监督检查,承担下列具体任务:

(一)加强对同级党委特别是常委会委员、党的工作部门和直接领导的党组织、党的领导干部履行职责、行使权力情况的监督;

(二)落实纪律检查工作双重领导体制,执纪审查工作以上级纪委领导为主,线索处置和执纪审查情况在向同级党委报告的同时向上级纪委报告,各级纪委书记、副书记的提名和考察以上级纪委会同组织部门为主;

(三)强化上级纪委对下级纪委的领导,纪委发现同级党委主要领导干部的问题,可以直接向上级纪委报告;下级纪委至少每半年向上级纪委报告1次工作,每年向上级纪委进行述职。

**第二十七条** 纪律检查机关必须把维护党的政治纪律和政治规矩放在首位,坚决纠正和查处上有政策、下有对策,有令不行、有禁不止,口是心非、阳奉阴违,搞团团伙伙、拉帮结派,欺骗组织、对抗组织等行为。

**第二十八条** 纪委派驻纪检组对派出机关负责,加强对被监督单位领导班子及其成员、其他领导干部的监督,发现问题应当及时向派出机关和被监督单位党组织报告,认真负责调查处置,对需要问责的提出建议。

派出机关应当加强对派驻纪检组工作的领导,定期约谈被监督单位党组织主要负责人、派驻纪检组组长,督促其落实管党治党责任。

派驻纪检组应当带着实际情况和具体问题,定期向派出机关汇报工作,至少每半年会同被监督单位党组织专题研究1次党风廉政建设和反腐败工作。对能发现的问题没有发现是失职,发现问题不报告、不处置是渎职,都必须严肃问责。

**第二十九条** 认真处理信访举报,做好问题线索分类处置,早发现早报告,对社会反映突出、群众评价较差的领导干部情况及时报告,对重要检举事项应当集体研究。定期分析研判信访举报情况,对信访反映的典型性、普遍性问题提出有针对性的处置意见,督促信访举报比较集中的地方和部门查找分析原因并认真整改。

**第三十条** 严把干部选拔任用"党风廉洁

意见回复"关，综合日常工作中掌握的情况，加强分析研判，实事求是评价干部廉洁情况，防止"带病提拔"、"带病上岗"。

第三十一条　接到对干部一般性违纪问题的反映，应当及时找本人核实，谈话提醒、约谈函询，让干部把问题讲清楚。约谈被反映人，可以与其所在党组织主要负责人一同进行；被反映人对函询问题的说明，应当由其所在党组织主要负责人签字后报上级纪委。谈话记录和函询回复应当认真核实，存档备查。没有发现问题的应当了结澄清，对不如实说明情况的给予严肃处理。

第三十二条　依规依纪进行执纪审查，重点审查不收敛不收手，问题线索反映集中、群众反映强烈，现在重要岗位且可能还要提拔使用的领导干部，三类情况同时具备的是重中之重。执纪审查应当查清违纪事实，让审查对象从学习党章入手，从理想信念宗旨、党性原则、作风纪律等方面检查剖析自己，审理报告应当事实清楚、定性准确，反映审查对象思想认识情况。

第三十三条　对违反中央八项规定精神的，严重违纪被立案审查开除党籍的，严重失职失责被问责的，以及发生在群众身边、影响恶劣的不正之风和腐败问题，应当点名道姓通报曝光。

第三十四条　加强对纪律检查机关的监督。发现纪律检查机关及其工作人员有违反纪律问题的，必须严肃处理。各级纪律检查机关必须加强自身建设，健全内控机制，自觉接受党内监督、社会监督、群众监督，确保权力受到严格约束。

## 第四条【监察职权行使及配合制约】

　　监察委员会依照法律规定独立行使监察权，不受行政机关、社会团体和个人的干涉。

　　监察机关办理职务违法和职务犯罪案件，应当与审判机关、检察机关、执法部门互相配合，互相制约。

　　监察机关在工作中需要协助的，有关机关和单位应当根据监察机关的要求依法予以协助。

---

### 关联法规指引

**4.11《中华人民共和国监察法实施条例》（2021年9月20日）（节录）**

第八条　监察机关办理职务犯罪案件，应当与人民法院、人民检察院互相配合、互相制约，在案件管辖、证据审查、案件移送、涉案财物处置等方面加强沟通协调，对于人民法院、人民检察院提出的退回补充调查、排除非法证据、调取同步录音录像、要求调查人员出庭等意见依法办理。

第九条　监察机关开展监察工作，可以依法提请组织人事、公安、国家安全、审计、统计、市场监管、金融监管、财政、税务、自然资源、银行、证券、保险等有关部门、单位予以协助配合。

有关部门、单位应当根据监察机关的要求，依法协助采取有关措施、共享相关信息、提供相关资料和专业技术支持，配合开展监察工作。

### 4.12 《中华人民共和国宪法》（2018年3月11日）（节录）

**第一百二十七条** 监察委员会依照法律规定独立行使监察权，不受行政机关、社会团体和个人的干涉。

监察机关办理职务违法和职务犯罪案件，应当与审判机关、检察机关、执法部门互相配合，互相制约。

### 4.13 《中华人民共和国公职人员政务处分法》（2020年7月1日）（节录）

**第四十九条** 公职人员依法受到刑事责任追究的，监察机关应当根据司法机关的生效判决、裁定、决定及其认定的事实和情节，依照本法规定给予政务处分。

公职人员依法受到行政处罚，应当给予政务处分的，监察机关可以根据行政处罚决定认定的事实和情节，经立案调查核实后，依照本法给予政务处分。

监察机关根据本条第一款、第二款的规定作出政务处分后，司法机关、行政机关依法改变原生效判决、裁定、决定等，对原政务处分决定产生影响的，监察机关应当根据改变后的判决、裁定、决定等重新作出相应处理。

**第五十条** 监察机关对经各级人民代表大会、县级以上各级人民代表大会常务委员会选举或者决定任命的公职人员予以撤职、开除的，应当先依法罢免、撤销或者免去其职务，再依法作出政务处分决定。

监察机关对经中国人民政治协商会议各级委员会全体会议或者其常务委员会选举或者决定任命的公职人员予以撤职、开除的，应当先依章程免去其职务，再依法作出政务处分决定。

监察机关对各级人民代表大会代表、中国人民政治协商会议各级委员会委员给予政务处分的，应当向有关的人民代表大会常务委员会，乡、民族乡、镇的人民代表大会主席团或者中国人民政治协商会议委员会常务委员会通报。

### 4.21 《党政领导干部考核工作条例》（2019年4月7日）（节录）

**第四十二条** 考核中发现领导班子和领导干部存在问题的，区分不同情形，予以谈话提醒直至组织处理；发现违纪违法问题线索，移送纪检监察、司法机关处理。

**第五十四条** 党委（党组）、纪检监察机关、组织（人事）部门应当加强对考核工作的监督检查，自觉接受群众和舆论监督，认真受理有关举报、复核、申诉，严肃查处违反考核工作纪律的行为。

### 4.22 《中国共产党党组工作条例》（2019年4月6日）（节录）

**第十八条** 党组必须坚持党建工作与业务工作同谋划、同部署、同推进、同考核，加强对本单位党的建设的领导，落实新时代党的建设总要求，履行全面从严治党责任，提高党的建设质量。具体包括：

……

（七）加强党的纪律建设，履行党风廉政建设主体责任，支持纪检监察机关履行监督责任；

……

**第四十条**

……

党组（党委）及其成员执行本条例情况，

应当自觉接受纪检监察机关、本单位基层党组织和党员群众的监督，纳入巡视巡察范围和党员民主评议内容。

### 4.23《党政领导干部选拔任用工作条例》（2019年3月3日）（节录）

**第二十五条** 地方领导班子换届，由本级党委书记与副书记、分管组织、纪检监察等工作的常委根据上级党委组织部门反馈的情况，对考察对象人选进行酝酿，本级党委常委会研究提出考察对象建议名单，经与上级党委组织部门沟通后，确定考察对象。对拟新进党政领导班子的考察对象，应当在一定范围内公示。

……

**第三十一条** 考察党政领导职务拟任人选，应当听取考察对象所在单位组织（人事）部门、纪检监察机关、机关党组织的意见，根据需要可以听取巡视巡察机构、审计机关和其他相关部门意见。

组织（人事）部门必须严格审核考察对象的干部人事档案，查核个人有关事项报告，就党风廉政情况听取纪检监察机关意见，对反映问题线索具体、有可查性的信访举报进行核查。对需要进行经济责任审计的考察对象，应当事先按照有关规定进行审计。

考察对象呈报单位或者所在单位党委（党组）必须就考察对象廉洁自律情况提出结论性意见，并由党委（党组）书记、纪委书记（纪检监察组组长）签字。机关内设机构领导职务的拟任人选考察对象，也应当由相关党组织和纪检监察机构出具廉洁自律情况结论性意见。

**第三十二条** 考察党政领导职务拟任人选，必须形成书面考察材料，建立考察文书档案。已经任职的，考察材料归入本人干部人事档案。考察材料必须写实，评判应当全面、准确、客观，用具体事例反映考察对象的情况，

包括下列内容：

……

（四）审核干部人事档案、查核个人有关事项报告、听取纪检监察机关意见、核查信访举报等情况的结论。

**第三十七条** 有下列情形之一的，不得提交会议讨论：

……

（二）拟任人选所在单位党委（党组）对廉洁自律情况没有作出结论性意见的，或者纪检监察机关未反馈意见的，或者纪检监察机关有不同意见的；

……

### 4.24《中国共产党政法工作条例》（2019年1月13日）（节录）

**第十条** 县级以上地方党委应当以贯彻党中央精神为前提，对本地区政法工作中的以下事项，落实领导责任：

……

（七）完善党委、纪检监察机关、党委政法委员会对政法单位的监督机制，保证党的路线方针政策和党中央重大决策部署贯彻落实，保证宪法法律正确统一实施；

……

**第十二条** 党委政法委员会在党委领导下履行职责、开展工作，应当把握政治方向、协调各方职能、统筹政法工作、建设政法队伍、督促依法履职、创造公正司法环境，带头依法依规办事，保证党的路线方针政策和党中央重大决策部署贯彻落实，保证宪法法律正确统一实施。主要职责任务是：

……

（六）支持和监督政法单位依法行使职权，检查政法单位执行党的路线方针政策、党中央重大决策部署和国家法律法规的情况，指导和协调政法单位密切配合，完善与纪检监察

机关工作衔接和协作配合机制，推进严格执法、公正司法。

（七）指导和推动政法单位党的建设和政法队伍建设，协助党委及其组织部门加强政法单位领导班子和干部队伍建设，协助党委和纪检监察机关做好监督检查、审查调查工作，派员列席同级政法单位党组（党委）民主生活会。

……

### 4.25《中国共产党巡视工作条例》（2024年2月8日）（节录）

**第二十一条** 巡视组开展巡视前，根据工作需要，应当听取同级纪检监察机关和组织、宣传、统战、政法、保密、审计、财政、统计、信访等部门和单位关于被巡视党组织领导班子及其成员的有关情况通报。

**第四十四条** 有关机关、部门和单位违反规定不协助、支持巡视工作，造成严重后果的，依据有关规定追究有关责任人员的责任。

### 4.26《中国共产党党内监督条例》（2016年10月27日）（节录）

**第三十七条** 各级党委应当支持和保证同级人大、政府、监察机关、司法机关等对国家机关及公职人员依法进行监督，人民政协依章程进行民主监督，审计机关依法进行审计监督。有关国家机关发现的领导干部违反党纪、需要党组织处理的，应当及时向有关党组织报告。审计机关发现的领导干部涉嫌违纪的问题线索，应当向同级党组织报告，必要时向上级党组织报告，并按照规定将问题线索移送相关纪律检查机关处理。

在纪律审查中发现党的领导干部严重违纪涉嫌违法犯罪的，应当先作出党纪处分决定，再移送行政机关、司法机关处理。执法机关和司法机关依法立案查处涉及党的领导干部案件，应当向同级党委、纪委通报；该干部所在党组织应当根据有关规定，中止其相关党员权利；依法受到刑事责任追究，或者虽不构成犯罪但涉嫌违纪的，应当移送纪委依纪处理。

### 4.27《党政机关厉行节约反对浪费条例》（2013年11月18日）（节录）

**第五条**

……

纪检监察机关和组织人事、宣传、外事、发展改革、财政、审计、机关事务管理等部门根据职责分工，依法依规履行对厉行节约反对浪费相关工作的管理、监督等职责。

**第四十七条**

……

纪检监察机关应当不定期曝光铺张浪费的典型案例，发挥警示教育作用。

……

**第五十一条** 党委办公厅（室）、政府办公厅（室）负责统筹协调相关部门开展对厉行节约反对浪费工作的督促检查。每年至少组织开展一次专项督查，并将督查情况在适当范围内通报。专项督查可以与党风廉政建设责任制检查考核、年终党建工作考核等相结合，督查考核结果应当按照干部管理权限送纪检监察机关和组织人事部门，作为干部管理监督、选拔任用的依据。

**第五十二条** 纪检监察机关应当加强对厉行节约反对浪费工作的监督检查，受理群众举报和有关部门移送的案件线索，及时查处违纪违法问题。

中央和省、自治区、直辖市党委巡视组应当按照有关规定，加强对有关党组织领导班子及其成员厉行节约反对浪费工作情况的巡视监督。

## 4.28 《党委(党组)落实全面从严治党主体责任的规定》(2020年3月9日)(节录)

**第七条** 党组(党委)应当坚持党建工作与业务工作同谋划、同部署、同推进、同考核,加强对本单位(本系统)全面从严治党各项工作的领导。主要包括:

……

(七)加强党的纪律建设,履行党风廉政建设主体责任,支持纪检监察机关履行监督责任,一体推进不敢腐、不能腐、不想腐;

……

## 4.29 《党政主要领导干部和国有企事业单位主要领导人员经济责任审计规定》(2019年7月7日)(节录)

**第十三条** 年度经济责任审计项目计划按照下列程序制定:

……

(二)审计委员会办公室征求同级纪检监察机关等有关单位意见后,纳入审计机关年度审计项目计划;

……

**第十五条** 被审计领导干部遇有被有关部门采取强制措施、纪律审查、监察调查或者死亡等特殊情况,以及存在其他不宜继续进行经济责任审计情形的,审计委员会办公室商同级纪检监察机关、组织部门等有关单位提出意见,报审计委员会批准后终止审计。

**第二十三条** 审计委员会办公室、审计机关应当按照规定,向被审计领导干部及其所在单位或者原任职单位(以下统称所在单位)送达审计通知书,抄送同级纪检监察机关、组织部门等有关单位。

地方审计机关主要领导干部的经济责任审计通知书,由上一级审计机关送达。

**第三十四条** 经济责任审计报告、经济责任审计结果报告等审计结论性文书按照规定程序报同级审计委员会,按照干部管理权限送组织部门。根据工作需要,送纪检监察机关等联席会议其他成员单位、有关主管部门。

地方审计机关主要领导干部的经济责任审计结论性文书,由上一级审计机关送有关组织部门。根据工作需要,送有关纪检监察机关。

……

**第三十五条**

……

应当由纪检监察机关或者有关主管部门处理的问题线索,由审计机关依规依纪依法移送处理。

……

## 4.210 《领导干部报告个人有关事项规定》(2017年2月8日)(节录)

**第十条**

……

纪检监察机关(机构)在履行职责时,按照干部管理权限,经本机关负责人批准,可以查阅有关领导干部报告个人有关事项的材料。

……

**第十一条**

……

纪检监察机关(机构)、巡视机构、检察机关在履行职责时,按照本规定第十条规定履行报批手续后,可以委托组织(人事)部门按照干部管理权限,对领导干部报告个人有关事项的真实性和完整性进行查核。

## 4.211 《农村基层干部廉洁履行职责若干规定(试行)》(2011年5月23日)(节录)

**第十二条** 纪检监察机关协助同级党委和政府或者根据职责开展对本规定贯彻实施情况的监督检查,依纪依法查处农村基层干部违反

**4.212《关于纪委协助党组织协调反腐败工作的规定（试行）》（2005年7月26日）（节录）**

**第二条** 纪委协助党委组织协调反腐败工作（以下简称组织协调工作），是指纪委在同级党委的领导下，按照同级党委和上级纪委的总体部署和要求，协助同级党委研究、部署、协调、督促检查反腐败各项工作。

**第三条** 纪委开展组织协调工作，应当坚持党要管党、从严治党，坚持标本兼治、综合治理、惩防并举、注重预防，坚持依照党内法规和国家法律，各司其职。

**第四条** 贯彻落实《建立健全教育、制度、监督并重的惩治和预防腐败体系实施纲要》，围绕领导干部廉洁从政，纠正损害群众利益的不正之风，查办违纪违法案件，从源头上预防和治理腐败等开展工作。

**第五条** 根据同级党委的要求和实际情况，研究反腐败工作的重要问题，及时向同级党委提出意见和建议。

**第六条** 根据同级党委和上级纪委关于反腐败工作的总体部署和要求，按照有关部门的职责进行任务分解，明确责任，提出要求，组织落实。

**第七条** 加强与各方面的联系和沟通，协调有关部门的关系，解决工作中的矛盾和问题。

**第八条** 对有关部门承担的反腐败任务落实情况进行督促检查。

**第十四条** 党委应当加强对纪委组织协调工作的领导，明确任务和要求，支持纪委履行组织协调职责。

**第十五条** 纪委应当依照党内法规和国家法律开展组织协调工作，正确处理与有关部门在反腐败工作中的关系，支持、配合有关部门的工作，保证反腐败各项任务的落实。

**第十六条** 有关部门应当支持、配合纪委履行组织协调职责，对经纪委组织协调确定的任务和要求，应当依照法定职责和程序各司其职，各负其责，加强协作配合，并接受纪委的督促检查。

**第十七条** 有关部门党政领导班子和领导干部应当按照《关于实行党风廉政建设责任制的规定》，对本部门承担的反腐败任务切实负起领导责任，并组织实施。

**第十八条** 巡视工作机构应当把纪委组织协调事项落实情况作为巡视工作的一项重要内容，加强监督。

**第十九条** 违反本规定不履行或者不正确履行职责的，由党委或者纪委对责任人给予批评教育或者予以组织处理，并责令限期改正；情节严重或者造成严重后果的，依纪依法追究纪律责任，涉嫌犯罪的，移送司法机关依法处理。

## 第五条【监察工作原则】

国家监察工作严格遵照宪法和法律，以事实为根据，以法律为准绳；权责对等，严格监督；遵守法定程序，公正履行职责；尊重和保障人权，在适用法律上一律平等，保障监察对象及相关人员的合法权益；惩戒与教育相结合，宽严相济。

—— 关联法规指引 ——

### 5.1.1《中华人民共和国监察法实施条例》（2021年9月20日）（节录）

第四条　监察机关应当依法履行监督、调查、处置职责，坚持实事求是，坚持惩前毖后、治病救人，坚持惩戒与教育相结合，实现政治效果、法律效果和社会效果相统一。

第五条　监察机关应当坚定不移惩治腐败，推动深化改革、完善制度，规范权力运行，加强思想道德教育、法治教育、廉洁教育，引导公职人员提高觉悟、担当作为、依法履职，一体推进不敢腐、不能腐、不想腐体制机制建设。

第六条　监察机关坚持民主集中制，对于线索处置、立案调查、案件审理、处置执行、复审复核中的重要事项应当集体研究，严格按照权限履行请示报告程序。

第七条　监察机关应当在适用法律上一律平等，充分保障监察对象以及相关人员的人身权、知情权、财产权、申辩权、申诉权以及申请复审复核权等合法权益。

### 5.1.2《中华人民共和国公职人员政务处分法》（2020年7月1日）（节录）

第四条　给予公职人员政务处分，坚持党管干部原则，集体讨论决定；坚持法律面前一律平等，以事实为根据，以法律为准绳，给予的政务处分与违法行为的性质、情节、危害程度相当；坚持惩戒与教育相结合，宽严相济。

第五条　给予公职人员政务处分，应当事实清楚、证据确凿、定性准确、处理恰当、程序合法、手续完备。

第六条　公职人员依法履行职责受法律保护，非因法定事由、非经法定程序，不受政务处分。

### 5.2.1《中国共产党章程》（2022年10月22日）（节录）

第四十条　党的纪律主要包括政治纪律、组织纪律、廉洁纪律、群众纪律、工作纪律、生活纪律。

坚持惩前毖后、治病救人，执纪必严、违纪必究，抓早抓小、防微杜渐，按照错误性质和情节轻重，给以批评教育、责令检查、诫勉直至纪律处分。运用监督执纪"四种形态"，让"红红脸、出出汗"成为常态，党纪处分、组织调整成为管党治党的重要手段，严重违纪、严重触犯刑律的党员必须开除党籍。

党内严格禁止用违反党章和国家法律的手段对待党员，严格禁止打击报复和诬告陷害。违反这些规定的组织或个人必须受到党的纪律和国家法律的追究。

### 5.22《关于新形势下党内政治生活的若干准则》（2016年10月27日）（节录）

十一、加强对权力运行的制约和监督

……

对党组织和党员、干部行使权力进行监督，必须依纪依法进行。纪检监察、司法机关严格依纪依法按程序对涉嫌严重违纪违法行为进行调查。任何组织和个人不得自行决定或受指使对党员、干部采取非法调查手段。对违反规定的，要严肃追究纪律和法律责任。

### 5.23《中国共产党问责条例》（2019年9月1日）（节录）

**第三条** 党的问责工作应当坚持以下原则：

（一）依规依纪、实事求是；

（二）失责必问、问责必严；

（三）权责一致、错责相当；

（四）严管和厚爱结合、激励和约束并重；

（五）惩前毖后、治病救人；

（六）集体决定、分清责任。

### 5.24《中国共产党纪律处分条例》（2024年1月1日）（节录）

**第四条** 党的纪律处分工作遵循下列原则：

（一）坚持党要管党、全面从严治党。把严的基调、严的措施、严的氛围长期坚持下去，加强对党的各级组织和全体党员的教育、管理和监督，把纪律挺在前面，抓早抓小、防微杜渐。

（二）党纪面前一律平等。对违犯党纪的党组织和党员必须严肃、公正执行纪律，党内不允许有任何不受纪律约束的党组织和党员。

（三）实事求是。对党组织和党员违犯党纪的行为，应当以事实为依据，以党章、其他党内法规和国家法律法规为准绳，执纪执法贯通，准确认定行为性质，区别不同情况，恰当予以处理。

（四）民主集中制。实施党纪处分，应当按照规定程序经党组织集体讨论决定，不允许任何个人或者少数人擅自决定和批准。上级党组织对违犯党纪的党组织和党员作出的处理决定，下级党组织必须执行。

（五）惩前毖后、治病救人。处理违犯党纪的党组织和党员，应当实行惩戒与教育相结合，做到宽严相济。

**第五条** 深化运用监督执纪"四种形态"，经常开展批评和自我批评，及时进行谈话提醒、批评教育、责令检查、诫勉，让"红红脸、出出汗"成为常态；党纪轻处分、组织调整成为违纪处理的大多数；党纪重处分、重大职务调整的成为少数；严重违纪涉嫌犯罪追究刑事责任的成为极少数。

### 5.25《中国共产党纪律检查机关案件检查工作条例》（1994年5月1日）（节录）

**第四条** 案件检查必须坚持实事求是的原则，以事实为根据，以党纪为准绳，做到事实清楚，证据确凿，定性准确，处理恰当，手续完备。

**第五条** 案件检查要坚持在党的纪律面前人人平等的原则，对任何党员和党组织违犯党的纪律的行为，都必须依照本条例进行检查。

**第六条** 案件检查要依靠党的各级组织，走群众路线，加强纪检系统内部以及与有关部门的协调配合。

**第七条** 案件检查要贯彻惩前毖后、治病救人的方针，达到既维护党纪的严肃性，又教育本人和广大党员的目的。

**第八条** 案件检查中，要切实保障党员包括被检查的党员行使党章所赋予的各项权利。

## 5.26 《中国共产党纪律检查机关监督执纪工作规则》（2019年1月1日）（节录）

**第三条** 监督执纪工作应当遵循以下原则：

（一）坚持和加强党的全面领导，牢固树立政治意识、大局意识、核心意识、看齐意识，坚定中国特色社会主义道路自信、理论自信、制度自信、文化自信，坚决维护习近平总书记党中央的核心、全党的核心地位，坚决维护党中央权威和集中统一领导，严守政治纪律和政治规矩，体现监督执纪工作的政治性，构建党统一指挥、全面覆盖、权威高效的监督体系；

（二）坚持纪律检查工作双重领导体制，监督执纪工作以上级纪委领导为主，线索处置、立案审查等在向同级党委报告的同时应当向上级纪委报告；

（三）坚持实事求是，以事实为依据，以党章党规党纪和国家法律法规为准绳，强化监督、严格执纪，把握政策、宽严相济，对主动投案、主动交代问题的宽大处理，对拒不交代、欺瞒组织的从严处理；

（四）坚持信任不能代替监督，执纪者必先守纪，以更高的标准、更严的要求约束自己，严格工作程序，有效管控风险，强化对监督执纪各环节的监督制约，确保监督执纪工作经得起历史和人民的检验。

## 5.27 《中国共产党纪律检查机关案件检查工作条例实施细则》（1994年5月1日）（节录）

**第三条** 《条例》第四条所称"事实清楚、证据确凿、定性准确、处理恰当、手续完备"是指：

1 案件发生的时间、地点、手段、情节、后果和有关人员的责任等应清楚明确；

2 认定的每一案件事实都应有经过鉴别属实的充分证据；

3 确定错误性质和提出处理建议，均应以事实为依据，以党章、党纪和国家法律、法规为准绳；

4 案件检查的各个环节都应符合《条例》和本细则规定的程序，并履行相应的手续；收集的证据和形成的案件材料也应符合规定的要求。

**第四条** 根据《条例》第八条的规定，在案件检查中，纪检机关要切实保障党员和群众提出批评、检举、控告等项权利，保障被调查党员行使申辩、申诉等项权利，保障检举控告人、证人、被调查人和办案人不受打击报复。

## 第六条【监察工作方针】

国家监察工作坚持标本兼治、综合治理，强化监督问责，严厉惩治腐败；深化改革、健全法治，有效制约和监督权力；加强法治教育和道德教育，弘扬中华优秀传统文化，构建不敢腐、不能腐、不想腐的长效机制。

**关联法规指引**

### 6.11《中华人民共和国监察法实施条例》（2021年9月20日）（节录）

**第五条** 监察机关应当坚定不移惩治腐败，推动深化改革、完善制度，规范权力运行，加强思想道德教育、法治教育、廉洁教育，引导公职人员提高觉悟、担当作为、依法履职，一体推进不敢腐、不能腐、不想腐体制机制建设。

### 6.21《中国共产党章程》（2022年10月22日）（节录）

**总　纲**

……

第六，坚持从严管党治党。全面从严治党永远在路上，党的自我革命永远在路上。新形势下，党面临的执政考验、改革开放考验、市场经济考验、外部环境考验是长期的、复杂的、严峻的，精神懈怠危险、能力不足危险、脱离群众危险、消极腐败危险更加尖锐地摆在全党面前。要把严的标准、严的措施贯穿于管党治党全过程和各方面。坚持依规治党、标本兼治，不断健全党内法规体系，坚持把纪律挺在前面，加强组织性纪律性，在党的纪律面前人人平等。强化全面从严治党主体责任和监督责任，加强对党的领导机关和党员领导干部特别是主要领导干部的监督，不断完善党内监督体系。深入推进党风廉政建设和反腐败斗争，以零容忍态度惩治腐败，一体推进不敢腐、不能腐、不想腐。

……

### 6.22《中国共产党廉洁自律准则》（2016年1月1日）

中国共产党全体党员和各级党员领导干部必须坚定共产主义理想和中国特色社会主义信念，必须坚持全心全意为人民服务根本宗旨，必须继承发扬党的优良传统和作风，必须自觉培养高尚道德情操，努力弘扬中华民族传统美德，廉洁自律，接受监督，永葆党的先进性和纯洁性。

党员廉洁自律规范

**第一条** 坚持公私分明，先公后私，克己奉公。

**第二条** 坚持崇廉拒腐，清白做人，干净做事。

**第三条** 坚持尚俭戒奢，艰苦朴素，勤俭节约。

**第四条** 坚持吃苦在前，享受在后，甘于奉献。

党员领导干部廉洁自律规范

**第五条** 廉洁从政，自觉保持人民公仆本色。

**第六条** 廉洁用权，自觉维护人民根本利益。

**第七条** 廉洁修身，自觉提升思想道德境界。

**第八条** 廉洁齐家，自觉带头树立良好家风。

## 6.23《中国共产党党内监督条例》（2016年10月27日）（节录）

**第二条** 党内监督以马克思列宁主义、毛泽东思想、邓小平理论、"三个代表"重要思想、科学发展观为指导，深入贯彻习近平总书记系列重要讲话精神，围绕统筹推进"五位一体"总体布局和协调推进"四个全面"战略布局，尊崇党章，依规治党，坚持党内监督和人民群众监督相结合，增强党在长期执政条件下自我净化、自我完善、自我革新、自我提高能力，确保党始终成为中国特色社会主义事业的坚强领导核心。

**第三条** 党内监督没有禁区、没有例外。信任不能代替监督。各级党组织应当把信任激励同严格监督结合起来，促使党的领导干部做到有权必有责、有责要担当，用权受监督、失责必追究。

**第四条** 党内监督必须贯彻民主集中制，依规依纪进行，强化自上而下的组织监督，改进自下而上的民主监督，发挥同级相互监督作用。坚持惩前毖后、治病救人，抓早抓小、防微杜渐。

**第五条** 党内监督的任务是确保党章党规党纪在全党有效执行，维护党的团结统一，重点解决党的领导弱化、党的建设缺失、全面从严治党不力，党的观念淡漠、组织涣散、纪律松弛，管党治党宽松软问题，保证党的组织充分履行职能、发挥核心作用，保证全体党员发挥先锋模范作用，保证党的领导干部忠诚干净担当。

党内监督的主要内容是：

（一）遵守党章党规，坚定理想信念，践行党的宗旨，模范遵守宪法法律情况；

（二）维护党中央集中统一领导，牢固树立政治意识、大局意识、核心意识、看齐意识，贯彻落实党的理论和路线方针政策，确保全党令行禁止情况；

（三）坚持民主集中制，严肃党内政治生活，贯彻党员个人服从党的组织，少数服从多数，下级组织服从上级组织，全党各个组织和全体党员服从党的全国代表大会和中央委员会原则情况；

（四）落实全面从严治党责任，严明党的纪律特别是政治纪律和政治规矩，推进党风廉政建设和反腐败工作情况；

（五）落实中央八项规定精神，加强作风建设，密切联系群众，巩固党的执政基础情况；

（六）坚持党的干部标准，树立正确选人用人导向，执行干部选拔任用工作规定情况；

（七）廉洁自律、秉公用权情况；

（八）完成党中央和上级党组织部署的任务情况。

**第六条** 党内监督的重点对象是党的领导机关和领导干部特别是主要领导干部。

**第七条** 党内监督必须把纪律挺在前面，运用监督执纪"四种形态"，经常开展批评和自我批评、约谈函询，让"红红脸、出出汗"成为常态；党纪轻处分、组织调整成为违纪处理的大多数；党纪重处分、重大职务调整的成为少数；严重违纪涉嫌违法立案审查的成为极少数。

**第八条** 党的领导干部应当强化自我约束，经常对照党章检查自己的言行，自觉遵守党内政治生活准则、廉洁自律准则，加强党性修养，陶冶道德情操，永葆共产党人政治本色。

**第九条** 建立健全党中央统一领导，党委（党组）全面监督，纪律检查机关专责监督，党的工作部门职能监督，党的基层组织日常监督，党员民主监督的党内监督体系。

## 6.24 《关于实行党风廉政建设责任制的规定》（2010年11月10日）（节录）

**第三条** 实行党风廉政建设责任制，要以邓小平理论和"三个代表"重要思想为指导，深入贯彻落实科学发展观，坚持党要管党、从严治党，坚持标本兼治、综合治理、惩防并举、注重预防，扎实推进惩治和预防腐败体系建设，保证党中央、国务院关于党风廉政建设的决策和部署的贯彻落实。

**第四条** 实行党风廉政建设责任制，要坚持党委统一领导，党政齐抓共管，纪委组织协调，部门各负其责，依靠群众的支持和参与。要把党风廉政建设作为党的建设和政权建设的重要内容，纳入领导班子、领导干部目标管理，与经济建设、政治建设、文化建设、社会建设以及生态文明建设和业务工作紧密结合，一起部署，一起落实，一起检查，一起考核。

## 第二章　监察机关及其职责

### 第七条【监察机构设置】

中华人民共和国国家监察委员会是最高监察机关。

省、自治区、直辖市、自治州、县、自治县、市、市辖区设立监察委员会。

---

**关联法规指引**

**7.11《中华人民共和国宪法》（2018年3月11日）（节录）**

第一百二十三条　中华人民共和国各级监察委员会是国家的监察机关。

第一百二十四条　中华人民共和国设立国家监察委员会和地方各级监察委员会。

……

**7.21《中国共产党章程》（2022年10月22日）（节录）**

第二十六条　党的地方各级代表大会的职权是：

（一）听取和审查同级委员会的报告；

（二）审查同级纪律检查委员会的报告；

（三）讨论本地区范围内的重大问题并作出决议；

（四）选举同级党的委员会，选举同级党的纪律检查委员会。

第四十五条

……

党的中央纪律检查委员会全体会议，选举常务委员会和书记、副书记，并报党的中央委员会批准。党的地方各级纪律检查委员会全体会议，选举常务委员会和书记、副书记，并由同级党的委员会通过，报上级党的委员会批准。党的基层委员会是设立纪律检查委员会，还是设立纪律检查委员，由它的上一级党组织根据具体情况决定。党的总支部委员会和支部委员会设纪律检查委员。

……

**7.22《中国共产党中央委员会工作条例》（2020年9月30日）（节录）**

第十二条　在党中央领导下，中央纪律检查委员会（国家监察委员会）履行党的最高纪律检查机关（国家最高监察机关）职责。

## 第八条【国家监察委产生、组成和监督】

国家监察委员会由全国人民代表大会产生,负责全国监察工作。

国家监察委员会由主任、副主任若干人、委员若干人组成,主任由全国人民代表大会选举,副主任、委员由国家监察委员会主任提请全国人民代表大会常务委员会任免。

国家监察委员会主任每届任期同全国人民代表大会每届任期相同,连续任职不得超过两届。

国家监察委员会对全国人民代表大会及其常务委员会负责,并接受其监督。

—— 关联法规指引 ——

**8.11《中华人民共和国宪法》(2018年3月11日)(节录)**

第三条

……

国家行政机关、监察机关、审判机关、检察机关都由人民代表大会产生,对它负责,受它监督。

……

第六十二条 全国人民代表大会行使下列职权:

……

(七)选举国家监察委员会主任;

……

第六十三条 全国人民代表大会有权罢免下列人员:

……

(四)国家监察委员会主任;

……

第六十七条 全国人民代表大会常务委员会行使下列职权:

……

(六)监督国务院、中央军事委员会、国家监察委员会、最高人民法院和最高人民检察院的工作;

……

(十一)根据国家监察委员会主任的提请,任免国家监察委员会副主任、委员;

……

第一百二十四条 中华人民共和国设立国家监察委员会和地方各级监察委员会。

监察委员会由下列人员组成:

主任,

副主任若干人,

委员若干人。

监察委员会主任每届任期同本级人民代表大会每届任期相同。国家监察委员会主任连续任职不得超过两届。

监察委员会的组织和职权由法律规定。

第一百二十五条 中华人民共和国国家监察委员会是最高监察机关。

国家监察委员会领导地方各级监察委员会的工作，上级监察委员会领导下级监察委员会的工作。

**第一百二十六条** 国家监察委员会对全国人民代表大会和全国人民代表大会常务委员会负责。地方各级监察委员会对产生它的国家权力机关和上一级监察委员会负责。

### 8.21《中国共产党章程》（2022年10月22日）（节录）

**第二十条** 党的全国代表大会的职权是：

（一）听取和审查中央委员会的报告；

（二）审查中央纪律检查委员会的报告；

（三）讨论并决定党的重大问题；

（四）修改党的章程；

（五）选举中央委员会；

（六）选举中央纪律检查委员会。

### 8.22《中国共产党中央委员会工作条例》（2020年9月30日）（节录）

**第十四条** 在党的全国代表大会闭会期间，中央委员会执行全国代表大会的决议，行使以下职权：

（一）召集全国代表大会，决定全国代表大会代表的名额和选举办法；讨论中央委员会向全国代表大会的报告、中央纪律检查委员会向全国代表大会的报告、党章修正案，并决定提请全国代表大会审查和审议。必要时决定召开党的全国代表会议，决定全国代表会议代表的名额和产生办法。

（二）选举产生中央领导机构和中央委员会总书记，通过中央书记处成员，决定中央军事委员会组成人员，批准中央纪律检查委员会全体会议选举产生的常务委员会和书记、副书记；增选、增补中央领导机构成员，增补中央书记处成员、中央军事委员会组成人员。

……

（五）讨论决定国家主席、副主席推荐人选，全国人大常委会、国务院、全国政协、中央军事委员会、国家监察委员会、最高人民法院、最高人民检察院领导人员推荐人选。

……

**第十六条** 中央政治局常务委员会贯彻执行全国代表大会和中央委员会的决议、决定，组织实施中央政治局制定的方针政策，行使以下职权：

……

（五）听取中央书记处工作报告和中央纪律检查委员会（国家监察委员会）、全国人大常委会党组、国务院党组、全国政协党组、最高人民法院党组、最高人民检察院党组等的工作汇报。

……

## 第九条【地方各级监察委员会的产生、职责、组成人员以及和权力机关、上级监察委员会的关系】

地方各级监察委员会由本级人民代表大会产生，负责本行政区域内的监察工作。

地方各级监察委员会由主任、副主任若干人、委员若干人组成，主任由本级人民代表大会选举，副主任、委员由监察委员会主任提请本级人民代表大会常务委员会任免。

地方各级监察委员会主任每届任期同本级人民代表大会每届任期相同。

地方各级监察委员会对本级人民代表大会及其常务委员会和上一级监察委员会负责，并接受其监督。

### 关联法规指引

**9.11《中华人民共和国宪法》（2018年3月11日）（节录）**

**第一百零一条** 地方各级人民代表大会分别选举并且有权罢免本级人民政府的省长和副省长、市长和副市长、县长和副县长、区长和副区长、乡长和副乡长、镇长和副镇长。

县级以上的地方各级人民代表大会选举并且有权罢免本级监察委员会主任、本级人民法院院长和本级人民检察院检察长。选出或者罢免人民检察院检察长，须报上级人民检察院检察长提请该级人民代表大会常务委员会批准。

**第一百零三条**

……

县级以上的地方各级人民代表大会常务委员会的组成人员不得担任国家行政机关、监察机关、审判机关和检察机关的职务。

**第一百零四条** 县级以上的地方各级人民代表大会常务委员会讨论、决定本行政区域内各方面工作的重大事项；监督本级人民政府、监察委员会、人民法院和人民检察院的工作；撤销本级人民政府的不适当的决定和命令；撤销下一级人民代表大会的不适当的决议；依照法律规定的权限决定国家机关工作人员的任免；在本级人民代表大会闭会期间，罢免和补选上一级人民代表大会的个别代表。

**第一百二十六条** 国家监察委员会对全国人民代表大会和全国人民代表大会常务委员会负责。地方各级监察委员会对产生它的国家权力机关和上一级监察委员会负责。

**9.21《中国共产党章程》（2022年10月22日）（节录）**

**第四十五条**

……

党的各级纪律检查委员会每届任期和同级党的委员会相同。

党的中央纪律检查委员会全体会议，选

举常务委员会和书记、副书记，并报党的中央委员会批准。党的地方各级纪律检查委员会全体会议，选举常务委员会和书记、副书记，并由同级党的委员会通过，报上级党的委员会批准。党的基层委员会是设立纪律检查委员会，还是设立纪律检查委员，由它的上一级党组织根据具体情况决定。党的总支部委员会和支部委员会设纪律检查委员。

党的中央和地方纪律检查委员会向同级党和国家机关全面派驻的纪律检查组，按照规定向有关国有企业、事业单位派驻党的纪律检查组。纪律检查组组长参加驻在单位党的领导组织的有关会议。他们的工作必须受到该单位党的领导组织的支持。

## 第十条【监察委领导体制】

国家监察委员会领导地方各级监察委员会的工作，上级监察委员会领导下级监察委员会的工作。

### 关联法规指引

**10.11《中华人民共和国监察法实施条例》（2021年9月20日）（节录）**

第十条　国家监察委员会在党中央领导下开展工作。地方各级监察委员会在同级党委和上级监察委员会双重领导下工作，监督执法调查工作以上级监察委员会领导为主，线索处置和案件查办在向同级党委报告的同时应当一并向上一级监察委员会报告。

上级监察委员会应当加强对下级监察委员会的领导。下级监察委员会对上级监察委员会的决定必须执行，认为决定不当的，应当在执行的同时向上级监察委员会反映。上级监察委员会对下级监察委员会作出的错误决定，应当按程序予以纠正，或者要求下级监察委员会予以纠正。

第十一条　上级监察委员会可以依法统一调用所辖各级监察机关的监察人员办理监察事项。调用决定应当以书面形式作出。

监察机关办理监察事项应当加强互相协作和配合，对于重要、复杂事项可以提请上级监察机关予以协调。

**10.12《中华人民共和国宪法》（2018年3月11日）（节录）**

第一百二十五条　中华人民共和国国家监察委员会是最高监察机关。

国家监察委员会领导地方各级监察委员会的工作，上级监察委员会领导下级监察委员会的工作。

**10.21《中国共产党章程》（2022年10月22日）（节录）**

第四十五条　党的中央纪律检查委员会在党的中央委员会领导下进行工作。党的地方各级纪律检查委员会和基层纪律检查委员会在同级党的委员会和上级纪律检查委员会双重领导下进行工作。上级党的纪律检查委员会加强对下级纪律检查委员会的领导。

党的各级纪律检查委员会每届任期和同级党的委员会相同。

……

10.22《中国共产党党和国家机关基层组织工作条例》（2019年12月27日）（节录）

第九条

……

机关党的纪律检查委员会在同级机关党的基层委员会和上级机关纪检监察工作委员会双重领导下进行工作，接受派驻纪检监察组的业务指导和监督检查。

10.23《中国共产党纪律检查机关监督执纪工作规则》（2019年1月1日）（节录）

第三条　监督执纪工作应当遵循以下原则：

……

（二）坚持纪律检查工作双重领导体制，监督执纪工作以上级纪委领导为主，线索处置、立案审查等在向同级党委报告的同时应当向上级纪委报告；

……

## 第十一条【监察职责】

监察委员会依照本法和有关法律规定履行监督、调查、处置职责：

（一）对公职人员开展廉政教育，对其依法履职、秉公用权、廉洁从政从业以及道德操守情况进行监督检查；

（二）对涉嫌贪污贿赂、滥用职权、玩忽职守、权力寻租、利益输送、徇私舞弊以及浪费国家资财等职务违法和职务犯罪进行调查；

（三）对违法的公职人员依法作出政务处分决定；对履行职责不力、失职失责的领导人员进行问责；对涉嫌职务犯罪的，将调查结果移送人民检察院依法审查、提起公诉；向监察对象所在单位提出监察建议。

### 关联法规指引

11.11《中华人民共和国监察法实施条例》（2021年9月20日）（节录）

第十四条　监察机关依法履行监察监督职责，对公职人员政治品行、行使公权力和道德操守情况进行监督检查，督促有关机关、单位加强对所属公职人员的教育、管理、监督。

第十五条　监察机关应当坚决维护宪法确立的国家指导思想，加强对公职人员特别是领导人员坚持党的领导、坚持中国特色社会主义制度，贯彻落实党和国家路线方针政策、重大决策部署，履行从严管理监督职责，依法行使公权力等情况的监督。

第十六条　监察机关应当加强对公职人员理想教育、为人民服务教育、宪法法律法规教育、优秀传统文化教育，弘扬社会主义核心价值观，深入开展警示教育，教育引导公职人员树立正确的权力观、责任观、利益观，保持为民务实清廉本色。

第十七条　监察机关应当结合公职人员的职责加强日常监督，通过收集群众反映、座谈走访、查阅资料、召集或者列席会议、听取工作汇报和述责述廉、开展监督检查等方式，促进公职人员依法用权、秉公用权、廉洁用权。

**第十八条** 监察机关可以与公职人员进行谈心谈话，发现政治品行、行使公权力和道德操守方面有苗头性、倾向性问题的，及时进行教育提醒。

**第十九条** 监察机关对于发现的系统性、行业性的突出问题，以及群众反映强烈的问题，可以通过专项检查进行深入了解，督促有关机关、单位强化治理，促进公职人员履职尽责。

**第二十条** 监察机关应当以办案促进整改、以监督促进治理，在查清问题、依法处置的同时，剖析问题发生的原因，发现制度建设、权力配置、监督机制等方面存在的问题，向有关机关、单位提出改进工作的意见或者监察建议，促进完善制度，提高治理效能。

**第二十一条** 监察机关开展监察监督，应当与纪律监督、派驻监督、巡视监督统筹衔接，与人大监督、民主监督、行政监督、司法监督、审计监督、财会监督、统计监督、群众监督和舆论监督等贯通协调，健全信息、资源、成果共享等机制，形成监督合力。

**第二十二条** 监察机关依法履行监察调查职责，依据监察法、《中华人民共和国公职人员政务处分法》（以下简称政务处分法）和《中华人民共和国刑法》（以下简称刑法）等规定对职务违法和职务犯罪进行调查。

**第二十三条** 监察机关负责调查的职务违法是指公职人员实施的与其职务相关联，虽不构成犯罪但依法应当承担法律责任的下列违法行为：

（一）利用职权实施的违法行为；

（二）利用职务上的影响实施的违法行为；

（三）履行职责不力、失职失责的违法行为；

（四）其他违反与公职人员职务相关的特定义务的违法行为。

**第二十四条** 监察机关发现公职人员存在其他违法行为，具有下列情形之一的，可以依法进行调查、处置：

（一）超过行政违法追究时效，或者超过犯罪追诉时效、未追究刑事责任，但需要依法给予政务处分的；

（二）被追究行政法律责任，需要依法给予政务处分的；

（三）监察机关调查职务违法或者职务犯罪时，对被调查人实施的事实简单、清楚，需要依法给予政务处分的其他违法行为一并查核的。

监察机关发现公职人员成为监察对象前有前款规定的违法行为的，依照前款规定办理。

**第二十五条** 监察机关依法对监察法第十一条第二项规定的职务犯罪进行调查。

**第二十六条** 监察机关依法调查涉嫌贪污贿赂犯罪，包括贪污罪，挪用公款罪，受贿罪，单位受贿罪，利用影响力受贿罪，行贿罪，对有影响力的人行贿罪，对单位行贿罪，介绍贿赂罪，单位行贿罪，巨额财产来源不明罪，隐瞒境外存款罪，私分国有资产罪，私分罚没财物罪，以及公职人员在行使公权力过程中实施的职务侵占罪，挪用资金罪，对外国公职人员、国际公共组织官员行贿罪，非国家工作人员受贿罪和相关联的对非国家工作人员行贿罪。

**第二十七条** 监察机关依法调查公职人员涉嫌滥用职权犯罪，包括滥用职权罪，国有公司、企业、事业单位人员滥用职权罪，滥用管理公司、证券职权罪，食品、药品监管渎职罪，故意泄露国家秘密罪，报复陷害罪，阻碍解救被拐卖、绑架妇女、儿童罪，帮助犯罪分子逃避处罚罪，违法发放林木采伐许可证罪，办理偷越国（边）境人员出入境证件罪，放行偷越国（边）境人员罪，挪用特定款物罪，非法剥夺公民宗教信仰自由罪，侵犯少数民族风俗习惯罪，打击报复会计、统计人员罪，以及司法工作人员以外的公职人员利用职权实施的非法拘禁罪、虐待被监管人罪、非法搜查罪。

第二十八条　监察机关依法调查公职人员涉嫌玩忽职守犯罪，包括玩忽职守罪，国有公司、企业、事业单位人员失职罪，签订、履行合同失职被骗罪，国家机关工作人员签订、履行合同失职被骗罪，环境监管失职罪，传染病防治失职罪，商检失职罪，动植物检疫失职罪，不解救被拐卖、绑架妇女、儿童罪，失职造成珍贵文物损毁、流失罪，过失泄露国家秘密罪。

第二十九条　监察机关依法调查公职人员涉嫌徇私舞弊犯罪，包括徇私舞弊低价折股、出售国有资产罪，非法批准征收、征用、占用土地罪，非法低价出让国有土地使用权罪，非法经营同类营业罪，为亲友非法牟利罪，枉法仲裁罪，徇私舞弊发售发票、抵扣税款、出口退税罪，商检徇私舞弊罪，动植物检疫徇私舞弊罪，放纵走私罪，放纵制售伪劣商品犯罪行为罪，招收公务员、学生徇私舞弊罪，徇私舞弊不移交刑事案件罪，违法提供出口退税凭证罪，徇私舞弊不征、少征税款罪。

第三十条　监察机关依法调查公职人员在行使公权力过程中涉及的重大责任事故犯罪，包括重大责任事故罪，教育设施重大安全事故罪，消防责任事故罪，重大劳动安全事故罪，强令、组织他人违章冒险作业罪，危险作业罪，不报、谎报安全事故罪，铁路运营安全事故罪，重大飞行事故罪，大型群众性活动重大安全事故罪，危险物品肇事罪，工程重大安全事故罪。

第三十一条　监察机关依法调查公职人员在行使公权力过程中涉及的其他犯罪，包括破坏选举罪，背信损害上市公司利益罪，金融工作人员购买假币、以假币换取货币罪，利用未公开信息交易罪，诱骗投资者买卖证券、期货合约罪，背信运用受托财产罪，违法运用资金罪，违法发放贷款罪，吸收客户资金不入账罪，违规出具金融票证罪，对违法票据承兑、付款、保证罪，非法转让、倒卖土地使用权罪，私自开拆、隐匿、毁弃邮件、电报罪，故意延误投递邮件罪，泄露不应公开的案件信息罪，披露、报道不应公开的案件信息罪，接送不合格兵员罪。

第三十二条　监察机关发现依法由其他机关管辖的违法犯罪线索，应当及时移送有管辖权的机关。

监察机关调查结束后，对于应当给予被调查人或者涉案人员行政处罚等其他处理的，依法移送有关机关。

第三十三条　监察机关对违法的公职人员，依据监察法、政务处分法等规定作出政务处分决定。

第三十四条　监察机关在追究违法的公职人员直接责任的同时，依法对履行职责不力、失职失责，造成严重后果或者恶劣影响的领导人员予以问责。

监察机关应当组成调查组依法开展问责调查。调查结束后经集体讨论形成调查报告，需要进行问责的按照管理权限作出问责决定，或者向有权作出问责决定的机关、单位书面提出问责建议。

第三十五条　监察机关对涉嫌职务犯罪的人员，经调查认为犯罪事实清楚，证据确实、充分，需要追究刑事责任的，依法移送人民检察院审查起诉。

第三十六条　监察机关根据监督、调查结果，发现监察对象所在单位在廉政建设、权力制约、监督管理、制度执行以及履行职责等方面存在问题需要整改纠正的，依法提出监察建议。

监察机关应当跟踪了解监察建议的采纳情况，指导、督促有关单位限期整改，推动监察建议落实到位。

**11.12《事业单位人事管理条例》（2014年7月1日）（节录）**

第二十八条　事业单位工作人员有下列行为之一的，给予处分：

（一）损害国家声誉和利益的；

（二）失职渎职的；

（三）利用工作之便谋取不正当利益的；

（四）挥霍、浪费国家资财的；

（五）严重违反职业道德、社会公德的；

（六）其他严重违反纪律的。

（★关于监察委管辖罪名的刑法规范及立案（定罪量刑）标准，请见附件。限于篇幅，本部分不再详细列出）

**11.21《中国共产党章程》（2022年10月22日）（节录）**

第四十六条　党的各级纪律检查委员会是党内监督专责机关，主要任务是：维护党的章程和其他党内法规，检查党的路线、方针、政策和决议的执行情况，协助党的委员会推进全面从严治党、加强党风建设和组织协调反腐败工作，推动完善党和国家监督体系。

党的各级纪律检查委员会的职责是监督、执纪、问责，要经常对党员进行遵守纪律的教育，作出关于维护党纪的决定；对党的组织和党员领导干部履行职责、行使权力进行监督，受理处置党员群众检举举报，开展谈话提醒、约谈函询；检查和处理党的组织和党员违反党的章程和其他党内法规的比较重要或复杂的案件，决定或取消对这些案件中的党员的处分；进行问责或提出责任追究的建议；受理党员的控告和申诉；保障党员的权利。

各级纪律检查委员会要把处理特别重要或复杂的案件中的问题和处理的结果，向同级党的委员会报告。党的地方各级纪律检查委员会和基层纪律检查委员会要同时向上级纪律检查委员会报告。

各级纪律检查委员会发现同级党的委员会委员有违犯党的纪律的行为，可以先进行初步核实，如果需要立案检查的，应当在向同级党的委员会报告的同时向上一级纪律检查委员会报告；涉及常务委员的，报告上一级纪律检查委员会，由上一级纪律检查委员会进行初步核实，需要审查的，由上一级纪律检查委员会报它的同级党的委员会批准。

**11.22《中国共产党问责条例》（2019年9月1日）（节录）**

第四条　党委（党组）应当履行全面从严治党主体责任，加强对本地区本部门本单位问责工作的领导，追究在党的建设、党的事业中失职失责党组织和党的领导干部的主体责任、监督责任、领导责任。

纪委应当履行监督专责，协助同级党委开展问责工作。纪委派驻（派出）机构按照职责权限开展问责工作。

党的工作机关应当依据职能履行监督职责，实施本机关本系统本领域的问责工作。

第五条　问责对象是党组织、党的领导干部，重点是党委（党组）、党的工作机关及其领导成员，纪委、纪委派驻（派出）机构及其领导成员。

第六条　问责应当分清责任。党组织领导班子在职责范围内负有全面领导责任，领导班子主要负责人和直接主管的班子成员在职责范围内承担主要领导责任，参与决策和工作的班子成员在职责范围内承担重要领导责任。

对党组织问责的，应当同时对该党组织中负有责任的领导班子成员进行问责。

党组织和党的领导干部应当坚持把自己摆进去、把职责摆进去、把工作摆进去，注重从自身找问题、查原因，勇于担当、敢于负责，不得向下级党组织和干部推卸责任。

**第七条** 党组织、党的领导干部违反党章和其他党内法规，不履行或者不正确履行职责，有下列情形之一，应当予以问责：

（一）党的领导弱化，"四个意识"不强，"两个维护"不力，党的基本理论、基本路线、基本方略没有得到有效贯彻执行，在贯彻新发展理念，推进经济建设、政治建设、文化建设、社会建设、生态文明建设中，出现重大偏差和失误，给党的事业和人民利益造成严重损失，产生恶劣影响的；

（二）党的政治建设抓得不实，在重大原则问题上未能同党中央保持一致，贯彻落实党的路线方针政策和执行党中央重大决策部署不力，不遵守重大事项请示报告制度，有令不行、有禁不止，阳奉阴违、欺上瞒下，团团伙伙、拉帮结派问题突出，党内政治生活不严肃不健康，党的政治建设工作责任制落实不到位，造成严重后果或者恶劣影响的；

（三）党的思想建设缺失，党性教育特别是理想信念宗旨教育流于形式，意识形态工作责任制落实不到位，造成严重后果或者恶劣影响的；

（四）党的组织建设薄弱，党建工作责任制不落实，严重违反民主集中制原则，不执行领导班子议事决策规则，民主生活会、"三会一课"等党的组织生活制度不执行，领导干部报告个人有关事项制度执行不力，党组织软弱涣散，违规选拔任用干部等问题突出，造成恶劣影响的；

（五）党的作风建设松懈，落实中央八项规定及其实施细则精神不力，"四风"问题得不到有效整治，形式主义、官僚主义问题突出，执行党中央决策部署表态多调门高、行动少落实差，脱离实际、脱离群众，拖沓敷衍、推诿扯皮，造成严重后果的；

（六）党的纪律建设抓得不严，维护党的政治纪律、组织纪律、廉洁纪律、群众纪律、工作纪律、生活纪律不力，导致违规违纪行为多发，造成恶劣影响的；

（七）推进党风廉政建设和反腐败斗争不坚决、不扎实，削减存量、遏制增量不力，特别是对不收敛、不收手，问题线索反映集中、群众反映强烈，政治问题和经济问题交织的腐败案件放任不管，造成恶劣影响的；

（八）全面从严治党主体责任、监督责任落实不到位，对公权力的监督制约不力，好人主义盛行，不负责不担当，党内监督乏力，该发现的问题没有发现，发现问题不报告不处置，领导巡视巡察工作不力，落实巡视巡察整改要求走过场、不到位，该问责不问责，造成严重后果的；

（九）履行管理、监督职责不力，职责范围内发生重特大生产安全事故、群体性事件、公共安全事件，或者发生其他严重事故、事件，造成重大损失或者恶劣影响的；

（十）在教育医疗、生态环境保护、食品药品安全、扶贫脱贫、社会保障等涉及人民群众最关心最直接最现实的利益问题上不作为、乱作为、慢作为、假作为，损害和侵占群众利益问题得不到整治，以言代法、以权压法、徇私枉法问题突出，群众身边腐败和作风问题严重，造成恶劣影响的；

（十一）其他应当问责的失职失责情形。

**第八条** 对党组织的问责，根据危害程度以及具体情况，可以采取以下方式：

（一）检查。责令作出书面检查并切实整改。

（二）通报。责令整改，并在一定范围内通报。

（三）改组。对失职失责，严重违犯党的

纪律、本身又不能纠正的，应当予以改组。

对党的领导干部的问责，根据危害程度以及具体情况，可以采取以下方式：

（一）通报。进行严肃批评，责令作出书面检查、切实整改，并在一定范围内通报。

（二）诫勉。以谈话或者书面方式进行诫勉。

（三）组织调整或者组织处理。对失职失责、危害较重，不适宜担任现职的，应当根据情况采取停职检查、调整职务、责令辞职、免职、降职等措施。

（四）纪律处分。对失职失责、危害严重，应当给予纪律处分的，依照《中国共产党纪律处分条例》追究纪律责任。

上述问责方式，可以单独使用，也可以依据规定合并使用。问责方式有影响期的，按照有关规定执行。

**第九条** 发现有本条例第七条所列问责情形，需要进行问责调查的，有管理权限的党委（党组）、纪委、党的工作机关应当经主要负责人审批，及时启动问责调查程序。其中，纪委、党的工作机关对同级党委直接领导的党组织及其主要负责人启动问责调查，应当报同级党委主要负责人批准。

应当启动问责调查未及时启动的，上级党组织应当责令有管理权限的党组织启动。根据问题性质或者工作需要，上级党组织可以直接启动问责调查，也可以指定其他党组织启动。

对被立案审查的党组织、党的领导干部问责的，不再另行启动问责调查程序。

**第十条** 启动问责调查后，应当组成调查组，依规依纪依法开展调查，查明党组织、党的领导干部失职失责问题，综合考虑主客观因素，正确区分贯彻执行党中央或者上级决策部署过程中出现的执行不当、执行不力、不执行等不同情况，精准提出处理意见，做到事实清楚、证据确凿、依据充分、责任分明、程序合规、处理恰当，防止问责不力或者问责泛化、简单化。

**第十一条** 查明调查对象失职失责问题后，调查组应当撰写事实材料，与调查对象见面，听取其陈述和申辩，并记录在案；对合理意见，应当予以采纳。调查对象应当在事实材料上签署意见，对签署不同意见或者拒不签署意见的，调查组应当作出说明或者注明情况。

调查工作结束后，调查组应当集体讨论，形成调查报告，列明调查对象基本情况、调查依据、调查过程、问责事实、调查对象的态度、认识及其申辩，处理意见以及依据，由调查组组长以及有关人员签名后，履行审批手续。

**第十二条** 问责决定应当由有管理权限的党组织作出。

对同级党委直接领导的党组织，纪委和党的工作机关报经同级党委或者其主要负责人批准，可以采取检查、通报方式进行问责。采取改组方式问责的，按照党章和有关党内法规规定的权限、程序执行。

对同级党委管理的领导干部，纪委和党的工作机关报经同级党委或者其主要负责人批准，可以采取通报、诫勉方式进行问责；提出组织调整或者组织处理的建议。采取纪律处分方式问责的，按照党章和有关党内法规规定的权限、程序执行。

**第十三条** 问责决定作出后，应当及时向被问责党组织、被问责领导干部及其所在党组织宣布并督促执行。有关问责情况应当向纪委和组织部门通报，纪委应当将问责决定材料归入被问责领导干部廉政档案，组织部门应当将问责决定材料归入被问责领导干部的人事档案，并报上一级组织部门备案；涉及组织调整或者组织处理的，相应手续应当在1个月内办理完毕。

被问责领导干部应当向作出问责决定的党组织写出书面检讨，并在民主生活会、组织生活会或者党的其他会议上作出深刻检查。建立健全问责典型问题通报曝光制度，采取组织调整或者组织处理、纪律处分方式问责的，应当以适当方式公开。

**第十四条** 被问责党组织、被问责领导干部及其所在党组织应当深刻汲取教训，明确整改措施。作出问责决定的党组织应当加强督促检查，推动以案促改。

**第十五条** 需要对问责对象作出政务处分或者其他处理的，作出问责决定的党组织应当通报相关单位，相关单位应当及时处理并将结果通报或者报告作出问责决定的党组织。

**第十六条** 实行终身问责，对失职失责性质恶劣、后果严重的，不论其责任人是否调离转岗、提拔或者退休等，都应当严肃问责。

**第十七条** 有下列情形之一的，可以不予问责或者免予问责：

（一）在推进改革中因缺乏经验、先行先试出现的失误，尚无明确限制的探索性试验中的失误，为推动发展的无意过失；

（二）在集体决策中对错误决策提出明确反对意见或者保留意见的；

（三）在决策实施中已经履职尽责，但因不可抗力、难以预见等因素造成损失的。

对上级错误决定提出改正或者撤销意见未被采纳，而出现本条例第七条所列问责情形的，依照前款规定处理。上级错误决定明显违法违规的，应当承担相应的责任。

**第十八条** 有下列情形之一，可以从轻或者减轻问责：

（一）及时采取补救措施，有效挽回损失或者消除不良影响的；

（二）积极配合问责调查工作，主动承担责任的；

（三）党内法规规定的其他从轻、减轻情形。

**第十九条** 有下列情形之一，应当从重或者加重问责：

（一）对党中央、上级党组织三令五申的指示要求，不执行或者执行不力的；

（二）在接受问责调查和处理中，不如实报告情况，敷衍塞责、推卸责任，或者唆使、默许有关部门和人员弄虚作假，阻扰问责工作的；

（三）党内法规规定的其他从重、加重情形。

**第二十条** 问责对象对问责决定不服的，可以自收到问责决定之日起1个月内，向作出问责决定的党组织提出书面申诉。作出问责决定的党组织接到书面申诉后，应当在1个月内作出申诉处理决定，并以书面形式告知提出申诉的党组织、领导干部及其所在党组织。

申诉期间，不停止问责决定的执行。

**第二十一条** 问责决定作出后，发现问责事实认定不清楚、证据不确凿、依据不充分、责任不清晰、程序不合规、处理不恰当，或者存在其他不应当问责、不精准问责情况的，应当及时予以纠正。必要时，上级党组织可以直接纠正或者责令作出问责决定的党组织予以纠正。

党组织、党的领导干部滥用问责，或者在问责工作中严重不负责任，造成不良影响的，应当严肃追究责任。

**第二十二条** 正确对待被问责干部，对影响期满、表现好的干部，符合条件的，按照干部选拔任用有关规定正常使用。

**第二十三条** 本条例所涉及的审批权限均指最低审批权限，工作中根据需要可以按照更高层级的审批权限报批。

**第二十四条** 纪委派驻（派出）机构除执行本条例外，还应当执行党中央以及中央纪委相关规定。

### 11.23《中国共产党党员教育管理工作条例》（2019年5月6日）（节录）

**第三十九条** 在党中央领导下，由中央组织部牵头，中央纪委国家监委机关、中央宣传部、中央党校（国家行政学院）、中央和国家机关工委、教育部党组、国务院国资委党委等参加，建立全国党员教育管理工作协调小组，负责全国党员教育管理工作的规划部署、组织协调和检查指导，协调小组办公室设在中央组织部。省、自治区、直辖市党委应当建立党员教育管理工作协调机构。建立健全党员教育管理工作协调机构运行机制，充分发挥职能作用。

中央组织部主要负责党员教育管理工作统筹协调，抓好党员集中教育和经常性教育的组织安排，加强对党员教育管理工作的具体指导。

中央纪委国家监委机关主要负责党员纪律作风教育，指导开展党员监督，查处党员违犯党的纪律和职务违法、职务犯罪行为。

中央宣传部主要负责党员政治理论教育、形势政策教育，指导协调编写党员教育教材，组织党员先进典型的学习宣传。

中央党校（国家行政学院）主要负责党员领导干部培训，指导地方党校（行政学院）将党员教育培训列入教学计划，保证课时和教学质量。

中央和国家机关工委主要负责指导中央和国家机关各级党组织做好党员教育管理工作。

教育部党组主要负责宏观指导高等学校党员教育管理工作。

国务院国资委党委主要负责所监管企业党员教育管理工作。

地方各级党委组织部和纪检监察机关、党委宣传部、党校（行政学院）、机关工委、教育工委、国资委党委等，分别按照职能职责，承担党员教育管理工作任务。

### 11.24《中国共产党政法工作条例》（2019年1月13日）（节录）

**第三十五条** 有关地方和部门领导干部在领导和组织开展政法工作中，违反本条例和有关党内法规制度规定职责的，视情节轻重，由党委政法委员会进行约谈、通报、挂牌督办等；或者由纪检监察机关、组织人事部门按照管理权限，办理引咎辞职、责令辞职、免职等。因违纪违法应当承担责任的，给予党纪政务处分；涉嫌犯罪的，依法追究刑事责任。

### 11.25《中国共产党纪律处分条例》（2024年1月1日）（节录）

**第五条** 深化运用监督执纪"四种形态"，经常开展批评和自我批评，及时进行谈话提醒、批评教育、责令检查、诫勉，让"红红脸、出出汗"成为常态；党纪轻处分、组织调整成为违纪处理的大多数；党纪重处分、重大职务调整的成为少数；严重违纪涉嫌犯罪追究刑事责任的成为极少数。

**第六条** 本条例适用于违犯党纪应当受到党纪责任追究的党组织和党员。

**第七条** 党组织和党员违反党章和其他党内法规，违反国家法律法规，违反党和国家政策，违反社会主义道德，危害党、国家和人民利益的行为，依照规定应当给予纪律处理或者处分的，都必须受到追究。

重点查处党的十八大以来不收敛、不收手，问题线索反映集中、群众反映强烈，政治问题和经济问题交织的腐败案件，违反中央八项规定精神的问题。

**第八条** 对党员的纪律处分种类：

（一）警告；
（二）严重警告；
（三）撤销党内职务；
（四）留党察看；
（五）开除党籍。

**第九条** 对于违犯党纪的党组织，上级党组织应当责令其作出书面检查或者给予通报批评。对于严重违犯党纪、本身又不能纠正的党组织，上一级党的委员会在查明核实后，根据情节严重的程度，可以予以：

（一）改组；

（二）解散。

## 11.26《中国共产党党内监督条例》（2016年10月27日）（节录）

**第五条** 党内监督的任务是确保党章党规党纪在全党有效执行，维护党的团结统一，重点解决党的领导弱化、党的建设缺失、全面从严治党不力，党的观念淡漠、组织涣散、纪律松弛，管党治党宽松软问题，保证党的组织充分履行职能、发挥核心作用，保证全体党员发挥先锋模范作用，保证党的领导干部忠诚干净担当。

党内监督的主要内容是：

（一）遵守党章党规，坚定理想信念，践行党的宗旨，模范遵守宪法法律情况；

（二）维护党中央集中统一领导，牢固树立政治意识、大局意识、核心意识、看齐意识，贯彻落实党的理论和路线方针政策，确保全党令行禁止情况；

（三）坚持民主集中制，严肃党内政治生活，贯彻党员个人服从党的组织，少数服从多数，下级组织服从上级组织，全党各个组织和全体党员服从党的全国代表大会和中央委员会原则情况；

（四）落实全面从严治党责任，严明党的纪律特别是政治纪律和政治规矩，推进党风廉政建设和反腐败工作情况；

（五）落实中央八项规定精神，加强作风建设，密切联系群众，巩固党的执政基础情况；

（六）坚持好干部标准，树立正确选人用人导向，执行干部选拔任用工作规定情况；

（七）廉洁自律、秉公用权情况；

（八）完成党中央和上级党组织部署的任务情况。

**第七条** 党内监督必须把纪律挺在前面，运用监督执纪"四种形态"，经常开展批评和自我批评、约谈函询，让"红红脸、出出汗"成为常态；党纪轻处分、组织调整成为违纪处理的大多数；党纪重处分、重大职务调整的成为少数；严重违纪涉嫌违法立案审查的成为极少数。

**第二十六条** 党的各级纪律检查委员会是党内监督的专责机关，履行监督执纪问责职责，加强对所辖范围内党组织和领导干部遵守党章党规党纪、贯彻执行党的路线方针政策情况的监督检查，承担下列具体任务：

（一）加强对同级党委特别是常委会委员、党的工作部门和直接领导的党组织、党的领导干部履行职责、行使权力情况的监督；

（二）落实纪律检查工作双重领导体制，执纪审查工作以上级纪委领导为主，线索处置和执纪审查情况在向同级党委报告的同时向上级纪委报告，各级纪委书记、副书记的提名和考察以上级纪委会同组织部门为主；

（三）强化上级纪委对下级纪委的领导，纪委发现同级党委主要领导干部的问题，可以直接向上级纪委报告；下级纪委至少每半年向上级纪委报告1次工作，每年向上级纪委进行述职。

## 11.27《关于实行党风廉政建设责任制的规定》（2010年11月10日）（节录）

**第七条** 领导班子、领导干部在党风廉政建设中承担以下领导责任：

（一）贯彻落实党中央、国务院以及上级党委（党组）、政府和纪检监察机关关于党风廉政建设的部署和要求，结合实际研究制定党风廉政建设工作计划、目标要求和具体措施，每年召开专题研究党风廉政建设的党委常委会议（党组会议）和政府廉政建设工作会议，对党风廉政建设工作任务进行责任分解，明确领导班子、领导干部在党风廉政建设中的职责和任务分工，并按照计划推动落实；

（二）开展党性党风党纪和廉洁从政教育，组织党员、干部学习党风廉政建设理论和法规制度，加强廉政文化建设；

（三）贯彻落实党风廉政法规制度，推进制度创新，深化体制机制改革，从源头上预防和治理腐败；

（四）强化权力制约和监督，建立健全决策权、执行权、监督权既相互制约又相互协调的权力结构和运行机制，推进权力运行程序化和公开透明；

（五）监督检查本地区、本部门、本系统的党风廉政建设情况和下级领导班子、领导干部廉洁从政情况；

（六）严格按照规定选拔任用干部，防止和纠正选人用人上的不正之风；

（七）加强作风建设，纠正损害群众利益的不正之风，切实解决党风政风方面存在的突出问题；

（八）领导、组织并支持执纪执法机关依纪依法履行职责，及时听取工作汇报，切实解决重大问题。

**第十三条** 纪检监察机关（机构）、组织人事部门协助同级党委（党组）开展对党风廉政建设责任制执行情况的检查考核，或者根据职责开展检查工作。

**第二十四条** 领导班子、领导干部违反本规定，需要查明事实、追究责任的，由有关机关或者部门按照职责和权限调查处理。其中需要追究党纪政纪责任的，由纪检监察机关按照党纪政纪案件的调查处理程序办理；需要给予组织处理的，由组织人事部门或者由负责调查的纪检监察机关会同组织人事部门，按照有关权限和程序办理。

**第二十八条** 各级纪检监察机关应当加强对下级党委（党组）、政府实施责任追究情况的监督检查，发现有应当追究而未追究或者责任追究处理决定不落实等问题的，应当及时督促下级党委（党组）、政府予以纠正。

### 11.28《国有企业领导人员廉洁从业若干规定》（2009年7月1日）（节录）

**第十七条** 纪检监察机关、组织人事部门和履行国有资产出资人职责的机构，应当对国有企业领导人员进行经常性的教育和监督。

**第十九条** 各级纪检监察机关、组织人事部门和履行国有资产出资人职责机构的纪检监察机构，应当对所管辖的国有企业领导人员执行本规定的情况进行监督检查。

国有企业的纪检监察机构应当结合年度考核，每年对所管辖的国有企业领导人员执行本规定的情况进行监督检查，并作出评估，向企业党组织和上级纪检监察机构报告。

对违反本规定行为的检举和控告，有关机构应当及时受理，并作出处理决定或者提出处理建议。

对违反本规定行为的检举和控告符合函询条件的，应当按规定进行函询。

对检举、控告违反本规定行为的职工进行打击报复的，应当追究相关责任人的责任。

### 11.29《干部选拔任用工作监督检查和责任追究办法》（2019年5月13日）（节录）

**第四条** 党委（党组）及其组织（人事）部门按照职责权限，负责干部选拔任用工作的监督检查和责任追究，纪检监察机关、巡视巡察机构按照有关规定履行干部选拔任用工作监督职责。

中央组织部负责监督检查和责任追究工作的宏观指导，地方党委组织部和垂直管理单位组织（人事）部门负责指导本地区本系统的监督检查和责任追究工作。

**11.210《党政主要领导干部和国有企业领导人员经济责任审计规定实施细则》（2014年7月27日）（节录）**

**第三十八条** 纪检监察机关在审计结果运用中的主要职责：

（一）依纪依法受理审计移送的案件线索；

（二）依纪依法查处经济责任审计中发现的违纪违法行为；

（三）对审计结果反映的典型性、普遍性、倾向性问题适时进行研究；

（四）以适当方式将审计结果运用情况反馈审计机关。

**11.211《农村基层干部廉洁履行职责若干规定（试行）》（2011年5月23日）（节录）**

**第一条** 禁止滥用职权，侵害群众合法权益。不准有下列行为：

（一）非法征占、侵占、"以租代征"转用、买卖农村土地和森林、山岭、草原、荒地、滩涂、水面等资源；

（二）违反乡镇土地利用总体规划、村镇建设规划和基本农田保护规定进行审批和建设；

（三）侵占、截留、挪用、挥霍或者违反规定借用农村集体财产或者各项强农惠农资金、物资以及征地补偿费等；

（四）违反规定干预、插手农村村级组织选举或者农村集体资金、资产、资源的使用、分配、承包、租赁以及农村工程建设等事项；

（五）违反规定扣押、收缴群众款物或者处罚群众；

（六）对发现的严重侵害群众合法权益的违纪违法行为隐瞒不报、压案不查；

（七）其他滥用职权，侵害群众合法权益的行为。

**第二条** 禁止利用职务之便，谋取不正当利益。不准有下列行为：

（一）索取、收受或者以借为名占用管理、服务对象财物，或者吃拿卡要；

（二）在管理、服务活动中违反规定收取费用或者谋取私利；

（三）用公款或者由村级组织、乡镇企业、私营企业报销、支付应当由个人负担的费用；

（四）设立"小金库"，侵吞、截留、挪用、坐支公款；

（五）利用职权和职务上的影响为亲属谋取利益；

（六）其他利用职务之便，为本人或者他人谋取不正当利益的行为。

**第三条** 禁止搞不正之风，损害党群干群关系。不准有下列行为：

（一）违反规定选拔任用干部，或者在乡镇党委和政府换届选举中拉票贿选，败坏选人用人风气；

（二）弄虚作假，骗取荣誉和其他利益；

（三）在社会保障、政策扶持、救灾救济款物分配等事项中违规办事、显失公平；

（四）漠视群众正当诉求，或者对待群众态度恶劣、故意刁难群众；

（五）大吃大喝，公款旅游，或者违反规定配备、使用小汽车；

（六）大操大办婚丧喜庆事宜，或者借机敛财。

**第四条** 禁止在村级组织选举中拉票贿选、破坏选举。不准有下列行为：

（一）违反法定程序组织、参与选举，或者伪造选票、虚报选举票数、篡改选举结果；

（二）采取暴力、威胁、欺骗、贿赂等不正当手段参选或者妨害村民依法行使选举权、被选举权；

（三）利用宗教、宗族、家族势力或者黑恶势力干扰、操纵、破坏选举。

**第五条** 禁止在村级事务决策中独断专行、以权谋私。不准有下列行为：

（一）违反规定处置集体资金、资产、资源，或者擅自用集体财产为他人提供担保，损害集体利益；

（二）违法违规发包集体土地、调整收回农民承包土地、强迫或者阻碍农民流转土地承包经营权，非法转让、出租集体土地，或者违反规定强制调整农民宅基地；

（三）在政府拨付和接受社会捐赠的各类救灾救助、补贴补助资金、物资以及退耕还林退牧还草款物、征地补偿费使用分配发放等方面违规操作、挪用、侵占，或者弄虚作假、优亲厚友；

（四）在集体资金使用、集体经济项目和工程建设项目立项及承包、宅基地使用安排以及耕地、山林等集体资源承包、租赁、流转等经营活动中暗箱操作，为本人或者他人谋取私利；

（五）违背村民意愿超范围、超标准向村民筹资筹劳，加重村民负担，或者向村民乱集资、乱摊派、乱收费。

**第六条** 禁止在村级事务管理中滥用职权、损公肥私。不准有下列行为：

（一）采取侵占、截留、挪用、私分、骗取等手段非法占有集体资金、资产、资源或者其他公共财物；

（二）在计划生育、落户、殡葬等各项管理、服务工作中或者受委托从事公务活动时，吃拿卡要、故意刁难群众或者收受、索取财物；

（三）违反规定无据收（付）款，不按审批程序报销发票，或者设立"小金库"，隐瞒、截留、坐支集体收入；

（四）以虚报、冒领等手段套取、骗取或者截留、私分国家对集体土地的补偿、补助费以及各项强农惠农补助资金、项目扶持资金；

（五）未经批准擅自借用集体款物或者经批准借用集体款物但逾期不还，或者违反规定用集体资金、公物操办个人婚丧喜庆事宜；

（六）以办理村务为名，请客送礼、大吃大喝，挥霍浪费集体资金，或者滥发奖金、补贴，用集体资金支付应当由个人负担的费用。

**第七条** 禁止在村级事务监督中弄虚作假、逃避监督。不准有下列行为：

（一）不按照规定实行民主理财，或者伪造、变造、隐匿、销毁财务会计资料；

（二）阻挠、干扰村民依法行使询问质询权、罢免权等监督权利；

（三）阻挠、干扰经济责任审计以及其他重大事项的审计；

（四）阻挠、干扰有关机关、部门依法进行的监督检查或者案件查处。

**第八条** 禁止妨害和扰乱社会管理秩序。不准有下列行为：

（一）参与、纵容、支持黑恶势力活动；

（二）组织、参与宗族宗派纷争或者聚众闹事；

（三）参与色情、赌博、吸毒、迷信、邪教等活动或者为其提供便利条件；

（四）违反计划生育政策或者纵容、支持他人违反计划生育政策。

**第十二条** 纪检监察机关协助同级党委和政府或者根据职责开展对本规定贯彻实施情况的监督检查，依纪依法查处农村基层干部违反本规定的行为。

**第二十条** 乡镇领导班子成员和基层站所负责人有违反本规定第一章所列行为的，视情节轻重，由有关机关、部门依照职责权限给予诫勉谈话、通报批评、调离岗位、责令辞职、免职、降职等处理。

应当追究党纪政纪责任的，依照《中国共产党纪律处分条例》、《行政机关公务员处分条例》等有关规定给予相应的党纪政纪处分。

乡镇党委和政府领导班子成员因工作失职，应当进行问责的，依照《关于实行党政领导干部问责的暂行规定》处理。

涉嫌犯罪的，移送司法机关依法处理。

**第二十一条** 村党组织领导班子成员有违反本规定第二章所列行为的，视情节轻重，由有关机关、部门依照职责权限给予警示谈话、责令公开检讨、通报批评、停职检查、责令辞职、免职等处理。

应当追究党纪责任的，依照《中国共产党纪律处分条例》给予相应的党纪处分。

涉嫌犯罪的，移送司法机关依法处理。

**第二十二条** 村民委员会成员有违反本规定第二章所列行为的，视情节轻重，由有关机关、部门依照职责权限给予警示谈话、责令公开检讨、通报批评、取消当选资格等处理或者责令其辞职，拒不辞职的，依照《中华人民共和国村民委员会组织法》的规定予以罢免。

对其中的党员，应当追究党纪责任的，依照《中国共产党纪律处分条例》给予相应的党纪处分。

涉嫌犯罪的，移送司法机关依法处理。

**第二十三条** 农村基层干部违反本规定获取的不正当经济利益，应当依法予以没收、追缴或者责令退赔；给国家、集体或者村民造成损失的，应当依照有关规定承担赔偿责任。

## 11.212《关于实行党政领导干部问责的暂行规定》（2009年6月30日）（节录）

**第四条** 党政领导干部受到问责，同时需要追究纪律责任的，依照有关规定给予党纪政纪处分；涉嫌犯罪的，移送司法机关依法处理。

**第五条** 有下列情形之一的，对党政领导干部实行问责：

（一）决策严重失误，造成重大损失或者恶劣影响的；

（二）因工作失职，致使本地区、本部门、本系统或者本单位发生特别重大事故、事件、案件，或者在较短时间内连续发生重大事故、事件、案件，造成重大损失或者恶劣影响的；

（三）政府职能部门管理、监督不力，在其职责范围内发生特别重大事故、事件、案件，或者在较短时间内连续发生重大事故、事件、案件，造成重大损失或者恶劣影响的；

（四）在行政活动中滥用职权，强令、授意实施违法行政行为，或者不作为，引发群体性事件或者其他重大事件的；

（五）对群体性、突发性事件处置失当，导致事态恶化，造成恶劣影响的；

（六）违反干部选拔任用工作有关规定，导致用人失察、失误，造成恶劣影响的；

（七）其他给国家利益、人民生命财产、公共财产造成重大损失或者恶劣影响等失职行为的。

**第六条** 本地区、本部门、本系统或者本单位在贯彻落实党风廉政建设责任制方面出现问题的，按照《关于实行党风廉政建设责任制的规定》，追究党政领导干部的责任。

**第七条** 对党政领导干部实行问责的方式分为：责令公开道歉、停职检查、引咎辞职、责令辞职、免职。

**第八条** 党政领导干部具有本规定第五条所列情形，并且具有下列情节之一的，应当从重问责：

（一）干扰、阻碍问责调查的；

（二）弄虚作假、隐瞒事实真相的；

（三）对检举人、控告人打击、报复、陷害的；

（四）党内法规和国家法律法规规定的其他从重情节。

**第九条** 党政领导干部具有本规定第五条所列情形，并且具有下列情节之一的，可以从轻问责：

（一）主动采取措施，有效避免损失或者挽回影响的；

（二）积极配合问责调查，并且主动承担责任的。

**第十条** 受到问责的党政领导干部，取消当年年度考核评优和评选各类先进的资格。

引咎辞职、责令辞职、免职的党政领导干部，一年内不得重新担任与其原任职务相当的领导职务。

对引咎辞职、责令辞职、免职的党政领导干部，可以根据工作需要以及本人一贯表现、特长等情况，由党委（党组）、政府按照干部管理权限酌情安排适当岗位或者相应工作任务。

引咎辞职、责令辞职、免职的党政领导干部，一年后如果重新担任与其原任职务相当的领导职务，除应当按照干部管理权限履行审批手续外，还应当征求上一级党委组织部门的意见。

## 第十二条【派驻或者派出监察机构、监察专员】

各级监察委员会可以向本级中国共产党机关、国家机关、中国人民政治协商会议委员会机关、法律法规授权或者委托管理公共事务的组织和单位以及辖区内特定区域、国有企业、事业单位等派驻或者派出监察机构、监察专员。

经国家监察委员会批准，国家监察委员会派驻本级实行垂直管理或者双重领导并以上级单位领导为主的单位、国有企业的监察机构、监察专员，可以向驻在单位的下一级单位再派出。

经国家监察委员会批准，国家监察委员会派驻监察机构、监察专员，可以向驻在单位管理领导班子的普通高等学校再派出；国家监察委员会派驻国务院国有资产监督管理机构的监察机构，可以向驻在单位管理领导班子的国有企业再派出。

监察机构、监察专员对派驻或者派出它的监察委员会或者监察机构、监察专员负责。

## 关联法规指引

**12.11《中华人民共和国监察法实施条例》（2021年9月20日）（节录）**

第十二条 各级监察委员会依法向本级中国共产党机关、国家机关、法律法规授权或者受委托管理公共事务的组织和单位以及所管辖的国有企业事业单位等派驻或者派出监察机构、监察专员。

省级和设区的市级监察委员会依法向地区、盟、开发区等不设置人民代表大会的区域派出监察机构或者监察专员。县级监察委员会和直辖市所辖区（县）监察委员会可以向街道、乡镇等区域派出监察机构或者监察专员。

监察机构、监察专员开展监察工作，受派出机关领导。

**12.21《中国共产党章程》（2022年10月22日）（节录）**

第四十五条

……

党的中央和地方纪律检查委员会向同级党和国家机关全面派驻党的纪律检查组，按照规定向有关国有企业、事业单位派驻党的纪律检查组。纪律检查组组长参加驻在单位党的领导组织的有关会议。他们的工作必须受到该单位党的领导组织的支持。

**12.22《中国共产党普通高等学校基层组织工作条例》（2021年4月16日）（节录）**

第十条 高校党委承担管党治党、办学治校主体责任，把方向、管大局、作决策、抓班子、带队伍、保落实。主要职责是：

……

（六）履行学校党风廉政建设主体责任，领导、支持内设纪检组织履行监督执纪问责职责，接受同级纪检组织和上级纪委监委及其派驻纪检监察机构的监督。

……

第十四条 高校设立党的基层纪律检查委员会（以下简称高校纪委）。高校纪委由党员大会或者党员代表大会选举产生，在同级党委和上级纪委双重领导下进行工作。上级纪委在监督检查、纪律审查等方面强化对高校纪委的领导。

实行向高校派驻纪检监察机构的，派驻纪检监察机构根据授权履行纪检、监察职责，代表上级纪委监委对高校党委进行监督。

**12.23《中国共产党党内监督条例》（2016年10月27日）（节录）**

第二十八条 纪委派驻纪检组对派出机关负责，加强对被监督单位领导班子及其成员、其他领导干部的监督，发现问题应当及时向派出机关和被监督单位党组织报告，认真负责调查处置，对需要问责的提出建议。

派出机关应当加强对派驻纪检组工作的领导，定期约谈被监督单位党组织主要负责人、派驻纪检组组长，督促其落实管党治党责任。

派驻纪检组应当带着实际情况和具体问题，定期向派出机关汇报工作，至少每半年会同被监督单位党组织专题研究1次党风廉政建设和反腐败工作。对能发现的问题没有发现是失职，发现问题不报告、不处置是渎职，都必须严肃问责。

**12.24《党组讨论和决定党员处分事项工作程序规定（试行）》（2019年1月1日）（节录）**

第二条 党组（包含党组性质党委，下同）应当认真履行全面从严治党主体责任，纪委监委派驻纪检监察组应当认真履行监督责任。坚持党要管党、全面从严治党，坚持党纪面前一律平等，坚持实事求是，坚持惩前毖后、治病救人，强化监督执纪问责，确保案件处理取得良好政治效果、纪法效果和社会效果，确保案件质量经得起历史和人民的检验。

**第四条** 中央纪委国家监委派驻纪检监察组（以下简称派驻纪检监察组）按照干部管理权限，对驻在部门（含综合监督单位，下同）党组管理的司局级党员干部涉嫌违纪问题进行立案审查和内部审理，经派驻纪检监察组集体研究，提出党纪处分初步建议，与驻在部门党组沟通并取得一致意见后，将案件移送中央和国家机关纪检监察工委（以下简称纪检监察工委）进行审理。

纪检监察工委对移送的案件应当认真履行审核把关和监督制约职能，形成审理报告并反馈派驻纪检监察组，做到事实清楚、证据确凿、定性准确、处理恰当、手续完备、程序合规。

纪检监察工委在审理过程中，应当加强与派驻纪检监察组沟通。派驻纪检监察组原则上应当尊重纪检监察工委的审理意见。如出现分歧，经沟通不能形成一致意见的，由纪检监察工委将双方意见报中央纪委研究决定。

派驻纪检监察组应当加强与有关方面沟通，特别是对驻在部门党组管理的正司局级党员领导干部违纪案件，在驻在部门党组会议召开前，应当与驻在部门党组和中央纪委充分交换意见。

**第五条** 经纪检监察工委审理后，派驻纪检监察组将党纪处分建议通报驻在部门党组，由党组讨论决定，党纪处分建议与党组的意见不同又不能协商一致的，由中央纪委研究决定。党纪处分决定应当正式通报派驻纪检监察组。

**第六条** 给予驻在部门的处级及以下党员干部党纪处分，由部门机关党委、机关纪委进行审查和审理，并依据《中国共产党章程》第四十二条规定履行相应程序后，由党组讨论决定。在作出党纪处分决定前，应当征求派驻纪检监察组意见。

根据工作需要，派驻纪检监察组可以直接审查驻在部门的处级及以下党员干部违反党纪的案件。派驻纪检监察组进行审查和审理后，提出党纪处分建议，移交驻在部门机关党委、机关纪委按照规定履行相应程序后，由党组讨论决定。必要时，派驻纪检监察组可以将党纪处分建议直接通报驻在部门党组，由党组讨论决定。

**第七条** 给予驻在部门党组管理的司局级党员干部党纪处分、给予处级党员干部撤销党内职务及以上党纪处分的，由驻在部门机关党委在党纪处分决定生效之日起30日内，将党纪处分决定及相关材料报纪检监察工委备案。纪检监察工委对备案材料应当认真审核，发现问题及时反馈并督促解决。

纪检监察工委应当每季度向中央纪委、中央和国家机关工委报送备案监督情况专项报告，必要时可以随时报告。

给予向中央备案的党员干部党纪处分的，驻在部门党组应当按照规定将党纪处分决定通报中央组织部。

**第八条** 对于党的组织关系在地方、干部管理权限在主管部门党组的党员干部违纪案件，凡由派驻纪检监察组查处的，由主管部门党组讨论决定，并向地方党组织通报处理结果。

对于地方纪委首先发现并立案审查，接受上级纪委指定或者与派驻纪检监察组协商后由地方纪委立案审查的上述案件，应当由地方纪委按照程序作出党纪处分决定，并向主管部门党组通报处理结果。在作出立案审查决定及审查处理过程中，地方纪委应当与主管部门党组和派驻纪检监察组加强沟通协调；经沟通不能形成一致意见的，报共同的上级党委或者纪委研究决定。

**第九条** 纪检监察工委在中央纪委领导下建立健全对中央和国家机关审查处理违纪案件的质量评查机制,对党组讨论决定、派驻纪检监察组审查处理的案件事实证据、性质认定、处分档次、程序手续等进行监督检查,采取通报、约谈等方式反馈评查结果。

**第十条** 党的工作机关、直属事业单位领导机构讨论和决定党员处分事项,参照本规定执行。

派驻纪检监察组给予驻在部门党组管理的干部政务处分,参照本规定办理,并以派驻纪检监察组名义作出政务处分决定,或者交由其任免机关、单位给予处分。

## 12.25《中国共产党纪律检查机关监督执纪工作规则》(2019年1月1日)(节录)

**第二十条** 纪检监察机关应当加强对问题线索的集中管理、分类处置、定期清理。信访举报部门归口受理同级党委管理的党组织和党员、干部以及监察对象涉嫌违纪或者职务违法、职务犯罪问题的信访举报,统一接收有关纪检监察机关、派驻或者派出机构以及其他单位移交的相关信访举报,移送本机关有关部门,深入分析信访形势,及时反映损害群众最关心、最直接、最现实的利益问题。

……

## 12.26《中央纪委监察部派驻机构工作汇报暂行办法》(2007年7月23日)(节录)

**第四条** 派驻机构每年年中向中央纪委监察部作上半年工作汇报。

**第五条** 年中汇报的主要内容:
(一)派驻机构上半年履行职责情况;
(二)派驻机构上半年自身建设情况;
(三)有关意见与建议。

**第六条** 年中汇报一般由中央纪委监察部分管领导听取派驻机构主要负责人汇报。

**第七条** 年中汇报一般通过召开会议进行。会议由中央纪委第一至第四纪检监察室按归口联系单位分别组织筹备,监察综合室、干部室派员参加。

**第八条** 派驻机构年中汇报的情况由中央纪委监察综合室汇总后呈报中央纪委监察部主要领导,并通报有关厅室局。派驻机构反映的问题与建议,由中央纪委监察综合室协调有关厅室局予以解决或回复。

**第九条** 派驻机构每年年底向中央纪委监察部作年度工作汇报。

**第十条** 年度汇报的主要内容:
(一)派驻机构履行职责的情况,重点是加强对驻在部门党组和行政领导班子及其成员监督工作情况、驻在部门及所属系统党风廉政建设和反腐败工作情况;
(二)派驻机构自身建设的情况及派驻机构干部执行廉洁自律规定情况;
(三)派驻机构主要负责人述职述廉;
(四)有关意见与建议。

**第十一条** 年度汇报一般通过召开派驻机构工作汇报会和派驻机构工作总结会进行。

**第十二条** 中央纪委监察部分管领导在重点走访部分驻在部门和派驻机构基础上,分别主持召开派驻机构工作汇报会,听取所分管的派驻机构主要负责人年度工作汇报、述职述廉。

派驻机构工作汇报会由中央纪委第一至第四纪检监察室按归口联系单位分别组织筹备,监察综合室、干部室派员参加。

**第十三条** 在派驻机构工作汇报会之后,召开派驻机构年度工作总结会,中央纪委监察部主要领导对派驻机构年度工作进行总结,对下一步工作提出要求,派驻机构交流工作经验。

派驻机构工作总结会由中央纪委监察综合室会同办公厅、干部室、机关事务管理局组织筹备。中央纪委监察部领导出席，中央纪委副秘书长、各厅室局负责人、各派驻机构主要负责人参加。

**第十四条** 派驻机构年度汇报应提交书面材料，由中央纪委监察综合室分送有关厅室局。对派驻机构年度汇报反映的问题与建议，由中央纪委监察综合室负责汇总，并协调有关厅室局予以解决或回复。

**第十五条** 除年中汇报和年度汇报外，中央纪委监察部领导可不定期与派驻机构主要负责人进行谈话；派驻机构主要负责人根据工作需要也可主动约请中央纪委监察部领导听取汇报。

**第十六条** 谈话汇报的主要内容：

（一）派驻机构主要负责人贯彻落实中央纪委监察部工作部署及本人廉政勤政情况；

（二）派驻机构履行监督职责情况；

（三）其他需要汇报的情况。

**第十七条** 谈话汇报根据中央纪委监察部领导意见由有关厅室局协助安排，相关材料按领导要求办理。

## 12.27《中央纪委监察部向派驻机构通报情况暂行办法》（2007年7月23日）

**第一条** 为进一步加强对中央纪委监察部派驻机构（以下简称派驻机构）工作的指导和服务，增进派驻机构对全局工作的了解，制定本办法。

**第二条** 中央纪委监察部每年不定期召开情况通报会，向派驻机构通报有关情况。根据工作需要，派驻机构也可以向中央纪委监察部提出通报有关情况的建议。

**第三条** 情况通报会一般由中央纪委监察综合室组织筹备，有关厅室局予以配合。中央纪委监察部领导要求有关厅室局通报情况的，由有关厅室局组织筹备。

**第四条** 情况通报会通报的主要内容是：

（一）中共中央、国务院的重要决定和有关会议精神；

（二）中央纪委监察部重要工作部署和进展情况；

（三）中央纪委监察部重要案件查办工作情况；

（四）中央纪委监察部干部管理工作有关情况；

（五）中央纪委监察部机关建设工作有关情况；

（六）需要通报的其他情况。

**第五条** 情况通报会出席人员为：中央纪委监察部有关领导，派驻机构负责人，中央纪委监察部有关厅室局负责人。

**第六条** 情况通报会有关材料由中央纪委监察部有关厅室局根据要求准备，监察综合室负责组织协调。

## 第十三条【派驻或者派出监察机构、监察专员的监察职责】

派驻或者派出的监察机构、监察专员根据授权,按照管理权限依法对公职人员进行监督,提出监察建议,依法对公职人员进行调查、处置。

—— 关联法规指引 ——

**13.11《中华人民共和国监察法实施条例》(2021年9月20日)(节录)**

**第十三条** 派驻或者派出的监察机构、监察专员根据派出机关授权,按照管理权限依法对派驻或者派出监督单位、区域等的公职人员开展监督,对职务违法和职务犯罪进行调查、处置。监察机构、监察专员可以按规定与地方监察委员会联合调查严重职务违法、职务犯罪,或者移交地方监察委员会调查。

未被授予职务犯罪调查权的监察机构、监察专员发现监察对象涉嫌职务犯罪线索的,应当及时向派出机关报告,由派出机关调查或者依法移交有关地方监察委员会调查。

**13.21《中国共产党国有企业基层组织工作条例(试行)》(2019年12月30日)(节录)**

**第三十一条** 国有企业内设纪检组织履行监督执纪问责职责,协助党委推进全面从严治党、加强党风建设和组织协调反腐败工作,精准运用监督执纪"四种形态",坚决惩治和预防腐败。

各级纪委监委派驻企业的纪检监察机构根据授权履行纪检、监察职责,代表上级纪委监委对企业党委(党组)实行监督,督促推动国有企业党委(党组)落实全面从严治党主体

责任。

**13.22《中国共产党党和国家机关基层组织工作条例》(2019年12月27日)(节录)**

**第三十七条**

……

党组(党委)按照干部管理权限,讨论决定处分党员有关事项,在作出党纪处分决定前应当与派驻纪检监察组交换意见。处分决定生效后,有关处分决定和材料应当按照要求报机关纪检监察工作委员会备案。

**13.23《中国共产党工作机关条例(试行)》(2017年3月1日)(节录)**

**第二十三条**

……

党的工作机关应当自觉接受党的纪律检查机关及其派驻机构、党委直属机关纪工委以及机关纪委的监督。

**13.24《纪检监察机关派驻机构工作规则》(2022年6月22日)(节录)**

**第二十二条** 派驻机构依规依纪依法履行监督执纪问责和监督调查处置职责。

**第二十三条** 派驻机构应当把监督作为基本职责,结合驻在单位实际,重点监督检查以下情况:

（一）对党忠诚，践行党的性质宗旨情况；

（二）贯彻党的理论和路线方针政策、落实党中央决策部署、践行"两个维护"情况；

（三）落实全面从严治党主体责任、加强党风廉政建设和反腐败工作情况；

（四）贯彻执行民主集中制、依规依法履职用权、廉洁自律等情况。

**第二十四条** 派驻机构应当重点监督以下对象：

（一）驻在单位领导班子及其成员特别是主要负责人；

（二）驻在单位上级党委管理的其他人员；

（三）驻在单位党组（党委）管理的领导班子及其成员；

（四）其他列入重点监督对象的驻在单位人员。

**第二十五条** 派驻机构应当支持和督促驻在单位党组（党委）落实全面从严治党主体责任，协助其开展内部巡视巡察，推动驻在单位深化改革、健全制度、完善治理、防控风险。

**第二十六条** 派驻机构应当结合派驻监督工作情况，推动驻在单位党组（党委）开展全面从严治党、党风廉政建设和反腐败工作的形势任务教育，强化纪法教育、警示教育，推进廉洁文化建设，教育引导党员、干部以及监察对象修身律己，筑牢思想道德防线。

**第二十七条** 派驻机构对反映驻在单位组织和党员、干部以及监察对象问题的检举控告，按照规定受理和处置。

**第二十八条** 派驻机构对驻在单位领导班子及其成员、驻在单位上级党委管理的其他人员涉嫌违纪和职务违法、职务犯罪问题线索，经批准可以参与派出机关的初步核实、审查调查工作。

**第二十九条** 派驻机构负责审查以下党组织和党员涉嫌违犯党纪的案件：

（一）驻在单位党组（党委）直接领导的党组织；

（二）驻在单位党组（党委）管理的领导班子成员；

（三）本规则第二十四条第四项规定的人员。

派驻机构必要时可以审查驻在单位党组（党委）管理的其他党组织和党员涉嫌违犯党纪的案件。

派驻机构根据派出机关授权，依法调查驻在单位监察对象涉嫌职务违法、职务犯罪案件。

**第三十条** 派驻机构按照管理权限，对违纪违法的驻在单位党组织和党员、干部以及监察对象进行处理处分，对不履行或者不正确履行职责的驻在单位党组织和领导干部进行问责。

**第三十一条** 派驻机构负责受理和处置以下申诉或者复审申请：

（一）党组织和党员对派驻机构所作处理决定不服的申诉；

（二）监察对象对派驻机构所作处理决定不服的复审申请；

（三）被调查人及其近亲属对派驻机构及其工作人员侵害被调查人合法权益行为的申诉。

对于派驻机构立案审查调查后由驻在单位作出处理决定案件的申诉或者复核申请，派驻机构应当协助驻在单位做好有关处置工作。

**第三十二条** 派驻机构开展日常监督应当深入实际、深入群众，监督方式包括：

（一）参加会议。参加或者列席驻在单位领导班子会议等重要会议，了解学习贯彻党中央决策部署以及上级党组织决定情况和班子成员的意见态度，"三重一大"决策制度执行情况，按照规定向派出机关报告。

（二）谈心谈话。同党员、干部和群众广泛谈心谈话，听取对监督对象的反映，发现监督对象存在苗头性、倾向性问题的，进行谈话提醒、批评教育。

（三）听取汇报。听取驻在单位党组（党委）管理的领导班子及其成员履行管党治党责任情况的汇报，发现责任落实不到位的，进行提醒纠正。

（四）查阅资料。按照规定查阅、复制驻在单位有关文件、资料、数据等材料，了解核实有关情况。

（五）沟通情况。加强与驻在单位机关党委、党委办公室和组织人事、巡视巡察、法规法务、财务审计等部门的沟通，及时发现和通报问题。

（六）分析研判。分析信访举报、党风廉政等情况，对典型性、普遍性问题向驻在单位提出意见建议。

（七）廉政把关。建立健全、动态更新驻在单位党组（党委）管理的领导干部廉政档案，严把党风廉政意见回复关。

（八）实地调查。开展驻点调研、现场核查，精准发现驻在单位存在的突出问题。

（九）其他开展日常监督的方式。

**第三十三条** 派驻机构应当严格执行报告制度，发现驻在单位领导班子及其成员重要问题、重要事项及时向派出机关报告。

派驻机构应当经常对驻在单位领导班子及其成员坚持党的领导、加强党的建设、履行全面从严治党主体责任情况以及党风廉政状况进行分析，每年向派出机关提交专题报告。

**第三十四条** 派驻机构应当定期会同驻在单位党组（党委）专题研究全面从严治党、党风廉政建设和反腐败工作。派出机关监督检查部门根据情况派员参加。

派驻机构主要负责人应当经常与驻在单位党组（党委）主要负责人就政治生态、作风建设、廉洁风险等情况交换意见，提出工作建议，督促完善有关制度措施。

**第三十五条** 派驻机构应当向驻在单位领导班子成员通报其分管部门和单位领导干部遵守党章党规党纪、廉洁自律等情况，推动领导班子成员落实"一岗双责"要求，抓好分管部门和单位的党风廉政建设工作。

**第三十六条** 派驻机构对驻在单位开展内部巡视巡察提供以下协助：

（一）通报监督执纪执法中发现的问题；

（二）处置内部巡视巡察移交的问题线索；

（三）检查整改责任落实情况；

（四）其他协助内部巡视巡察的工作。

**第三十七条** 派驻机构应当指定专人负责管理涉嫌违纪和职务违法、职务犯罪问题线索，逐件编号登记，建立管理台账。

派驻机构应当结合日常监督掌握的情况，对问题线索进行综合分析、适当了解，采取谈话函询、初步核实、暂存待查、予以了结等方式进行处置。线索处置意见应当自收到线索之日起1个月内提出。

处置问题线索应当报派驻机构主要负责人审批，并按照规定报派出机关备案。

**第三十八条** 派驻机构经过初步核实，需要进行立案审查调查的，应当报派驻机构主要负责人审批。其中，对驻在单位党组（党委）直接领导的党组织、党组（党委）管理的领导班子成员中的正职领导干部立案和副职领导干部涉嫌严重职务违法、职务犯罪立案的，应当报派出机关审批。

派驻机构在立案前应当征求驻在单位党组（党委）主要负责人意见，对于有不同意见的应当报派出机关决定。确因安全保密等特殊情况，经派出机关同意，也可以在立案后及时向驻在单位党组（党委）主要负责人通报。

第三十九条　派驻机构按照规定报批后，可以依规依纪依法采取谈话、讯问、询问、留置、查询、冻结、搜查、调取、查封、扣押（暂扣、封存）、勘验检查、鉴定措施。对依法应当交有关机关执行的措施，报派出机关审批并以派出机关名义办理。

派驻机构应当对审查调查措施进行严格监管，建立措施使用台账，定期将有关情况报派出机关案件监督管理部门、监督检查部门备案。

第四十条　派驻机构审查调查工作结束后，应当按照规定进行审理，提出纪律处理或者党纪处分建议、拟作出的政务处分决定或者处分建议，通报驻在单位党组（党委）。

第四十一条　驻在单位党组（党委）按照权限和程序，对违纪的党组织、党员作出纪律处理或者党纪处分决定。

派驻机构按照管理权限，对违法的监察对象依法作出政务处分决定；建议驻在单位处分的，由驻在单位依法依规作出处分决定。

派驻机构提出的处理处分建议与驻在单位党组（党委）的意见不同又不能协商一致的，由派驻机构报派出机关研究决定。

第四十二条　派驻机构发现驻在单位党组（党委）管理的党组织和领导干部失职失责造成严重后果或者恶劣影响，需要进行问责调查的，应当报派驻机构主要负责人审批后，启动问责调查程序。

派驻机构应当依规依纪依法开展问责调查，查明失职失责问题，按照管理权限作出问责决定，或者向有权作出问责决定的党组织（单位）提出问责建议。

对党组织采取改组方式问责的，按照党章和其他党内法规规定的权限、程序执行。对领导干部采取党纪政务处分方式问责的，按照本规则第三十八条、第四十条、第四十一条办理。

第四十三条　派驻机构对调查的监察对象和涉案人员涉嫌职务犯罪案件，经集体审议，认为犯罪事实清楚，证据确实、充分，需要追究刑事责任的，依法依规移送人民检察院审查起诉。

第四十四条　派驻机构发现驻在单位在贯彻党中央决策部署、落实全面从严治党主体责任、开展党风廉政建设以及决策机制、监督管理、制度执行等方面存在突出问题或者薄弱环节的，应当提出纪检监察建议。

派驻机构应当加强对驻在单位问题整改情况的监督检查，督促限期整改、反馈，推动纪检监察建议落实到位。

## 第十四条【监察官制度】

国家实行监察官制度,依法确定监察官的等级设置、任免、考评和晋升等制度。

---关联法规指引---

### 14.11《中华人民共和国监察官法》（2022年1月1日）（节录）

**第三条** 监察官包括下列人员：

（一）各级监察委员会的主任、副主任、委员；

（二）各级监察委员会机关中的监察人员；

（三）各级监察委员会派驻或者派出到中国共产党机关、国家机关、法律法规授权或者委托管理公共事务的组织和单位以及所管辖的行政区域等的监察机构中的监察人员、监察专员；

（四）其他依法行使监察权的监察机构中的监察人员。

对各级监察委员会派驻到国有企业的监察机构工作人员、监察专员，以及国有企业中其他依法行使监察权的监察机构工作人员的监督管理，参照执行本法有关规定。

**第九条** 监察官依法履行下列职责：

（一）对公职人员开展廉政教育；

（二）对公职人员依法履职、秉公用权、廉洁从政从业以及道德操守情况进行监督检查；

（三）对法律规定由监察机关管辖的职务违法和职务犯罪进行调查；

（四）根据监督、调查的结果，对办理的监察事项提出处置意见；

（五）开展反腐败国际合作方面的工作；

（六）法律规定的其他职责。

监察官在职权范围内对所办理的监察事项负责。

**第十条** 监察官应当履行下列义务：

（一）自觉坚持中国共产党领导，严格执行中国共产党和国家的路线方针政策、重大决策部署；

（二）模范遵守宪法和法律；

（三）维护国家和人民利益，秉公执法，勇于担当、敢于监督，坚决同腐败现象作斗争；

（四）依法保障监察对象及有关人员的合法权益；

（五）忠于职守，勤勉尽责，努力提高工作质量和效率；

（六）保守国家秘密和监察工作秘密，对履行职责中知悉的商业秘密和个人隐私、个人信息予以保密；

（七）严守纪律，恪守职业道德，模范遵守社会公德、家庭美德；

（八）自觉接受监督；

（九）法律规定的其他义务。

**第十一条** 监察官享有下列权利：

（一）履行监察官职责应当具有的职权和工作条件；

（二）履行监察官职责应当享有的职业保

障和福利待遇；

（三）人身、财产和住所安全受法律保护；

（四）提出申诉或者控告；

（五）《中华人民共和国公务员法》等法律规定的其他权利。

第十二条　担任监察官应当具备下列条件：

（一）具有中华人民共和国国籍；

（二）忠于宪法，坚持中国共产党领导和社会主义制度；

（三）具有良好的政治素质、道德品行和廉洁作风；

（四）熟悉法律、法规、政策，具有履行监督、调查、处置等职责的专业知识和能力；

（五）具有正常履行职责的身体条件和心理素质；

（六）具备高等学校本科及以上学历；

（七）法律规定的其他条件。

本法施行前的监察人员不具备前款第六项规定的学历条件的，应当接受培训和考核，具体办法由国家监察委员会制定。

第十三条　有下列情形之一的，不得担任监察官：

（一）因犯罪受过刑事处罚，以及因犯罪情节轻微被人民检察院依法作出不起诉决定或者被人民法院依法免予刑事处罚的；

（二）被撤销中国共产党党内职务、留党察看、开除党籍的；

（三）被撤职或者开除公职的；

（四）被依法列为失信联合惩戒对象的；

（五）配偶已移居国（境）外，或者没有配偶但是子女均已移居国（境）外的；

（六）法律规定的其他情形。

第十四条　监察官的选用，坚持德才兼备、以德为先，坚持五湖四海、任人唯贤，坚持事业为上、公道正派，突出政治标准，注重工作实绩。

第十五条　监察官采用考试、考核的办法，从符合监察官条件的人员中择优选用。

第十六条　录用监察官，应当依照法律和国家有关规定采取公开考试、严格考察、平等竞争、择优录取的办法。

第十七条　监察委员会可以根据监察工作需要，依照法律和国家有关规定从中国共产党机关、国家机关、事业单位、国有企业等机关、单位从事公务的人员中选择符合任职条件的人员担任监察官。

第十八条　监察委员会可以根据监察工作需要，依照法律和国家有关规定在从事与监察机关职能职责相关的职业或者教学、研究的人员中选拔或者聘任符合任职条件的人员担任监察官。

第十九条　国家监察委员会主任由全国人民代表大会选举和罢免，副主任、委员由国家监察委员会主任提请全国人民代表大会常务委员会任免。

地方各级监察委员会主任由本级人民代表大会选举和罢免，副主任、委员由监察委员会主任提请本级人民代表大会常务委员会任免。

新疆生产建设兵团各级监察委员会主任、副主任、委员，由新疆维吾尔自治区监察委员会主任提请自治区人民代表大会常务委员会任免。

其他监察官的任免，按照管理权限和规定的程序办理。

第二十条　监察官就职时应当依照法律规定进行宪法宣誓。

第二十一条　监察官有下列情形之一的，应当免去其监察官职务：

（一）丧失中华人民共和国国籍的；

（二）职务变动不需要保留监察官职务的；

（三）退休的；

（四）辞职或者依法应当予以辞退的；

（五）因违纪违法被调离或者开除的；

（六）法律规定的其他情形。

**第二十二条** 监察官不得兼任人民代表大会常务委员会的组成人员，不得兼任行政机关、审判机关、检察机关的职务，不得兼任企业或者其他营利性组织、事业单位的职务，不得兼任人民陪审员、人民监督员、执业律师、仲裁员和公证员。

监察官因工作需要兼职的，应当按照管理权限批准，但是不得领取兼职报酬。

**第二十三条** 监察官担任县级、设区的市级监察委员会主任的，应当按照有关规定实行地域回避。

**第二十四条** 监察官之间有夫妻关系、直系血亲关系、三代以内旁系血亲以及近姻亲关系的，不得同时担任下列职务：

（一）同一监察委员会的主任、副主任、委员，上述人员和其他监察官；

（二）监察委员会机关同一部门的监察官；

（三）同一派驻机构、派出机构或者其他监察机构的监察官；

（四）上下相邻两级监察委员会的主任、副主任、委员。

**第二十五条** 监察官等级分为十三级，依次为总监察官、一级副总监察官、二级副总监察官、一级高级监察官、二级高级监察官、三级高级监察官、四级高级监察官、一级监察官、二级监察官、三级监察官、四级监察官、五级监察官、六级监察官。

**第二十六条** 国家监察委员会主任为总监察官。

**第二十七条** 监察官等级的确定，以监察官担任的职务职级、德才表现、业务水平、工作实绩和工作年限等为依据。

监察官等级晋升采取按期晋升和择优选升相结合的方式，特别优秀或者作出特别贡献的，可以提前晋升。

**第二十八条** 监察官的等级设置、确定和晋升的具体办法，由国家另行规定。

**第二十九条** 初任监察官实行职前培训制度。

**第三十条** 对监察官应当有计划地进行政治、理论和业务培训。

培训应当突出政治机关特色，坚持理论联系实际、按需施教、讲求实效，提高专业能力。

监察官培训情况，作为监察官考核的内容和任职、等级晋升的依据之一。

**第三十一条** 监察官培训机构按照有关规定承担培训监察官的任务。

**第三十二条** 国家加强监察学科建设，鼓励具备条件的普通高等学校设置监察专业或者开设监察课程，培养德才兼备的高素质监察官后备人才，提高监察官的专业能力。

**第三十三条** 监察官依照法律和国家有关规定实行任职交流。

**第三十四条** 监察官申请辞职，应当由本人书面提出，按照管理权限批准后，依照规定的程序免去其职务。

**第三十五条** 监察官有依法应当予以辞退情形的，依照规定的程序免去其职务。

辞退监察官应当按照管理权限决定。辞退决定应当以书面形式通知被辞退的监察官，并列明作出决定的理由和依据。

**第三十六条** 对监察官的考核，应当全面、客观、公正，实行平时考核、专项考核和年度考核相结合。

**第三十七条** 监察官的考核应当按照管理权限，全面考核监察官的德、能、勤、绩、廉，重点考核政治素质、工作实绩和廉洁自律情况。

**第三十八条** 年度考核结果分为优秀、称职、基本称职和不称职四个等次。

考核结果作为调整监察官等级、工资以及监察官奖惩、免职、降职、辞退的依据。

**第三十九条** 年度考核结果以书面形式通知监察官本人。监察官对考核结果如果有异议，可以申请复核。

**第四十条** 对在监察工作中有显著成绩和贡献，或者有其他突出事迹的监察官、监察官集体，给予奖励。

**第四十一条** 监察官有下列表现之一的，给予奖励：

（一）履行监督职责，成效显著的；

（二）在调查、处置职务违法和职务犯罪工作中，做出显著成绩和贡献的；

（三）提出有价值的监察建议，对防止和消除重大风险隐患效果显著的；

（四）研究监察理论、总结监察实践经验成果突出，对监察工作有指导作用的；

（五）有其他功绩的。

监察官的奖励按照有关规定办理。

**第四十二条** 监察机关应当规范工作流程，加强内部监督制约机制建设，强化对监察官执行职务和遵守法律情况的监督。

**第四十三条** 任何单位和个人对监察官的违纪违法行为，有权检举、控告。受理检举、控告的机关应当及时调查处理，并将结果告知检举人、控告人。

对依法检举、控告的单位和个人，任何人不得压制和打击报复。

**第四十四条** 对于审判机关、检察机关、执法部门等移送的监察官违纪违法履行职责的问题线索，监察机关应当及时调查处理。

**第四十五条** 监察委员会根据工作需要，按照规定从各方面代表中聘请特约监察员等监督人员，对监察官履行职责情况进行监督，提出加强和改进监察工作的意见、建议。

**第四十六条** 监察官不得打听案情、过问案件、说情干预。对于上述行为，办理监察事项的监察官应当及时向上级报告。有关情况应当登记备案。

办理监察事项的监察官未经批准不得接触被调查人、涉案人员及其特定关系人，或者与其进行交往。对于上述行为，知悉情况的监察官应当及时向上级报告。有关情况应当登记备案。

**第四十七条** 办理监察事项的监察官有下列情形之一的，应当自行回避，监察对象、检举人、控告人及其他有关人员也有权要求其回避；没有主动申请回避的，监察机关应当依法决定其回避：

（一）是监察对象或者检举人、控告人的近亲属的；

（二）担任过本案的证人的；

（三）本人或者其近亲属与办理的监察事项有利害关系的；

（四）有可能影响监察事项公正处理的其他情形的。

**第四十八条** 监察官应当严格执行保密制度，控制监察事项知悉范围和时间，不得私自留存、隐匿、查阅、摘抄、复制、携带问题线索和涉案资料，严禁泄露监察工作秘密。

监察官离岗离职后，应当遵守脱密期管理规定，严格履行保密义务，不得泄露相关秘密。

**第四十九条** 监察官离任三年内，不得从事与监察和司法工作相关联且可能发生利益冲突的职业。

监察官离任后，不得担任原任职监察机关办理案件的诉讼代理人或者辩护人，但是作为当事人的监护人或者近亲属代理诉讼、进行辩护的除外。

监察官被开除后，不得担任诉讼代理人或者辩护人，但是作为当事人的监护人或者近亲属代理诉讼、进行辩护的除外。

**第五十条** 监察官应当遵守有关规范领导干部配偶、子女及其配偶经商办企业行为的规定。违反规定的，予以处理。

**第五十一条** 监察官的配偶、父母、子女及其配偶不得以律师身份担任该监察官所任职监察机关办理案件的诉讼代理人、辩护人，或者提供其他有偿法律服务。

**第五十二条** 监察官有下列行为之一的，依法给予处理；构成犯罪的，依法追究刑事责任：

（一）贪污贿赂的；

（二）不履行或者不正确履行监督职责，应当发现的问题没有发现，或者发现问题不报告、不处置，造成恶劣影响的；

（三）未经批准、授权处置问题线索，发现重大案情隐瞒不报，或者私自留存、处理涉案材料的；

（四）利用职权或者职务上的影响干预调查工作、以案谋私的；

（五）窃取、泄露调查工作信息，或者泄露举报事项、举报受理情况以及举报人信息的；

（六）隐瞒、伪造、变造、故意损毁证据、案件材料的；

（七）对被调查人或者涉案人员逼供、诱供，或者侮辱、打骂、虐待、体罚、变相体罚的；

（八）违反规定采取调查措施或者处置涉案财物的；

（九）违反规定发生办案安全事故，或者发生安全事故后隐瞒不报、报告失实、处置不当的；

（十）其他职务违法犯罪行为。

监察官有其他违纪违法行为，影响监察官队伍形象，损害国家和人民利益的，依法追究相应责任。

**第五十三条** 监察官涉嫌违纪违法，已经被立案审查、调查、侦查，不宜继续履行职责的，按照管理权限和规定的程序暂时停止其履行职务。

**第五十四条** 实行监察官责任追究制度，对滥用职权、失职失责造成严重后果的，终身追究责任或者进行问责。

监察官涉嫌严重职务违法、职务犯罪或者对案件处置出现重大失误的，应当追究负有责任的领导人员和直接责任人员的责任。

**第五十五条** 除下列情形外，不得将监察官调离：

（一）按规定需要任职回避的；

（二）按规定实行任职交流的；

（三）因机构、编制调整需要调整工作的；

（四）因违纪违法不适合继续从事监察工作的；

（五）法律规定的其他情形。

**第五十六条** 任何单位或者个人不得要求监察官从事超出法定职责范围的事务。

对任何干涉监察官依法履职的行为，监察官有权拒绝并予以全面如实记录和报告；有违纪违法情形的，由有关机关根据情节轻重追究有关人员的责任。

**第五十七条** 监察官的职业尊严和人身安全受法律保护。

任何单位和个人不得对监察官及其近亲属打击报复。

对监察官及其近亲属实施报复陷害、侮辱诽谤、暴力侵害、威胁恐吓、滋事骚扰等违法犯罪行为的，应当依法从严惩治。

**第五十八条** 监察官因依法履行职责遭受不实举报、诬告陷害、侮辱诽谤，致使名誉受到损害的，监察机关应当会同有关部门及时澄清事实，消除不良影响，并依法追究相关单位或者个人的责任。

**第五十九条** 监察官因依法履行职责，

本人及其近亲属人身安全面临危险的，监察机关、公安机关应当对监察官及其近亲属采取人身保护、禁止特定人员接触等必要保护措施。

**第六十条**　监察官实行国家规定的工资制度，享受监察官等级津贴和其他津贴、补贴、奖金、保险、福利待遇。监察官的工资及等级津贴制度，由国家另行规定。

**第六十一条**　监察官因公致残的，享受国家规定的伤残待遇。监察官因公牺牲或者病故的，其亲属享受国家规定的抚恤和优待。

**第六十二条**　监察官退休后，享受国家规定的养老金和其他待遇。

**第六十三条**　对于国家机关及其工作人员侵犯监察官权利的行为，监察官有权提出控告。

受理控告的机关应当依法调查处理，并将调查处理结果及时告知本人。

**第六十四条**　监察官对涉及本人的政务处分、处分和人事处理不服的，可以依照规定的程序申请复审、复核，提出申诉。

**第六十五条**　对监察官的政务处分、处分或者人事处理错误的，应当及时予以纠正；造成名誉损害的，应当恢复名誉、消除影响、赔礼道歉；造成经济损失的，应当赔偿。对打击报复的直接责任人员，应当依法追究其责任。

**第六十六条**　有关监察官的权利、义务和管理制度，本法已有规定的，适用本法的规定；本法未作规定的，适用《中华人民共和国公务员法》等法律法规的规定。

**第六十七条**　中国人民解放军和中国人民武装警察部队的监察官制度，按照国家和军队有关规定执行。

## 第三章　监察范围和管辖

### 第十五条【监察对象】

监察机关对下列公职人员和有关人员进行监察:

（一）中国共产党机关、人民代表大会及其常务委员会机关、人民政府、监察委员会、人民法院、人民检察院、中国人民政治协商会议各级委员会机关、民主党派机关和工商业联合会机关的公务员，以及参照《中华人民共和国公务员法》管理的人员；

（二）法律、法规授权或者受国家机关依法委托管理公共事务的组织中从事公务的人员；

（三）国有企业管理人员；

（四）公办的教育、科研、文化、医疗卫生、体育等单位中从事管理的人员；

（五）基层群众性自治组织中从事管理的人员；

（六）其他依法履行公职的人员。

### 关联法规指引

**15.11《中华人民共和国监察法实施条例》（2021年9月20日）（节录）**

第三十七条　监察机关依法对所有行使公权力的公职人员进行监察，实现国家监察全面覆盖。

第三十八条　监察法第十五条第一项所称公务员范围，依据《中华人民共和国公务员法》（以下简称公务员法）确定。

监察法第十五条第一项所称参照公务员法管理的人员，是指有关单位中经批准参照公务员法进行管理的工作人员。

第三十九条　监察法第十五条第二项所称法律、法规授权或者受国家机关依法委托管理公共事务的组织中从事公务的人员，是指在上述组织中，除参照公务员法管理的人员外，对公共事务履行组织、领导、管理、监督等职责的人员，包括具有公共事务管理职能的行业协会等组织中从事公务的人员，以及法定检验检测、检疫等机构中从事公务的人员。

第四十条　监察法第十五条第三项所称国有企业管理人员，是指国家出资企业中的下列人员：

（一）在国有独资、全资公司、企业中履行组织、领导、管理、监督等职责的人员；

（二）经党组织或者国家机关，国有独

资、全资公司、企业，事业单位提名、推荐、任命、批准等，在国有控股、参股公司及其分支机构中履行组织、领导、管理、监督等职责的人员；

（三）经国家出资企业中负有管理、监督国有资产职责的组织批准或者研究决定，代表其在国有控股、参股公司及其分支机构中从事组织、领导、管理、监督等工作的人员。

**第四十一条** 监察法第十五条第四项所称公办的教育、科研、文化、医疗卫生、体育等单位中从事管理的人员，是指国家为了社会公益目的，由国家机关举办或者其他组织利用国有资产举办的教育、科研、文化、医疗卫生、体育等事业单位中，从事组织、领导、管理、监督等工作的人员。

**第四十二条** 监察法第十五条第五项所称基层群众性自治组织中从事管理的人员，是指该组织中的下列人员：

（一）从事集体事务和公益事业管理的人员；

（二）从事集体资金、资产、资源管理的人员；

（三）协助人民政府从事行政管理工作的人员，包括从事救灾、防疫、抢险、防汛、优抚、帮扶、移民、救济款物的管理，社会捐助公益事业款物的管理，国有土地的经营和管理，土地征收、征用补偿费用的管理，代征、代缴税款，有关计划生育、户籍、征兵工作，协助人民政府等国家机关在基层群众性自治组织中从事的其他管理工作。

**第四十三条** 下列人员属于监察法第十五条第六项所称其他依法履行公职的人员：

（一）履行人民代表大会职责的各级人民代表大会代表，履行公职的中国人民政治协商会议各级委员会委员、人民陪审员、人民监督员；

（二）虽未列入党政机关人员编制，但在党政机关中从事公务的人员；

（三）在集体经济组织等单位、组织中，由党组织或者国家机关，国有独资、全资公司、企业，国家出资企业中负有管理监督国有和集体资产职责的组织，事业单位提名、推荐、任命、批准等，从事组织、领导、管理、监督等工作的人员；

（四）在依法组建的评标、谈判、询价等组织中代表国家机关，国有独资、全资公司、企业，事业单位，人民团体临时履行公共事务组织、领导、管理、监督等职责的人员；

（五）其他依法行使公权力的人员。

### 15.12《中华人民共和国公务员法》（2019年6月1日）（节录）

**第二条** 本法所称公务员，是指依法履行公职、纳入国家行政编制、由国家财政负担工资福利的工作人员。

公务员是干部队伍的重要组成部分，是社会主义事业的中坚力量，是人民的公仆。

**第三条** 公务员的义务、权利和管理，适用本法。

法律对公务员中领导成员的产生、任免、监督以及监察官、法官、检察官等的义务、权利和管理另有规定的，从其规定。

### 15.121《公务员范围规定》（2020年3月3日）（节录）

**第三条** 公务员是干部队伍的重要组成部分，是社会主义事业的中坚力量，是人民的公仆。列入公务员范围的工作人员必须同时符合下列条件：

（一）依法履行公职；

（二）纳入国家行政编制；

（三）由国家财政负担工资福利。

**第四条** 下列机关中除工勤人员以外的工作人员列入公务员范围：

（一）中国共产党各级机关；

（二）各级人民代表大会及其常务委员会机关；

（三）各级行政机关；

（四）中国人民政治协商会议各级委员会机关；

（五）各级监察机关；

（六）各级审判机关；

（七）各级检察机关；

（八）各民主党派和工商联的各级机关。

**第五条** 中国共产党各级机关中列入公务员范围的人员：

（一）中央和地方各级党委、纪律检查委员会的领导人员；

（二）中央和地方各级党委工作部门、办事机构和派出机构的工作人员；

（三）中央和地方各级纪律检查委员会机关及其向党和国家机关等派驻或者派出机构的工作人员；

（四）街道、乡、镇党委机关的工作人员。

**第六条** 各级人民代表大会及其常务委员会机关中列入公务员范围的人员：

（一）县级以上各级人民代表大会常务委员会领导人员，乡、镇人民代表大会主席、副主席；

（二）县级以上各级人民代表大会常务委员会工作机构和办事机构的工作人员；

（三）县级以上各级人民代表大会专门委员会办事机构的工作人员。

**第七条** 各级行政机关中列入公务员范围的人员：

（一）各级人民政府的领导人员；

（二）县级以上各级人民政府工作部门和派出机构的工作人员；

（三）乡、镇人民政府机关的工作人员。

**第八条** 中国人民政治协商会议各级委员会机关中列入公务员范围的人员：

（一）中国人民政治协商会议各级委员会的领导人员；

（二）中国人民政治协商会议各级委员会工作机构的工作人员。

**第九条** 各级监察机关中列入公务员范围的人员：

（一）国家和地方各级监察委员会的领导人员；

（二）国家和地方各级监察委员会机关及其向党和国家机关等派驻或者派出机构的工作人员。

**第十条** 各级审判机关中列入公务员范围的人员：

（一）最高人民法院和地方各级人民法院的法官、审判辅助人员；

（二）最高人民法院和地方各级人民法院的司法行政人员。

**第十一条** 各级检察机关中列入公务员范围的人员：

（一）最高人民检察院和地方各级人民检察院的检察官、检察辅助人员；

（二）最高人民检察院和地方各级人民检察院的司法行政人员。

**第十二条** 各民主党派和工商联的各级机关中列入公务员范围的人员：

（一）中国国民党革命委员会中央和地方各级委员会的领导人员，工作机构的工作人员；

（二）中国民主同盟中央和地方各级委员会的领导人员，工作机构的工作人员；

（三）中国民主建国会中央和地方各级委员会的领导人员，工作机构的工作人员；

（四）中国民主促进会中央和地方各级委员会的领导人员，工作机构的工作人员；

（五）中国农工民主党中央和地方各级委员会的领导人员，工作机构的工作人员；

（六）中国致公党中央和地方各级委员会的领导人员，工作机构的工作人员；

（七）九三学社中央和地方各级委员会的领导人员，工作机构的工作人员；

（八）台湾民主自治同盟中央和地方各级委员会的领导人员，工作机构的工作人员。

中华全国工商业联合会和地方各级工商联的领导人员，工作机构的工作人员。

**第十三条** 下列人员人事关系所在部门和单位不属于本规定第四条所列机关的，不列入公务员范围：

（一）中国共产党的各级代表大会代表、委员会委员、委员会候补委员、纪律检查委员会委员；

（二）各级人民代表大会代表、常务委员会组成人员、专门委员会成员；

（三）中国人民政治协商会议各级委员会常务委员、委员；

（四）各民主党派中央和地方各级委员会委员、常委和专门委员会成员。中华全国工商业联合会和地方工商联执行委员、常务委员会成员和专门委员会成员。

**第十四条** 列入公务员范围的人员按照有关规定登记后，方可确定为公务员。

## 15.122《参照〈中华人民共和国公务员法〉管理的单位审批办法》（2020年3月3日）（节录）

**第三条** 事业单位列入参照管理范围，应当同时具备以下两个条件：

（一）具有法律、法规授权的公共事务管理职能；

（二）使用事业编制，并由国家财政负担工资福利。

**第四条** 作为授权依据的法律、法规包括：

（一）全国人民代表大会及其常务委员会制定的法律。

（二）国务院制定的行政法规和国务院决定；监察法规；省、自治区、直辖市人民代表大会及其常务委员会制定的地方性法规，设区的市、自治州人民代表大会及其常务委员会制定并报省、自治区人民代表大会及其常务委员会批准的地方性法规，经济特区所在地的省、市人民代表大会及其常务委员会制定的经济特区法规；民族自治地方的人民代表大会制定的自治条例和单行条例；其他与行政法规有同等效力的政策性法规文件。

**第五条** 确定公共事务管理职能的依据包括：法律、法规的授权，党委、政府以及机构编制部门规定的主要职责。

**第六条** 中共中央、国务院直属事业单位，中央纪委国家监委机关所属事业单位，中共中央工作部门、办事机构、派出机构所属事业单位，以及国务院组成部门、直属特设机构、直属机构、办事机构、部委管理的国家局所属事业单位实行参照管理的，由本单位或者所在部门提出意见，报中央公务员主管部门审批。中央垂直管理部门所属事业单位实行参照管理的，由中央垂直管理部门统一提出意见，报中央公务员主管部门审批。

省、自治区、直辖市党委、政府直属事业单位，纪委监委机关所属事业单位，党委、政府工作部门所属事业单位实行参照管理的，报省、自治区、直辖市公务员主管部门审核，省、自治区、直辖市党委审批后，省、自治区、直辖市公务员主管部门应当在批准之日起30日内填写《参照公务员法管理机关（单位）备案表》，报中央公务员主管部门备案；省以下垂直管理部门所属事业单位实行参照管理的，由省垂直管理部门统一向省级公务员主管部门申报。市（地）、县级党委、政府直属事业单位，纪委监委机关所属事业单位，党委、政府工作部门所属事业单位实行参照管理的，由省、自治区、直辖市公务员主管部门审批。

人大机关、政协机关、审判机关、检察机关、各民主党派机关和工商联机关所属事业单位实行参照管理的，比照本条第一、二款规定的程序和审批权限报批、备案。

## 15.13《中华人民共和国刑法》（2024年3月1日）（节录）

**第九十三条** 本法所称国家工作人员，是指国家机关中从事公务的人员。

国有公司、企业、事业单位、人民团体中从事公务的人员和国家机关、国有公司、企业、事业单位委派到非国有公司、企业、事业单位、社会团体从事公务的人员，以及其他依照法律从事公务的人员，以国家工作人员论。

## 15.14《全国法院审理经济犯罪案件工作座谈会纪要》（2003年11月13日）（节录）

一、关于贪污贿赂犯罪和渎职犯罪的主体
……

（二）国家机关、国有公司、企业、事业单位委派到非国有公司、企业、事业单位、社会团体从事公务的人员的认定

所谓委派，即委任、派遣，其形式多种多样，如任命、指派、提名、批准等。不论被委派的人身份如何，只要是接受国家机关、国有公司、企业、事业单位委派，代表国家机关、国有公司、企业、事业单位在非国有公司、企业、事业单位、社会团体中从事组织、领导、监督、管理等工作，都可以认定为国家机关、国有公司、企业、事业单位委派到非国有公司、企业、事业单位、社会团体从事公务的人员。如国家机关、国有公司、企业、事业单位委派在国有控股或者参股的股份有限公司从事组织、领导、监督、管理等工作的人员，应当以国家工作人员论。国有公司、企业改制为股份有限公司后，原国有公司、企业的工作人员和股份有限公司新任命的人员中，除代表国有投资主体行使监督、管理职权的人外，不以国家工作人员论。

（三）"其他依照法律从事公务的人员"的认定

刑法第九十三条第二款规定的"其他依照法律从事公务的人员"应当具有两个特征：一是在特定条件下行使国家管理职能；二是依照法律规定从事公务。具体包括：

（1）依法履行职责的各级人民代表大会代表；

（2）依法履行审判职责的人民陪审员；

（3）协助乡镇人民政府、街道办事处从事行政管理工作的村民委员会、居民委员会等农村和城市基层组织人员；

（4）其他由法律授权从事公务的人员。

（四）关于"从事公务"的理解

从事公务，是指代表国家机关、国有公司、企业、事业单位、人民团体等履行组织、领导、监督、管理等职责。公务主要表现为与职权相联系的公共事务以及监督、管理国有财产的职务活动。如国家机关工作人员依法履行职责，国有公司的董事、经理、监事、会计、出纳人员等管理、监督国有财产等活动，属于从事公务。那些不具备职权内容的劳务活动、技术服务工作，如售货员、售票员等所从事的工作，一般不认为是公务。

## 15.15《中华人民共和国企业国有资产法》（2009年5月1日）（节录）

**第五条** 本法所称国家出资企业，是指国家出资的国有独资企业、国有独资公司，以及国有资本控股公司、国有资本参股公司。

**第十一条** 国务院国有资产监督管理机构和地方人民政府按照国务院的规定设立的国有资产监督管理机构，根据本级人民政府的授

权,代表本级人民政府对国家出资企业履行出资人职责。

国务院和地方人民政府根据需要,可以授权其他部门、机构代表本级人民政府对国家出资企业履行出资人职责。

代表本级人民政府履行出资人职责的机构、部门,以下统称履行出资人职责的机构。

**第十二条** 履行出资人职责的机构代表本级人民政府对国家出资企业依法享有资产收益、参与重大决策和选择管理者等出资人权利。

履行出资人职责的机构依照法律、行政法规的规定,制定或者参与制定国家出资企业的章程。

履行出资人职责的机构对法律、行政法规和本级人民政府规定须经本级人民政府批准的履行出资人职责的重大事项,应当报请本级人民政府批准。

**第二十四条** 履行出资人职责的机构对拟任命或者建议任命的董事、监事、高级管理人员的人选,应当按照规定的条件和程序进行考察。考察合格的,按照规定的权限和程序任命或者建议任命。

**15.16《最高人民法院、最高人民检察院关于办理国家出资企业中职务犯罪案件具体应用法律若干问题的意见》(2010年11月26日)(节录)**

**六、关于国家出资企业中国家工作人员的认定**

经国家机关、国有公司、企业、事业单位提名、推荐、任命、批准等,在国有控股、参股公司及其分支机构中从事公务的人员,应当认定为国家工作人员。具体的任命机构和程序,不影响国家工作人员的认定。

经国家出资企业中负有管理、监督国有资产职责的组织批准或者研究决定,代表其在国有控股、参股公司及其分支机构中从事组织、领导、监督、经营、管理工作的人员,应当认定为国家工作人员。

国家出资企业中的国家工作人员,在国家出资企业中持有个人股份或者同时接受非国有股东委托的,不影响其国家工作人员身份的认定。

**七、关于国家出资企业的界定**

本意见所称"国家出资企业",包括国家出资的国有独资公司、国有独资企业,以及国有资本控股公司、国有资本参股公司。

是否属于国家出资企业不清楚的,应遵循"谁投资、谁拥有产权"的原则进行界定。企业注册登记中的资金来源与实际出资不符的,应根据实际出资情况确定企业的性质。企业实际出资情况不清楚的,可以综合工商注册、分配形式、经营管理等因素确定企业的性质。

**15.17《中华人民共和国村民委员会组织法》(2018年12月29日)(节录)**

**第二条** 村民委员会是村民自我管理、自我教育、自我服务的基层群众性自治组织,实行民主选举、民主决策、民主管理、民主监督。

村民委员会办理本村的公共事务和公益事业,调解民间纠纷,协助维护社会治安,向人民政府反映村民的意见、要求和提出建议。

村民委员会向村民会议、村民代表会议负责并报告工作。

**第六条** 村民委员会由主任、副主任和委员共三至七人组成。

村民委员会成员中,应当有妇女成员,多民族村民居住的村应当有人数较少的民族的成员。

对村民委员会成员,根据工作情况,给予适当补贴。

**第七条** 村民委员会根据需要设人民调

解、治安保卫、公共卫生与计划生育等委员会。村民委员会成员可以兼任下属委员会的成员。人口少的村的村民委员会可以不设下属委员会，由村民委员会成员分工负责人民调解、治安保卫、公共卫生与计划生育等工作。

**第八条** 村民委员会应当支持和组织村民依法发展各种形式的合作经济和其他经济，承担本村生产的服务和协调工作，促进农村生产建设和经济发展。

村民委员会依照法律规定，管理本村属于村农民集体所有的土地和其他财产，引导村民合理利用自然资源，保护和改善生态环境。

村民委员会应当尊重并支持集体经济组织依法独立进行经济活动的自主权，维护以家庭承包经营为基础、统分结合的双层经营体制，保障集体经济组织和村民、承包经营户、联户或者合伙的合法财产权和其他合法权益。

### 15.18《中华人民共和国城市居民委员会组织法》（2018年12月29日）（节录）

**第二条** 居民委员会是居民自我管理、自我教育、自我服务的基层群众性自治组织。

不设区的市、市辖区的人民政府或者它的派出机关对居民委员会的工作给予指导、支持和帮助。居民委员会协助不设区的市、市辖区的人民政府或者它的派出机关开展工作。

**第三条** 居民委员会的任务：

（一）宣传宪法、法律、法规和国家的政策，维护居民的合法权益，教育居民履行依法应尽的义务，爱护公共财产，开展多种形式的社会主义精神文明建设活动；

（二）办理本居住地区居民的公共事务和公益事业；

（三）调解民间纠纷；

（四）协助维护社会治安；

（五）协助人民政府或者它的派出机关做好与居民利益有关的公共卫生、计划生育、优抚救济、青少年教育等项工作；

（六）向人民政府或者它的派出机关反映居民的意见、要求和提出建议。

**第四条** 居民委员会应当开展便民利民的社区服务活动，可以兴办有关的服务事业。

居民委员会管理本居民委员会的财产，任何部门和单位不得侵犯居民委员会的财产所有权。

**第七条** 居民委员会由主任、副主任和委员共五至九人组成。多民族居住地区，居民委员会中应当有人数较少的民族的成员。

**第八条** 居民委员会主任、副主任和委员，由本居住地区全体有选举权的居民或者由每户派代表选举产生；根据居民意见，也可以由每个居民小组选举代表二至三人选举产生。居民委员会每届任期五年，其成员可以连选连任。

年满十八周岁的本居住地区居民，不分民族、种族、性别、职业、家庭出身、宗教信仰、教育程度、财产状况、居住期限，都有选举权和被选举权；但是，依照法律被剥夺政治权利的人除外。

**第十三条** 居民委员会根据需要设人民调解、治安保卫、公共卫生等委员会。居民委员会成员可以兼任下属的委员会的成员。居民较少的居民委员会可以不设下属的委员会，由居民委员会的成员分工负责有关工作。

**第十四条** 居民委员会可以分设若干居民小组，小组长由居民小组推选。

**第十五条** 居民公约由居民会议讨论制定，报不设区的市、市辖区的人民政府或者它的派出机关备案，由居民委员会监督执行。居民应当遵守居民会议的决议和居民公约。

居民公约的内容不得与宪法、法律、法规和国家的政策相抵触。

**第十六条** 居民委员会办理本居住地区公益事业所需的费用，经居民会议讨论决定，可以根据自愿原则向居民筹集，也可以向本居住地区的受益单位筹集，但是必须经受益单位同意；收支帐目应当及时公布，接受居民监督。

第十七条 居民委员会的工作经费和来源，居民委员会成员的生活补贴费的范围、标准和来源，由不设区的市、市辖区的人民政府或者上级人民政府规定并拨付；经居民会议同意，可以从居民委员会的经济收入中给予适当补助。

居民委员会的办公用房，由当地人民政府统筹解决。

## 第十六条【管辖原则】

各级监察机关按照管理权限管辖本辖区内本法第十五条规定的人员所涉监察事项。

上级监察机关可以办理下一级监察机关管辖范围内的监察事项，必要时也可以办理所辖各级监察机关管辖范围内的监察事项。

监察机关之间对监察事项的管辖有争议的，由其共同的上级监察机关确定。

### 关联法规指引

**16.11《中华人民共和国监察法实施条例》（2021年9月20日）（节录）**

第四十五条 监察机关开展监督、调查、处置，按照管理权限与属地管辖相结合的原则，实行分级负责制。

第四十六条 设区的市级以上监察委员会按照管理权限，依法管辖同级党委管理的公职人员涉嫌职务违法和职务犯罪案件。

县级监察委员会和直辖市所辖区（县）监察委员会按照管理权限，依法管辖本辖区内公职人员涉嫌职务违法和职务犯罪案件。

地方各级监察委员会按照本条例第十三条、第四十九条规定，可以依法管辖工作单位在本辖区内的有关公职人员涉嫌职务违法和职务犯罪案件。

监察机关调查公职人员涉嫌职务犯罪案件，可以依法对涉嫌行贿犯罪、介绍贿赂犯罪或者共同职务犯罪的涉案人员中的非公职人员一并管辖。非公职人员涉嫌利用影响力受贿罪的，按照其所利用的公职人员的管理权限确定管辖。

第四十九条 工作单位在地方、管理权限在主管部门的公职人员涉嫌职务违法和职务犯罪，一般由驻在主管部门、有管辖权的监察机构、监察专员管辖；经协商，监察机构、监察专员可以按规定移交公职人员工作单位所在地的地方监察委员会调查，或者与地方监察委员会联合调查。地方监察委员会在工作中发现上述公职人员有关问题线索，应当向驻在主管部门、有管辖权的监察机构、监察专员通报，并协商确定管辖。

前款规定单位的其他公职人员涉嫌职务违

法和职务犯罪，可以由地方监察委员会管辖；驻在主管部门的监察机构、监察专员自行立案调查的，应当及时通报地方监察委员会。

地方监察委员会调查前两款规定案件，应当将立案、留置、移送审查起诉、撤销案件等重要情况向驻在主管部门的监察机构、监察专员通报。

第五十条　监察机关办理案件中涉及无隶属关系的其他监察机关的监察对象，认为需要立案调查的，应当商请有管理权限的监察机关依法立案调查。商请立案时，应当提供涉案人员基本情况、已经查明的涉嫌违法犯罪事实以及相关证据材料。

承办案件的监察机关认为由其一并调查更为适宜的，可以报请有权决定的上级监察机关指定管辖。

第五十一条　公职人员既涉嫌贪污贿赂、失职渎职等严重职务违法和职务犯罪，又涉嫌公安机关、人民检察院等机关管辖的犯罪，依法由监察机关为主调查的，应当由监察机关和其他机关分别依职权立案，监察机关承担组织协调职责，协调调查和侦查工作进度、重要调查和侦查措施使用等重要事项。

第五十二条　监察机关必要时可以依法调查司法工作人员利用职权实施的涉嫌非法拘禁、刑讯逼供、非法搜查等侵犯公民权利、损害司法公正的犯罪，并在立案后及时通报同级人民检察院。

监察机关在调查司法工作人员涉嫌贪污贿赂等职务犯罪中，可以对其涉嫌的前款规定的犯罪一并调查，并及时通报同级人民检察院。人民检察院在办理直接受理侦查的案件中，发现犯罪嫌疑人同时涉嫌监察机关管辖的其他职务犯罪，经沟通全案移送监察机关管辖的，监察机关应当依法进行调查。

第五十三条　监察机关对于退休公职人员在退休前或者退休后，或者离职、死亡的公职人员在履职期间实施的涉嫌职务违法或者职务犯罪行为，可以依法进行调查。

对前款规定人员，按照其原任职务的管辖规定确定管辖的监察机关；由其他监察机关管辖更为适宜的，可以依法指定或者交由其他监察机关管辖。

## 16.21《中国共产党章程》（2022年10月22日）（节录）

第四十七条　上级纪律检查委员会有权检查下级纪律检查委员会的工作，并且有权批准和改变下级纪律检查委员会对于案件所作的决定。如果所要改变的该下级纪律检查委员会的决定，已经得到它的同级党的委员会的批准，这种改变必须经过它的上一级党的委员会批准。

党的地方各级纪律检查委员会和基层纪律检查委员会如果对同级党的委员会处理案件的决定有不同意见，可以请求上一级纪律检查委员会予以复查；如果发现同级党的委员会或它的成员有违犯党的纪律的情况，在同级党的委员会不给予解决或不给予正确解决的时候，有权向上级纪律检查委员会提出申诉，请求协助处理。

## 16.22《中国共产党党内监督条例》（2016年10月27日）（节录）

第二十六条　党的各级纪律检查委员会是党内监督的专责机关，履行监督执纪问责职责，加强对所辖范围内党组织和领导干部遵守党章党规党纪、贯彻执行党的路线方针政策情况的监督检查，承担下列具体任务：

……

（二）落实纪律检查工作双重领导体制，执纪审查工作以上级纪委领导为主，线索处置和执纪审查情况在向同级党委报告的同时向上级纪委报告，各级纪委书记、副书记的提名和考察以上级纪委会同组织部门为主；

（三）强化上级纪委对下级纪委的领导，纪委发现同级党委主要领导干部的问题，可以直接向上级纪委报告；下级纪委至少每半年向上级纪委报告1次工作，每年向上级纪委进行述职。

### 16.23《中国共产党纪律检查机关监督执纪工作规则》（2019年1月1日）（节录）

**第七条** 监督执纪工作实行分级负责制：

（一）中央纪委国家监委负责监督检查和审查调查中央委员、候补中央委员，中央纪委委员，中央管理的领导干部，党中央工作部门、党中央批准设立的党组（党委），各省、自治区、直辖市党委、纪委等党组织的涉嫌违纪或者职务违法、职务犯罪问题。

（二）地方各级纪委监委负责监督检查和审查调查同级党委委员、候补委员，同级纪委委员，同级党委管理的党员、干部以及监察对象，同级党委工作部门、党委批准设立的党组（党委），下一级党委、纪委等党组织的涉嫌违纪或者职务违法、职务犯罪问题。

（三）基层纪委负责监督检查和审查同级党委管理的党员，同级党委下属的各级党组织的涉嫌违纪问题；未设立纪律检查委员会的党的基层委员会，由该委员会负责监督执纪工作。

地方各级纪委监委依照规定加强对同级党委履行职责、行使权力情况的监督。

**第八条** 对党的组织关系在地方、干部管理权限在主管部门的党员、干部以及监察对象涉嫌违纪违法问题，应当按照谁主管谁负责的原则进行监督执纪，由设在主管部门、有管辖权的纪检监察机关进行审查调查，主管部门认为有必要的，可以与地方纪检监察机关联合审查调查。地方纪检监察机关接到问题线索反映的，经与主管部门协调，可以对其进行审查调查，也可以与主管部门组成联合审查调查组，审查调查情况及时向对方通报。

**第九条** 上级纪检监察机关有权指定下级纪检监察机关对其他下级纪检监察机关管辖的党组织和党员、干部以及监察对象涉嫌违纪或者职务违法、职务犯罪问题进行审查调查，必要时也可以直接进行审查调查。上级纪检监察机关可以将其直接管辖的事项指定下级纪检监察机关进行审查调查。

纪检监察机关之间对管辖事项有争议的，由其共同的上级纪检监察机关确定；认为所管辖的事项重大、复杂，需要由上级纪检监察机关管辖的，可以报请上级纪检监察机关管辖。

## 第十七条【指定管辖和提级管辖】

上级监察机关可以将其所管辖的监察事项指定下级监察机关管辖，也可以将下级监察机关有管辖权的监察事项指定给其他监察机关管辖。

监察机关认为所管辖的监察事项重大、复杂，需要由上级监察机关管辖的，可以报请上级监察机关管辖。

## 关联法规指引

**17.11《中华人民共和国监察法实施条例》（2021年9月20日）（节录）**

**第四十七条** 上级监察机关对于下一级监察机关管辖范围内的职务违法和职务犯罪案件，具有下列情形之一的，可以依法提级管辖：

（一）在本辖区有重大影响的；

（二）涉及多个下级监察机关管辖的监察对象，调查难度大的；

（三）其他需要提级管辖的重大、复杂案件。

上级监察机关对于所辖各级监察机关管辖范围内有重大影响的案件，必要时可以依法直接调查或者组织、指挥、参与调查。

地方各级监察机关所管辖的职务违法和职务犯罪案件，具有第一款规定情形的，可以依法报请上一级监察机关管辖。

**第四十八条** 上级监察机关可以依法将其所管辖的案件指定下级监察机关管辖。

设区的市级监察委员会将同级党委管理的公职人员涉嫌职务违法或者职务犯罪案件指定下级监察委员会管辖的，应当报省级监察委员会批准；省级监察委员会将同级党委管理的公职人员涉嫌职务违法或者职务犯罪案件指定下级监察委员会管辖的，应当报国家监察委员会相关监督检查部门备案。

上级监察机关对于下级监察机关管辖的职务违法和职务犯罪案件，具有下列情形之一，认为由其他下级监察机关管辖更为适宜的，可以依法指定给其他下级监察机关管辖：

（一）管辖有争议的；

（二）指定管辖有利于案件公正处理的；

（三）下级监察机关报请指定管辖的；

（四）其他有必要指定管辖的。

被指定的下级监察机关未经指定管辖的监察机关批准，不得将案件再行指定管辖。发现新的职务违法或者职务犯罪线索，以及其他重要情况、重大问题，应当及时向指定管辖的监察机关请示报告。

**17.21《中国共产党纪律检查机关监督执纪工作规则》（2019年1月1日）（节录）**

**第九条** 上级纪检监察机关有权指定下级纪检监察机关对其他下级纪检监察机关管辖的党组织和党员、干部以及监察对象涉嫌违纪或者职务违法、职务犯罪问题进行审查调查，必要时也可以直接进行审查调查。上级纪检监察机关可以将其直接管辖的事项指定下级纪检监察机关进行审查调查。

纪检监察机关之间对管辖事项有争议的，由其共同的上级纪检监察机关确定；认为所管辖的事项重大、复杂，需要由上级纪检监察机关管辖的，可以报请上级纪检监察机关管辖。

# 第四章　监察权限

## 第十八条【一般权限】

监察机关行使监督、调查职权，有权依法向有关单位和个人了解情况，收集、调取证据。有关单位和个人应当如实提供。

监察机关及其工作人员对监督、调查过程中知悉的国家秘密、工作秘密、商业秘密、个人隐私和个人信息，应当保密。

任何单位和个人不得伪造、隐匿或者毁灭证据。

### 关联法规指引

**18.11《中华人民共和国监察法实施条例》（2021年9月20日）（节录）**

**第五十四条**　监察机关应当加强监督执法调查工作规范化建设，严格按规定对监察措施进行审批和监管，依照法定的范围、程序和期限采取相关措施，出具、送达法律文书。

**第五十五条**　监察机关在初步核实中，可以依法采取谈话、询问、查询、调取、勘验检查、鉴定措施；立案后可以采取讯问、留置、冻结、搜查、查封、扣押、通缉措施。需要采取技术调查、限制出境措施的，应当按照规定交有关机关依法执行。设区的市级以下监察机关在初步核实中不得采取技术调查措施。

开展问责调查，根据具体情况可以依法采取相关监察措施。

**第五十六条**　开展讯问、搜查、查封、扣押以及重要的谈话、询问等调查取证工作，应当全程同步录音录像，并保持录音录像资料的完整性。录音录像资料应当妥善保管、及时归档，留存备查。

人民检察院、人民法院需要调取同步录音录像的，监察机关应当予以配合，经审批依法予以提供。

**第五十七条**　需要商请其他监察机关协助收集证据材料的，应当依法出具《委托调查函》；商请其他监察机关对采取措施提供一般性协助的，应当依法出具《商请协助采取措施函》。商请协助事项涉及协助地监察机关管辖的监察对象的，应当由协助地监察机关按照所涉人员的管理权限报批。协助地监察机关对于协助请求，应当依法予以协助配合。

**第五十八条**　采取监察措施需要告知、通知相关人员的，应当依法办理。告知包括口头、书面两种方式，通知应当采取书面方式。采取口头方式告知的，应当将相关情况制作工作记录；采取书面方式告知、通知的，可以通过直接送交、邮寄、转交等途径送达，将有关回执或者凭证附卷。

无法告知、通知，或者相关人员拒绝接收的，调查人员应当在工作记录或者有关文书上记明。

## 18.21《中国共产党纪律检查机关案件检查工作条例》（1994年5月1日）（节录）

**第二十八条** 凡是知道案件情况的组织和个人都有提供证据的义务。调查组有权按照规定程序，采取以下措施调查取证，有关组织和个人必须如实提供证据，不得拒绝和阻挠。

（一）查阅、复制与案件有关的文件、资料、账册、单据、会议记录、工作笔记等书面材料；

（二）要求有关组织提供与案件有关的文件、资料等书面材料以及其他必要的情况；

（三）要求有关人员在规定的时间、地点就案件所涉及的问题作出说明；

（四）必要时可以对与案件有关的人员和事项，进行录音、拍照、摄像；

（五）对案件所涉及的专门性问题，提请有关的专门机构或人员作出鉴定结论；

（六）经县级以上（含县级）纪检机关负责人批准，暂予扣留、封存可以证明违纪行为的文件、资料、账册、单据、物品和非法所得；

（七）经县级以上（含县级）纪检机关负责人批准，可以对被调查对象在银行或其他金融机构的存款进行查核，并可以通知银行或其他金融机构暂停支付；

（八）收集其他能够证明案件真实情况的一切证据。

## 18.22《中国共产党纪律检查机关监督执纪工作规则》（2019年1月1日）（节录）

**第三十二条** 党委（党组）、纪委监委（纪检监察组）应当对具有可查性的涉嫌违纪或者职务违法、职务犯罪问题线索，扎实开展初步核实工作，收集客观性证据，确保真实性和准确性。

**第三十四条** 核查组经批准可以采取必要措施收集证据，与相关人员谈话了解情况，要求相关组织作出说明，调取个人有关事项报告，查阅复制文件、账目、档案等资料，查核资产情况和有关信息，进行鉴定勘验。对被核查人及相关人员主动上交的财物，核查组应当予以暂扣。

**第四十六条** 纪检监察机关应当严格依规依纪依法收集、鉴别证据，做到全面、客观，形成相互印证、完整稳定的证据链。

调查取证应当收集原物原件，逐件清点编号，现场登记，由在场人员签字盖章，原物不便搬运、保存或者取得原件确有困难的，可以将原物封存并拍照录像或者调取原件副本、复印件；谈话应当现场制作谈话笔录并由被谈话人阅看后签字。已调取证据必须及时交审查调查组统一保管。

严禁以威胁、引诱、欺骗以及其他违规违纪违法方式收集证据；严禁隐匿、损毁、篡改、伪造证据。

## 第十九条【谈话、函询】

对可能发生职务违法的监察对象，监察机关按照管理权限，可以直接或者委托有关机关、人员进行谈话，或者进行函询，要求说明情况。

### 关联法规指引

**19.11《中华人民共和国监察法实施条例》（2021年9月20日）（节录）**

第七十条 监察机关在问题线索处置、初步核实和立案调查中，可以依法对涉嫌职务违法的监察对象进行谈话，要求其如实说明情况或者作出陈述。

谈话应当个别进行。负责谈话的人员不得少于二人。

第七十一条 对一般性问题线索的处置，可以采取谈话方式进行，对监察对象给予警示、批评、教育。谈话应当在工作地点等场所进行，明确告知谈话事项，注重谈清问题、取得教育效果。

第七十二条 采取谈话方式处置问题线索的，经审批可以由监察人员或者委托被谈话人所在单位主要负责人等进行谈话。

监察机关谈话应当形成谈话笔录或者记录。谈话结束后，可以根据需要要求被谈话人在十五个工作日以内作出书面说明。被谈话人应当在书面说明每页签名，修改的地方也应当签名。

委托谈话的，受委托人应当在收到委托函后的十五个工作日以内进行谈话。谈话结束后及时形成谈话情况材料报送监察机关，必要时附被谈话人的书面说明。

第七十三条 监察机关开展初步核实工作，一般不与被核查人接触；确有需要与被核查人谈话的，应当按规定报批。

第七十四条 监察机关对涉嫌职务违法的被调查人立案后，可以依法进行谈话。

与被调查人首次谈话时，应当出示《被调查人权利义务告知书》，由其签名、捺指印。被调查人拒绝签名、捺指印的，调查人员应当在文书上记明。对于被调查人未被限制人身自由的，应当在首次谈话时出具《谈话通知书》。

与涉嫌严重职务违法的被调查人进行谈话的，应当全程同步录音录像，并告知被调查人。告知情况应当在录音录像中予以反映，并在笔录中记明。

第七十五条 立案后，与未被限制人身自由的被调查人谈话的，应当在具备安全保障条件的场所进行。

调查人员按规定通知被调查人所在单位派员或者被调查人家属陪同被调查人到指定场所的，应当与陪同人员办理交接手续，填写《陪送交接单》。

第七十六条 调查人员与被留置的被调查人谈话的，按照法定程序在留置场所进行。

与在押的犯罪嫌疑人、被告人谈话的，应当持以监察机关名义出具的介绍信、工作证件，商请有关案件主管机关依法协助办理。

与在看守所、监狱服刑的人员谈话的，应当持以监察机关名义出具的介绍信、工作证件办理。

第七十七条 与被调查人进行谈话，应当

合理安排时间、控制时长，保证其饮食和必要的休息时间。

**第七十八条** 谈话笔录应当在谈话现场制作。笔录应当详细具体，如实反映谈话情况。笔录制作完成后，应当交给被调查人核对。被调查人没有阅读能力的，应当向其宣读。

笔录记载有遗漏或者差错的，应当补充或者更正，由被调查人在补充或者更正处捺指印。被调查人核对无误后，应当在笔录中逐页签名、捺指印。被调查人拒绝签名、捺指印的，调查人员应当在笔录中记明。调查人员也应当在笔录中签名。

**第七十九条** 被调查人请求自行书写说明材料的，应当准许。必要时，调查人员可以要求被调查人自行书写说明材料。

被调查人应当在说明材料上逐页签名、捺指印，在末页写明日期。对说明材料有修改的，在修改之处应当捺指印。说明材料应当由二名调查人员接收，在首页记明接收的日期并签名。

**第八十条** 本条例第七十四条至第七十九条的规定，也适用于在初步核实中开展的谈话。

## 19.21《中国共产党党内监督条例》（2016年10月27日）（节录）

**第三十一条** 接到对干部一般性违纪问题的反映，应当及时找本人核实，谈话提醒、约谈函询，让干部把问题讲清楚。约谈被反映人，可以与其所在党组织主要负责人一同进行；被反映人对函询问题的说明，应当由其所在党组织主要负责人签字后报上级党委。谈话记录和函询回复应当认真核实，存档备查。没有发现问题的应当予以了结澄清，对不如实说明情况的给予严肃处理。

## 19.22《中国共产党纪律检查机关监督执纪工作规则》（2019年1月1日）（节录）

**第二十七条** 纪检监察机关采取谈话函询方式处置问题线索，应当起草谈话函询报批请示，拟订谈话方案和相关工作预案，按程序报批。需要谈话函询下一级党委（党组）主要负责人的，应当报纪检监察机关主要负责人批准，必要时向同级党委主要负责人报告。

**第二十八条** 谈话应当由纪检监察机关相关负责人或者承办部门负责人进行，可以由被谈话人所在党委（党组）、纪委监委（纪检监察组、纪检监察工委）有关负责人陪同；经批准也可以委托被谈话人所在党委（党组）主要负责人进行。

谈话应当在具备安全保障条件的场所进行。由纪检监察机关谈话的，应当制作谈话笔录，谈话后可以视情况由被谈话人写出书面说明。

**第二十九条** 纪检监察机关进行函询应当以办公厅（室）名义发函给被反映人，并抄送其所在党委（党组）和派驻纪检监察组主要负责人。被函询人应当在收到函件后15个工作日内写出说明材料，由其所在党委（党组）主要负责人签署意见后发函回复。

被函询人为党委（党组）主要负责人的，或者被函询人所作说明涉及党委（党组）主要负责人的，应当直接发函回复纪检监察机关。

**第三十条** 承办部门应当在谈话结束或者收到函询回复后1个月内写出情况报告和处置意见，按程序报批。根据不同情形作出相应处理：

（一）反映不实，或者没有证据证明存在问题的，予以采信了结，并向被函询人发函反馈。

（二）问题轻微，不需要追究纪律责任的，采取谈话提醒、批评教育、责令检查、诫勉谈话等方式处理。

（三）反映问题比较具体，但被反映人予以否认且否认理由不充分具体的，或者说明存在明显问题的，一般应当再次谈话或者函询；发现被反映人涉嫌违纪或者职务违法、职务犯罪问题需要追究纪律和法律责任的，应当提出初步核实的建议。

（四）对诬告陷害者，依规依纪依法予以查处。

必要时可以对被反映人谈话函询的说明情况进行抽查核实。

谈话函询材料应当存入廉政档案。

**第三十一条** 被谈话函询的党员干部应当在民主生活会、组织生活会上就本年度或者上年度谈话函询问题进行说明，讲清组织予以采信了结的情况；存在违纪问题的，应当进行自我批评，作出检讨。

**第三十四条** 核查组经批准可以采取必要措施收集证据，与相关人员谈话了解情况，要求相关组织作出说明，调取个人有关事项报告，查阅复制文件、账目、档案等资料，查核资产情况和有关信息，进行鉴定勘验。对被核查人及相关人员主动上交的财物，核查组应当予以暂扣。

需要采取技术调查或者限制出境等措施的，纪检监察机关应当严格履行审批手续，交有关机关执行。

**第四十三条** 立案审查调查方案批准后，应当由纪检监察机关相关负责人或者部门负责人与被审查调查人谈话，宣布立案决定，讲明党的政策和纪律，要求被审查调查人端正态度、配合审查调查。

审查调查应当充分听取被审查调查人陈述，保障其饮食、休息，提供医疗服务，确保安全。严格禁止使用违反党章党规党纪和国家法律的手段，严禁逼供、诱供、侮辱、打骂、虐待、体罚或者变相体罚。

# 第二十条【谈话、讯问】

在调查过程中，对涉嫌职务违法的被调查人，监察机关可以进行谈话，要求其就涉嫌违法行为作出陈述，必要时向被调查人出具书面通知。

对涉嫌贪污贿赂、失职渎职等职务犯罪的被调查人，监察机关可以进行讯问，要求其如实供述涉嫌犯罪的情况。

## 关联法规指引

**20.11《中华人民共和国监察法实施条例》（2021年9月20日）（节录）**

**第八十一条** 监察机关对涉嫌职务犯罪的被调查人，可以依法进行讯问，要求其如实供述涉嫌犯罪的情况。

**第八十二条** 讯问被留置的被调查人，应当在留置场所进行。

**第八十三条** 讯问应当个别进行，调查人员不得少于二人。

首次讯问时，应当向被讯问人出示《被调查人权利义务告知书》，由其签名、捺指印。被讯问人拒绝签名、捺指印的，调查人员应当在文书上记明。被讯问人未被限制人身自由的，应当在首次讯问时向其出具《讯问通知书》。

讯问一般按照下列顺序进行：

（一）核实被讯问人的基本情况，包括姓名、曾用名、出生年月日、户籍地、身份证件号码、民族、职业、政治面貌、文化程度、工作单位及职务、住所、家庭情况、社会经历，是否属于党代表大会代表、人大代表、政协委员，是否受到过党纪政务处分，是否受到过刑事处罚等；

（二）告知被讯问人如实供述自己罪行可以依法从宽处理和认罪认罚的法律规定；

（三）讯问被讯问人是否有犯罪行为，让其陈述有罪的事实或者无罪的辩解，应当允许其连贯陈述。

调查人员的提问应当与调查的案件相关。被讯问人对调查人员的提问应当如实回答。调查人员对被讯问人的辩解，应当如实记录，认真查核。

讯问时，应当告知被讯问人将进行全程同步录音录像。告知情况应当在录音录像中予以反映，并在笔录中记明。

**第八十四条** 本条例第七十五条至第七十九条的要求，也适用于讯问。

## 20.21《中国共产党纪律检查机关案件检查工作条例》（1994年5月1日）（节录）

**第二十五条** 调查开始时，在一般情况下，调查组应会同被调查人所在单位党组织与被调查人谈话，宣布立案决定和应遵守的纪律，要求其正确对待组织调查。调查中，应认真听取被调查人的陈述和意见，做好思想教育工作。

## 20.22《关于查处党员违纪案件中收集、鉴别、使用证据的具体规定》（1991年7月23日）（节录）

**第八条** 收集受审查党员的陈述包括：受审查党员对自己所犯错误的交待或申辩；揭发同案违纪人员的材料。

受审查党员应对党忠诚老实，如实向组织交待自己的问题，同时也有依据党章的规定为自己申辩的权利。受审查党员对"处分所依据的事实材料"如提出不同意见，有关党组织应认真研究并作出说明，一并归入案卷。

**第十六条** 对受审查党员陈述的鉴别，要审查其交待或申辩前后是否一致，有无矛盾，将交待或申辩与其他证据相对照，看其是否合情合理，是否属实。

## 第二十一条【强制到案】

监察机关根据案件情况，经依法审批，可以强制涉嫌严重职务违法或者职务犯罪的被调查人到案接受调查。

## 第二十二条【询问】

在调查过程中，监察机关可以询问证人等人员。

### 关联法规指引

**22.11《中华人民共和国监察法实施条例》（2021年9月20日）（节录）**

第八十五条　监察机关按规定报批后，可以依法对证人、被害人等人员进行询问，了解核实有关问题或者案件情况。

第八十六条　证人未被限制人身自由的，可以在其工作地点、住所或者其提出的地点进行询问，也可以通知其到指定地点接受询问。到证人提出的地点或者调查人员指定的地点进行询问的，应当在笔录中记明。

调查人员认为有必要或者证人提出需要由所在单位派员或者其家属陪同到询问地点的，应当办理交接手续并填写《陪送交接单》。

第八十七条　询问应当个别进行。负责询问的调查人员不得少于二人。

首次询问时，应当向证人出示《证人权利义务告知书》，由其签名、捺指印。证人拒绝签名、捺指印的，调查人员应当在文书上记明。证人未被限制人身自由的，应当在首次询问时向其出具《询问通知书》。

询问时，应当核实证人身份，问明证人的基本情况，告知证人应当如实提供证据、证言，以及作伪证或者隐匿证据应当承担的法律责任。不得向证人泄露案情，不得采用非法方法获取证言。

询问重大或者有社会影响案件的重要证人，应当对询问过程全程同步录音录像，并告知证人。告知情况应当在录音录像中予以反映，并在笔录中记明。

第八十八条　询问未成年人，应当通知其法定代理人到场。无法通知或者法定代理人不能到场的，应当通知未成年人的其他成年亲属或者所在学校、居住地基层组织的代表等有关人员到场。询问结束后，由法定代理人或者有关人员在笔录中签名。调查人员应当将到场情况记录在案。

询问聋、哑人，应当有通晓聋、哑手势的人员参加。调查人员应当在笔录中记明证人的聋、哑情况，以及翻译人员的姓名、工作单位和职业。询问不通晓当地通用语言、文字的证人，应当有翻译人员。询问结束后，由翻译人员在笔录中签名。

第八十九条　凡是知道案件情况的人，都有如实作证的义务。对故意提供虚假证言的证人，应当依法追究法律责任。

证人或者其他任何人不得帮助被调查人隐匿、毁灭、伪造证据或者串供，不得实施其他干扰调查活动的行为。

**第九十条** 证人、鉴定人、被害人因作证，本人或者近亲属人身安全面临危险，向监察机关请求保护的，监察机关应当受理并及时进行审查；对于确实存在人身安全危险的，监察机关应当采取必要的保护措施。监察机关发现存在上述情形的，应当主动采取保护措施。

监察机关可以采取下列一项或者多项保护措施：

（一）不公开真实姓名、住址和工作单位等个人信息；

（二）禁止特定的人员接触证人、鉴定人、被害人及其近亲属；

（三）对人身和住宅采取专门性保护措施；

（四）其他必要的保护措施。

依法决定不公开证人、鉴定人、被害人的真实姓名、住址和工作单位等个人信息的，可以在询问笔录等法律文书、证据材料中使用化名。但是应当另行书面说明使用化名的情况并标明密级，单独成卷。

监察机关采取保护措施需要协助的，可以提请公安机关等有关单位和要求有关个人依法予以协助。

**第九十一条** 本条例第七十六条至第七十九条的要求，也适用于询问。询问重要涉案人员，根据情况适用本条例第七十五条的规定。

询问被害人，适用询问证人的规定。

## 22.21《中国共产党纪律检查机关案件检查工作条例》（1994年5月1日）（节录）

**第二十八条** 凡是知道案件情况的组织和个人都有提供证据的义务。调查组有权按照规定程序，采取以下措施调查取证，有关组织和个人必须如实提供证据，不得拒绝和阻挠。

……

（三）要求有关人员在规定的时间、地点就案件所涉及的问题作出说明；

（四）必要时可以对与案件有关的人员和事项，进行录音、拍照、摄像；

……

（八）收集其他能够证明案件真实情况的一切证据。

**第二十九条** 调查取证要做到：

……

（二）收集证言，应对出证人提出要求，讲明责任。证言材料要一人一证，可由证人书写，也可由调查人员作笔录，并经本人认可。所有证言材料应注明证人身份、出证时间，并由证人签字、盖章或押印。证人要求对原证作出部分或全部更改时，应重新出证并注明更改原因，但不退原证。与证人谈话，调查人员不得少于两人。收集被侵害人的陈述、被调查人的陈述，适用本项规定。

……

## 22.22《中国共产党纪律检查机关监督执纪工作规则》（2019年1月1日）（节录）

**第四十条** 审查调查组可以依照党章党规和监察法，经审批进行谈话、讯问、询问、留置、查询、冻结、搜查、调取、查封、扣押（暂扣、封存）、勘验检查、鉴定，提请有关机关采取技术调查、通缉、限制出境等措施。

……

## 22.23《关于查处党员违纪案件中收集、鉴别、使用证据的具体规定》（1991年7月23日）（节录）

**第七条** 凡是知道案件情况的党员和群众，都应及时地、如实地提供证言，不得拒绝作证。党员故意提供虚假情况，情节严重的给予必要的纪律处分。

收集证人证言，不要采取座谈会的形式。证人证言要一人一证，一般情况下一事一证。由证人用钢笔或毛笔书写。没有书写能力的，由他人或调查取证人根据证人的讲述代写，写好后读给证人听，并按证人意见进行修改，然后由证人签字、盖章或按手印。书写证人证言，应把所要证明的事实发生的时间、地点、当事人、原因、情节、手段、结果等书写清楚。调查人员要做好询问笔录，并应由被询问人签字。

对证人证言，应由取证人注明证人工作单位、职务，并由取证人签字。不必由所在单位加盖公章或加注"属实"、"供参考"之类的文字。

证人作证后，如有补充、更正，可另行书写，并说明更正的理由。办案人员应将补充、更正的证人证言与该证人原出具的证言一并归入案卷。

证人作证后，党组织应为其保密。如发现受审查党员及其亲友对证人打击报复从严处理。

第十五条　对证人证言的鉴别，要注意审查证言的内容与案件事实是否有联系，来源有无问题，是否受到外界不正常因素的干扰，是否属实，证言前后是否一致，有无矛盾。不得采用对质的方法鉴别证言。

第十八条　对受侵害人员陈述的鉴别，要注意受侵害人员感情因素对其陈述真实性的影响。

## 第二十三条【责令候查】

被调查人涉嫌严重职务违法或者职务犯罪，并有下列情形之一的，经监察机关依法审批，可以对其采取责令候查措施：

（一）不具有本法第二十四条第一款所列情形的；

（二）符合留置条件，但患有严重疾病、生活不能自理的，系怀孕或者正在哺乳自己婴儿的妇女，或者生活不能自理的人的唯一扶养人；

（三）案件尚未办结，但留置期限届满或者对被留置人员不需要继续采取留置措施的；

（四）符合留置条件，但因为案件的特殊情况或者办理案件的需要，采取责令候查措施更为适宜的。

被责令候查人员应当遵守以下规定：

（一）未经监察机关批准不得离开所居住的直辖市、设区的市的城市市区或者不设区的市、县的辖区；

（二）住址、工作单位和联系方式发生变动的，在二十四小时以内向监察机关报告；

（三）在接到通知的时候及时到案接受调查；

（四）不得以任何形式干扰证人作证；

（五）不得串供或者伪造、隐匿、毁灭证据。

被责令候查人员违反前款规定，情节严重的，可以依法予以留置。

## 第二十四条【留置】

被调查人涉嫌贪污贿赂、失职渎职等严重职务违法或者职务犯罪,监察机关已经掌握其部分违法犯罪事实及证据,仍有重要问题需要进一步调查,并有下列情形之一的,经监察机关依法审批,可以将其留置在特定场所:

(一)涉及案情重大、复杂的;

(二)可能逃跑、自杀的;

(三)可能串供或者伪造、隐匿、毁灭证据的;

(四)可能有其他妨碍调查行为的。

对涉嫌行贿犯罪或者共同职务犯罪的涉案人员,监察机关可以依照前款规定采取留置措施。

留置场所的设置、管理和监督依照国家有关规定执行。

### 关联法规指引

**24.11《中华人民共和国监察法实施条例》(2021年9月20日)(节录)**

**第九十二条** 监察机关调查严重职务违法或者职务犯罪,对于符合监察法第二十二条第一款规定的,经依法审批,可以对被调查人采取留置措施。

监察法第二十二条第一款规定的严重职务违法,是指根据监察机关已经掌握的事实及证据,被调查人涉嫌的职务违法行为情节严重,可能被给予撤职以上政务处分;重要问题,是指对被调查人涉嫌的职务违法或者职务犯罪,在定性处置、定罪量刑等方面有重要影响的事实、情节及证据。

监察法第二十二条第一款规定的已经掌握其部分违法犯罪事实及证据,是指同时具备下列情形:

(一)有证据证明发生了违法犯罪事实;

(二)有证据证明该违法犯罪事实是被调查人实施;

(三)证明被调查人实施违法犯罪行为的证据已经查证属实。

部分违法犯罪事实,既可以是单一违法犯罪行为的事实,也可以是数个违法犯罪行为中任何一个违法犯罪行为的事实。

**第九十三条** 被调查人具有下列情形之一的,可以认定为监察法第二十二条第一款第二项所规定的可能逃跑、自杀:

(一)着手准备自杀、自残或者逃跑的;

(二)曾经有自杀、自残或者逃跑行为的;

(三)有自杀、自残或者逃跑意图的;

(四)其他可能逃跑、自杀的情形。

**第九十四条** 被调查人具有下列情形之一的,可以认定为监察法第二十二条第一款第三项所规定的可能串供或者伪造、隐匿、毁灭证据：

（一）曾经或者企图串供，伪造、隐匿、毁灭、转移证据的；

（二）曾经或者企图威逼、恐吓、利诱、收买证人，干扰证人作证的；

（三）有同案人或者与被调查人存在密切关联违法犯罪的涉案人员在逃，重要证据尚未收集完成的；

（四）其他可能串供或者伪造、隐匿、毁灭证据的情形。

**第九十五条** 被调查人具有下列情形之一的，可以认定为监察法第二十二条第一款第四项所规定的可能有其他妨碍调查行为：

（一）可能继续实施违法犯罪行为的；

（二）有危害国家安全、公共安全等现实危险的；

（三）可能对举报人、控告人、被害人、证人、鉴定人等相关人员实施打击报复的；

（四）无正当理由拒不到案，严重影响调查的；

（五）其他可能妨碍调查的行为。

**第九十六条** 对下列人员不得采取留置措施：

（一）患有严重疾病、生活不能自理的；

（二）怀孕或者正在哺乳自己婴儿的妇女；

（三）系生活不能自理的人的唯一扶养人。

上述情形消除后，根据调查需要可以对相关人员采取留置措施。

**第九十七条** 采取留置措施时，调查人员不得少于二人，应当向被留置人员宣布《留置决定书》，告知被留置人员权利义务，要求其在《留置决定书》上签名、捺指印。被留置人员拒绝签名、捺指印的，调查人员应当在文书上记明。

**第九十八条** 采取留置措施后，应当在二十四小时以内通知被留置人员所在单位和家属。当面通知的，由有关人员在《留置通知书》上签名。无法当面通知的，可以先以电话等方式通知，并通过邮寄、转交等方式送达《留置通知书》，要求有关人员在《留置通知书》上签名。

因可能毁灭、伪造证据，干扰证人作证或者串供等有碍调查情形而不宜通知的，应当按规定报批，记录在案。有碍调查的情形消失后，应当立即通知被留置人员所在单位和家属。

**第九十九条** 县级以上监察机关需要提请公安机关协助采取留置措施的，应当按规定报批，请同级公安机关依法予以协助。提请协助时，应当出具《提请协助采取留置措施函》，列明提请协助的具体事项和建议，协助采取措施的时间、地点等内容，附《留置决定书》复印件。

因保密需要，不适合在采取留置措施前向公安机关告知留置对象姓名的，可以作出说明，进行保密处理。

需要提请异地公安机关协助采取留置措施的，应当按规定报批，向协作地同级监察机关出具协作函件和相关文书，由协作地监察机关提请当地公安机关依法予以协助。

**第一百条** 留置过程中，应当保障被留置人员的合法权益，尊重其人格和民族习俗，保障饮食、休息和安全，提供医疗服务。

**第一百零一条** 留置时间不得超过三个月，自向被留置人员宣布之日起算。具有下列情形之一的，经审批可以延长一次，延长时间不得超过三个月：

（一）案情重大，严重危害国家利益或者公共利益的；

（二）案情复杂，涉案人员多、金额巨大，涉及范围广的；

（三）重要证据尚未收集完成，或者重要涉案人员尚未到案，导致违法犯罪的主要事实仍须继续调查的；

（四）其他需要延长留置时间的情形。

省级以下监察机关采取留置措施的，延长留置时间应当报上一级监察机关批准。

延长留置时间的，应当在留置期满前向被留置人员宣布延长留置时间的决定，要求其在《延长留置时间决定书》上签名、捺指印。被留置人员拒绝签名、捺指印的，调查人员应当在文书上记明。

延长留置时间的，应当通知被留置人员家属。

**第一百零二条** 对被留置人员不需要继续采取留置措施的，应当按规定报批，及时解除留置。

调查人员应当向被留置人员宣布解除留置措施的决定，由其在《解除留置决定书》上签名、捺指印。被留置人员拒绝签名、捺指印的，调查人员应当在文书上记明。

解除留置措施的，应当及时通知被留置人员所在单位或者家属。调查人员应当与交接人办理交接手续，并由其在《解除留置通知书》上签名。无法通知或者有关人员拒绝签名的，调查人员应当在文书上记明。

案件依法移送人民检察院审查起诉的，留置措施自犯罪嫌疑人被执行拘留时自动解除，不再办理解除法律手续。

**第一百零三条** 留置场所应当建立健全保密、消防、医疗、餐饮及安保等安全工作责任制，制定紧急突发事件处置预案，采取安全防范措施。

留置期间发生被留置人员死亡、伤残、脱逃等办案安全事故、事件的，应当及时做好处置工作。相关情况应当立即报告监察机关主要负责人，并在二十四小时以内逐级上报至国家监察委员会。

**24.21《中国共产党纪律检查机关监督执纪工作规则》（2019年1月1日）（节录）**

**第四十条** 审查调查组可以依照党章党规和监察法，经审批进行谈话、讯问、询问、留置、查询、冻结、搜查、调取、查封、扣押（暂扣、封存）、勘验检查、鉴定，提请有关机关采取技术调查、通缉、限制出境等措施。

......

**第四十一条** 需要对被审查调查人采取留置措施的，应当依据监察法进行，在24小时内通知其所在单位和家属，并及时向社会公开发布。因可能毁灭、伪造证据，干扰证人作证或者串供等有碍调查情形而不宜通知或者公开的，应当按程序报批并记录在案。有碍调查的情形消失后，应当立即通知被留置人员所在单位和家属。

**第五十七条** 被审查调查人涉嫌职务犯罪的，应当由案件监督管理部门协调办理移送司法机关事宜。对于采取留置措施的案件，在人民检察院对犯罪嫌疑人先行拘留后，留置措施自动解除。

......

**第六十九条** 纪检监察机关开展谈话应当做到全程可控。谈话前做好风险评估、医疗保障、安全防范工作以及应对突发事件的预案；谈话中及时研判谈话内容以及案情变化，发现严重职务违法、职务犯罪，依照监察法需要采取留置措施的，应当及时采取留置措施；谈话结束前做好被谈话人思想工作，谈话后按程序与相关单位或者人员交接，并做好跟踪回访等工作。

## 第二十五条【管护】

对于未被留置的下列人员，监察机关发现存在逃跑、自杀等重大安全风险的，经依法审批，可以进行管护：

（一）涉嫌严重职务违法或者职务犯罪的自动投案人员；

（二）在接受谈话、函询、询问过程中，交代涉嫌严重职务违法或者职务犯罪问题的人员；

（三）在接受讯问过程中，主动交代涉嫌重大职务犯罪问题的人员。

采取管护措施后，应当立即将被管护人员送留置场所，至迟不得超过二十四小时。

## 第二十六条【查询、冻结】

监察机关调查涉嫌贪污贿赂、失职渎职等严重职务违法或者职务犯罪，根据工作需要，可以依照规定查询、冻结涉案单位和个人的存款、汇款、债券、股票、基金份额等财产。有关单位和个人应当配合。

冻结的财产经查明与案件无关的，应当在查明后三日内解除冻结，予以退还。

---

**关联法规指引**

**26.11《中华人民共和国监察法实施条例》（2021年9月20日）（节录）**

**第一百零四条** 监察机关调查严重职务违法或者职务犯罪，根据工作需要，按规定报批后，可以依法查询、冻结涉案单位和个人的存款、汇款、债券、股票、基金份额等财产。

**第一百零五条** 查询、冻结财产时，调查人员不得少于二人。调查人员应当出具《协助查询财产通知书》或者《协助冻结财产通知书》，送交银行或者其他金融机构、邮政部门等单位执行。有关单位和个人应当予以配合，并严格保密。

查询财产应当在《协助查询财产通知书》中填写查询账号、查询内容等信息。没有具体账号的，应当填写足以确定账户或者权利人的自然人姓名、身份证件号码或者企业法人名称、统一社会信用代码等信息。

冻结财产应当在《协助冻结财产通知书》中填写冻结账户名称、冻结账号、冻结数额、冻结期限起止时间等信息。冻结数额应当具体、明确,暂时无法确定具体数额的,应当在《协助冻结财产通知书》上明确写明"只收不付"。冻结证券和交易结算资金时,应当明确冻结的范围是否及于孳息。

冻结财产,应当为被调查人及其所扶养的亲属保留必需的生活费用。

**第一百零六条** 调查人员可以根据需要对查询结果进行打印、抄录、复制、拍照,要求相关单位在有关材料上加盖证明印章。对查询结果有疑问的,可以要求相关单位进行书面解释并加盖印章。

**第一百零七条** 监察机关对查询信息应当加强管理,规范信息交接、调阅、使用程序和手续,防止滥用和泄露。

调查人员不得查询与案件调查工作无关的信息。

**第一百零八条** 冻结财产的期限不得超过六个月。冻结期限到期未办理续冻手续的,冻结自动解除。

有特殊原因需要延长冻结期限的,应当在到期前按原程序报批,办理续冻手续。每次续冻期限不得超过六个月。

**第一百零九条** 已被冻结的财产可以轮候冻结,不得重复冻结。轮候冻结的,监察机关应当要求有关银行或者其他金融机构等单位在解除冻结或者作出处理前予以通知。

监察机关接受司法机关、其他监察机关等国家机关移送的涉案财物后,该国家机关采取的冻结期限届满,监察机关续行冻结的顺位与该国家机关冻结的顺位相同。

**第一百一十条** 冻结财产应当通知权利人或者其法定代理人、委托代理人,要求其在《冻结财产告知书》上签名。冻结股票、债券、基金份额等财产,应当告知权利人或者其法定代理人、委托代理人有权申请出售。

对于被冻结的股票、债券、基金份额等财产,权利人或者其法定代理人、委托代理人申请出售,不损害国家利益、被害人利益,不影响调查正常进行的,经审批可以在案件办结前由相关机构依法出售或者变现。对于被冻结的汇票、本票、支票即将到期的,经审批可以在案件办结前由相关机构依法出售或者变现。出售上述财产的,应当出具《许可出售冻结财产通知书》。

出售或者变现所得价款应当继续冻结在其对应的银行账户中;没有对应的银行账户的,应当存入监察机关指定的专用账户保管,并将存款凭证送监察机关登记。监察机关应当及时向权利人或者其法定代理人、委托代理人出具《出售冻结财产通知书》,并要求其签名。拒绝签名的,调查人员应当在文书上记明。

**第一百一十一条** 对于冻结的财产,应当及时核查。经查明与案件无关的,经审批,应当在查明后三日以内将《解除冻结财产通知书》送交有关单位执行。解除情况应当告知被冻结财产的权利人或者其法定代理人、委托代理人。

## 26.21《中国共产党纪律检查机关监督执纪工作规则》(2019年1月1日)(节录)

**第四十条** 审查调查组可以依照党章党规和监察法,经审批进行谈话、讯问、询问、留置、查询、冻结、搜查、调取、查封、扣押(暂扣、封存)、勘验检查、鉴定,提请有关机关采取技术调查、通缉、限制出境等措施。

……

**第四十七条** 查封、扣押(暂扣、封存)、冻结、移交涉案财物,应当严格履行审批手续。

执行查封、扣押(暂扣、封存)措施,监督执纪人员应当会同原财物持有人或者保管人、见证人,当面逐一拍照、登记、编号,现场填写登记表,由在场人员签名。对价值不明物品应当及时鉴定,专门封存保管。

纪检监察机关应当设立专用账户、专门场所，指定专门人员保管涉案财物，严格履行交接、调取手续，定期对账核实。严禁私自占有、处置涉案财物及其孳息。

## 第二十七条【搜查】

监察机关可以对涉嫌职务犯罪的被调查人以及可能隐藏被调查人或者犯罪证据的人的身体、物品、住处和其他有关地方进行搜查。在搜查时，应当出示搜查证，并有被搜查人或者其家属等见证人在场。

搜查女性身体，应当由女性工作人员进行。

监察机关进行搜查时，可以根据工作需要提请公安机关配合。公安机关应当依法予以协助。

### 关联法规指引

**27.11《中华人民共和国监察法实施条例》（2021年9月20日）（节录）**

**第一百一十二条** 监察机关调查职务犯罪案件，为了收集犯罪证据、查获被调查人，按规定报批后，可以依法对被调查人以及可能隐藏被调查人或者犯罪证据的人的身体、物品、住处、工作地点和其他有关地方进行搜查。

**第一百一十三条** 搜查应当在调查人员主持下进行，调查人员不得少于二人。搜查女性的身体，由女性工作人员进行

搜查时，应当有被搜查人或者其家属、其所在单位工作人员或者其他见证人在场。监察人员不得作为见证人。调查人员应当向被搜查人或者其家属、见证人出示《搜查证》，要求其签名。被搜查人或者其家属不在场，或者拒绝签名的，调查人员应当在文书上记明。

**第一百一十四条** 搜查时，应当要求在场人员予以配合，不得进行阻碍。对以暴力、威胁等方法阻碍搜查的，应当依法制止。对阻碍搜查构成违法犯罪的，依法追究法律责任。

**第一百一十五条** 县级以上监察机关需要提请公安机关依法协助采取搜查措施的，应当按规定报批，请同级公安机关予以协助。提请协助时，应当出具《提请协助采取搜查措施函》，列明提请协助的具体事项和建议，搜查时间、地点、目的等内容，附《搜查证》复印件。

需要提请异地公安机关协助采取搜查措施的，应当按规定报批，向协作地同级监察机关出具协作函件和相关文书，由协作地监察机关提请当地公安机关予以协助。

**第一百一十六条** 对搜查取证工作，应当全程同步录音录像。

对搜查情况应当制作《搜查笔录》，由调查人员和被搜查人或者其家属、见证人签名。被搜查人或者其家属不在场，或者拒绝签名的，调查人员应当在笔录中记明。

对于查获的重要物证、书证、视听资料、电子数据及其放置、存储位置应当拍照，并在《搜查笔录》中作出文字说明。

第一百一十七条 搜查时，应当避免未成年人或者其他不适宜在搜查现场的人在场。

搜查人员应当服从指挥、文明执法，不得擅自变更搜查对象和扩大搜查范围。搜查的具体时间、方法，在实施前应当严格保密。

第一百一十八条 在搜查过程中查封、扣押财物和文件的，按照查封、扣押的有关规定办理。

## 第二十八条【调取、查封、扣押】

监察机关在调查过程中，可以调取、查封、扣押用以证明被调查人涉嫌违法犯罪的财物、文件和电子数据等信息。采取调取、查封、扣押措施，应当收集原物原件，会同持有人或者保管人、见证人，当面逐一拍照、登记、编号，开列清单，由在场人员当场核对、签名，并将清单副本交财物、文件的持有人或者保管人。

对调取、查封、扣押的财物、文件，监察机关应当设立专用账户、专门场所，确定专门人员妥善保管，严格履行交接、调取手续，定期对账核实，不得毁损或者用于其他目的。对价值不明物品应当及时鉴定，专门封存保管。

查封、扣押的财物、文件经查明与案件无关的，应当在查明后三日内解除查封、扣押，予以退还。

### 关联法规指引

**28.11《中华人民共和国监察法实施条例》（2021年9月20日）（节录）**

第一百一十九条 监察机关按规定报批后，可以依法向有关单位和个人调取用以证明案件事实的证据材料。

第一百二十条 调取证据材料时，调查人员不得少于二人。调查人员应当依法出具《调取证据通知书》，必要时附《调取证据清单》。

有关单位和个人配合监察机关调取证据，应当严格保密。

第一百二十一条 调取物证应当调取原物。原物不便搬运、保存，或者依法应当返还，或者因保密工作需要不能调取原物的，可以将原物封存，并拍照、录像。对原物拍照或者录像时，应当足以反映原物的外形、内容。

调取书证、视听资料应当调取原件。取得原件确有困难或者因保密工作需要不能调取原件的，可以调取副本或者复制件。

调取物证的照片、录像和书证、视听资料的副本、复制件的，应当书面记明不能调取原物、原件的原因，原物、原件存放地点，制作过程，是否与原物、原件相符，并由调查人员和物证、书证、视听资料原持有人签名或者盖章。持有人无法签名、盖章或者拒绝签名、盖章的，应当在笔录中记明，由见证人签名。

第一百二十二条　调取外文材料作为证据使用的，应当交由具有资质的机构和人员出具中文译本。中文译本应当加盖翻译机构公章。

第一百二十三条　收集、提取电子数据，能够扣押原始存储介质的，应当予以扣押、封存并在笔录中记录封存状态。无法扣押原始存储介质的，可以提取电子数据，但应当在笔录中记明不能扣押的原因、原始存储介质的存放地点或者电子数据的来源等情况。

由于客观原因无法或者不宜采取前款规定方式收集、提取电子数据的，可以采取打印、拍照或者录像等方式固定相关证据，并在笔录中说明原因。

收集、提取的电子数据，足以保证完整性，无删除、修改、增加等情形的，可以作为证据使用。

收集、提取电子数据，应当制作笔录，记录案由、对象、内容、收集、提取电子数据的时间、地点、方法、过程，并附电子数据清单，注明类别、文件格式、完整性校验值等，由调查人员、电子数据持有人（提供人）签名或者盖章；电子数据持有人（提供人）无法签名或者拒绝签名的，应当在笔录中记明，由见证人签名或者盖章。有条件的，应当对相关活动进行录像。

第一百二十四条　调取的物证、书证、视听资料等原件，经查明与案件无关的，经审批，应当在查明后三日以内退还，并办理交接手续。

第一百二十五条　监察机关按规定报批后，可以依法查封、扣押用以证明被调查人涉嫌违法犯罪以及情节轻重的财物、文件、电子数据等证据材料。

对于被调查人到案时随身携带的物品，以及被调查人或者其他相关人员主动上交的财物和文件，依法需要扣押的，依照前款规定办理。对于被调查人随身携带的与案件无关的个人用品，应当逐件登记，随案移交或者退还。

第一百二十六条　查封、扣押时，应当出具《查封/扣押通知书》，调查人员不得少于二人。持有人拒绝交出应当查封、扣押的财物和文件的，可以依法强制查封、扣押。

调查人员对于查封、扣押的财物和文件，应当会同在场见证人和被查封、扣押财物持有人进行清点核对，开列《查封/扣押财物、文件清单》，由调查人员、见证人和持有人签名或者盖章。持有人不在场或者拒绝签名、盖章的，调查人员应当在清单上记明。

查封、扣押财物，应当为被调查人及其所扶养的亲属保留必需的生活费用和物品。

第一百二十七条　查封、扣押不动产和置于该不动产上不宜移动的设施、家具和其他相关财物，以及车辆、船舶、航空器和大型机械、设备等财物，必要时可以依法扣押其权利证书，经拍照或者录像后原地封存。调查人员应当在查封清单上记明相关财物的所在地址和特征，已经拍照或者录像及其权利证书被扣押的情况，由调查人员、见证人和持有人签名或者盖章。持有人不在场或者拒绝签名、盖章的，调查人员应当在清单上记明。

查封、扣押前款规定财物的，必要时可以将被查封财物交给持有人或者其近亲属保管。调查人员应当告知保管人妥善保管，不得对被查封财物进行转移、变卖、毁损、抵押、赠予等处理。

调查人员应当将《查封/扣押通知书》送达不动产、生产设备或者车辆、船舶、航空器等财物的登记、管理部门，告知其在查封期间禁止办理抵押、转让、出售等权属关系变更、转移登记手续。相关情况应当在查封清单上记明。被查封、扣押的财物已经办理抵押登记的，监察机关在执行没收、追缴、责令退赔等决定时应当及时通知抵押权人。

第一百二十八条　查封、扣押下列物品，

应当依法进行相应的处理：

（一）查封、扣押外币、金银珠宝、文物、名贵字画以及其他不易辨别真伪的贵重物品，具备当场密封条件的，应当当场密封，由二名以上调查人员在密封材料上签名并记明密封时间。不具备当场密封条件的，应当在笔录中记明，以拍照、录像等方法加以保全后进行封存。查封、扣押的贵重物品需要鉴定的，应当及时鉴定。

（二）查封、扣押存折、银行卡、有价证券等支付凭证和具有一定特征能够证明案情的现金，应当记明特征、编号、种类、面值、张数、金额等，当场密封，由二名以上调查人员在密封材料上签名并记明密封时间。

（三）查封、扣押易损毁、灭失、变质等不宜长期保存的物品以及有消费期限的卡、券，应当在笔录中记明，以拍照、录像等方法加以保全后进行封存，或者经审批委托有关机构变卖、拍卖。变卖、拍卖的价款存入专用账户保管，待调查终结后一并处理。

（四）对于可以作为证据使用的录音录像、电子数据存储介质，应当记明案由、对象、内容，录制、复制的时间、地点、规格、类别、应用长度、文件格式及长度等，制作清单。具备查封、扣押条件的电子设备、存储介质应当密封保存。必要时，可以请有关机关协助。

（五）对被调查人使用违法犯罪所得与合法收入共同购置的不可分割的财产，可以先行查封、扣押。对无法分割退还的财产，涉及违法的，可以在结案后委托有关单位拍卖、变卖，退还不属于违法所得的部分及孳息；涉及职务犯罪的，依法移送司法机关处置。

（六）查封、扣押危险品、违禁品，应当及时送交有关部门，或者根据工作需要严格封存保管。

第一百二十九条　对于需要启封的财物和文件，应当由二名以上调查人员共同办理。重新密封时，由二名以上调查人员在密封材料上签名、记明时间。

第一百三十条　查封、扣押涉案财物，应当按规定将涉案财物详细信息、《查封/扣押财物、文件清单》录入并上传监察机关涉案财物信息管理系统。

对于涉案款项，应当在采取措施后十五日以内存入监察机关指定的专用账户。对于涉案物品，应当在采取措施后三十日以内移交涉案财物保管部门保管。因特殊原因不能按时存入专用账户或者移交保管的，应当按规定报批，将保管情况录入涉案财物信息管理系统，在原因消除后及时存入或者移交。

第一百三十一条　对于已移交涉案财物保管部门保管的涉案财物，根据调查工作需要，经审批可以临时调用，并应当确保完好。调用结束后，应当及时归还。调用和归还时，调查人员、保管人员应当当面清点查验。保管部门应当对调用和归还情况进行登记，全程录像并上传涉案财物信息管理系统。

第一百三十二条　对于被扣押的股票、债券、基金份额等财产，以及即将到期的汇票、本票、支票，依法需要出售或者变现的，按照本条例关于出售冻结财产的规定办理。

第一百三十三条　监察机关接受司法机关、其他监察机关等国家机关移送的涉案财物后，该国家机关采取的查封、扣押期限届满，监察机关续行查封、扣押的顺位与该国家机关查封、扣押的顺位相同。

第一百三十四条　对查封、扣押的财物和文件，应当及时进行核查。经查明与案件无关的，经审批，应当在查明后三日以内解除查封、扣押，予以退还。解除查封、扣押的，应当向有关单位、原持有人或者近亲属送达《解除查封/扣押通知书》，附《解除查封/扣押财物、文件清单》，要求其签名或者盖章。

**第一百三十五条** 在立案调查之前，对监察对象及相关人员主动上交的涉案财物，经审批可以接收。

接收时，应当由二名以上调查人员，会同持有人和见证人进行清点核对，当场填写《主动上交财物登记表》。调查人员、持有人和见证人应当在登记表上签名或者盖章。

对于主动上交的财物，应当根据立案及调查情况及时决定是否依法查封、扣押。

### 28.21《中国共产党纪律检查机关监督执纪工作规则》（2019年1月1日）（节录）

**第四十条** 审查调查组可以依照党章党规和监察法，经审批进行谈话、讯问、询问、留置、查询、冻结、搜查、调取、查封、扣押（暂扣、封存）、勘验检查、鉴定，提请有关机关采取技术调查、通缉、限制出境等措施。

……

**第四十七条** 查封、扣押（暂扣、封存）、冻结、移交涉案财物，应当严格履行审批手续。

执行查封、扣押（暂扣、封存）措施，监督执纪人员应当会同原财物持有人或者保管人、见证人，当面逐一拍照、登记、编号，现场填写登记表，由在场人员签名。对价值不明物品应当及时鉴定，专门封存保管。

纪检监察机关应当设立专用账户、专门场所，指定专门人员保管涉案财物，严格履行交接、调取手续，定期对账核实。严禁私自占有、处置涉案财物及其孳息。

**第四十八条** 对涉嫌严重违纪或者职务违法、职务犯罪问题的审查调查谈话、搜查、查封、扣押（暂扣、封存）涉案财物等重要取证工作应当全过程进行录音录像，并妥善保管，及时归档，案件监督管理部门定期核查。

## 第二十九条【勘验检查、调查实验】

监察机关在调查过程中，可以直接或者指派、聘请具有专门知识的人在调查人员主持下进行勘验检查。勘验检查情况应当制作笔录，由参加勘验检查的人员和见证人签名或者盖章。

必要时，监察机关可以进行调查实验。调查实验情况应当制作笔录，由参加实验的人员签名或者盖章。

### 关联法规指引

### 29.11《中华人民共和国监察法实施条例》（2021年9月20日）（节录）

**第一百三十六条** 监察机关按规定报批后，可以依法对与违法犯罪有关的场所、物品、人身、尸体、电子数据等进行勘验检查。

**第一百三十七条** 依法需要勘验检查的，应当制作《勘验检查证》；需要委托勘验检查的，应当出具《委托勘验检查书》，送具有专门知识、勘验检查资格的单位（人员）办理。

**第一百三十八条** 勘验检查应当由二名以上调查人员主持，邀请与案件无关的见证人在场。勘验检查情况应当制作笔录，并由参加勘验检查人员和见证人签名。

勘验检查现场、拆封电子数据存储介质应当全程同步录音录像。对现场情况应当拍摄现场照片、制作现场图，并由勘验检查人员签名。

**第一百三十九条** 为了确定被调查人或者相关人员的某些特征、伤害情况或者生理状态，可以依法对其人身进行检查。必要时可以聘请法医或者医师进行人身检查。检查女性身体，应当由女性工作人员或者医师进行。被调查人拒绝检查的，可以依法强制检查。

人身检查不得采用损害被检查人生命、健康或者贬低其名誉、人格的方法。对人身检查过程中知悉的个人隐私，应当严格保密。

对人身检查的情况应当制作笔录，由参加检查的调查人员、检查人员、被检查人员和见证人签名。被检查人员拒绝签名的，调查人员应当在笔录中记明。

**第一百四十条** 为查明案情，在必要的时候，经审批可以依法进行调查实验。调查实验，可以聘请有关专业人员参加，也可以要求被调查人、被害人、证人参加。

进行调查实验，应当全程同步录音录像，制作调查实验笔录，由参加实验的人签名。进行调查实验，禁止一切足以造成危险、侮辱人格的行为。

**第一百四十一条** 调查人员在必要时，可以依法让被害人、证人和被调查人对与违法犯罪有关的物品、文件、尸体或者场所进行辨认；也可以让被害人、证人对被调查人进行辨认，或者让被调查人对涉案人员进行辨认。

辨认工作应当由二名以上调查人员主持进行。在辨认前，应当向辨认人详细询问辨认对象的具体特征，避免辨认人见到辨认对象，并告知辨认人作虚假辨认应当承担的法律责任。几名辨认人对同一辨认对象进行辨认时，应当由辨认人个别进行。辨认应当形成笔录，并由调查人员、辨认人签名。

**第一百四十二条** 辨认人员时，被辨认的人数不得少于七人，照片不得少于十张。

辨认人不愿公开进行辨认时，应当在不暴露辨认人的情况下进行辨认，并为其保守秘密。

**第一百四十三条** 组织辨认物品时一般应当辨认实物。被辨认的物品系名贵字画等贵重物品或者存在不便搬运等情况的，可以对实物照片进行辨认。辨认人进行辨认时，应当在辨认出的实物照片与附纸骑缝上捺指印予以确认，在附纸上写明该实物涉案情况并签名、捺指印。

辨认物品时，同类物品不得少于五件，照片不得少于五张。

对于难以找到相似物品的特定物，可以将该物品照片交由辨认人进行确认后，在照片与附纸骑缝上捺指印，在附纸上写明该物品涉案情况并签名、捺指印。在辨认人确认前，应当向其详细询问物品的具体特征，并对确认过程和结果形成笔录。

**第一百四十四条** 辨认笔录具有下列情形之一的，不得作为认定案件的依据：

（一）辨认开始前使辨认人见到辨认对象的；

（二）辨认活动没有个别进行的；

（三）辨认对象没有混杂在具有类似特征的其他对象中，或者供辨认的对象数量不符合规定的，但特定辨认对象除外；

（四）辨认中给辨认人明显暗示或者明显有指认嫌疑的；

（五）辨认不是在调查人员主持下进行的；

（六）违反有关规定，不能确定辨认笔录真实性的其他情形。

辨认笔录存在其他瑕疵的，应当结合全案证据审查其真实性和关联性，作出综合判断。

### 29.21《中国共产党纪律检查机关监督执纪工作规则》（2019年1月1日）（节录）

**第四十条** 审查调查组可以依照党章党规和监察法，经审批进行谈话、讯问、询问、留置、查询、冻结、搜查、调取、查封、扣押（暂扣、封存）、勘验检查、鉴定，提请有关机关采取技术调查、通缉、限制出境等措施。

……

### 29.22《关于查处党员违纪案件中收集、鉴别、使用证据的具体规定》（1991年7月23日）（节录）

**第九条** 纪律检查机关在需要时，可以运用公安机关、人民检察院、人民法院的鉴定结论、勘验检查笔录等。

从公安机关、人民检察院、人民法院取得证据，按有关规定办理。

纪律检查人员对有作案现场的非刑事案件，应注意对现场作出检查，并作好笔录。

## 第三十条【鉴定】

监察机关在调查过程中，对于案件中的专门性问题，可以指派、聘请有专门知识的人进行鉴定。鉴定人进行鉴定后，应当出具鉴定意见，并且签名。

### —— 关联法规指引 ——

#### 30.11《中华人民共和国监察法实施条例》（2021年9月20日）（节录）

**第一百四十五条** 监察机关为解决案件中的专门性问题，按规定报批后，可以依法进行鉴定。

鉴定时应当出具《委托鉴定书》，由二名以上调查人员送交具有鉴定资格的鉴定机构、鉴定人进行鉴定。

**第一百四十六条** 监察机关可以依法开展下列鉴定：

（一）对笔迹、印刷文件、污损文件、制成时间不明的文件和以其他形式表现的文件等进行鉴定；

（二）对案件中涉及的财务会计资料及相关财物进行会计鉴定；

（三）对被调查人、证人的行为能力进行精神病鉴定；

（四）对人体造成的损害或者死因进行人身伤亡医学鉴定；

（五）对录音录像资料进行鉴定；

（六）对因电子信息技术应用而出现的材料及其派生物进行电子证据鉴定；

（七）其他可以依法进行的专业鉴定。

**第一百四十七条** 监察机关应当为鉴定提供必要条件，向鉴定人送交有关检材和对比样本等原始材料，介绍与鉴定有关的情况。调查人员应当明确提出要求鉴定事项，但不得暗示或者强迫鉴定人作出某种鉴定意见。

监察机关应当做好检材的保管和送检工作，记明检材送检环节的责任人，确保检材在流转环节的同一性和不被污染。

**第一百四十八条** 鉴定人应当在出具的鉴

定意见上签名，并附鉴定机构和鉴定人的资质证明或者其他证明文件。多个鉴定人的鉴定意见不一致的，应当在鉴定意见上记明分歧的内容和理由，并且分别签名。

监察机关对于法庭审理中依法决定鉴定人出庭作证的，应当予以协调。

鉴定人故意作出虚假鉴定的，应当依法追究法律责任。

**第一百四十九条** 调查人员应当对鉴定意见进行审查。对经审查作为证据使用的鉴定意见，应当告知被调查人及相关单位、人员，送达《鉴定意见告知书》。

被调查人或者相关单位、人员提出补充鉴定或者重新鉴定申请，经审查符合法定要求的，应当按规定报批，进行补充鉴定或者重新鉴定。

对鉴定意见告知情况可以制作笔录，载明告知内容和被告知人的意见等。

**第一百五十条** 经审查具有下列情形之一的，应当补充鉴定：

（一）鉴定内容有明显遗漏的；

（二）发现新的有鉴定意义的证物的；

（三）对鉴定证物有新的鉴定要求的；

（四）鉴定意见不完整，委托事项无法确定的；

（五）其他需要补充鉴定的情形。

**第一百五十一条** 经审查具有下列情形之一的，应当重新鉴定：

（一）鉴定程序违法或者违反相关专业技术要求的；

（二）鉴定机构、鉴定人不具备鉴定资质和条件的；

（三）鉴定人故意作出虚假鉴定或者违反回避规定的；

（四）鉴定意见依据明显不足的；

（五）检材虚假或者被损坏的；

（六）其他应当重新鉴定的情形。

决定重新鉴定的，应当另行确定鉴定机构和鉴定人。

**第一百五十二条** 因无鉴定机构，或者根据法律法规等规定，监察机关可以指派、聘请具有专门知识的人就案件的专门性问题出具报告。

## 30.21《中国共产党纪律检查机关监督执纪工作规则》（2019年1月1日）（节录）

**第三十四条** 核查组经批准可以采取必要措施收集证据，与相关人员谈话了解情况，要求相关组织作出说明，调取个人有关事项报告，查阅复制文件、账目、档案等资料，查核资产情况和有关信息，进行鉴定勘验。对被核查人及相关人员主动上交的财物，核查组应当予以暂扣。

需要采取技术调查或者限制出境等措施的，纪检监察机关应当严格履行审批手续，交有关机关执行。

**第四十条** 审查调查组可以依照党章党规和监察法，经审批进行谈话、讯问、询问、留置、查询、冻结、搜查、调取、查封、扣押（暂扣、封存）、勘验检查、鉴定，提请有关机关采取技术调查、通缉、限制出境等措施。

承办部门应当建立台账，记录使用措施情况，向案件监督管理部门定期备案。

案件监督管理部门应当核对检查，定期汇总重要措施使用情况并报告党委监委领导和上一级纪检监察机关，发现违规违纪违法使用措施的，区分不同情况进行处理，防止擅自扩大范围、延长时限。

**第四十七条** 查封、扣押（暂扣、封存）、冻结、移交涉案财物，应当严格履行审批手续。

执行查封、扣押（暂扣、封存）措施，监督执纪人员应当会同原财物持有人或者保管人、见证人，当面逐一拍照、登记、编号，现场填写登记表，由在场人员签名。对价值不明物品应当及时鉴定，专门封存保管。

纪检监察机关应当设立专用账户、专用场所，指定专门人员保管涉案财物，严格履行交接、调取手续，定期对账核实。严禁私自占有、处置涉案财物及其孳息。

## 30.22《关于查处党员违纪案件中收集、鉴别、使用证据的具体规定》（1991年7月23日）（节录）

**第九条** 纪律检查机关在需要时，可以运用公安机关、人民检察院、人民法院的鉴定结论、勘验检查笔录等。

从公安机关、人民检察院、人民法院取得证据，按有关规定办理。

纪律检查人员对有作案现场的非刑事案件，应注意对现场作出检查，并作好笔录。

## 第三十一条【技术调查】

监察机关调查涉嫌重大贪污贿赂等职务犯罪，根据需要，经过严格的批准手续，可以采取技术调查措施，按照规定交有关机关执行。

批准决定应当明确采取技术调查措施的种类和适用对象，自签发之日起三个月以内有效；对于复杂、疑难案件，期限届满仍有必要继续采取技术调查措施的，经过批准，有效期可以延长，每次不得超过三个月。对于不需要继续采取技术调查措施的，应当及时解除。

### 关联法规指引

**31.11《中华人民共和国监察法实施条例》（2021年9月20日）（节录）**

**第一百五十三条** 监察机关根据调查涉嫌重大贪污贿赂等职务犯罪需要，依照规定的权限和程序报经批准，可以依法采取技术调查措施，按照规定交公安机关或者国家有关执法机关依法执行。

前款所称重大贪污贿赂等职务犯罪，是指具有下列情形之一：

（一）案情重大复杂，涉及国家利益或者重大公共利益的；

（二）被调查人可能被判处十年以上有期徒刑、无期徒刑或者死刑的；

（三）案件在全国或者本省、自治区、直辖市范围内有较大影响的。

**第一百五十四条** 依法采取技术调查措施的，监察机关应当出具《采取技术调查措施委托函》《采取技术调查措施决定书》和《采取技术调查措施适用对象情况表》，送交有关机关执行。其中，设区的市级以下监察机关委托有关执行机关采取技术调查措施，还应当提供《立案决定书》。

**第一百五十五条** 技术调查措施的期限按照监察法的规定执行，期限届满前未办理延期手续的，到期自动解除。

对于不需要继续采取技术调查措施的，监察机关应当按规定及时报批，将《解除技术调查措施决定书》送交有关机关执行。

需要依法变更技术调查措施种类或者增加适用对象的，监察机关应当重新办理报批和委托手续，依法送交有关机关执行。

**第一百五十六条** 对于采取技术调查措施收集的信息和材料，依法需要作为刑事诉讼证据使用的，监察机关应当按规定报批，出具《调取技术调查证据材料通知书》向有关执行机关调取。

对于采取技术调查措施收集的物证、书证及其他证据材料，监察机关应当制作书面说明，写明获取证据的时间、地点、数量、特征以及采取技术调查措施的批准机关、种类等。调查人员应当在书面说明上签名。

对于采取技术调查措施获取的证据材料，如果使用该证据材料可能危及有关人员的人身安全，或者可能产生其他严重后果的，应当采取不暴露有关人员身份、技术方法等保护措施。必要时，可以建议由审判人员在庭外进行核实。

**第一百五十七条** 调查人员对采取技术调查措施过程中知悉的国家秘密、商业秘密、个人隐私，应当严格保密。

采取技术调查措施获取的证据、线索及其他有关材料，只能用于对违法犯罪的调查、起诉和审判，不得用于其他用途。

对采取技术调查措施获取的与案件无关的材料，应当经审批及时销毁。对销毁情况应当制作记录，由调查人员签名。

## 31.12 最高人民法院《关于适用〈中华人民共和国刑事诉讼法〉的解释》（2021年3月1日）（节录）

**第一百一十六条** 依法采取技术调查、侦查措施收集的材料在刑事诉讼中可以作为证据使用。

采取技术调查、侦查措施收集的材料，作为证据使用的，应当随案移送。

**第一百一十八条** 移送技术调查、侦查证据材料的，应当附采取技术调查、侦查措施的法律文书、技术调查、侦查证据材料清单和有关说明材料。

移送采用技术调查、侦查措施收集的视听资料、电子数据的，应当制作新的存储介质，并附制作说明，写明原始证据材料、原始存储介质的存放地点等信息，由制作人签名，并加盖单位印章。

**第一百一十九条** 对采取技术调查、侦查措施收集的证据材料，除根据相关证据材料所属的证据种类，依照本章第二节至第七节的相应规定进行审查外，还应当着重审查以下内容：

（一）技术调查、侦查措施所针对的案件是否符合法律规定；

（二）技术调查措施是否经过严格的批准手续，按照规定交有关机关执行；技术侦查措施是否在刑事立案后，经过严格的批准手续；

（三）采取技术调查、侦查措施的种类、适用对象和期限是否按照批准决定载明的内容执行；

（四）采取技术调查、侦查措施收集的证据材料与其他证据是否矛盾；存在矛盾的，能否得到合理解释。

**第一百二十条** 采取技术调查、侦查措施收集的证据材料，应当经过当庭出示、辨认、质证等法庭调查程序查证。

当庭调查技术调查、侦查证据材料可能危及有关人员的人身安全，或者可能产生其他严重后果的，法庭应当采取不暴露有关人员身份和技术调查、侦查措施使用的技术设备、技术方法等保护措施。必要时，审判人员可以在庭外对证据进行核实。

### 31.13《人民法院办理刑事案件第一审普通程序法庭调查规程（试行）》（2018年1月1日）（节录）

**第三十五条** 采用技术侦查措施收集的证据，应当当庭出示。当庭出示、辨认、质证可能危及有关人员的人身安全，或者可能产生其他严重后果的，应当采取不暴露有关人员身份、不公开技术侦查措施和方法等保护措施。

法庭决定在庭外对技术侦查证据进行核实的，可以召集公诉人和辩护律师到场。在场人员应当履行保密义务。

## 第三十二条【通缉】

依法应当留置的被调查人如果在逃，监察机关可以决定在本行政区域内通缉，由公安机关发布通缉令，追捕归案。通缉范围超出本行政区域的，应当报请有权决定的上级监察机关决定。

---关联法规指引---

### 32.11《中华人民共和国监察法实施条例》（2021年9月20日）（节录）

**第一百五十八条** 县级以上监察机关对在逃的应当被留置人员，依法决定在本行政区域内通缉的，应当按规定报批，送交同级公安机关执行。送交执行时，应当出具《通缉决定书》，附《留置决定书》等法律文书和被通缉人员信息，以及承办单位、承办人员等有关情况。

通缉范围超出本行政区域的，应当报有决定权的上级监察机关出具《通缉决定书》，并附《留置决定书》及相关材料，送交同级公安机关执行。

**第一百五十九条** 国家监察委员会依法需要提请公安部对在逃人员发布公安部通缉令的，应当先提请公安部采取网上追逃措施。如情况紧急，可以向公安部同时出具《通缉决定书》和《提请采取网上追逃措施函》。

省级以下监察机关报请国家监察委员会提请公安部发布公安部通缉令的，应当先提请本地公安机关采取网上追逃措施。

**第一百六十条** 监察机关接到公安机关抓获被通缉人员的通知后，应当立即核实被抓获人员身份，并在接到通知后二十四小时以内派员办理交接手续。边远或者交通不便地区，至迟不得超过三日。

公安机关在移交前，将被抓获人员送往当地监察机关留置场所临时看管的，当地监察机关应当接收，并保障临时看管期间的安全，对工作信息严格保密。

监察机关需要提请公安机关协助将被抓获人员带回的，应当按规定报批，请本地同级公安机关依法予以协助。提请协助时，应当出具《提请协助采取留置措施函》，附《留置决定书》复印件及相关材料。

**第一百六十一条** 监察机关对于被通缉人员已经归案、死亡，或者依法撤销留置决定以及发现有其他不需要继续采取通缉措施情形的，应当经审批出具《撤销通缉通知书》，送交协助采取原措施的公安机关执行。

## 第三十三条【限制出境】

监察机关为防止被调查人及相关人员逃匿境外，经省级以上监察机关批准，可以对被调查人及相关人员采取限制出境措施，由公安机关依法执行。对于不需要继续采取限制出境措施的，应当及时解除。

### 关联法规指引

**33.11《中华人民共和国监察法实施条例》（2021年9月20日）（节录）**

**第一百六十二条** 监察机关为防止被调查人及相关人员逃匿境外，按规定报批后，可以依法决定采取限制出境措施，交由移民管理机构依法执行。

**第一百六十三条** 监察机关采取限制出境措施应当出具有关函件，与《采取限制出境措施决定书》一并送交移民管理机构执行。其中，采取边控措施的，应当附《边控对象通知书》；采取法定不批准出境措施的，应当附《法定不准出境人员报备表》。

**第一百六十四条** 限制出境措施有效期不超过三个月，到期自动解除。

到期后仍有必要继续采取措施的，应当按原程序报批。承办部门应当出具有关函件，在到期前与《延长限制出境措施期限决定书》一并送交移民管理机构执行。延长期限每次不得超过三个月。

**第一百六十五条** 监察机关接到口岸移民管理机构查获被决定采取留置措施的边控对象的通知后，应当于二十四小时以内到达口岸办理移交手续。无法及时到达的，应当委托当地监察机关及时前往口岸办理移交手续。当地监察机关应当予以协助。

**第一百六十六条** 对于不需要继续采取限制出境措施的，应当按规定报批，及时予以解除。承办部门应当出具有关函件，与《解除限制出境措施决定书》一并送交移民管理机构执行。

**第一百六十七条** 县级以上监察机关在重要紧急情况下，经审批可以依法直接向口岸所在地口岸移民管理机构提请办理临时限制出境措施。

**33.12《中华人民共和国出境入境管理法》（2013年7月1日）（节录）**

**第十二条** 中国公民有下列情形之一的，不准出境：

（一）未持有效出境入境证件或者拒绝、逃避接受边防检查的；

（二）被判处刑罚尚未执行完毕或者属于刑事案件被告人、犯罪嫌疑人的；

（三）有未了结的民事案件，人民法院决定不准出境的；

（四）因妨害国（边）境管理受到刑事处罚或者因非法出境、非法居留、非法就业被其他国家或者地区遣返，未满不准出境规定年限的；

（五）可能危害国家安全和利益，国务院

有关主管部门决定不准出境的；

（六）法律、行政法规规定不准出境的其他情形。

### 33.13《公安机关办理刑事案件程序规定》（2020年9月1日）（节录）

**第二百七十八条** 需要对犯罪嫌疑人在口岸采取边控措施的，应当按照有关规定制作边控对象通知书，并附有关法律文书，经县级以上公安机关负责人审核后，层报省级公安机关批准，办理全国范围内的边控措施。需要限制犯罪嫌疑人人身自由的，应当附有关限制人身自由的法律文书。

紧急情况下，需要采取边控措施的，县级以上公安机关可以出具公函，先向有关口岸所在地出入境边防检查机关交控，但应当在七日以内按照规定程序办理全国范围内的边控措施。

### 33.21《中国共产党纪律检查机关监督执纪工作规则》（2019年1月1日）（节录）

**第三十四条**

……

需要采取技术调查或者限制出境等措施的，纪检监察机关应当严格履行审批手续，交有关机关执行。

**第四十条** 审查调查组可以依照党章党规和监察法，经审批进行谈话、讯问、询问、留置、查询、冻结、搜查、调取、查封、扣押（暂扣、封存）、勘验检查、鉴定，提请有关机关采取技术调查、通缉、限制出境等措施。

……

## 第三十四条【对被调查人提出从宽处罚建议】

涉嫌职务犯罪的被调查人主动认罪认罚，有下列情形之一的，监察机关经领导人员集体研究，并报上一级监察机关批准，可以在移送人民检察院时提出从宽处罚的建议：

（一）自动投案，真诚悔罪悔过的；

（二）积极配合调查工作，如实供述监察机关还未掌握的违法犯罪行为的；

（三）积极退赃，减少损失的；

（四）具有重大立功表现或者案件涉及国家重大利益等情形的。

——— 关联法规指引 ———

### 34.11《中华人民共和国监察法实施条例》（2021年9月20日）（节录）

**第二百一十三条** 涉嫌职务犯罪的被调查人和涉案人员符合监察法第三十一条、第三十二条规定情形的，结合其案发前的一贯表现、违法犯罪行为的情节、后果和影响等因素，监察机关经综合研判和集体审议，报上一级监察机关批准，可以在移送人民检察院时依法提出从轻、减轻或者免除处罚等从宽处罚建议。报请批准时，应当一并提供主要证据材料、忏悔反思材料。

上级监察机关相关监督检查部门负责审查工作，重点审核拟认定的从宽处罚情形、提出的从宽处罚建议，经审批在十五个工作日以内作出批复

第二百一十四条　涉嫌职务犯罪的被调查人有下列情形之一，如实交代自己主要犯罪事实的，可以认定为监察法第三十一条第一项规定的自动投案，真诚悔罪悔过：

（一）职务犯罪问题未被监察机关掌握，向监察机关投案的；

（二）在监察机关谈话、函询过程中，如实交代监察机关未掌握的涉嫌职务犯罪问题的；

（三）在初步核实阶段，尚未受到监察机关谈话时投案的；

（四）职务犯罪问题虽被监察机关立案，但尚未受到讯问或者采取留置措施，向监察机关投案的；

（五）因伤病等客观原因无法前往投案，先委托他人代为表达投案意愿，或者以书信、网络、电话、传真等方式表达投案意愿，后到监察机关接受处理的；

（六）涉嫌职务犯罪潜逃后又投案，包括在被通缉、抓捕过程中投案的；

（七）经查实确已准备去投案，或者正在投案途中被有关机关抓获的；

（八）经他人规劝或者在他人陪同下投案的；

（九）虽未向监察机关投案，但向其所在党组织、单位或者有关负责人员投案，向有关巡视巡察机构投案，以及向公安机关、人民检察院、人民法院投案的；

（十）具有其他应当视为自动投案的情形的。

被调查人自动投案后不能如实交代自己的主要犯罪事实，或者自动投案并如实供述自己的罪行后又翻供的，不能适用前款规定。

第二百一十五条　涉嫌职务犯罪的被调查人有下列情形之一的，可以认定为监察法第三十一条第二项规定的积极配合调查工作，如实供述监察机关还未掌握的违法犯罪行为：

（一）监察机关所掌握线索针对的犯罪事实不成立，在此范围外被调查人主动交代其他罪行的；

（二）主动交代监察机关尚未掌握的犯罪事实，与监察机关已掌握的犯罪事实属不同种罪行的；

（三）主动交代监察机关尚未掌握的犯罪事实，与监察机关已掌握的犯罪事实属同种罪行的；

（四）监察机关掌握的证据不充分，被调查人如实交代有助于收集定案证据的。

前款所称同种罪行和不同种罪行，一般以罪名区分。被调查人如实供述其他罪行的罪名与监察机关已掌握犯罪的罪名不同，但属选择性罪名或者在法律、事实上密切关联的，应当认定为同种罪行。

第二百一十六条　涉嫌职务犯罪的被调查人有下列情形之一的，可以认定为监察法第三十一条第三项规定的积极退赃，减少损失：

（一）全额退赃的；

（二）退赃能力不足，但被调查人及其亲友在监察机关追缴赃款赃物过程中积极配合，且大部分已追缴到位的；

（三）犯罪后主动采取措施避免损失发生，或者积极采取有效措施减少、挽回大部分损失的。

第二百一十七条　涉嫌职务犯罪的被调查人有下列情形之一的，可以认定为监察法第三十一条第四项规定的具有重大立功表现：

（一）检举揭发他人重大犯罪行为且经查

证属实的；

（二）提供其他重大案件的重要线索且经查证属实的；

（三）阻止他人重大犯罪活动的；

（四）协助抓捕其他重大职务犯罪案件被调查人、重大犯罪嫌疑人（包括同案犯）的；

（五）为国家挽回重大损失等对国家和社会有其他重大贡献的。

前款所称重大犯罪一般是指依法可能被判处无期徒刑以上刑罚的犯罪行为；重大案件一般是指在本省、自治区、直辖市或者全国范围内有较大影响的案件；查证属实一般是指有关案件已被监察机关或者司法机关立案调查、侦查，被调查人、犯罪嫌疑人被监察机关采取留置措施或者司法机关采取强制措施，或者被告人被人民法院作出有罪判决，并结合案件事实、证据进行判断。

监察法第三十一条第四项规定的案件涉及国家重大利益，是指案件涉及国家主权和领土完整、国家安全、外交、社会稳定、经济发展等情形。

### 34.12《中华人民共和国刑法》（2024年3月1日）（节录）

**第六十七条** 犯罪以后自动投案，如实供述自己的罪行的，是自首。对于自首的犯罪分子，可以从轻或者减轻处罚。其中，犯罪较轻的，可以免除处罚。

被采取强制措施的犯罪嫌疑人、被告人和正在服刑的罪犯，如实供述司法机关还未掌握的本人其他罪行的，以自首论。

犯罪嫌疑人虽不具有前两款规定的自首情节，但是如实供述自己罪行的，可以从轻处罚；因其如实供述自己罪行，避免特别严重后果发生的，可以减轻处罚。

**第六十八条** 犯罪分子有揭发他人犯罪行为，查证属实的，或者提供重要线索，从而得以侦破其他案件等立功表现的，可以从轻或者减轻处罚；有重大立功表现的，可以减轻或者免除处罚。

### 34.13《中华人民共和国公职人员政务处分法》（2020年7月1日）（节录）

**第十一条** 公职人员有下列情形之一的，可以从轻或者减轻给予政务处分：

（一）主动交代本人应当受到政务处分的违法行为的；

（二）配合调查，如实说明本人违法事实的；

（三）检举他人违纪违法行为，经查证属实的；

（四）主动采取措施，有效避免、挽回损失或者消除不良影响的；

（五）在共同违法行为中起次要或者辅助作用的；

（六）主动上交或者退赔违法所得的；

（七）法律、法规规定的其他从轻或者减轻情节。

**第十二条** 公职人员违法行为情节轻微，且具有本法第十一条规定的情形之一的，可以对其进行谈话提醒、批评教育、责令检查或者予以诫勉，免予或者不予政务处分。

公职人员因不明真相被裹挟或者被胁迫参与违法活动，经批评教育后确有悔改表现的，可以减轻、免予或者不予政务处分。

**第十三条** 公职人员有下列情形之一的，应当从重给予政务处分：

（一）在政务处分期内再次故意违法，应当受到政务处分的；

（二）阻止他人检举、提供证据的；

（三）串供或者伪造、隐匿、毁灭证据的；

（四）包庇同案人员的；

（五）胁迫、唆使他人实施违法行为的；

（六）拒不上交或者退赔违法所得的；
（七）法律、法规规定的其他从重情节。

## 34.14《中华人民共和国刑事诉讼法》（2018年10月26日）（节录）
### 第一百七十三条
……

犯罪嫌疑人认罪认罚的，人民检察院应当告知其享有的诉讼权利和认罪认罚的法律规定，听取犯罪嫌疑人、辩护人或者值班律师、被害人及其诉讼代理人对下列事项的意见，并记录在案：

（一）涉嫌的犯罪事实、罪名及适用的法律规定；

（二）从轻、减轻或者免除处罚等从宽处罚的建议；

（三）认罪认罚后案件审理适用的程序；

（四）其他需要听取意见的事项。

人民检察院依照前两款规定听取值班律师意见的，应当提前为值班律师了解案件有关情况提供必要的便利。

## 34.15《最高人民法院、最高人民检察院、公安部、国家安全部、司法部关于适用认罪认罚从宽制度的指导意见》（2019年10月11日）（节录）
### 二、适用范围和适用条件

5. 适用阶段和适用案件范围。认罪认罚从宽制度贯穿刑事诉讼全过程，适用于侦查、起诉、审判各个阶段。

认罪认罚从宽制度没有适用罪名和可能判处刑罚的限定，所有刑事案件都可以适用，不能因罪轻、罪重或者罪名特殊等原因而剥夺犯罪嫌疑人、被告人自愿认罪认罚获得从宽处理的机会。但"可以"适用不是一律适用，犯罪嫌疑人、被告人认罪认罚后是否从宽，由司法机关根据案件具体情况决定。

6. "认罪"的把握。认罪认罚从宽制度中的"认罪"，是指犯罪嫌疑人、被告人自愿如实供述自己的罪行，对指控的犯罪事实没有异议。承认指控的主要犯罪事实，仅对个别事实情节提出异议，或者虽然对行为性质提出辩解但表示接受司法机关认定意见的，不影响"认罪"的认定。犯罪嫌疑人、被告人犯数罪，仅如实供述其中一罪或部分罪名事实的，全案不作"认罪"的认定，不适用认罪认罚从宽制度，但对如实供述的部分，人民检察院可以提出从宽处罚的建议，人民法院可以从宽处罚。

7. "认罚"的把握。认罪认罚从宽制度中的"认罚"，是指犯罪嫌疑人、被告人真诚悔罪，愿意接受处罚。"认罚"，在侦查阶段表现为表示愿意接受处罚；在审查起诉阶段表现为接受人民检察院拟作出的起诉或不起诉决定，认可人民检察院的量刑建议，签署认罪认罚具结书；在审判阶段表现为当庭确认自愿签署具结书，愿意接受刑罚处罚。

"认罚"考察的重点是犯罪嫌疑人、被告人的悔罪态度和悔罪表现，应当结合退赃退赔、赔偿损失、赔礼道歉等因素来考量。犯罪嫌疑人、被告人虽然表示"认罚"，却暗中串供、干扰证人作证、毁灭、伪造证据或者隐匿、转移财产，有赔偿能力而不赔偿损失，则不能适用认罪认罚从宽制度。犯罪嫌疑人、被告人享有程序选择权，不同意适用速裁程序、简易程序的，不影响"认罚"的认定。

### 三、认罪认罚后"从宽"的把握

8. "从宽"的理解。从宽处理既包括实体上从宽处罚，也包括程序上从简处理。"可以从宽"，是指一般应当体现法律规定和政策精神，予以从宽处理。但可以从宽不是一律从宽，对犯罪性质和危害后果特别严重、犯罪手段特别残忍、社会影响特别恶劣的犯罪嫌疑人、被告人，认罪认罚不足以从轻处罚的，依法不予从宽处罚。

办理认罪认罚案件,应当依照刑法、刑事诉讼法的基本原则,根据犯罪的事实、性质、情节和对社会的危害程度,结合法定、酌定的量刑情节,综合考虑认罪认罚的具体情况,依法决定是否从宽、如何从宽。对于减轻、免除处罚,应当于法有据;不具备减轻处罚情节的,应当在法定幅度以内提出从轻处罚的量刑建议和量刑;对其中犯罪情节轻微不需要判处刑罚的,可以依法作出不起诉决定或者判决免予刑事处罚。

9. 从宽幅度的把握。办理认罪认罚案件,应当区别认罪认罚的不同诉讼阶段、对查明案件事实的价值和意义、是否确有悔罪表现,以及罪行严重程度等,综合考量确定从宽的限度和幅度。在刑罚评价上,主动认罪优于被动认罪,早认罪优于晚认罪,彻底认罪优于不彻底认罪,稳定认罪优于不稳定认罪。

认罪认罚的从宽幅度一般应当大于仅有坦白,或者虽认罪但不认罚的从宽幅度。对犯罪嫌疑人、被告人具有自首、坦白情节,同时认罪认罚的,应当在法定刑幅度内给予相对更大的从宽幅度。认罪认罚与自首、坦白不作重复评价。

对罪行较轻、人身危险性较小的,特别是初犯、偶犯,从宽幅度可以大一些;罪行较重、人身危险性较大的,以及累犯、再犯,从宽幅度应当从严把握。

### 十一、认罪认罚的反悔和撤回

51. 不起诉后反悔的处理。因犯罪嫌疑人认罪认罚,人民检察院依照刑事诉讼法第一百七十七条第二款作出不起诉决定后,犯罪嫌疑人否认指控的犯罪事实或者不积极履行赔礼道歉、退赃退赔、赔偿损失等义务的,人民检察院应当进行审查,区分下列情形依法作出处理:

(一)发现犯罪嫌疑人没有犯罪事实,或者符合刑事诉讼法第十六条规定的情形之一的,应当撤销原不起诉决定,依法重新作出不起诉决定;

(二)认为犯罪嫌疑人仍属于犯罪情节轻微,依照刑法规定不需要判处刑罚或者免除刑罚的,可以维持原不起诉决定;

(三)排除认罪认罚因素后,符合起诉条件的,应当根据案件具体情况撤销原不起诉决定,依法提起公诉。

52. 起诉前反悔的处理。犯罪嫌疑人认罪认罚,签署认罪认罚具结书,在人民检察院提起公诉前反悔的,具结书失效,人民检察院应当在全面审查事实证据的基础上,依法提起公诉。

53. 审判阶段反悔的处理。案件审理过程中,被告人反悔不再认罪认罚的,人民法院应当根据审理查明的事实,依法作出裁判。需要转换程序的,依照本意见的相关规定处理。

54. 人民检察院的法律监督。完善人民检察院对侦查活动和刑事审判活动的监督机制,加强对认罪认罚案件办理全过程的监督,规范认罪认罚案件的抗诉工作,确保无罪的人不受刑事追究、有罪的人受到公正处罚。

### 34.16 最高人民法院《关于办理减刑、假释案件具体应用法律的规定》(2017年1月1日)(节录)

**第四条** 具有下列情形之一的,可以认定为有"立功表现":

(一)阻止他人实施犯罪活动的;

(二)检举、揭发监狱内外犯罪活动,或者提供重要的破案线索,经查证属实的;

(三)协助司法机关抓捕其他犯罪嫌疑人的;

(四)在生产、科研中进行技术革新,成绩突出的;

(五)在抗御自然灾害或者排除重大事故

中，表现积极的；

（六）对国家和社会有其他较大贡献的。

第（四）项、第（六）项中的技术革新或者其他较大贡献应当由罪犯在刑罚执行期间独立或者为主完成，并经省级主管部门确认。

**第五条** 具有下列情形之一的，应当认定为有"重大立功表现"：

（一）阻止他人实施重大犯罪活动的；

（二）检举监狱内外重大犯罪活动，经查证属实的；

（三）协助司法机关抓捕其他重大犯罪嫌疑人的；

（四）有发明创造或者重大技术革新的；

（五）在日常生产、生活中舍己救人的；

（六）在抗御自然灾害或者排除重大事故中，有突出表现的；

（七）对国家和社会有其他重大贡献的。

第（四）项中的发明创造或者重大技术革新应当是罪犯在刑罚执行期间独立或者为主完成并经国家主管部门确认的发明专利，且不包括实用新型专利和外观设计专利；第（七）项中的其他重大贡献应当由罪犯在刑罚执行期间独立或者为主完成，并经国家主管部门确认。

## 34.17《关于办理职务犯罪案件认定自首、立功等量刑情节若干问题的意见》（2009年3月12日）（节录）

### 一、关于自首的认定和处理

根据刑法第六十七条第一款的规定，成立自首需同时具备自动投案和如实供述自己的罪行两个要件。犯罪事实或者犯罪分子未被办案机关掌握，或者虽被掌握，但犯罪分子尚未受到调查谈话、讯问，或者未被宣布采取调查措施或者强制措施时，向办案机关投案的，是自动投案。在此期间如实交代自己的主要犯罪事实的，应当认定为自首。

犯罪分子向所在单位等办案机关以外的单位、组织或者有关负责人员投案的，应当视为自动投案。

没有自动投案，在办案机关调查谈话、讯问、采取调查措施或者强制措施期间，犯罪分子如实交代办案机关已掌握的线索所针对的事实的，不能认定为自首。

没有自动投案，但具有以下情形之一的，以自首论：（1）犯罪分子如实交代办案机关未掌握的罪行，与办案机关已掌握的罪行属不同种罪行的；（2）办案机关所掌握线索针对的犯罪事实不成立，在此范围外犯罪分子交代同种罪行的。

单位犯罪案件中，单位集体决定或者单位负责人决定而自动投案，如实交代单位犯罪事实的，或者单位直接负责的主管人员自动投案，如实交代单位犯罪事实的，应当认定为单位自首。单位自首的，直接负责的主管人员和直接责任人员未自动投案，但如实交代自己知道的犯罪事实的，可以视为自首；拒不交代自己知道的犯罪事实或者逃避法律追究的，不应当认定为自首。单位没有自首，直接责任人员自动投案并如实交代自己知道的犯罪事实的，对该直接责任人员应当认定为自首。

对于具有自首情节的犯罪分子，办案机关移送案件时应当予以说明并移交相关证据材料。

对于具有自首情节的犯罪分子，应当根据犯罪的事实、性质、情节和对于社会的危害程度，结合自动投案的动机、阶段、客观环境，交代犯罪事实的完整性、稳定性以及悔罪表现等具体情节，依法决定是否从轻、减轻或者免除处罚以及从轻、减轻处罚的幅度。

### 二、关于立功的认定和处理

立功必须是犯罪分子本人实施的行为。为使犯罪分子得到从轻处理，犯罪分子的亲友直接向有关机关揭发他人犯罪行为，提供侦破其他案件的重要线索，或者协助司法机关抓捕其他犯罪嫌疑人的，不应当认定为犯罪分子的立功表现。

据以立功的他人罪行材料应当指明具体犯罪事实；据以立功的线索或者协助行为对于侦破案件或者抓捕犯罪嫌疑人要有实际作用。犯罪分子揭发他人犯罪行为时没有指明具体犯罪事实的；揭发的犯罪事实与查实的犯罪事实不具有关联性的；提供的线索或者协助行为对于其他案件的侦破或者其他犯罪嫌疑人的抓捕不具有实际作用的，不能认定为立功表现。

犯罪分子揭发他人犯罪行为，提供侦破其他案件重要线索的，必须经查证属实，才能认定为立功。审查是否构成立功，不仅要审查办案机关的说明材料，还要审查有关事实和证据以及与案件定性处罚相关的法律文书，如立案决定书、逮捕决定书、侦查终结报告、起诉意见书、起诉书或者判决书等。

据以立功的线索、材料来源有下列情形之一的，不能认定为立功：（1）本人通过非法手段或者非法途径获取的；（2）本人因原担任的查禁犯罪等职务获取的；（3）他人违反监管规定向犯罪分子提供的；（4）负有查禁犯罪活动职责的国家机关工作人员或者其他国家工作人员利用职务便利提供的。

犯罪分子检举、揭发的他人犯罪，提供侦破其他案件的重要线索，阻止他人的犯罪活动，或者协助司法机关抓捕的其他犯罪嫌疑人，犯罪嫌疑人、被告人依法可能被判处无期徒刑以上刑罚的，应当认定为有重大立功表现。其中，可能被判处无期徒刑以上刑罚，是指根据犯罪行为的事实、情节可能判处无期徒刑以上刑罚。案件已经判决的，以实际判处的刑罚为准。但是，根据犯罪行为的事实、情节应当判处无期徒刑以上刑罚，因被判刑人有法定情节经依法从轻、减轻处罚后判处有期徒刑的，应当认定为重大立功。

对于具有立功情节的犯罪分子，应当根据犯罪的事实、性质、情节和对于社会的危害程度，结合立功表现所起作用的大小、所破获案件的罪行轻重、所抓获犯罪嫌疑人可能判处的法定刑以及立功的时机等具体情节，依法决定是否从轻、减轻或者免除处罚以及从轻、减轻处罚的幅度。

**三、关于如实交代犯罪事实的认定和处理**

犯罪分子依法不成立自首，但如实交代犯罪事实，有下列情形之一的，可以酌情从轻处罚：（1）办案机关掌握部分犯罪事实，犯罪分子交代了同种其他犯罪事实的；（2）办案机关掌握的证据不充分，犯罪分子如实交代有助于收集定案证据的。

犯罪分子如实交代犯罪事实，有下列情形之一的，一般应当从轻处罚：（1）办案机关仅掌握小部分犯罪事实，犯罪分子交代了大部分未被掌握的同种犯罪事实的；（2）如实交代对于定案证据的收集有重要作用的。

**四、关于赃款赃物追缴等情形的处理**

贪污案件中赃款赃物全部或者大部分追缴的，一般应当考虑从轻处罚。

受贿案件中赃款赃物全部或者大部分追缴的，视具体情况可以酌定从轻处罚。

犯罪分子及其亲友主动退赃或者在办案机关追缴赃款赃物过程中积极配合的，在量刑时应当与办案机关查办案件过程中依职权追缴赃款赃物的有所区别。

职务犯罪案件立案后，犯罪分子及其亲友自行挽回的经济损失，司法机关或者犯罪分子所在单位及其上级主管部门挽回的经济损失，或者因客观原因减少的经济损失，不予扣减，但可以作为酌情从轻处罚的情节。

### 34.21《中国共产党纪律处分条例》（2024年1月1日）（节录）

**第十七条** 有下列情形之一的，可以从轻或者减轻处分：

（一）主动交代本人应当受到党纪处分的问题；

（二）在组织谈话函询、初步核实、立案审查过程中，能够配合核实审查工作，如实说明本人违纪违法事实；

（三）检举同案人或者其他人应当受到党纪处分或者法律追究的问题，经查证属实，或者有其他立功表现；

（四）主动挽回损失、消除不良影响或者有效阻止危害结果发生；

（五）主动上交或者退赔违纪所得；

（六）党内法规规定的其他从轻或者减轻处分情形。

**第十八条** 根据案件的特殊情况，由中央纪委决定或者经省（部）级纪委（不含副省级市纪委）决定并呈报中央纪委批准，对违纪党员也可以在本条例规定的处分幅度以外减轻处分。

**第十九条** 对于党员违犯党纪应当给予警告或者严重警告处分，但是具有本条例第十七条规定的情形之一或者本条例分则中另有规定的，可以给予批评教育、责令检查、诫勉或者组织处理，免予党纪处分。对违纪党员免予处分，应当作出书面结论。

党员有作风纪律方面的苗头性、倾向性问题或者违犯党纪情节轻微的，可以给予谈话提醒、批评教育、责令检查等，或者予以诫勉，不予党纪处分。

党员行为虽然造成损失或者后果，但不是出于故意或者过失，而是由于不可抗力等原因所引起的，不追究党纪责任。

**第二十条** 有下列情形之一的，应当从重或者加重处分：

（一）强迫、唆使他人违纪；

（二）拒不上交或者退赔违纪所得；

（三）违纪受处分后又因故意违纪应当受到党纪处分；

（四）违纪受处分后，又被发现其受处分前没有交代的其他应当受到党纪处分的问题；

（五）党内法规规定的其他从重或者加重处分情形。

**第二十一条** 党员在党纪处分影响期内又受到党纪处分的，其影响期为原处分尚未执行的影响期与新处分影响期之和。

**第二十二条** 从轻处分，是指在本条例规定的违纪行为应当受到的处分幅度以内，给予较轻的处分。

从重处分，是指在本条例规定的违纪行为应当受到的处分幅度以内，给予较重的处分。

## 第三十五条【对涉案人员提出从宽处罚建议】

职务违法犯罪的涉案人员揭发有关被调查人职务违法犯罪行为,查证属实的,或者提供重要线索,有助于调查其他案件的,监察机关经领导人员集体研究,并报上一级监察机关批准,可以在移送人民检察院时提出从宽处罚的建议。

### 关联法规指引

**35.11《中华人民共和国监察法实施条例》(2021年9月20日)(节录)**

第二百一十八条 涉嫌行贿等犯罪的涉案人员有下列情形之一的,可以认定为监察法第三十二条规定的揭发有关被调查人职务违法犯罪行为,查证属实或者提供重要线索,有助于调查其他案件:

(一)揭发所涉案件以外的被调查人职务犯罪行为,经查证属实的;

(二)提供的重要线索指向具体的职务犯罪事实,对调查其他案件起到实质性推动作用的;

(三)提供的重要线索有助于加快其他案件办理进度,或者对其他案件固定关键证据、挽回损失、追逃追赃等起到积极作用的。

第二百一十九条 从宽处罚建议一般应当在移送起诉时作为《起诉意见书》内容一并提出,特殊情况下也可以在案件移送后、人民检察院提起公诉前,单独形成从宽处罚建议书移送人民检察院。对于从宽处罚建议所依据的证据材料,应当一并移送人民检察院。

监察机关对于被调查人在调查阶段认罪认罚,但不符合监察法规定的提出从宽处罚建议条件,在移送起诉时没有提出从宽处罚建议的,应当在《起诉意见书》中写明其自愿认罪认罚的情况。

## 第三十六条【刑事证据能力、取证要求、证明标准和非法证据排除规则】

监察机关依照本法规定收集的物证、书证、证人证言、被调查人供述和辩解、视听资料、电子数据等证据材料，在刑事诉讼中可以作为证据使用。

监察机关在收集、固定、审查、运用证据时，应当与刑事审判关于证据的要求和标准相一致。

以非法方法收集的证据应当依法予以排除，不得作为案件处置的依据。

### 关联法规指引

**36.11《中华人民共和国监察法实施条例》（2021年9月20日）（节录）**

**第五十九条** 可以用于证明案件事实的材料都是证据，包括：

（一）物证；

（二）书证；

（三）证人证言；

（四）被害人陈述；

（五）被调查人陈述、供述和辩解；

（六）鉴定意见；

（七）勘验检查、辨认、调查实验等笔录；

（八）视听资料、电子数据。

监察机关向有关单位和个人收集、调取证据时，应当告知其必须依法如实提供证据。对于不按要求提供有关材料、泄露相关信息，伪造、隐匿、毁灭证据，提供虚假情况或者阻止他人提供证据的，依法追究法律责任。

监察机关依照监察法和本条例规定收集的证据材料，经审查符合法定要求的，在刑事诉讼中可以作为证据使用。

**第六十条** 监察机关认定案件事实应当以证据为根据，全面、客观地收集、固定被调查人有无违法犯罪以及情节轻重的各种证据，形成相互印证、完整稳定的证据链。

只有被调查人陈述或者供述，没有其他证据的，不能认定案件事实；没有被调查人陈述或者供述，证据符合法定标准的，可以认定案件事实。

**第六十一条** 证据必须经过查证属实，才能作为定案的根据。审查认定证据，应当结合案件的具体情况，从证据与待证事实的关联程度、各证据之间的联系、是否依照法定程序收集等方面进行综合判断。

**第六十二条** 监察机关调查终结的职务违法案件，应当事实清楚、证据确凿。证据确凿，应当符合下列条件：

（一）定性处置的事实都有证据证实；

（二）定案证据真实、合法；

（三）据以定案的证据之间不存在无法排除的矛盾；

（四）综合全案证据，所认定事实清晰且令人信服。

**第六十三条** 监察机关调查终结的职务犯

罪案件，应当事实清楚，证据确实、充分。证据确实、充分，应当符合下列条件：

（一）定罪量刑的事实都有证据证明；

（二）据以定案的证据均经法定程序查证属实；

（三）综合全案证据，对所认定事实已排除合理怀疑。

证据不足的，不得移送人民检察院审查起诉。

第六十四条　严禁以暴力、威胁、引诱、欺骗以及非法限制人身自由等非法方法收集证据，严禁侮辱、打骂、虐待、体罚或者变相体罚被调查人、涉案人员和证人。

第六十五条　对于调查人员采用暴力、威胁以及非法限制人身自由等非法方法收集的被调查人供述、证人证言、被害人陈述，应当依法予以排除。

前款所称暴力的方法，是指采用殴打、违法使用戒具等方法或者变相肉刑的恶劣手段，使人遭受难以忍受的痛苦而违背意愿作出供述、证言、陈述；威胁的方法，是指采用以暴力或者严重损害本人及其近亲属合法权益等进行威胁的方法，使人遭受难以忍受的痛苦而违背意愿作出供述、证言、陈述。

收集物证、书证不符合法定程序，可能严重影响案件公正处理的，应当予以补正或者作出合理解释；不能补正或者作出合理解释的，对该证据应当予以排除。

第六十六条　监察机关监督检查、调查、案件审理、案件监督管理等部门发现监察人员在办理案件中，可能存在以非法方法收集证据情形的，应当依据职责进行调查核实。对于被调查人控告、举报调查人员采用非法方法收集证据，并提供涉嫌非法取证的人员、时间、地点、方式和内容等材料或者线索的，应当受理并进行审核。根据现有材料无法证明证据收集合法性的，应当进行调查核实。

经调查核实，确认或者不能排除以非法方法收集证据的，对有关证据依法予以排除，不得作为案件定性处置、移送审查起诉的依据。认定调查人员非法取证的，应当依法处理，另行指派调查人员重新调查取证。

监察机关接到对下级监察机关调查人员采用非法方法收集证据的控告、举报，可以直接进行调查核实，也可以交由下级监察机关调查核实。交由下级监察机关调查核实的，下级监察机关应当及时将调查结果报告上级监察机关。

第六十七条　对收集的证据材料及扣押的财物应当妥善保管，严格履行交接、调用手续，定期对账核实，不得违规使用、调换、损毁或者自行处理。

第六十八条　监察机关对行政机关在行政执法和查办案件中收集的物证、书证、视听资料、电子数据、勘验、检查等笔录，以及鉴定意见等证据材料，经审查符合法定要求的，可以作为证据使用。

根据法律、行政法规规定行使国家行政管理职权的组织在行政执法和查办案件中收集的证据材料，视为行政机关收集的证据材料。

第六十九条　监察机关对人民法院、人民检察院、公安机关、国家安全机关等在刑事诉讼中收集的物证、书证、视听资料、电子数据、勘验、检查、辨认、侦查实验等笔录，以及鉴定意见等证据材料，经审查符合法定要求的，可以作为证据使用。

监察机关办理职务违法案件，对于人民法院生效刑事判决、裁定和人民检察院不起诉决定采信的证据材料，可以直接作为证据使用。

## 36.12《中华人民共和国刑事诉讼法》（2018年10月26日）（节录）

第五十条　可以用于证明案件事实的材料，都是证据。

证据包括：

（一）物证；

（二）书证；

（三）证人证言；

（四）被害人陈述；

（五）犯罪嫌疑人、被告人供述和辩解；

（六）鉴定意见；

（七）勘验、检查、辨认、侦查实验等笔录；

（八）视听资料、电子数据。

证据必须经过查证属实，才能作为定案的根据。

**第五十二条** 审判人员、检察人员、侦查人员必须依照法定程序，收集能够证实犯罪嫌疑人、被告人有罪或者无罪、犯罪情节轻重的各种证据。严禁刑讯逼供和以威胁、引诱、欺骗以及其他非法方法收集证据，不得强迫任何人证实自己有罪。必须保证一切与案件有关或者了解案情的公民，有客观地充分地提供证据的条件，除特殊情况外，可以吸收他们协助调查。

**第五十五条** 对一切案件的判处都要重证据，重调查研究，不轻信口供。只有被告人供述，没有其他证据的，不能认定被告人有罪和处以刑罚；没有被告人供述，证据确实、充分的，可以认定被告人有罪和处以刑罚。

证据确实、充分，应当符合以下条件：

（一）定罪量刑的事实都有证据证明；

（二）据以定案的证据均经法定程序查证属实；

（三）综合全案证据，对所认定事实已排除合理怀疑。

**第五十六条** 采用刑讯逼供等非法方法收集的犯罪嫌疑人、被告人供述和采用暴力、威胁等非法方法收集的证人证言、被害人陈述，应当予以排除。收集物证、书证不符合法定程序，可能严重影响司法公正的，应当予以补正或者作出合理解释；不能补正或者作出合理解释的，对该证据应当予以排除。

在侦查、审查起诉、审判时发现有应当排除的证据的，应当依法予以排除，不得作为起诉意见、起诉决定和判决的依据。

**第五十八条** 法庭审理过程中，审判人员认为可能存在本法第五十六条规定的以非法方法收集证据情形的，应当对证据收集的合法性进行法庭调查。

当事人及其辩护人、诉讼代理人有权申请人民法院对以非法方法收集的证据依法予以排除。申请排除以非法方法收集的证据的，应当提供相关线索或者材料。

**第五十九条** 在对证据收集的合法性进行法庭调查的过程中，人民检察院应当对证据收集的合法性加以证明。

现有证据材料不能证明证据收集的合法性的，人民检察院可以提请人民法院通知有关侦查人员或者其他人员出庭说明情况；人民法院可以通知有关侦查人员或者其他人员出庭说明情况。有关侦查人员或者其他人员也可以要求出庭说明情况。经人民法院通知，有关人员应当出庭。

**第六十条** 对于经过法庭审理，确认或者不能排除存在本法第五十六条规定的以非法方法收集证据情形的，对有关证据应当予以排除。

**第六十一条** 证人证言必须在法庭上经过公诉人、被害人和被告人、辩护人双方质证并且查实以后，才能作为定案的根据。法庭查明证人有意作伪证或者隐匿罪证的时候，应当依法处理。

**第六十二条** 凡是知道案件情况的人，都有作证的义务。

生理上、精神上有缺陷或者年幼，不能辨别是非、不能正确表达的人，不能作证人。

**36.121 最高人民法院《关于适用〈中华人民共和国刑事诉讼法〉的解释》（2021年3月1日）（节录）**

**第一百二十三条** 采用下列非法方法收集的被告人供述，应当予以排除：

（一）采用殴打、违法使用戒具等暴力方法或者变相肉刑的恶劣手段，使被告人遭受难以忍受的痛苦而违背意愿作出的供述；

（二）采用以暴力或者严重损害本人及其近亲属合法权益等相威胁的方法，使被告人遭受难以忍受的痛苦而违背意愿作出的供述；

（三）采用非法拘禁等非法限制人身自由的方法收集的被告人供述。

**第一百二十四条** 采用刑讯逼供方法使被告人作出供述，之后被告人受该刑讯逼供行为影响而作出的与该供述相同的重复性供述，应当一并排除，但下列情形除外：

（一）调查、侦查期间，监察机关、侦查机关根据控告、举报或者自己发现等，确认或者不能排除以非法方法收集证据而更换调查、侦查人员，其他调查、侦查人员再次讯问时告知有关权利和认罪的法律后果，被告人自愿供述的；

（二）审查逮捕、审查起诉和审判期间，检察人员、审判人员讯问时告知诉讼权利和认罪的法律后果，被告人自愿供述的。

**第一百二十五条** 采用暴力、威胁以及非法限制人身自由等非法方法收集的证人证言、被害人陈述，应当予以排除。

**第一百二十六条** 收集物证、书证不符合法定程序，可能严重影响司法公正的，应当予以补正或者作出合理解释；不能补正或者作出合理解释的，对该证据应当予以排除。

认定"可能严重影响司法公正"，应当综合考虑收集证据违反法定程序以及所造成后果的严重程度等情况。

**36.13《人民检察院刑事诉讼规则》（2019年12月30日）（节录）**

**第六十二条** 证据的审查认定，应当结合案件的具体情况，从证据与待证事实的关联程度、各证据之间的联系、是否依照法定程序收集等方面进行综合审查判断。

**第六十三条** 人民检察院侦查终结或者提起公诉的案件，证据应当确实、充分。证据确实、充分，应当符合以下条件：

（一）定罪量刑的事实都有证据证明；

（二）据以定案的证据均经法定程序查证属实；

（三）综合全案证据，对所认定事实已排除合理怀疑。

**第六十四条** 行政机关在行政执法和查办案件过程中收集的物证、书证、视听资料、电子数据等证据材料，经人民检察院审查符合法定要求的，可以作为证据使用。

行政机关在行政执法和查办案件过程中收集的鉴定意见、勘验、检查笔录，经人民检察院审查符合法定要求的，可以作为证据使用。

**第六十五条** 监察机关依照法律规定收集的物证、书证、证人证言、被调查人供述和辩解、视听资料、电子数据等证据材料，在刑事诉讼中可以作为证据使用。

**第六十六条** 对采用刑讯逼供等非法方法收集的犯罪嫌疑人供述和采用暴力、威胁等非法方法收集的证人证言、被害人陈述，应当依法排除，不得作为移送审查逮捕、批准或者决定逮捕、移送起诉以及提起公诉的依据。

**第六十七条** 对采用下列方法收集的犯罪嫌疑人供述，应当予以排除：

（一）采用殴打、违法使用戒具等暴力方法或者变相肉刑的恶劣手段，使犯罪嫌疑人遭受难以忍受的痛苦而违背意愿作出的供述；

（二）采用以暴力或者严重损害本人及其近亲属合法权益等进行威胁的方法，使犯罪嫌疑人遭受难以忍受的痛苦而违背意愿作出的供述；

（三）采用非法拘禁等非法限制人身自由的方法收集的供述。

第六十八条　对采用刑讯逼供方法使犯罪嫌疑人作出供述，之后犯罪嫌疑人受该刑讯逼供行为影响而作出的与该供述相同的重复性供述，应当一并排除，但下列情形除外：

（一）侦查期间，根据控告、举报或者自己发现等，公安机关确认或者不能排除以非法方法收集证据而更换侦查人员，其他侦查人员再次讯问时告知诉讼权利和认罪认罚的法律规定，犯罪嫌疑人自愿供述的；

（二）审查逮捕、审查起诉期间，检察人员讯问时告知诉讼权利和认罪认罚的法律规定，犯罪嫌疑人自愿供述的。

第六十九条　采用暴力、威胁以及非法限制人身自由等非法方法收集的证人证言、被害人陈述，应当予以排除。

第七十条　收集物证、书证不符合法定程序，可能严重影响司法公正的，人民检察院应当及时要求公安机关补正或者作出书面解释；不能补正或者无法作出合理解释的，对该证据应当予以排除。

对公安机关的补正或者解释，人民检察院应当予以审查。经补正或者作出合理解释的，可以作为批准或者决定逮捕、提起公诉的依据。

**36.14　最高人民法院、最高人民检察院、公安部、国家安全部、司法部《关于办理刑事案件严格排除非法证据若干问题的规定》（2017年6月27日）（节录）**

第一条　严禁刑讯逼供和以威胁、引诱、欺骗以及其他非法方法收集证据，不得强迫任何人证实自己有罪。对一切案件的判处都要重证据，重调查研究，不轻信口供。

第二条　采取殴打、违法使用戒具等暴力方法或者变相肉刑的恶劣手段，使犯罪嫌疑人、被告人遭受难以忍受的痛苦而违背意愿作出的供述，应当予以排除。

第三条　采用以暴力或者严重损害本人及其近亲属合法权益等进行威胁的方法，使犯罪嫌疑人、被告人遭受难以忍受的痛苦而违背意愿作出的供述，应当予以排除。

第四条　采用非法拘禁等非法限制人身自由的方法收集的犯罪嫌疑人、被告人供述，应当予以排除。

第五条　采用刑讯逼供方法使犯罪嫌疑人、被告人作出供述，之后犯罪嫌疑人、被告人受该刑讯逼供行为影响而作出的与该供述相同的重复性供述，应当一并排除，但下列情形除外：

（一）侦查期间，根据控告、举报或者自己发现等，侦查机关确认或者不能排除以非法方法收集证据而更换侦查人员，其他侦查人员再次讯问时告知诉讼权利和认罪的法律后果，犯罪嫌疑人自愿供述的；

（二）审查逮捕、审查起诉、审判期间，检察人员、审判人员讯问时告知诉讼权利和认罪的法律后果，犯罪嫌疑人、被告人自愿供述的。

第六条　采用暴力、威胁以及非法限制人身自由等非法方法收集的证人证言、被害人陈述，应当予以排除。

第七条　收集物证、书证不符合法定程序，可能严重影响司法公正的，应当予以补正或者作出合理解释；不能补正或者无法作出合理解释的，对有关证据应当予以排除。

第八条　侦查机关应当依照法定程序开展侦查，收集、调取能够证实犯罪嫌疑人有罪或者无罪、罪轻或者罪重的证据材料。

第九条　拘留、逮捕犯罪嫌疑人后，应当按照法律规定送看守所羁押。犯罪嫌疑人被送交看守所羁押后，讯问应当在看守所讯问室进行。因客观原因侦查机关在看守所讯问室以外的场所进行讯问的，应当作出合理解释。

**第十条** 侦查人员在讯问犯罪嫌疑人的时候，可以对讯问过程进行录音录像；对于可能判处无期徒刑、死刑的案件或者其他重大犯罪案件，应当对讯问过程进行录音录像。

侦查人员应当告知犯罪嫌疑人对讯问过程录音录像，并在讯问笔录中写明。

**第十一条** 对讯问过程录音录像，应当不间断进行，保持完整性，不得选择性地录制，不得剪接、删改。

**第十二条** 侦查人员讯问犯罪嫌疑人，应当依法制作讯问笔录。讯问笔录应当交犯罪嫌疑人核对，对于没有阅读能力的，应当向他宣读。对讯问笔录中有遗漏或者差错等情形，犯罪嫌疑人可以提出补充或者改正。

## 36.21《中国共产党纪律检查机关监督执纪工作规则》（2019年1月1日）（节录）

**第四十六条** 纪检监察机关应当严格依规依纪依法收集、鉴别证据，做到全面、客观，形成相互印证、完整稳定的证据链。

调查取证应当收集原物原件，逐件清点编号，现场登记，由在场人员签字盖章，原物不便搬运、保存或者取得原件确有困难的，可以将原物封存并拍照录像或者调取原件副本、复印件；谈话应当现场制作谈话笔录并由被谈话人阅看后签字。已调取证据必须及时交审查调查组统一保管。

严禁以威胁、引诱、欺骗以及其他违规违纪违法方式收集证据；严禁隐匿、损毁、篡改、伪造证据。

## 36.22《关于查处党员违纪案件中收集、鉴别、使用证据的具体规定》（1991年7月23日）（节录）

**第二条** 证明案件真实情况的一切事实都是证据。证据包括：

1. 物证，指能够证明案件真实情况的物品和痕迹。

2. 书证，指以其记载的内容证明案件真实情况的文字（包括符号、图画）。

3. 证人证言，指证人就其所了解的案件情况所作的陈述。凡是知道案件真实情况的人都可以作为证人。不能辨别是非的人，不能正确表达的人，不能作证人。

4. 视听材料，指可以将重现的原始声响或形象的录音录像用作证明案件事实的材料。

5. 受侵害人员的陈述，指受违纪行为直接侵害的人员就案件事实情况所作的控告和述说。

6. 受审查党员的陈述，指受审查党员就案件事实所作的交待、申辩和对同案违纪人员的检举、揭发。

7. 鉴定结论，指鉴定人运用专门知识或技能对办案人员不能解决的专门事项进行科学鉴定后所作出的结论。

8. 勘验、检查笔录，指公安、司法人员对与案件有关的场所、物品及其他证据材料进行勘验、检查时所作的笔录。

9. 现场笔录，指纪律检查人员对案件（非刑事案件）有关的场所进行检查时所作的笔录。

证据必须经过审核属实，才能作为定案的根据。

**第三条** 收集、鉴别和使用证据必须实事求是，一切从客观实际出发，不得带框框、主观臆断、偏听偏信；必须尊重党员的民主权利和公民的合法权利。任何党员和群众都有向党组织提供自己所知道的案情的义务。严禁使用威胁、引谤、欺骗及其他非法手段收集证据。

**第四条** 收集违犯党纪案件的证据，由党的纪律检查工作人员或党组织委派的党员负责进行，收集证据必须两人以上。收集证据要及时、客观、全面。

证据的收集主要由案件检查人员进行。

案件审理人员在审理案件时，发现证据不足或证据间存在矛盾，一般由报案单位补充调查取证，需要补充个别证据的也可以由案件审理部门补充收集。

**第十一条** 鉴别证据的任务是：根据各种证据材料的具体特征，逐个进行审查和分析研究，鉴别其真伪，判断其与案件事实有无内在联系，对查明和证实案情有无意义。经过鉴别，确实符合客观实际，与案件事实有内在联系的证据，才能作为定案的依据。

**第十二条** 鉴别证据，首先鉴别每个证据是否客观真实，是否伪造：是否与案件事实有联系；是原始证据还是传来证据，是直接证据还是间接证据，其来源有无问题，然后，综合分析证明案件的同一事实的各类证据之间有无矛盾；各种证据之间有无内在的联系，要注意时间、条件的变化对证据的影响，要把不同的证据摆到案件发生、发展的过程中去，考虑当时的历史背景，同其他证据联系起来综合分析。

**第十九条** 认定案件事实，证据必须确凿。证据经过鉴别，其真实性得到确认后，即成为有效证据，任何人无权涂改或弃毁，有关党组织在移送证据时，不得任意取舍。特别不得舍弃那些经过鉴别证明受审查党员无错的证据。要综合运用证据，证据之间矛盾时，不能仅凭数量多少决定其真实可靠性；认定主要错误事实所依据的证据之间的矛盾不能排除时，不能定案。

**第二十条** 在没有物证、书证的情况下，仅凭言词证据定案时，必须有两个以上（含两个）证据，才能定案。

**第二十一条** 没有直接证据而仅凭间接证据定案时，所有间接证据必须查证属实；每个证据与案件事实都有客观联系；取得的证据必须形成一个完整的证明体系，这个证明体系足以排除其他可能性，才能定案。不能排除其他可能时，不能定案。

**第二十二条** 仅有受审查党员的交待，没有其他证据，不能定案；受审查党员拒不承认，其他证据确实充分，仍可定案。

---

## 第三十七条【职务违法犯罪问题线索移送制度和共同管辖】

人民法院、人民检察院、公安机关、审计机关等国家机关在工作中发现公职人员涉嫌贪污贿赂、失职渎职等职务违法或者职务犯罪的问题线索，应当移送监察机关，由监察机关依法调查处置。

被调查人既涉嫌严重职务违法或者职务犯罪，又涉嫌其他违法犯罪的，一般应当由监察机关为主调查，其他机关予以协助。

---

**关联法规指引**

**37.11《中华人民共和国监察法实施条例》（2021年9月20日）（节录）**

**第五十二条** 监察机关必要时可以依法调查司法工作人员利用职权实施的涉嫌非法拘禁、刑讯逼供、非法搜查等侵犯公民权利、损害司法公正的犯罪，并在立案后及时通报同级人民检察院。

监察机关在调查司法工作人员涉嫌贪污贿

赂等职务犯罪中，可以对其涉嫌的前款规定的犯罪一并调查，并及时通报同级人民检察院。人民检察院在办理直接受理侦查的案件中，发现犯罪嫌疑人同时涉嫌监察机关管辖的其他职务犯罪，经沟通全案移送监察机关管辖的，监察机关应当依法进行调查。

**第二百二十八条** 人民检察院在审查起诉过程中发现新的职务违法或者职务犯罪问题线索并移送监察机关的，监察机关应当依法处置。

### 37.12《公安机关办理刑事案件程序规定》（2020年9月1日）（节录）

**第二十九条** 公安机关侦查的刑事案件的犯罪嫌疑人涉及监察机关管辖的案件时，应当及时与同级监察机关协商，一般应当由监察机关为主调查，公安机关予以协助。

### 37.13《人民检察院刑事诉讼规则》（2019年12月30日）（节录）

**第十七条** 人民检察院办理直接受理侦查的案件，发现犯罪嫌疑人同时涉嫌监察机关管辖的职务犯罪线索的，应当及时与同级监察机关沟通。

经沟通，认为全案由监察机关管辖更为适宜的，人民检察院应当将案件和相应职务犯罪线索一并移送监察机关；认为由监察机关和人民检察院分别管辖更为适宜的，人民检察院应当将监察机关管辖的相应职务犯罪线索移送监察机关，对依法由人民检察院管辖的犯罪案件继续侦查。

人民检察院应当及时将沟通情况报告上一级人民检察院。沟通期间不得停止对案件的侦查。

### 37.21《党政机关厉行节约反对浪费条例》（2013年11月18日）（节录）

**第五十三条** 财政部门应当加强对党政机关预算编制、执行等财政、财务、政府采购和会计事项的监督检查，依法处理发现的违规问题，并及时向本级党委和政府汇报监督检查结果。

审计部门应当加大对党政机关公务支出和公款消费的审计力度，依法处理、督促整改违规问题，并将涉嫌违纪违法问题移送有关部门查处。

### 37.22《中国共产党纪律检查机关监督执纪工作规则》（2019年1月1日）（节录）

**第二十条** 纪检监察机关应当加强对问题线索的集中管理、分类处置、定期清理。信访举报部门归口受理同级党委管理的党组织和党员、干部以及监察对象涉嫌违纪或者职务违法、职务犯罪问题的信访举报，统一接收有关纪检监察机关、派驻或者派出机构以及其他单位移交的相关信访举报，移送本机关有关部门，深入分析信访形势，及时反映损害群众最关心、最直接、最现实的利益问题。

巡视巡察工作机构和审计机关、行政执法机关、司法机关等单位发现涉嫌违纪或者职务违法、职务犯罪问题线索，应当及时移交纪检监察机关案件监督管理部门统一办理。

监督检查部门、审查调查部门、干部监督部门发现的相关问题线索，属于本部门受理范围的，应当送案件监督管理部门备案；不属于本部门受理范围的，经审批后移送案件监督管理部门，由其按程序转交相关监督执纪部门办理。

# 第五章　监察程序

## 第三十八条【报案、举报的处理】

监察机关对于报案或者举报，应当接受并按照有关规定处理。对于不属于本机关管辖的，应当移送主管机关处理。

### 关联法规指引

**38.1 1《中华人民共和国监察法实施条例》（2021年9月20日）（节录）**

**第一百六十九条**　监察机关对于报案或者举报应当依法接受。属于本级监察机关管辖的，依法予以受理；属于其他监察机关管辖的，应当在五个工作日以内予以转送。

监察机关可以向下级监察机关发函交办检举控告，并进行督办，下级监察机关应当按期回复办理结果。

**第一百七十一条**　监察机关对于执法机关、司法机关等其他机关移送的问题线索，应当及时审核，并按照下列方式办理：

（一）本单位有管辖权的，及时研究提出处置意见；

（二）本单位没有管辖权但其他监察机关有管辖权的，在五个工作日以内转送有管辖权的监察机关；

（三）本单位对部分问题线索有管辖权的，对有管辖权的部分提出处置意见，并及时将其他问题线索转送有管辖权的机关；

（四）监察机关没有管辖权的，及时退回移送机关。

**第一百七十五条**　检举控告人使用本人真实姓名或者本单位名称，有电话等具体联系方式的，属于实名检举控告。监察机关对实名检举控告应当优先办理、优先处置，依法给予答复。虽有署名但不是检举控告人真实姓名（单位名称）或者无法验证的检举控告，按照匿名检举控告处理。

信访举报部门对属于本机关受理的实名检举控告，应当在收到检举控告之日起十五个工作日以内按规定告知实名检举控告人受理情况，并做好记录。

调查人员应当将实名检举控告的处理结果在办结之日起十五个工作日以内向检举控告人反馈，并记录反馈情况。对检举控告人提出异议的应当如实记录，并向其进行说明；对提供新证据材料的，应当依法核查处理。

**38.2 1《中国共产党党员权利保障条例》（2020年12月25日）（节录）**

**第四十一条**　党的纪律检查机关应当担负起保障党员权利的职责，加强对党组织和领导干部履行党员权利保障工作职责情况的监督检查，受理和处置有关党员权利保障方面的检举、控告和申诉，检查和处理侵犯党员权利方面的案件，对侵犯党员权利的党组织和党员作出处理、处分决定或者提出处理、处分建议。

### 38.22《中国共产党纪律检查机关案件检查工作条例》（1994年5月1日）（节录）

**第十条** 纪检机关对检举、控告以及发现的下列违纪问题，予以受理：

（一）同级党委委员、纪委委员的违纪问题；

（二）属上级党委管理在本地区、本部门工作的党员干部的违纪问题；

（三）同级党委管理的党员干部的违纪问题；

（四）下一级党组织的违纪问题；

（五）领导交办的反映其他党员和党组织的违纪问题。

属下级党委管理的党员和党组织重大、典型的违纪问题，必要时也可以受理。

### 38.23《纪检监察机关处理检举控告工作规则》（2020年1月21日）（节录）

**第七条** 纪检监察机关应当接收检举控告人通过以下方式提出的检举控告：

（一）向纪检监察机关邮寄信件反映的；

（二）到纪检监察机关指定的接待场所当面反映的；

（三）拨打纪检监察机关检举控告电话反映的；

（四）向纪检监察机关的检举控告网站、微信公众平台、手机客户端等网络举报受理平台发送电子材料反映的；

（五）通过纪检监察机关设立的其他渠道反映的。

对其他机关、部门、单位转送的属于纪检监察机关受理范围的检举控告，应当按规定予以接收。

**第八条** 县级以上纪检监察机关应当明确承担信访举报工作职责的部门和人员，设置接待群众的场所，公开检举控告地址、电话、网站等信息，公布有关规章制度，归口接收检举控告。

巡视巡察工作机构对收到的检举控告，按有关规定处理。

**第九条** 纪检监察机关应当负责任地接待来访人员，耐心听取其反映的问题，做好解疑释惑和情绪疏导工作，妥善处理问题。

建立纪检监察干部定期接访制度，有关负责人应当接待重要来访、处理重要信访问题。

**第十条** 纪检监察机关信访举报部门对属于受理范围的检举控告，应当进行编号登记，按规定录入检举举报平台。

对涉及同级党委管理的党员、干部以及监察对象的检举控告，应当定期梳理汇总，并向本机关主要负责人报告。

**第十一条** 检举控告工作按照管理权限实行分级受理：

（一）中央纪委国家监委受理反映中央委员、候补中央委员，中央纪委委员，中央管理的领导干部，党中央工作机关、党中央批准设立的党组（党委），各省、自治区、直辖市党委、纪委等涉嫌违纪或者职务违法、职务犯罪问题的检举控告。

（二）地方各级纪委监委受理反映同级党委委员、候补委员，同级纪委委员，同级党委管理的党员、干部以及监察对象，同级党委工作机关、党委批准设立的党组（党委），下一级党委、纪委等涉嫌违纪或者职务违法、职务犯罪问题的检举控告。

（三）基层纪委受理反映同级党委管理的党员，同级党委下属的各级党组织涉嫌违纪问题的检举控告；未设立纪律检查委员会的党的基层委员会，由该委员会受理检举控告。

各级纪委监委按照管理权限受理反映本机关干部涉嫌违纪或者职务违法、职务犯罪问题的检举控告。

**第十二条** 对反映党的组织关系在地方、干部管理权限在主管部门的党员、干部以及监察对象涉嫌违纪或者职务违法、职务犯罪问题的检举控告，由设在主管部门、有管辖权的纪检监察机关受理。地方纪检监察机关接到检举控告的，经与设在主管部门、有管辖权的纪检监察机关协调，可以按规定受理。

**第十三条** 纪检监察机关对反映的以下事项，不予受理：

（一）已经或者依法应当通过诉讼、仲裁、行政裁决、行政复议等途径解决的；

（二）依照有关规定，属于其他机关或者单位职责范围的；

（三）仅列举出违纪或者职务违法、职务犯罪行为名称但无实质内容的。

对前款第一项、第二项所列事项，通过来信反映的，应当及时转有关机关或者单位处理；通过来访、来电、网络举报受理平台等方式反映的，应当告知检举控告人依规依法向有权处理的机关或者单位反映。

**第十四条** 纪检监察机关信访举报部门经筛选，对属于本级受理的初次检举控告，应当移送本机关监督检查部门或者相关部门，并按规定将移送情况通报案件监督管理部门；对于重复检举控告，按规定登记后留存备查，并定期向有关部门通报情况。

承办部门应当指定专人负责管理，逐件登记、建立台账。

**第十五条** 纪检监察机关信访举报部门收到属于上级纪检监察机关受理的检举控告，应当径送本机关主要负责人，并在收到之日起5个工作日内报送上一级纪检监察机关信访举报部门；收到反映本机关主要负责人问题的检举控告，应当径送上一级纪检监察机关信访举报部门。

对属于上级纪检监察机关受理的检举控告，不得瞒报、漏报、迟报，不得扩大知情范围，不得复制、摘抄检举控告内容，不得将有关信息录入检举举报平台。

**第十六条** 纪检监察机关信访举报部门收到属于下级纪检监察机关受理的检举控告，应当及时予以转送。

下一级纪检监察机关对转送的检举控告，应当进行登记，在收到之日起5个工作日内完成受理或者转办工作。

**第十七条** 纪检监察机关监督检查部门应当对收到的检举控告进行认真甄别，对没有实质内容的检举控告或者属于其他纪检监察机关受理的检举控告，在沟通研究、经本机关分管领导批准后，按程序退回信访举报部门处理。

监督检查部门对属于本级受理的检举控告，应当结合日常监督掌握的情况，进行综合分析、适当了解，经集体研究并履行报批程序后，以谈话函询、初步核实、暂存待查、予以了结等方式处置，或者按规定移送审查调查部门处置。

**第十八条** 纪检监察机关监督检查、审查调查部门应当每季度向信访举报部门反馈已办结的检举控告处理结果。

反馈内容应当包括处置方式、属实情况、向检举控告人反馈情况等。

**第十九条** 纪检监察机关案件监督管理部门应当加强对检举控告办理情况的监督。信访举报、监督检查、审查调查部门应当定期向案件监督管理部门通报有关情况。

## 38.24《中国共产党纪律检查机关监督执纪工作规则》（2019年1月1日）（节录）

**第二十条** 纪检监察机关应当加强对问题线索的集中管理、分类处置、定期清理。信访举报部门归口受理同级党委管理的党组织和党员、干部以及监察对象涉嫌违纪或者职务违法、职务犯罪问题的信访举报，统一接收有关纪检监察机关、派驻或者派出机构以及其他单位移交的相关信访举报，移送本机关有关部门，深入分析信访形势，及时反映损害群众最关心、最直接、最现实的利益问题。

巡视巡察工作机构和审计机关、行政执法机关、司法机关等单位发现涉嫌违纪或者职务违法、职务犯罪问题线索，应当及时移交纪检监察机关案件监督管理部门统一办理。

监督检查部门、审查调查部门、干部监督部门发现的相关问题线索，属于本部门受理范围的，应当送案件监督管理部门备案；不属于本部门受理范围的，经审批后移送案件监督管理部门，由其按程序转交相关监察执纪部门办理。

第二十二条　纪检监察机关对反映同级党委委员、候补委员，纪委常委、监委委员，以及所辖地区、部门、单位主要负责人的问题线索和线索处置情况，应当及时向上级纪检监察机关报告。

**38.25《中共中央纪律检查委员会关于审理党员违纪案件工作程序的规定》（1991年7月13日）（节录）**

第六条　案件审理部门受理下列案件：

（一）下级党委、纪委呈报的需由本级党委、纪委批准的案件；

（二）本级纪委检查部门直接检查的，并需由本级党委、纪委直接决定处理的案件；

（三）需呈报上级党委、纪委审批的案件；

（四）下级党委、纪委呈报的备案案件；

（五）本级纪委负责同志或上级党组织交办的案件；

（六）下级党委、纪委呈报的，原由本级纪委、同级党委及上级党委、纪委批准的案件中的申诉复查案件；

（七）原由下级党委、纪委批准经复查复议后申诉人对复查结论和复查处理决定仍不服，下级党委、纪委呈报请求复核的复查案件；

（八）行政监察机关、公安机关、人民检察院、人民法院移送的需给予党纪处分的案件。其中，需要进一步调查取证的，由受理案件的纪委检查部门或商请移送案件的机关补充调查后移送审理。需要个别调查补充证据的，由受理案件的纪委审理部门调查补证。

## 第三十九条【监察工作机制及内部监督管理】

监察机关应当严格按照程序开展工作，建立问题线索处置、调查、审理各部门相互协调、相互制约的工作机制。

监察机关应当加强对调查、处置工作全过程的监督管理，设立相应的工作部门履行线索管理、监督检查、督促办理、统计分析等管理协调职能。

**关联法规指引**

**39.11《中华人民共和国监察法实施条例》（2021年9月20日）（节录）**

第二百五十八条　监察机关应当建立监督检查、调查、案件监督管理、案件审理等部门相互协调制约的工作机制。

监督检查和调查部门实行分工协作、相互制约。监督检查部门主要负责联系地区、部门、单位的日常监督检查和对涉嫌一般违法问题线索处置。调查部门主要负责对涉嫌严重职务违法和职务犯罪问题线索进行初步核实和立案调查。

案件监督管理部门负责对监督检查、调查工作全过程进行监督管理，做好线索管理、组织协调、监督检查、督促办理、统计分析等工作。案件监督管理部门发现监察人员在监督检查、调查中有违规办案行为的，及时督促整改；涉嫌违纪违法的，根据管理权限移交相关部门处理。

### 39.21《中国共产党纪律检查机关监督执纪工作规则》（2019年1月1日）（节录）

**第三条** 监督执纪工作应当遵循以下原则：

……

（四）坚持信任不能代替监督，执纪者必先守纪，以更高的标准、更严的要求约束自己，严格工作程序，有效管控风险，强化对监督执纪各环节的监督制约，确保监督执纪工作经得起历史和人民的检验。

**第十一条** 纪检监察机关应当建立监督检查、审查调查、案件监督管理、案件审理相互协调、相互制约的工作机制。市地级以上纪委监委实行监督检查和审查调查部门分设，监督检查部门主要负责联系地区和部门、单位的日常监督检查和对涉嫌一般违纪问题线索处置，审查调查部门主要负责对涉嫌严重违纪或者职务违法、职务犯罪问题线索进行初步核实和立案审查调查；案件监督管理部门负责对监督检查、审查调查工作全过程进行监督管理，案件审理部门负责对需要给予党纪政务处分的案件审核把关。

纪检监察机关在工作中需要协助的，有关组织和机关、单位、个人应当依规依纪依法予以协助。

**第十二条** 纪检监察机关案件监督管理部门负责对监督执纪工作全过程进行监督管理，做好线索管理、组织协调、监督检查、督促办理、统计分析等工作。党风政风监督部门应当加强对党风政风建设的综合协调，做好督促检查、通报曝光和综合分析等工作。

**第二十五条** 承办部门应当做好线索处置归档工作，归档材料齐全完整，载明领导批示和处置过程。案件监督管理部门定期汇总、核对问题线索及处置情况，向纪检监察机关主要负责人报告，并向相关部门通报。

## 第四十条【问题线索处理】

监察机关对监察对象的问题线索，应当按照有关规定提出处置意见，履行审批手续，进行分类办理。线索处置情况应当定期汇总、通报，定期检查、抽查。

### 关联法规指引

### 40.11《中华人民共和国监察法实施条例》（2021年9月20日）（节录）

**第一百七十一条** 监察机关对于执法机关、司法机关等其他机关移送的问题线索，应当及时审核，并按照下列方式办理：

（一）本单位有管辖权的，及时研究提出处置意见；

（二）本单位没有管辖权但其他监察机关

有管辖权的，在五个工作日以内转送有管辖权的监察机关；

（三）本单位对部分问题线索有管辖权的，对有管辖权的部分提出处置意见，并及时将其他问题线索转送有管辖权的机关；

（四）监察机关没有管辖权的，及时退回移送机关。

**第一百七十二条** 信访举报部门归口受理本机关管辖监察对象涉嫌职务违法和职务犯罪问题的检举控告，统一接收有关监察机关以及其他单位移送的相关检举控告，移交本机关监督检查部门或者相关部门，并将移交情况通报案件监督管理部门。

案件监督管理部门统一接收巡视巡察机构和审计机关、执法机关、司法机关等其他机关移送的职务违法和职务犯罪问题线索，按程序移交本机关监督检查部门或者相关部门办理。

监督检查部门、调查部门在工作中发现的相关问题线索，属于本部门受理范围的，应当报送案件监督管理部门备案；属于本机关其他部门受理范围的，经审批后移交案件监督管理部门分办。

**第一百七十三条** 案件监督管理部门应当对问题线索实行集中管理、动态更新，定期汇总、核对问题线索及处置情况，向监察机关主要负责人报告，并向相关部门通报。

问题线索承办部门应当指定专人负责管理线索，逐件编号登记、建立管理台账。线索管理处置各环节应当由经手人员签名，全程登记备查，及时与案件监督管理部门核对。

**第一百七十四条** 监督检查部门应当结合问题线索所涉及地区、部门、单位总体情况进行综合分析，提出处置意见并制定处置方案，经审批按照谈话、函询、初步核实、暂存待查、予以了结等方式进行处置，或者按照职责移送调查部门处置。

函询应当以监察机关办公厅（室）名义发函给被反映人，并抄送其所在单位和派驻监察机构主要负责人。被函询人应当在收到函件后十五个工作日以内写出说明材料，由其所在单位主要负责人签署意见后发函回复。被函询人为所在单位主要负责人的，或者被函询人所作说明涉及所在单位主要负责人的，应当直接发函回复监察机关。

被函询人已经退休的，按照第二款规定程序办理。

监察机关根据工作需要，经审批可以对谈话、函询情况进行核实。

**40.21《中国共产党纪律检查机关监督执纪工作规则》（2019年1月1日）（节录）**

**第二十条** 纪检监察机关应当加强对问题线索的集中管理、分类处置、定期清理。信访举报部门归口受理同级党委管理的党组织和党员、干部以及监察对象涉嫌违纪或者职务违法、职务犯罪问题的信访举报，统一接收有关纪检监察机关、派驻或者派出机构以及其他单位移交的相关信访举报，移送本机关有关部门，深入分析信访形势，及时反映损害群众最关心、最直接、最现实的利益问题。

巡视巡察工作机构和审计机关、行政执法机关、司法机关等单位发现涉嫌违纪或者职务违法、职务犯罪问题线索，应当及时移交纪检监察机关案件监督管理部门统一办理。

监督检查部门、审查调查部门、干部监督部门发现的相关问题线索，属于本部门受理范围的，应当送案件监督管理部门备案；不属于本部门受理范围的，经审批后移送案件监督管理部门，由其按程序转交相关监督执纪部门办理。

**第二十一条** 纪检监察机关应当结合问题线索所涉及地区、部门、单位总体情况，综合分析，按照谈话函询、初步核实、暂存待查、予以了结4类方式进行处置。

线索处置不得拖延和积压，处置意见应当在收到问题线索之日起1个月内提出，并制定处置方案，履行审批手续。

**第二十二条** 纪检监察机关对反映同级党委委员、候补委员、纪委常委、监委委员，以及所辖地区、部门、单位主要负责人的问题线索和线索处置情况，应当及时向上级纪检监察机关报告。

**第二十三条** 案件监督管理部门对问题线索实行集中管理、动态更新、定期汇总核对，提出分办意见，报纪检监察机关主要负责人批准，按程序移送承办部门。承办部门应当指定专人负责管理问题线索，逐件编号登记、建立管理台账。线索管理处置各环节应当由经手人员签名，全程登记备查。

**第二十四条** 纪检监察机关应当根据工作需要，定期召开专题会议，听取问题线索综合情况汇报，进行分析研判，对重要检举事项和反映问题集中的领域深入研究，提出处置要求，做到件件有着落。

**第二十五条** 承办部门应当做好线索处置归档工作，归档材料齐全完整，载明领导批示和处置过程。案件监督管理部门定期汇总、核对问题线索及处置情况，向纪检监察机关主要负责人报告，并向相关部门通报。

## 第四十一条【初步核实】

需要采取初步核实方式处置问题线索的，监察机关应当依法履行审批程序，成立核查组。初步核实工作结束后，核查组应当撰写初步核实情况报告，提出处理建议。承办部门应当提出分类处理意见。初步核实情况报告和分类处理意见报监察机关主要负责人审批。

### 关联法规指引

**41.11《中华人民共和国监察法实施条例》（2021年9月20日）（节录）**

**第一百七十六条** 监察机关对具有可查性的职务违法和职务犯罪问题线索，应当按规定报批后，依法开展初步核实工作。

**第一百七十七条** 采取初步核实方式处置问题线索，应当确定初步核实对象，制定工作方案，明确需要核实的问题和采取的措施，成立核查组。

在初步核实中应当注重收集客观性证据，确保真实性和准确性。

**第一百七十八条** 在初步核实中发现或者受理被核查人新的具有可查性的问题线索的，应当经审批纳入原初核方案开展核查。

**第一百七十九条** 核查组在初步核实工作结束后应当撰写初步核实情况报告，列明被核查人基本情况、反映的主要问题、办理依据、初步核实结果、存在疑点、处理建议，由全体人员签名。

承办部门应当综合分析初步核实情况，按照拟立案调查、予以了结、谈话提醒、暂存待查，或者移送有关部门、机关处理等方式提出处置建议，按照批准初步核实的程序报批。

### 41.21《中国共产党纪律检查机关案件检查工作条例》（1994年5月1日）（节录）

**第十一条** 纪检机关受理反映党员或党组织的违纪问题后，应根据情况决定是否进行初步核实。需初步核实的，应及时派人进行，必要时也可委托下级纪检机关办理。

**第十二条** 初步核实的任务是，了解所反映的主要问题是否存在，为立案与否提供依据。

**第十三条** 初步核实可以采用本条例第二十八条中（一）、（二）、（三）、（四）、（五）、（八）的方法收集证据。

**第十四条** 初步核实后，由参与核实的人员写出初步核实情况报告，纪检机关区别不同情况作出处理：

（一）反映问题失实的，应向被反映人所在单位党组织说明情况，必要时还应向被反映人说明情况或在一定范围内予以澄清；

（二）有违纪事实，但情节轻微，不需追究党纪责任的，应建议有关党组织作出恰当处理；

（三）确有违纪事实，需要追究党纪责任的，应予立案。

**第十五条** 初步核实的时限为两个月，必要时可延长一个月。重大或复杂的问题，在延长期内仍不能初核完毕的，经批准后可再适当延长。

### 41.22《中国共产党纪律检查机关监督执纪工作规则》（2019年1月1日）（节录）

**第三十二条** 党委（党组）、纪委监委（纪检监察组）应当对具有可查性的涉嫌违纪或者职务违法、职务犯罪问题线索，扎实开展初步核实工作，收集客观性证据，确保真实性和准确性。

**第三十三条** 纪检监察机关采取初步核实方式处置问题线索，应当制定工作方案，成立核查组，履行审批程序。被核查人为下一级党委（党组）主要负责人的，纪检监察机关应当报同级党委主要负责人批准。

**第三十四条** 核查组经批准可以采取必要措施收集证据，与相关人员谈话了解情况，要求相关组织作出说明，调取个人有关事项报告，查阅复制文件、账目、档案等资料，查核资产情况和有关信息，进行鉴定勘验。对被核查人及相关人员主动上交的财物，核查组应当予以暂扣。

需要采取技术调查或者限制出境等措施的，纪检监察机关应当严格履行审批手续，交有关机关执行。

**第三十五条** 初步核实工作结束后，核查组应当撰写初步核实情况报告，列明被核查人基本情况、反映的主要问题、办理依据以及初步核实结果、存在疑点、处理建议，由核查组全体人员签名备查。

承办部门应当综合分析初步核实情况，按照拟立案审查调查、予以了结、谈话提醒、暂存待查，或者移送有关党组织处理等方式提出处置建议。

初步核实情况报告应当报纪检监察机关主要负责人审批，必要时向同级党委主要负责人报告。

## 第四十二条【监察机关立案的条件和程序，以及立案后的处理】

经过初步核实，对监察对象涉嫌职务违法犯罪，需要追究法律责任的，监察机关应当按照规定的权限和程序办理立案手续。

监察机关主要负责人依法批准立案后，应当主持召开专题会议，研究确定调查方案，决定需要采取的调查措施。

立案调查决定应当向被调查人宣布，并通报相关组织。涉嫌严重职务违法或者职务犯罪的，应当通知被调查人家属，并向社会公开发布。

### 关联法规指引

**42.11《中华人民共和国监察法实施条例》（2021年9月20日）（节录）**

第一百八十条　监察机关经过初步核实，对于已经掌握监察对象涉嫌职务违法或者职务犯罪的部分事实和证据，认为需要追究其法律责任的，应当按规定报批后，依法立案调查。

第一百八十一条　监察机关立案调查职务违法或者职务犯罪案件，需要对涉嫌行贿犯罪、介绍贿赂犯罪或者共同职务犯罪的涉案人员立案调查的，应当一并办理立案手续。需要交由下级监察机关立案的，经审批交由下级监察机关办理立案手续。

对单位涉嫌受贿、行贿等职务犯罪，需要追究法律责任的，依法对该单位办理立案调查手续。对事故（事件）中存在职务违法或者职务犯罪问题，需要追究法律责任，但相关责任人员尚不明确的，可以以事立案。对单位立案或者以事立案后，经调查确定相关责任人员的，按照管理权限报批确定被调查人。

监察机关根据人民法院生效刑事判决、裁定和人民检察院不起诉决定认定的事实，需要对监察对象给予政务处分的，可以由相关监督检查部门依据司法机关的生效判决、裁定、决定及其认定的事实、性质和情节，提出给予政务处分的意见，按程序移送审理。对依法被追究行政法律责任的监察对象，需要给予政务处分的，应当依法办理立案手续。

第一百八十二条　对案情简单、经过初步核实已查清主要职务违法事实，应当追究监察对象法律责任，不再需要开展调查的，立案和移送审理可以一并报批，履行立案程序后再移送审理。

第一百八十三条　上级监察机关需要指定下级监察机关立案调查的，应当按规定报批，向被指定管辖的监察机关出具《指定管辖决定书》，由其办理立案手续。

第一百八十四条　批准立案后，应当由二名以上调查人员出示证件，向被调查人宣布立案决定。宣布立案决定后，应当及时向被调查人所在单位等相关组织送达《立案通知书》，并向被调查人所在单位主要负责人通报。

对涉嫌严重职务违法或者职务犯罪的公职人员立案调查并采取留置措施的，应当按规定通知被调查人家属，并向社会公开发布。

## 42.21《中国共产党章程》（2022年10月22日）（节录）

**第四十六条**

……

各级纪律检查委员会发现同级党的委员会委员有违犯党的纪律的行为，可以先进行初步核实，如果需要立案检查的，应当在向同级党的委员会报告的同时向上一级纪律检查委员会报告；涉及常务委员的，报告上一级纪律检查委员会，由上一级纪律检查委员会进行初步核实，需要审查的，由上一级纪律检查委员会报它的同级党的委员会批准。

## 42.22《中国共产党纪律检查机关案件检查工作条例》（1994年5月1日）（节录）

**第十六条** 对检举、控告以及发现的党员或党组织的违纪问题，经初步核实，确有违纪事实，并需追究党纪责任的，按照规定的权限和程序办理立案手续。

**第十七条** 对党员的违纪问题，实行分级立案。

（一）党的中央委员会委员、中央纪律检查委员会委员违犯党纪的问题，由中央纪委报请中央批准立案。

（二）党的中央以下各级委员会、纪律检查委员会常务委员（基层党委、纪委为书记、副书记）违犯党纪的问题，与党委常务委员同职级的党委委员违犯党纪的问题，由上一级纪委决定立案，上一级纪委在决定立案前，应征求同级党委的意见。其他委员违犯党纪的问题，由同级纪委报请同级党委批准立案。

（三）其他党员干部违犯党纪的问题，均按照干部管理权限，由相应的纪委或纪工委、纪检组决定立案，在决定立案前应征求同级党委或党工委、党组的意见。未设立纪委或纪工委、纪检组的，由相应的党委或党工委、党组决定立案。

（四）不是干部的党员违犯党纪的问题，由基层纪委决定立案。未设立纪委的，由基层党委决定立案。

**第十八条** 党的关系在地方、干部任免权限在主管部门的党员干部违犯党纪的问题，除另有规定的外，一般由地方纪检机关决定立案。

若地方纪检机关认为由部门纪检机关立案更为适宜的，经协商可由部门纪检机关立案；根据规定应由部门纪检机关立案的违纪问题，经协商也可由地方纪检机关立案。

**第十九条** 对于党组织严重违犯党纪的问题，由上一级纪检机关报请同级党委批准立案，再上一级纪委在征求同级党委意见后也可直接决定立案。

**第二十条** 属于下级纪检机关立案范围的重大违纪问题，必要时上级纪检机关可直接决定立案。

**第二十一条** 上级纪检机关发现应由下级纪检机关立案的违纪问题，可责成下级纪检机关予以立案。

**第二十二条** 凡需立案的，应写出立案呈批报告，并附检举材料和初步核实情况报告，按立案批准权限呈报审批。

立案审批时限不得超过一个月。

经批准立案的案件，纪检机关应通报同级党委组织部门。

## 42.23《中国共产党纪律检查机关监督执纪工作规则》（2019年1月1日）（节录）

**第三十七条** 纪检监察机关经过初步核实，对党员、干部以及监察对象涉嫌违纪或者职务违法、职务犯罪，需要追究纪律或者法律责任的，应当立案审查调查。

凡报请批准立案的，应当已经掌握部分违纪或者职务违法、职务犯罪事实和证据，具备进行审查调查的条件。

**第三十八条** 对符合立案条件的，承办部门应当起草立案审查调查呈批报告，经纪检监察机关主要负责人审批，报同级党委主要负责人批准，予以立案审查调查。

立案审查调查决定应当向被审查调查人宣布，并向被审查调查人所在党委（党组）主要负责人通报。

**第三十九条** 对涉嫌严重违纪或者职务违法、职务犯罪人员立案审查调查，纪检监察机关主要负责人应当主持召开由纪检监察机关相关负责人参加的专题会议，研究批准审查调查方案。

纪检监察机关相关负责人批准成立审查调查组，确定审查调查谈话方案、外查方案，审批重要信息查询、涉案财物查扣等事项。

监督检查、审查调查部门主要负责人组织研究提出审查调查谈话方案、外查方案和处置意见建议，审批一般信息查询，对调查取证审核把关。

审查调查组组长应当严格执行审查调查方案，不得擅自更改；以书面形式报告审查调查进展情况，遇有重要事项及时请示。

**第四十三条** 立案审查调查方案批准后，应当由纪检监察机关相关负责人或者部门负责人与被审查调查人谈话，宣布立案决定，讲明党的政策和纪律，要求被审查调查人端正态度、配合审查调查。

审查调查应当充分听取被审查调查人陈述，保障其饮食、休息，提供医疗服务，确保安全。严格禁止使用违反党章党规党纪和国家法律的手段，严禁逼供、诱供、侮辱、打骂、虐待、体罚或者变相体罚。

## 第四十三条【调查取证的一般要求】

监察机关对职务违法和职务犯罪案件，应当进行调查，收集被调查人有无违法犯罪以及情节轻重的证据，查明违法犯罪事实，形成相互印证、完整稳定的证据链。

调查人员应当依法文明规范开展调查工作。严禁以暴力、威胁、引诱、欺骗及其他非法方式收集证据，严禁侮辱、打骂、虐待、体罚或者变相体罚被调查人和涉案人员。

监察机关及其工作人员在履行职责过程中应当依法保护企业产权和自主经营权，严禁利用职权非法干扰企业生产经营。需要企业经营者协助调查的，应当保障其人身权利、财产权利和其他合法权益，避免或者尽量减少对企业正常生产经营活动的影响。

### 关联法规指引

**43.11《中华人民共和国监察法实施条例》（2021年9月20日）（节录）**

第六十条 监察机关认定案件事实应当以证据为根据，全面、客观地收集、固定被调查人有无违法犯罪以及情节轻重的各种证据，形成相互印证、完整稳定的证据链。

只有被调查人陈述或者供述，没有其他证据的，不能认定案件事实；没有被调查人陈述或者供述，证据符合法定标准的，可以认定案件事实。

第六十四条 严禁以暴力、威胁、引诱、欺骗以及非法限制人身自由等非法方法收集证据，严禁侮辱、打骂、虐待、体罚或者变相体罚被调查人、涉案人员和证人。

第六十五条 对于调查人员采用暴力、威胁以及非法限制人身自由等非法方法收集的被调查人供述、证人证言、被害人陈述，应当依法予以排除。

前款所称暴力的方法，是指采用殴打、违法使用戒具等方法或者变相肉刑的恶劣手段，使人遭受难以忍受的痛苦而违背意愿作出供述、证言、陈述；威胁的方法，是指采用以暴力或者严重损害本人及其近亲属合法权益等进行威胁的方法，使人遭受难以忍受的痛苦而违背意愿作出供述、证言、陈述。

收集物证、书证不符合法定程序，可能严重影响案件公正处理的，应当予以补正或者作出合理解释；不能补正或者作出合理解释的，对该证据应当予以排除。

**43.21《中国共产党纪律检查机关监督执纪工作规则》（2019年1月1日）（节录）**

第四十六条 纪检监察机关应当严格依规依纪依法收集、鉴别证据，做到全面、客观，形成相互印证、完整稳定的证据链。

调查取证应当收集原物原件，逐件清点编号，现场登记，由在场人员签字盖章，原物不便搬运、保存或者取得原件确有困难的，可以将原物封存并拍照录像或者调取原件副本、复印件；谈话应当现场制作谈话笔录并由被谈话人阅看后签字。已调取证据必须及时交审查调查组统一保管。

严禁以威胁、引诱、欺骗以及其他违规违纪违法方式收集证据；严禁隐匿、损毁、篡改、伪造证据。

**43.22《关于查处党员违纪案件中收集、鉴别、使用证据的具体规定》（1991年7月23日）（节录）**

第三条 收集、鉴别和使用证据必须实事求是，一切从客观实际出发，不得带框框、主观臆断、偏听偏信；必须尊重党员的民主权利和公民的合法权利。任何党员和群众都有向党组织提供自己所知道的案情的义务。严禁使用威胁、引诱、欺骗及其他非法手段收集证据。

## 第四十四条【调查措施的程序规范】

调查人员采取讯问、询问、强制到案、责令候查、管护、留置、搜查、调取、查封、扣押、勘验检查等调查措施，均应当依照规定出示证件，出具书面通知，由二人以上进行，形成笔录、报告等书面材料，并由相关人员签名、盖章。

调查人员进行讯问以及搜查、查封、扣押等重要取证工作，应当对全过程进行录音录像，留存备查。

### 关联法规指引

**44.11《中华人民共和国监察法实施条例》（2021年9月20日）（节录）**

**第一百八十五条** 监察机关对已经立案的职务违法或者职务犯罪案件应当依法进行调查，收集证据查明违法犯罪事实。

调查职务违法或者职务犯罪案件，对被调查人没有采取留置措施的，应当在立案后一年以内作出处理决定；对被调查人解除留置措施的，应当在解除留置措施后一年以内作出处理决定。案情重大复杂的案件，经上一级监察机关批准，可以适当延长，但延长期限不得超过六个月。

被调查人在监察机关立案调查以后逃匿的，调查期限自被调查人到案之日起重新计算。

**第一百八十七条** 调查组应当将调查认定的涉嫌违法犯罪事实形成书面材料，交给被调查人核对，听取其意见。被调查人应当在书面材料上签署意见。对被调查人签署不同意见或者拒不签署意见的，调查组应当作出说明或者注明情况。对被调查人提出申辩的事实、理由和证据应当进行核实，成立的予以采纳。

调查组对于立案调查的涉嫌行贿犯罪、介绍贿赂犯罪或者共同职务犯罪的涉案人员，在查明其涉嫌犯罪问题后，依照前款规定办理。

对于按照本条例规定，对立案和移送审理一并报批的案件，应当在报批前履行本条第一款规定的程序。

**第一百八十九条** 调查组对被调查人涉嫌职务犯罪拟依法移送人民检察院审查起诉的，应当起草《起诉建议书》。《起诉建议书》应当载明被调查人基本情况，调查简况，认罪认罚情况，采取留置措施的时间，涉嫌职务犯罪事实以及证据，对被调查人从重、从轻、减轻或者免除处罚等情节，提出对被调查人移送起诉的理由和法律依据，采取强制措施的建议，并注明移送案卷数及涉案财物等内容。

调查组应当形成被调查人到案经过及量刑情节方面的材料，包括案件来源、到案经过，自动投案、如实供述、立功等量刑情节，认罪悔罪态度、退赃、避免和减少损害结果发生等方面的情况说明及相关材料。被检举揭发的问题已被立案、查破，被检举揭发人已被采取调查措施或者刑事强制措施、起诉或者审判的，还应当附有关法律文书。

**第一百九十条** 经调查认为被调查人构成

职务违法或者职务犯罪的，应当区分不同情况提出相应处理意见，经审批将调查报告、职务违法或者职务犯罪事实材料、涉案财物报告、涉案人员处理意见等材料，连同全部证据和文书手续移送审理。

对涉嫌职务犯罪的案件材料应当按照刑事诉讼要求单独立卷，与《起诉建议书》、涉案财物报告、同步录音录像资料及其自查报告等材料一并移送审理。

调查全过程形成的材料应当案结卷成、事毕归档。

**44.21《中国共产党纪律检查机关监督执纪工作规则》（2019年1月1日）（节录）**

第四十二条　审查调查工作应当依照规定由两人以上进行，按照规定出示证件，出具书面通知。

第四十八条　对涉嫌严重违纪或者职务违法、职务犯罪问题的审查调查谈话、搜查、查封、扣押（暂扣、封存）涉案财物等重要取证工作应当全过程进行录音录像，并妥善保管，及时归档，案件监督管理部门定期核查。

第四十九条　对涉嫌严重违纪或者职务违法、职务犯罪问题的审查调查，监督执纪人员未经批准并办理相关手续，不得将被审查调查人或者其他重要的谈话、询问对象带离规定的谈话场所，不得在未配置监控设备的场所进行审查调查谈话或者其他重要的谈话、询问，不得在谈话期间关闭录音录像设备。

第五十条　监督检查、审查调查部门主要负责人、分管领导应当定期检查审查调查期间的录音录像、谈话笔录、涉案财物登记资料，发现问题及时纠正并报告。

纪检监察机关相关负责人应当通过调取录音录像等方式，加强对审查调查全过程的监督。

## 第四十五条【调查方案的执行效力】

调查人员应当严格执行调查方案，不得随意扩大调查范围、变更调查对象和事项。

对调查过程中的重要事项，应当集体研究后按程序请示报告。

**关联法规指引**

**45.11《中华人民共和国监察法实施条例》（2021年9月20日）（节录）**

第一百八十六条　案件立案后，监察机关主要负责人应当依照法定程序批准确定调查方案。

监察机关应当组成调查组依法开展调查。调查工作应当严格按照批准的方案执行，不得随意扩大调查范围、变更调查对象和事项，对重要事项应当及时请示报告。调查人员在调查工作期间，未经批准不得单独接触任何涉案人员及其特定关系人，不得擅自采取调查措施。

第一百八十八条　调查组在调查工作结束后应当集体讨论，形成调查报告。调查报告应当列明被调查人基本情况、问题线索来源及调查依据、调查过程，涉嫌的主要职务违法或者职务犯罪事实，被调查人的态度和认识，处置建议及法律依据，并由调查组长以及有关人员签名。

对调查过程中发现的重要问题和形成的意见建议，应当形成专题报告。

### 45.21《中国共产党纪律检查机关监督执纪工作规则》（2019年1月1日）（节录）

**第十条** 纪检监察机关应当严格执行请示报告制度。中央纪委定期向党中央报告工作，研究涉及全局的重大事项、遇有重要问题以及作出立案审查调查决定、给予党纪政务处分等事项应当及时向党中央请示报告，既要报告结果也要报告过程。执行党中央重要决定的情况应当专题报告。

地方各级纪检监察机关对作出立案审查调查决定、给予党纪政务处分等重要事项，应当向同级党委请示汇报并向上级纪委监委报告，形成明确意见后再正式行文请示。遇有重要事项应当及时报告。

纪检监察机关应当坚持民主集中制，对于线索处置、谈话函询、初步核实、立案审查调查、案件审理、处置执行中的重要问题，经集体研究后，报纪检监察机关相关负责人、主要负责人审批。

**第三十九条** 对涉嫌严重违纪或者职务违法、职务犯罪人员立案审查调查，纪检监察机关主要负责人应当主持召开由纪检监察机关相关负责人参加的专题会议，研究批准审查调查方案。

纪检监察机关相关负责人批准成立审查调查组，确定审查调查谈话方案、外查方案，审批重要信息查询、涉案财物查扣等事项。

监督检查、审查调查部门主要负责人组织研究提出审查调查谈话方案、外查方案和处置意见建议，审批一般信息查询，对调查取证审核把关。

审查调查组组长应当严格执行审查调查方案，不得擅自更改；以书面形式报告审查调查进展情况，遇有重要事项及时请示。

**第四十五条** 外查工作必须严格按照外查方案执行，不得随意扩大审查调查范围、变更审查调查对象和事项，重要事项应当及时请示报告。

外查工作期间，未经批准，监督执纪人员不得单独接触任何涉案人员及其特定关系人，不得擅自采取审查调查措施，不得从事与外查事项无关的活动。

**第五十一条** 查明涉嫌违纪或者职务违法、职务犯罪问题后，审查调查组应当撰写事实材料，与被审查调查人见面，听取意见。被审查调查人应当在事实材料上签署意见，对签署不同意见或者拒不签署意见的，审查调查组应当作出说明或者注明情况。

审查调查工作结束，审查调查组应当集体讨论，形成审查调查报告，列明被审查调查人基本情况、问题线索来源及审查调查依据、审查调查过程，主要违纪或者职务违法、职务犯罪事实，被审查调查人的态度和认识，处理建议及党纪法律依据，并由审查调查组组长以及有关人员签名。

对审查调查过程中发现的重要问题和意见建议，应当形成专题报告。

## 第四十六条【强制到案、责令候查、管护的批准和期限】

采取强制到案、责令候查或者管护措施，应当按照规定的权限和程序，经监察机关主要负责人批准。

强制到案持续的时间不得超过十二小时；需要采取管护或者留置措施的，强制到案持续的时间不得超过二十四小时。不得以连续强制到案的方式变相拘禁被调查人。

责令候查最长不得超过十二个月。

监察机关采取管护措施的，应当在七日以内依法作出留置或者解除管护的决定，特殊情况下可以延长一日至三日。

## 第四十七条【留置审批】

监察机关采取留置措施，应当由监察机关领导人员集体研究决定。设区的市级以下监察机关采取留置措施，应当报上一级监察机关批准。省级监察机关采取留置措施，应当报国家监察委员会备案。

## 第四十八条【留置期限】

留置时间不得超过三个月。在特殊情况下,可以延长一次,延长时间不得超过三个月。省级以下监察机关采取留置措施的,延长留置时间应当报上一级监察机关批准。监察机关发现采取留置措施不当或者不需要继续采取留置措施的,应当及时解除或者变更为责令候查措施。

对涉嫌职务犯罪的被调查人可能判处十年有期徒刑以上刑罚,监察机关依照前款规定延长期限届满,仍不能调查终结的,经国家监察委员会批准或者决定,可以再延长二个月。

省级以上监察机关在调查期间,发现涉嫌职务犯罪的被调查人另有与留置时的罪行不同种的重大职务犯罪或者同种的影响罪名认定、量刑档次的重大职务犯罪,经国家监察委员会批准或者决定,自发现之日起依照本条第一款的规定重新计算留置时间。留置时间重新计算以一次为限。

## 第四十九条【监察措施执行】

监察机关采取强制到案、责令候查、管护、留置措施,可以根据工作需要提请公安机关配合。公安机关应当依法予以协助。

省级以下监察机关留置场所的看护勤务由公安机关负责,国家监察委员会留置场所的看护勤务由国家另行规定。留置看护队伍的管理依照国家有关规定执行。

---

**关联法规指引**

**49.11《中华人民共和国监察法实施条例》(2021年9月20日)(节录)**

**第九十九条** 县级以上监察机关需要提请公安机关协助采取留置措施的,应当按规定报批,请同级公安机关依法予以协助。提请协助时,应当出具《提请协助采取留置措施函》,列明提请协助的具体事项和建议,协助采取措施的时间、地点等内容,附《留置决定书》复印件。

因保密需要,不适合在采取留置措施前向公安机关告知留置对象姓名的,可以作出说明,进行保密处理。

需要提请异地公安机关协助采取留置措施的,应当按规定报批,向协作地同级监察机关出具协作函件和相关文书，由协作地监察机关提请当地公安机关依法予以协助。

**第一百零一条** 留置时间不得超过三个月，自向被留置人员宣布之日起算。具有下列情形之一的，经审批可以延长一次，延长时间不得超过三个月：

（一）案情重大，严重危害国家利益或者公共利益的；

（二）案情复杂，涉案人员多、金额巨大，涉及范围广的；

（三）重要证据尚未收集完成，或者重要涉案人员尚未到案，导致违法犯罪的主要事实仍须继续调查的；

（四）其他需要延长留置时间的情形。

省级以下监察机关采取留置措施的，延长留置时间应当报上一级监察机关批准。

延长留置时间的，应当在留置期满前向被留置人员宣布延长留置时间的决定，要求其在《延长留置时间决定书》上签名、捺指印。被留置人员拒绝签名、捺指印的，调查人员应当在文书上记明。

延长留置时间的，应当通知被留置人员家属。

**第一百零二条** 对被留置人员不需要继续采取留置措施的，应当按规定报批，及时解除留置。

调查人员应当向被留置人员宣布解除留置措施的决定，由其在《解除留置决定书》上签名、捺指印。被留置人员拒绝签名、捺指印的，调查人员应当在文书上记明。

解除留置措施的，应当及时通知被留置人员所在单位或者家属。调查人员应当与交接人办理交接手续，并由其在《解除留置通知书》上签名。无法通知或者有关人员拒绝签名的，调查人员应当在文书上记明。

案件依法移送人民检察院审查起诉的，留置措施自犯罪嫌疑人被执行拘留时自动解除，不再办理解除法律手续。

### 49.21《中国共产党纪律检查机关监督执纪工作规则》（2019年1月1日）（节录）

**第四十条** 审查调查组可以依照党章党规和监察法，经审批进行谈话、讯问、询问、留置、查询、冻结、搜查、调取、查封、扣押（暂扣、封存）、勘验检查、鉴定，提请有关机关采取技术调查、通缉、限制出境等措施。

承办部门应当建立台账，记录使用措施情况，向案件监督管理部门定期备案。

案件监督管理部门应当核对检查，定期汇总重要措施使用情况并报告纪委监委领导和上一级纪检监察机关，发现违规违纪违法使用措施的，区分不同情况进行处理，防止擅自扩大范围、延长时限。

## 第五十条【管护、留置的工作要求和刑期折抵】

采取管护或者留置措施后,应当在二十四小时以内,通知被管护人员、被留置人员所在单位和家属,但有可能伪造、隐匿、毁灭证据,干扰证人作证或者串供等有碍调查情形的除外。有碍调查的情形消失后,应当立即通知被管护人员、被留置人员所在单位和家属。解除管护或者留置的,应当及时通知被管护人员、被留置人员所在单位和家属。

被管护人员、被留置人员及其近亲属有权申请变更管护、留置措施。监察机关收到申请后,应当在三日以内作出决定;不同意变更措施的,应当告知申请人,并说明不同意的理由。

监察机关应当保障被强制到案人员、被管护人员以及被留置人员的饮食、休息和安全,提供医疗服务。对其谈话、讯问的,应当合理安排时间和时长,谈话笔录、讯问笔录由被谈话人、被讯问人阅看后签名。

被管护人员、被留置人员涉嫌犯罪移送司法机关后,被依法判处管制、拘役或者有期徒刑的,管护、留置一日折抵管制二日,折抵拘役、有期徒刑一日。

### 关联法规指引

**50.11《中华人民共和国监察法实施条例》(2021年9月20日)(节录)**

第九十八条 采取留置措施后,应当在二十四小时以内通知被留置人员所在单位和家属。当面通知的,由有关人员在《留置通知书》上签名。无法当面通知的,可以先以电话等方式通知,并通过邮寄、转交等方式送达《留置通知书》,要求有关人员在《留置通知书》上签名。

因可能毁灭、伪造证据,干扰证人作证或者串供等有碍调查情形而不宜通知的,应当按规定报批,记录在案。有碍调查的情形消失后,应当立即通知被留置人员所在单位和家属。

第一百条 留置过程中,应当保障被留置人员的合法权益,尊重其人格和民族习俗,保障饮食、休息和安全,提供医疗服务。

**50.21《中国共产党纪律检查机关监督执纪工作规则》(2019年1月1日)(节录)**

第四十一条 需要对被审查调查人采取留置措施的,应当依据监察法进行,在24小时内通知其所在单位和家属,并及时向社会公开发布。因可能毁灭、伪造证据,干扰证人作证或者串供等有碍调查情形而不宜通知或者公开的,应当按程序报批并记录在案。有碍调查的情形消失后,应当立即通知被留置人员所在单位和家属。

## 第五十一条【案件审理】

监察机关在调查工作结束后,应当依法对案件事实和证据、性质认定、程序手续、涉案财物等进行全面审理,形成审理报告,提请集体审议。

## 第五十二条【处置方式】

监察机关根据监督、调查结果,依法作出如下处置:

(一)对有职务违法行为但情节较轻的公职人员,按照管理权限,直接或者委托有关机关、人员,进行谈话提醒、批评教育、责令检查,或者予以诫勉;

(二)对违法的公职人员依照法定程序作出警告、记过、记大过、降级、撤职、开除等政务处分决定;

(三)对不履行或者不正确履行职责负有责任的领导人员,按照管理权限对其直接作出问责决定,或者向有权作出问责决定的机关提出问责建议;

(四)对涉嫌职务犯罪的,监察机关经调查认为犯罪事实清楚,证据确实、充分的,制作起诉意见书,连同案卷材料、证据一并移送人民检察院依法审查、提起公诉;

(五)对监察对象所在单位廉政建设和履行职责存在的问题等提出监察建议。

监察机关经调查,对没有证据证明被调查人存在违法犯罪行为的,应当撤销案件,并通知被调查人所在单位。

### 关联法规指引

52.11《中华人民共和国监察法实施条例》(2021年9月20日)(节录)

第二百条 监察机关根据监督、调查结果,依据监察法、政务处分法等规定进行处置。

第二百零一条 监察机关对于公职人员有职务违法行为但情节较轻的,可以依法进行谈话提醒、批评教育、责令检查,或者予以诫勉。上述方式可以单独使用,也可以依据规定合并使用。

谈话提醒、批评教育应当由监察机关相关负责人或者承办部门负责人进行，可以由被谈话提醒、批评教育人所在单位有关负责人陪同；经批准也可以委托其所在单位主要负责人进行。对谈话提醒、批评教育情况应当制作记录。

被责令检查的公职人员应当作出书面检查并进行整改。整改情况在一定范围内通报。

诫勉由监察机关以谈话或者书面方式进行。以谈话方式进行的，应当制作记录。

第二百零二条　对违法的公职人员依法需要给予政务处分的，应当根据情节轻重作出警告、记过、记大过、降级、撤职、开除的政务处分决定，制作政务处分决定书。

第二百零三条　监察机关应当将政务处分决定书在作出后一个月以内送达被处分人和被处分人所在机关、单位，并依法履行宣布、书面告知程序。

政务处分决定自作出之日起生效。有关机关、单位、组织应当依法及时执行处分决定，并将执行情况向监察机关报告。处分决定应当在作出之日起一个月以内执行完毕，特殊情况下经监察机关批准可以适当延长办理期限，最迟不得超过六个月。

第二百零四条　监察机关对不履行或者不正确履行职责造成严重后果或者恶劣影响的领导人员，可以按照管理权限采取通报、诫勉、政务处分等方式进行问责；提出组织处理的建议。

第二百零五条　监察机关依法向监察对象所在单位提出监察建议的，应当经审批制作监察建议书。

监察建议书一般应当包括下列内容：

（一）监督调查情况；

（二）调查中发现的主要问题及其产生的原因；

（三）整改建议、要求和期限；

（四）向监察机关反馈整改情况的要求。

第二百零六条　监察机关经调查，对没有证据证明或者现有证据不足以证明被调查人存在违法犯罪行为的，应当依法撤销案件。省级以下监察机关撤销案件后，应当在七个工作日以内向上一级监察机关报送备案报告。上一级监察机关监督检查部门负责备案工作。

省级以下监察机关拟撤销上级监察机关指定管辖或者交办案件的，应当将《撤销案件意见书》连同案卷材料，在法定调查期限到期七个工作日前报指定管辖或者交办案件的监察机关审查。对于重大、复杂案件，在法定调查期限到期十个工作日前报指定管辖或者交办案件的监察机关审查。

指定管辖或者交办案件的监察机关由监督检查部门负责审查工作。指定管辖或者交办案件的监察机关同意撤销案件的，下级监察机关应当作出撤销案件决定，制作《撤销案件决定书》；指定管辖或者交办案件的监察机关不同意撤销案件的，下级监察机关应当执行该决定。

监察机关对于撤销案件的决定应当向被调查人宣布，由其在《撤销案件决定书》上签名、捺指印，立即解除留置措施，并通知其所在机关、单位。

撤销案件后又发现重要事实或者有充分证据，认为被调查人有违法犯罪事实需要追究法律责任的，应当重新立案调查。

第二百零七条　对于涉嫌行贿等犯罪的非监察对象，案件调查终结后依法移送起诉。综合考虑行为性质、手段、后果、时间节点、认罪悔罪态度等具体情况，对于情节较轻，经审批不予移送起诉的，应当采取批评教育、责令具结悔过等方式处置；应当给予行政处罚的，依法移送有关行政执法部门。

对于有行贿行为的涉案单位和人员，按规定记入相关信息记录，可以作为信用评价的依据。

对于涉案单位和人员通过行贿等非法手段取得的财物及孳息，应当依法予以没收、追缴或者责令退赔。对于违法取得的其他不正当利益，依照法律法规及有关规定予以纠正处理。

**第二百零八条** 对查封、扣押、冻结的涉嫌职务犯罪所得财物及孳息应当妥善保管，并制作《移送司法机关涉案财物清单》随案移送人民检察院。对作为证据使用的实物应当随案移送；对不宜移送的，应当将清单、照片和其他证明文件随案移送。

对于移送人民检察院的涉案财物，价值不明的，应当在移送起诉前委托进行价格认定。在价格认定过程中，需要对涉案财物先行作出真伪鉴定或者出具技术、质量检测报告的，应当委托有关鉴定机构或者检测机构进行真伪鉴定或者技术、质量检测。

对不属于犯罪所得但属于违法取得的财物及孳息，应当依法予以没收、追缴或者责令退赔，并出具有关法律文书。

对经认定不属于违法所得的财物及孳息，应当及时予以返还，并办理签收手续。

**第二百零九条** 监察机关经调查，对违法取得的财物及孳息决定追缴或者责令退赔的，可以依法要求公安、自然资源、住房城乡建设、市场监管、金融监管等部门以及银行等机构、单位予以协助。

追缴涉案财物以追缴原物为原则，原物已经转化为其他财物的，应当追缴转化后的财物；有证据证明依法应当追缴、没收的涉案财物无法找到、被他人善意取得、价值灭失减损或者与其他合法财产混合且不可分割的，可以依法追缴、没收其他等值财产。

追缴或者责令退赔应当自处置决定作出之日起一个月以内执行完毕。因被调查人的原因逾期执行的除外。

人民检察院、人民法院依法将不认定为犯罪所得的相关涉案财物退回监察机关的，监察机关应当依法处理。

**第二百一十条** 监察对象对监察机关作出的涉及本人的处理决定不服的，可以在收到处理决定之日起一个月以内，向作出决定的监察机关申请复审。复审机关应当依法受理，并在受理后一个月以内作出复审决定。监察对象对复审决定仍不服的，可以在收到复审决定之日起一个月以内，向上一级监察机关申请复核。复核机关应当依法受理，并在受理后二个月以内作出复核决定。

上一级监察机关的复核决定和国家监察委员会的复审、复核决定为最终决定。

**第二百一十一条** 复审、复核机关承办部门应当成立工作组，调阅原案卷宗，必要时可以进行调查取证。承办部门应当集体研究，提出办理意见，经审批作出复审、复核决定。决定应当送达申请人，抄送相关单位，并在一定范围内宣布。

复审、复核期间，不停止原处理决定的执行。复审、复核机关经审查认定处理决定有错误或者不当的，应当依法撤销、变更原处理决定，或者责令原处理机关及时予以纠正。复审、复核机关经审查认定处理决定事实清楚、适用法律正确的，应当予以维持。

坚持复审复核与调查审理分离，原案调查、审理人员不得参与复审复核。

## 52.12《中华人民共和国公职人员政务处分法》（2020年7月1日）（节录）

**第七条** 政务处分的种类为：

（一）警告；

（二）记过；

（三）记大过；

（四）降级；

（五）撤职；

（六）开除。

**第八条** 政务处分的期间为：

（一）警告，六个月；

（二）记过，十二个月；

（三）记大过，十八个月；

（四）降级、撤职，二十四个月。

政务处分决定自作出之日起生效，政务处分期自政务处分决定生效之日起计算。

**第九条** 公职人员二人以上共同违法，根据各自在违法行为中所起的作用和应当承担的法律责任，分别给予政务处分。

**第十条** 有关机关、单位、组织集体作出的决定违法或者实施违法行为的，对负有责任的领导人员和直接责任人员中的公职人员依法给予政务处分。

**第十一条** 公职人员有下列情形之一的，可以从轻或者减轻给予政务处分：

（一）主动交代本人应当受到政务处分的违法行为的；

（二）配合调查，如实说明本人违法事实的；

（三）检举他人违纪违法行为，经查证属实的；

（四）主动采取措施，有效避免、挽回损失或者消除不良影响的；

（五）在共同违法行为中起次要或者辅助作用的；

（六）主动上交或者退赔违法所得的；

（七）法律、法规规定的其他从轻或者减轻情节。

**第十二条** 公职人员违法行为情节轻微，且具有本法第十一条规定的情形之一的，可以对其进行谈话提醒、批评教育、责令检查或者予以诫勉，免予或者不予政务处分。

公职人员因不明真相被裹挟或者被胁迫参与违法活动，经批评教育后确有悔改表现的，可以减轻、免予或者不予政务处分。

**第十三条** 公职人员有下列情形之一的，应当从重给予政务处分：

（一）在政务处分期内再次故意违法，应当受到政务处分的；

（二）阻止他人检举、提供证据的；

（三）串供或者伪造、隐匿、毁灭证据的；

（四）包庇同案人员的；

（五）胁迫、唆使他人实施违法行为的；

（六）拒不上交或者退赔违法所得的；

（七）法律、法规规定的其他从重情节。

**第十四条** 公职人员犯罪，有下列情形之一的，予以开除：

（一）因故意犯罪被判处管制、拘役或者有期徒刑以上刑罚（含宣告缓刑）的；

（二）因过失犯罪被判处有期徒刑，刑期超过三年的；

（三）因犯罪被单处或者并处剥夺政治权利的。

因过失犯罪被判处管制、拘役或者三年以下有期徒刑的，一般应当予以开除；案件情况特殊，予以撤职更为适当的，可以不予开除，但是应当报请上一级机关批准。

公职人员因犯罪被单处罚金，或者犯罪情节轻微，人民检察院依法作出不起诉决定或者人民法院依法免予刑事处罚的，予以撤职；造成不良影响的，予以开除。

**第十五条** 公职人员有两个以上违法行为的，应当分别确定政务处分。应当给予两种以上政务处分的，执行其中最重的政务处分；应当给予撤职以下多个相同政务处分的，可以在一个政务处分期以上、多个政务处分期之和以下确定政务处分期，但是最长不得超过四十八个月。

**第十六条** 对公职人员的同一违法行为，监察机关和公职人员任免机关、单位不得重复给予政务处分和处分。

**第十七条** 公职人员有违法行为，有关机关依照规定给予组织处理的，监察机关可以同时给予政务处分。

第十八条　担任领导职务的公职人员有违法行为，被罢免、撤销、免去或者辞去领导职务的，监察机关可以同时给予政务处分。

第十九条　公务员以及参照《中华人民共和国公务员法》管理的人员在政务处分期内，不得晋升职务、职级、衔级和级别；其中，被记过、记大过、降级、撤职的，不得晋升工资档次。被撤职的，按照规定降低职务、职级、衔级和级别，同时降低工资和待遇。

第二十条　法律、法规授权或者受国家机关依法委托管理公共事务的组织中从事公务的人员，以及公办的教育、科研、文化、医疗卫生、体育等单位中从事管理的人员，在政务处分期内，不得晋升职务、岗位和职员等级、职称；其中，被记过、记大过、降级、撤职的，不得晋升薪酬待遇等级。被撤职的，降低职务、岗位或者职员等级，同时降低薪酬待遇。

第二十一条　国有企业管理人员在政务处分期内，不得晋升职务、岗位等级和职称；其中，被记过、记大过、降级、撤职的，不得晋升薪酬待遇等级。被撤职的，降低职务或者岗位等级，同时降低薪酬待遇。

第二十二条　基层群众性自治组织中从事管理的人员有违法行为的，监察机关可以予以警告、记过、记大过。

基层群众性自治组织中从事管理的人员受到政务处分的，应当由县级或者乡镇人民政府根据具体情况减发或者扣发补贴、奖金。

第二十三条　《中华人民共和国监察法》第十五条第六项规定的人员有违法行为的，监察机关可以予以警告、记过、记大过。情节严重的，由所在单位直接给予或者监察机关建议有关机关、单位给予降低薪酬待遇、调离岗位、解除人事关系或者劳动关系等处理。

《中华人民共和国监察法》第十五条第二项规定的人员，未担任公务员、参照《中华人民共和国公务员法》管理的人员、事业单位工作人员或者国有企业人员职务的，对其违法行为依照前款规定处理。

第二十四条　公职人员被开除，或者依照本法第二十三条规定，受到解除人事关系或者劳动关系处理的，不得录用为公务员以及参照《中华人民共和国公务员法》管理的人员。

第二十五条　公职人员违法取得的财物和用于违法行为的本人财物，除依法应当由其他机关没收、追缴或者责令退赔的，由监察机关没收、追缴或者责令退赔；应当退还原所有人或者原持有人的，依法予以退还；属于国家财产或者不应当退还以及无法退还的，上缴国库。

公职人员因违法行为获得的职务、职级、衔级、级别、岗位和职员等级、职称、待遇、资格、学历、学位、荣誉、奖励等其他利益，监察机关应当建议有关机关、单位、组织按规定予以纠正。

第二十六条　公职人员被开除的，自政务处分决定生效之日起，应当解除其与所在机关、单位的人事关系或者劳动关系。

公职人员受到开除以外的政务处分，在政务处分期内有悔改表现，并且没有再发生应当给予政务处分的违法行为的，政务处分期满后自动解除，晋升职务、职级、衔级、级别、岗位和职员等级、职称、薪酬待遇不再受原政务处分影响。但是，解除降级、撤职的，不恢复原职务、职级、衔级、级别、岗位和职员等级、职称、薪酬待遇。

第二十七条　已经退休的公职人员退休前或者退休后有违法行为的，不再给予政务处分，但是可以对其立案调查；依法应当予以降级、撤职、开除的，应当按照规定相应调整其享受的待遇，对其违法取得的财物和用于违法行为的本人财物依照本法第二十五条的规定处理。

已经离职或者死亡的公职人员在履职期间有违法行为的，依照前款规定处理。

**第二十八条** 有下列行为之一的，予以记过或者记大过；情节较重的，予以降级或者撤职；情节严重的，予以开除：

（一）散布有损宪法权威、中国共产党领导和国家声誉的言论的；

（二）参加旨在反对宪法、中国共产党领导和国家的集会、游行、示威等活动的；

（三）拒不执行或者变相不执行中国共产党和国家的路线方针政策、重大决策部署的；

（四）参加非法组织、非法活动的；

（五）挑拨、破坏民族关系，或者参加民族分裂活动的；

（六）利用宗教活动破坏民族团结和社会稳定的；

（七）在对外交往中损害国家荣誉和利益的。

有前款第二项、第四项、第五项和第六项行为之一的，对策划者、组织者和骨干分子，予以开除。

公开发表反对宪法确立的国家指导思想，反对中国共产党领导，反对社会主义制度，反对改革开放的文章、演说、宣言、声明等的，予以开除。

**第二十九条** 不按照规定请示、报告重大事项，情节较重的，予以警告、记过或者记大过；情节严重的，予以降级或者撤职。

违反个人有关事项报告规定，隐瞒不报，情节较重的，予以警告、记过或者记大过。

篡改、伪造本人档案资料的，予以记过或者记大过；情节严重的，予以降级或者撤职。

**第三十条** 有下列行为之一的，予以警告、记过或者记大过；情节严重的，予以降级或者撤职：

（一）违反民主集中制原则，个人或者少数人决定重大事项，或者拒不执行、擅自改变集体作出的重大决定的；

（二）拒不执行或者变相不执行、拖延执行上级依法作出的决定、命令的。

**第三十一条** 违反规定出境或者办理因私出境证件的，予以记过或者记大过；情节严重的，予以降级或者撤职。

违反规定取得外国国籍或者获取境外永久居留资格、长期居留许可的，予以撤职或者开除。

**第三十二条** 有下列行为之一的，予以警告、记过或者记大过；情节较重的，予以降级或者撤职；情节严重的，予以开除：

（一）在选拔任用、录用、聘用、考核、晋升、评选等干部人事工作中违反有关规定的；

（二）弄虚作假，骗取职务、职级、衔级、级别、岗位和职员等级、职称、待遇、资格、学历、学位、荣誉、奖励或者其他利益的；

（三）对依法行使批评、申诉、控告、检举等权利的行为进行压制或者打击报复的；

（四）诬告陷害，意图使他人受到名誉损害或者责任追究等不良影响的；

（五）以暴力、威胁、贿赂、欺骗等手段破坏选举的。

**第三十三条** 有下列行为之一的，予以警告、记过或者记大过；情节较重的，予以降级或者撤职；情节严重的，予以开除：

（一）贪污贿赂的；

（二）利用职权或者职务上的影响为本人或者他人谋取私利的；

（三）纵容、默许特定关系人利用本人职权或者职务上的影响谋取私利的。

拒不按照规定纠正特定关系人违规任职、兼职或者从事经营活动，且不服从职务调整的，予以撤职。

第三十四条　收受可能影响公正行使公权力的礼品、礼金、有价证券等财物的，予以警告、记过或者记大过；情节较重的，予以降级或者撤职；情节严重的，予以开除。

向公职人员及其特定关系人赠送可能影响公正行使公权力的礼品、礼金、有价证券等财物，或者接受、提供可能影响公正行使公权力的宴请、旅游、健身、娱乐等活动安排，情节较重的，予以警告、记过或者记大过；情节严重的，予以降级或者撤职。

第三十五条　有下列行为之一，情节较重的，予以警告、记过或者记大过；情节严重的，予以降级或者撤职：

（一）违反规定设定、发放薪酬或者津贴、补贴、奖金的；

（二）违反规定，在公务接待、公务交通、会议活动、办公用房以及其他工作生活保障等方面超标准、超范围的；

（三）违反规定公款消费的。

第三十六条　违反规定从事或者参与营利性活动，或者违反规定兼任职务、领取报酬的，予以警告、记过或者记大过；情节较重的，予以降级或者撤职；情节严重的，予以开除。

第三十七条　利用宗族或者黑恶势力等欺压群众，或者纵容、包庇黑恶势力活动的，予以撤职；情节严重的，予以开除。

第三十八条　有下列行为之一，情节较重的，予以警告、记过或者记大过；情节严重的，予以降级或者撤职：

（一）违反规定向管理服务对象收取、摊派财物的；

（二）在管理服务活动中故意刁难、吃拿卡要的；

（三）在管理服务活动中态度恶劣粗暴，造成不良后果或者影响的；

（四）不按照规定公开工作信息，侵犯管理服务对象知情权，造成不良后果或者影响的；

（五）其他侵犯管理服务对象利益的行为，造成不良后果或者影响的。

有前款第一项、第二项和第五项行为，情节特别严重的，予以开除。

第三十九条　有下列行为之一，造成不良后果或者影响的，予以警告、记过或者记大过；情节较重的，予以降级或者撤职；情节严重的，予以开除：

（一）滥用职权，危害国家利益、社会公共利益或者侵害公民、法人、其他组织合法权益的；

（二）不履行或者不正确履行职责，玩忽职守，贻误工作的；

（三）工作中有形式主义、官僚主义行为的；

（四）工作中有弄虚作假，误导、欺骗行为的；

（五）泄露国家秘密、工作秘密，或者泄露因履行职责掌握的商业秘密、个人隐私的。

第四十条　有下列行为之一的，予以警告、记过或者记大过；情节较重的，予以降级或者撤职；情节严重的，予以开除：

（一）违背社会公序良俗，在公共场所有不当行为，造成不良影响的；

（二）参与或者支持迷信活动，造成不良影响的；

（三）参与赌博的；

（四）拒不承担赡养、抚养、扶养义务的；

（五）实施家庭暴力，虐待、遗弃家庭成员的；

（六）其他严重违反家庭美德、社会公德的行为。

吸食、注射毒品，组织赌博，组织、支持、参与卖淫、嫖娼、色情淫乱活动的，予以撤职或者开除。

第四十一条　公职人员有其他违法行为，影响公职人员形象，损害国家和人民利益的，可以根据情节轻重给予相应政务处分。

### 52.13《中华人民共和国公务员法》（2019年6月1日）（节录）

第六十一条　公务员因违纪违法应当承担纪律责任的，依照本法给予处分或者由监察机关依法给予政务处分；违纪违法行为情节轻微，经批评教育后改正的，可以免予处分。

对同一违纪违法行为，监察机关已经作出政务处分决定的，公务员所在机关不再给予处分。

第六十二条　处分分为：警告、记过、记大过、降级、撤职、开除。

第六十四条　公务员在受处分期间不得晋升职务、职级和级别，其中受记过、记大过、降级、撤职处分的，不得晋升工资档次。

受处分的期间为：警告，六个月；记过，十二个月；记大过，十八个月；降级、撤职，二十四个月。

受撤职处分的，按照规定降低级别。

第六十五条　公务员受开除以外的处分，在受处分期间有悔改表现，并且没有再发生违纪违法行为的，处分期满后自动解除。

解除处分后，晋升工资档次、级别和职务、职级不再受原处分的影响。但是，解除降级、撤职处分的，不视为恢复原级别、原职务、原职级。

### 52.21《中国共产党章程》（2022年10月22日）（节录）

第四十一条　对党员的纪律处分有五种：警告、严重警告、撤销党内职务、留党察看、开除党籍。

留党察看最长不超过两年。党员在留党察看期间没有表决权、选举权和被选举权。党员经过留党察看，确已改正错误的，应当恢复其党员的权利；坚持错误不改的，应当开除党籍。

开除党籍是党内的最高处分。各级党组织在决定或批准开除党员党籍的时候，应当全面研究有关的材料和意见，采取十分慎重的态度。

第四十二条　对党员的纪律处分，必须经过支部大会讨论决定，报党的基层委员会批准；如果涉及的问题比较重要或复杂，或给党员以开除党籍的处分，应分别不同情况，报县级或县级以上党的纪律检查委员会审查批准。在特殊情况下，县级和县级以上各级党的委员会和纪律检查委员会有权直接决定给党员以纪律处分。

对党的中央委员会委员、候补委员，给以警告、严重警告处分，由中央纪律检查委员会常务委员会审议后，报党中央批准。对地方各级党的委员会委员、候补委员，给以警告、严重警告处分，应由上一级纪律检查委员会批准，并报它的同级党的委员会备案。

对党的中央委员会和地方各级委员会的委员、候补委员，给以撤销党内职务、留党察看或开除党籍的处分，必须由本人所在的委员会全体会议三分之二以上的多数决定。在全体会议闭会期间，可以先由中央政治局和地方各级委员会常务委员会作出处理决定，待召开委员会全体会议时予以追认。对地方各级委员会委员和候补委员的上述处分，必须经过上级纪律检查委员会常务委员会审议，由这一级纪律检查委员会报同级党的委员会批准。

严重触犯刑律的中央委员会委员、候补委员，由中央政治局决定开除其党籍；严重触犯刑律的地方各级委员会委员、候补委员，由同级委员会常务委员会决定开除其党籍。

第四十三条　党组织对党员作出处分决定，应当实事求是地查清事实。处分决定所依据的事实材料和处分决定必须同本人见面，听取本人说明情况和申辩。如果本人对处分决定不服，可以提出申诉，有关党组织必须负责处理或者迅速转递，不得扣压。对于确属坚持错误意见和无理要求的人，要给以批评教育。

**第四十四条** 党组织如果在维护党的纪律方面失职，必须问责。

对于严重违犯党的纪律、本身又不能纠正的党组织，上一级党的委员会在查明核实后，应根据情节严重的程度，作出进行改组或予以解散的决定，并报再上一级党的委员会审查批准，正式宣布执行。

## 52.22《中国共产党党员权利保障条例》（2020年12月25日）（节录）

**第三十六条** 党组织对受到处理、处分的党员应当进行跟踪回访，教育引导他们正确认识、改正错误，放下包袱、积极工作。对于影响期满、表现好的党员，符合条件的应当正常使用。

## 52.23《中国共产党问责条例》（2019年9月1日）（节录）

**第八条** 对党组织的问责，根据危害程度以及具体情况，可以采取以下方式：

（一）检查。责令作出书面检查并切实整改。

（二）通报。责令整改，并在一定范围内通报。

（三）改组。对失职失责，严重违犯党的纪律、本身又不能纠正的，应当予以改组。

对党的领导干部的问责，根据危害程度以及具体情况，可以采取以下方式：

（一）通报。进行严肃批评，责令作出书面检查、切实整改，并在一定范围内通报。

（二）诫勉。以谈话或者书面方式进行诫勉。

（三）组织调整或者组织处理。对失职失责、危害较重，不适宜担任现职的，应当根据情况采取停职检查、调整职务、责令辞职、免职、降职等措施。

（四）纪律处分。对失职失责、危害严重，应当给予纪律处分的，依照《中国共产党纪律处分条例》追究纪律责任。

上述问责方式，可以单独使用，也可以依据规定合并使用。问责方式有影响期的，按照有关规定执行。

## 52.24《中国共产党党组工作条例》（2019年4月6日）（节录）

**第四十一条** 党组（党委）及其成员、有关组织及其工作人员应当严格按照本条例履行职责。违反本条例的，根据情节轻重，给予批评教育、责令作出检查、诫勉、通报批评或者调离岗位、责令辞职、免职、降职等处理，或者依规依纪依法给予处分；涉嫌犯罪的，依法追究刑事责任。

对发生集体违反本条例行为的，或者在其他党组（党委）成员出现严重违反本条例行为上存在重大过失的，还应当追究党组（党委）书记的相关责任。

党组（党委）重大决策失误的，对参与决策的党组（党委）成员实行终身责任追究。

党组（党委）成员在讨论和决定有关事项时，对重大失误决策明确持不赞成态度或者保留意见的，应当免除或者减轻责任。

## 52.25《党政领导干部选拔任用工作条例》（2019年3月3日）（节录）

**第五十四条** 党政领导干部有下列情形之一的，一般应当免去现职：

（一）达到任职年龄界限或者退休年龄界限的；

（二）受到责任追究应当免职的；

（三）不适宜担任现职应当免职的；

（四）因违纪违法应当免职的；

（五）辞职或者调出的；

（六）非组织选派，个人申请离职学习期限超过一年的；

（七）因健康原因，无法正常履行工作职责一年以上的；

（八）因工作需要或者其他原因应当免去现职的。

第五十五条 实行党政领导干部辞职制度。辞职包括因公辞职、自愿辞职、引咎辞职和责令辞职。

辞职应当符合有关规定，手续依照法律或者有关规定程序办理。

第五十六条 引咎辞职、责令辞职和因问责被免职的党政领导干部，一年内不安排领导职务，两年内不得担任高于原任职务层次的领导职务。同时受到党纪政务处分的，按照影响期长的规定执行。

第五十七条 实行党政领导干部降职制度。党政领导干部在年度考核中被确定为不称职的，因工作能力较弱、受到组织处理或者其他原因不适宜担任现职务层次的，应当降职使用。降职使用的干部，其待遇按照新任职务职级的标准执行。

第五十八条 因不适宜担任现职调离岗位、免职的，一年内不得提拔。降职使用的干部重新提拔，按照有关规定执行。

重新任职或者提拔任职，应当根据具体情形、工作需要和个人情况综合考虑，合理安排使用。

对符合有关规定给予容错的干部，应当客观公正对待。

## 52.26《中国共产党纪律处分条例》（2024年1月1日）（节录）

第八条 对党员的纪律处分种类：

（一）警告；

（二）严重警告；

（三）撤销党内职务；

（四）留党察看；

（五）开除党籍。

第二十七条 党组织领导机构集体作出违犯党纪的决定或者实施其他违犯党纪的行为，对具有共同故意的成员，按共同违纪处理；对过失违纪的成员，按照各自在集体违纪中所起的作用和应负的责任分别给予处分。

第二十八条 对违法犯罪的党员，应当按照规定给予党纪处分，做到适用纪律和适用法律有机融合，党纪政务等处分相匹配。

第二十九条 党组织在纪律审查中发现党员有贪污贿赂、滥用职权、玩忽职守、权力寻租、利益输送、徇私舞弊、浪费国家资财等违反法律涉嫌犯罪行为的，应当给予撤销党内职务、留党察看或者开除党籍处分。

第三十条 党组织在纪律审查中发现党员有刑法规定的行为，虽不构成犯罪但须追究党纪责任的，或者有其他破坏社会主义市场经济秩序、违反治安管理等违法行为，损害党、国家和人民利益的，应当视具体情节给予警告直至开除党籍处分。

违反国家财经纪律，在公共资金收支、税务管理、国有资产管理、政府采购管理、金融管理、财务会计管理等财经活动中有违法行为的，依照前款规定处理。

党员有嫖娼或者吸食、注射毒品等丧失党员条件，严重败坏党的形象行为的，应当给予开除党籍处分。

第三十一条 党组织在纪律审查中发现党员严重违纪涉嫌违法犯罪的，原则上先作出党纪处分决定，并按照规定由监察机关给予政务处分或者由任免机关（单位）给予处分后，再移送有关国家机关依法处理。

第三十二条 党员被依法留置、逮捕的，

党组织应当按照管理权限中止其表决权、选举权和被选举权等党员权利。根据监察机关、司法机关处理结果，可以恢复其党员权利的，应当及时予以恢复。

第三十三条　党员犯罪情节轻微，人民检察院依法作出不起诉决定的，或者人民法院依法作出有罪判决并免予刑事处罚的，应当给予撤销党内职务、留党察看或者开除党籍处分。

党员犯罪，被单处罚金的，依照前款规定处理。

第三十四条　党员犯罪，有下列情形之一的，应当给予开除党籍处分：

（一）因故意犯罪被依法判处刑法规定的主刑（含宣告缓刑）；

（二）被单处或者附加剥夺政治权利；

（三）因过失犯罪，被依法判处三年以上（不含三年）有期徒刑。

因过失犯罪被判处三年以下有期徒刑或者被判处管制、拘役的，一般应当开除党籍。对于个别可以不开除党籍的，应当对照处分违纪党员批准权限的规定，报请再上一级党组织批准。

第三十五条　党员依法受到刑事责任追究的，党组织应当根据司法机关的生效判决、裁定、决定及其认定的事实、性质和情节，依照本条例规定给予党纪处分，是公职人员的由监察机关给予相应政务处分或者由任免机关（单位）给予相应处分。

党员依法受到政务处分、任免机关（单位）给予的处分、行政处罚，应当追究党纪责任的，党组织可以根据生效的处分、行政处罚决定认定的事实、性质和情节，经核实后依照规定给予相应党纪处分或者组织处理。其中，党员依法受到撤职以上处分的，应当依照本条例规定给予撤销党内职务以上处分。

党员违反国家法律法规、企事业单位或者其他社会组织的规章制度受到其他处分，应当追究党纪责任的，党组织在对有关方面认定的事实、性质和情节进行核实后，依照规定给予相应党纪处分或者组织处理。

党组织作出党纪处分或者组织处理决定后，监察机关、司法机关、行政机关等依法改变原生效判决、裁定、决定等，对原党纪处分或者组织处理决定产生影响的，党组织应当根据改变后的生效判决、裁定、决定等重新作出相应处理。

## 52.27《中国共产党工作机关条例（试行）》（2017年3月1日）（节录）

第二十六条　党的工作机关领导班子成员违反本条例有关规定的，根据情节轻重，给予批评教育、责令作出检查、诫勉、通报批评或者调离岗位、责令辞职、免职、降职等处理；应当追究党纪政纪责任的，依照有关规定给予相应处分。

## 52.28《中国共产党党内监督条例》（2016年10月27日）（节录）

第七条　党内监督必须把纪律挺在前面，运用监督执纪"四种形态"，经常开展批评和自我批评、约谈函询，让"红红脸、出出汗"成为常态；党纪轻处分、组织调整成为违纪处理的大多数；党纪重处分、重大职务调整的成为少数；严重违纪涉嫌违法立案审查的成为极少数。

## 52.29《中国共产党地方委员会工作条例》（2015年12月25日）（节录）

第二十九条　违反本条例有关规定的，根据情节轻重，给予批评教育、责令作出检查、诫勉谈话、通报批评或者调离岗位、责令辞职、免职、降职等处理；应当追究党纪政纪责任的，依照《中国共产党纪律处分条例》、《行政机关公务员处分条例》等有关规定给予相应处分；涉嫌违法犯罪的，按照国家有关法律规定处理。

### 52.210《党政机关厉行节约反对浪费条例》（2013年11月18日）（节录）

**第五十七条** 建立党政机关厉行节约反对浪费工作责任追究制度。

对违反本条例规定造成浪费的，应当依纪依法追究相关人员的责任，对负有领导责任的主要负责人或者有关领导干部实行问责。

**第六十条** 违反本条例规定造成浪费的，根据情节轻重，由有关部门依照职责权限给予批评教育、责令作出检查、诫勉谈话、通报批评或者调离岗位、责令辞职、免职、降职等处理。

应当追究党纪政纪责任的，依照《中国共产党纪律处分条例》、《行政机关公务员处分条例》等有关规定给予相应的党纪政纪处分。

涉嫌违法犯罪的，依法追究法律责任。

**第六十一条** 违反本条例规定获得的经济利益，应当予以收缴或者纠正。

违反本条例规定，用公款支付、报销应由个人支付的费用，应当责令退赔。

### 52.211《中国共产党纪律检查机关监督执纪工作规则》（2019年1月1日）（节录）

**第五十四条** 坚持审查调查与审理相分离的原则，审查调查人员不得参与审理。纪检监察机关案件审理部门对涉嫌违纪或者职务违法、职务犯罪问题，依照规定应当给予纪律处理或者处分的案件和复议复查案件进行审核处理。

**第五十七条** 被审查调查人涉嫌职务犯罪的，应当由案件监督管理部门协调办理移送司法机关事宜。对于采取留置措施的案件，在人民检察院对犯罪嫌疑人先行拘留后，留置措施自动解除。

案件移送司法机关后，审查调查部门应当跟踪了解处理情况，发现问题及时报告，不得违规过问、干预处理工作。

审理工作完成后，对涉及的其他问题线索，经批准应当及时移送有关纪检监察机关处置。

**第五十八条** 对被审查调查人违规违纪违法所得财物，应当依规依纪依法予以收缴、责令退赔或者登记上交。

对涉嫌职务犯罪所得财物，应当随案移送司法机关。

对经认定不属于违规违纪违法所得的，应当在案件审结后依规依纪依法予以返还，并办理签收手续。

### 52.212《推进领导干部能上能下规定》（2022年9月8日）（节录）

**第五条** 不适宜担任现职，主要指干部的德、能、勤、绩、廉与所任职务要求不符，不宜在现岗位继续任职。干部具有下列情形之一，被认定为不适宜担任现职，应当及时予以调整：

（一）政治能力不过硬，缺乏应有的政治判断力、政治领悟力、政治执行力，在不折不扣贯彻落实党中央决策部署、结合实际推动落地见效上存在明显差距的；

（二）理想信念动摇，在涉及党的领导、中国特色社会主义制度等重大原则问题上立场不坚定、态度暧昧，关键时刻经不住考验的；

（三）担当和斗争精神不强，在事关党和国家利益、人民群众生命财产安全等紧要关头临阵退缩，在急难险重任务、重大风险考验面前消极逃避或者应对处置不力的；

（四）政绩观存在偏差，不能坚持以人民为中心的发展思想，不能准确把握新发展阶段、完整准确全面贯彻新发展理念，在构建新发展格局、推动高质量发展上不积极不作为，搞"形象工程"、"政绩工程"乱作为的；

（五）违背党的民主集中制原则，独断专行或者软弱涣散、自行其是，不执行或者擅自改变组织作出的决定，在领导班子中闹无原则纠纷，或者任人唯亲、拉帮结派，破坏所在地方、单位政治生态的；

（六）组织观念淡薄，不严格执行重大事项请示报告、个人有关事项报告等制度，无正当理由拒不执行组织的分配、调动、交流等决定的；

（七）事业心和责任感不强，精神状态差，对职责范围内的事项敷衍塞责，对群众急难愁盼问题不上心、不尽力，工作推诿绕躲、贻误事业发展的；

（八）领导能力不足，不能有效履行职责、按要求完成目标任务，重大战略、重要改革、重点工作推进不力，所负责的工作较长时间处于落后状态或者出现较大失误的；

（九）违反决策或者决策论证不充分、不慎重，造成公共资金、国有资产、国有资源损失浪费，生态环境破坏，公共利益损害等后果的；

（十）作风不严不实，执行中央八项规定精神不严格，形式主义、官僚主义问题突出，造成不良影响的；

（十一）品行不端，行为失范，违背社会公德、职业道德、家庭美德，造成不良影响的；

（十二）因存在配偶、子女移居国（境）外，配偶、子女及其配偶经商办企业等情况，按照有关规定需要组织调整的；

（十三）年度考核被确定为不称职，或者连续两年被确定为基本称职，以及民主测评优秀和称职得票率达不到三分之二，经认定确属不适宜担任现职的；

（十四）因健康原因无法正常履行工作职责1年以上的；

（十五）其他不适宜担任现职的情形。

## 52.213《农村基层干部廉洁履行职责若干规定（试行）》（2011年5月23日）

**第二十条** 乡镇领导班子成员和基层站所负责人有违反本规定第一章所列行为的，视情节轻重，由有关机关、部门依照职责权限给予诫勉谈话、通报批评、调离岗位、责令辞职、免职、降职等处理。

应当追究党纪政纪责任的，依照《中国共产党纪律处分条例》、《行政机关公务员处分条例》等有关规定给予相应的党纪政纪处分。

乡镇党委和政府领导班子成员因工作失职，应当进行问责的，依照《关于实行党政领导干部问责的暂行规定》处理。

涉嫌犯罪的，移送司法机关依法处理。

**第二十一条** 村党组织领导班子成员有违反本规定第二章所列行为的，视情节轻重，由有关机关、部门依照职责权限给予警示谈话、责令公开检讨、通报批评、停职检查、责令辞职、免职等处理。

应当追究党纪责任的，依照《中国共产党纪律处分条例》给予相应的党纪处分。

涉嫌犯罪的，移送司法机关依法处理。

**第二十二条** 村民委员会成员有违反本规定第二章所列行为的，视情节轻重，由有关机关、部门依照职责权限给予警示谈话、责令公开检讨、通报批评、取消当选资格等处理或者责令其辞职，拒不辞职的，依照《中华人民共和国村民委员会组织法》的规定予以罢免。

对其中的党员，应当追究党纪责任的，依照《中国共产党纪律处分条例》给予相应的党纪处分。

涉嫌犯罪的，移送司法机关依法处理。

**第二十三条** 农村基层干部违反本规定获取的不正当经济利益，应当依法予以没收、追缴或者责令退赔；给国家、集体或者村民造成损失的，应当依照有关规定承担赔偿责任。

**第二十四条** 村党组织领导班子成员和村民委员会成员受到本规定第二十一条、第二十二条处理的，由县（市、区、旗）或者乡镇党委和政府按照规定减发或者扣发绩效补贴（工资）、奖金。

**第二十五条** 村党组织领导班子成员和村民委员会成员中的党员因违反本规定受到撤销党内职务处分的，或者受到留党察看处分恢复党员权利后，两年内不得担任村党组织领导班子成员；被责令辞职、免职的，一年内不得担任村党组织领导班子成员。

### 52.214《关于实行党风廉政建设责任制的规定》（2010年11月10日）（节录）

**第二十条** 领导班子有本规定第十九条所列情形，情节较轻的，责令作出书面检查；情节较重的，给予通报批评；情节严重的，进行调整处理。

**第二十一条** 领导干部有本规定第十九条所列情形，情节较轻的，给予批评教育、诫勉谈话、责令作出书面检查；情节较重的，给予通报批评；情节严重的，给予党纪政纪处分，或者给予调整职务、责令辞职、免职和降职等组织处理。涉嫌犯罪的，移送司法机关依法处理。

以上责任追究方式可以单独使用，也可以合并使用。

### 52.215《国有企业领导人员廉洁从业若干规定》（2009年7月1日）（节录）

**第二十二条** 国有企业领导人员违反本规定第二章所列行为规范的，视情节轻重，由有关机构按照管理权限分别给予警示谈话、调离岗位、降职、免职处理。

应当追究纪律责任的，除适用前款规定外，视情节轻重，依照国家有关法律法规给予相应的处分。

对于其中的共产党员，视情节轻重，依照《中国共产党纪律处分条例》给予相应的党纪处分。

涉嫌犯罪的，依法移送司法机关处理。

**第二十三条** 国有企业领导人员受到警示谈话、调离岗位、降职、免职处理的，应当减发或者全部扣发当年的绩效薪金、奖金。

**第二十四条** 国有企业领导人员违反本规定获取的不正当经济利益，应当责令清退；给国有企业造成经济损失的，应当依据国家或者企业的有关规定承担经济赔偿责任。

**第二十五条** 国有企业领导人员违反本规定受到降职处理的，两年内不得担任与其原任职务相当或者高于其原任职务的职务。

受到免职处理的，两年内不得担任国有企业的领导职务；因违反国家法律，造成国有资产重大损失被免职的，五年内不得担任国有企业的领导职务。

构成犯罪被判处刑罚的，终身不得担任国有企业的领导职务。

### 52.216《关于实行党政领导干部问责的暂行规定》（2009年6月30日）（节录）

**第七条** 对党政领导干部实行问责的方式分为：责令公开道歉、停职检查、引咎辞职、责令辞职、免职。

### 52.217《中共中央纪律检查委员会关于审理党员违纪案件工作程序的规定》（1991年7月13日）（节录）

**第二十条** 凡给予党纪处分或免予党纪处分的案件，要按照干部管理权限，将处分决定或免予处分的结论、错误事实调查报告、上级批示、本人检讨及本人对处分决定或免予处分的结论的意见抄送组织部门；如建议给予行政处分的，抄送有关人事部门；如建议司法机关追究刑事责任的，抄送有关司法机关。

**第二十二条** 给予党员的纪律处分，从处分决定批准之日起生效。处分决定和批复给受处分的党员一份。

**52.218《关于对党员领导干部进行诫勉谈话和函询的暂行办法》（2005年12月9日）（节录）**

**第二条** 根据党委（党组）要求，纪律检查机关和组织（人事）部门按照干部管理权服，对党员领导干部进行诫勉谈话和函询。对下一级领导班子成员，根据具体情况，也可以委托其所在党委（党组）的主要负责人进行诫勉谈话。

## 第五十三条【涉案财产处置】

监察机关经调查，对违法取得的财物，依法予以没收、追缴或者责令退赔；对涉嫌犯罪取得的财物，应当随案移送人民检察院。

**关联法规指引**

**53.11《中华人民共和国监察法实施条例》（2021年9月20日）（节录）**

**第二百零八条** 对查封、扣押、冻结的涉嫌职务犯罪所得财物及孳息应当妥善保管，并制作《移送司法机关涉案财物清单》随案移送人民检察院。对作为证据使用的实物应当随案移送；对不宜移送的，应当将清单、照片和其他证明文件随案移送。

对于移送人民检察院的涉案财物，价值不明的，应当在移送起诉前委托进行价格认定。在价格认定过程中，需要对涉案财物先行作出真伪鉴定或者出具技术、质量检测报告的，应当委托有关鉴定机构或者检测机构进行真伪鉴定或者技术、质量检测。

对不属于犯罪所得但属于违法取得的财物及孳息，应当依法予以没收、追缴或者责令退赔，并出具有关法律文书。

对经认定不属于违法所得的财物及孳息，应当及时予以返还，并办理签收手续。

**第二百零九条** 监察机关经调查，对违法取得的财物及孳息决定追缴或者责令退赔的，可以依法要求公安、自然资源、住房城乡建设、市场监管、金融监管等部门以及银行等机构、单位予以协助。

追缴涉案财物以追缴原物为原则，原物已经转化为其他财物的，应当追缴转化后的财物；有证据证明依法应当追缴、没收的涉案财物无法找到、被他人善意取得、价值灭失减损或者与其他合法财产混合且不可分割的，可以依法追缴、没收其他等值财产。

追缴或者责令退赔应当自处置决定作出之日起一个月以内执行完毕。因被调查人的原因逾期执行的除外。

人民检察院、人民法院依法将不认定为犯罪所得的相关涉案财物退回监察机关的，监察机关应当依法处理。

### 53.12《中华人民共和国刑法》（2024年3月1日）（节录）

**第六十四条** 犯罪分子违法所得的一切财物，应当予以追缴或者责令退赔；对被害人的合法财产，应当及时返还；违禁品和供犯罪所用的本人财物，应当予以没收。没收的财物和罚金，一律上缴国库，不得挪用和自行处理。

### 53.21《中国共产党纪律检查机关监督执纪工作规则》（2019年1月1日）（节录）

**第五十八条** 对被审查调查人违规违纪违法所得财物，应当依规依纪依法予以收缴、责令退赔或者登记上交。

对涉嫌职务犯罪所得财物，应当随案移送司法机关。

对经认定不属于违规违纪违法所得的，应当在案件审结后依规依纪依法予以返还，并办理签收手续。

### 53.22《公职人员政务处分暂行规定》（2018年4月16日）（节录）

**第二十一条** 公职人员违法取得的财物和用于违法的财物，除依法应当由其他机关没收、追缴或者责令退赔的，由监察机关没收、追缴或者责令退赔。违法取得的财物应当退还原所有人或者原持有人的，予以退还；属于国家财产以及不应当退还或者无法退还原所有人或者原持有人的，上缴国库。

### 53.23《中央纪委监察部机关自办案件涉案款物管理规定（试行）》（2007年6月19日）

**第二十一条** 没收、追缴的涉案款物，应当区别不同对象按照程序做出书面决定，由办案部门填写没收、追缴款物清单，开具收据和凭证，及时送达原款物持有人或保管人。送达时，应当由被送达人在清单上签名或盖章。被送达人拒绝签名或盖章的，承办人应当注明。

**第二十二条** 责令有关单位和个人退赔的涉案款物，应当区别不同对象按照程序做出书面决定，由办案部门填写责令退赔款物清单，及时送达退赔人签收。退赔人拒绝签收的，承办人应当注明。

**第二十三条** 没收的款物一律上缴国库。追缴、责令退赔中依法不应当退回（赔）或由于客观原因无法退回（赔）的款物，应当上缴国库。

**第二十八条** 以监察部名义采取的暂予扣留，责令案件涉嫌单位和涉嫌人员在调查期间不得变卖、转移与案件有关财物等措施，以及对财物进行没收、追缴和责令退赔处理的，按照行政监察法等有关规定办理。

## 第五十四条【检察机关审查起诉程序】

对监察机关移送的案件,人民检察院依照《中华人民共和国刑事诉讼法》对被调查人采取强制措施。

人民检察院经审查,认为犯罪事实已经查清,证据确实、充分,依法应当追究刑事责任的,应当作出起诉决定。

人民检察院经审查,认为需要补充核实的,应当退回监察机关补充调查,必要时可以自行补充侦查。对于补充调查的案件,应当在一个月内补充调查完毕。补充调查以二次为限。

人民检察院对于有《中华人民共和国刑事诉讼法》规定的不起诉的情形的,经上一级人民检察院批准,依法作出不起诉的决定。监察机关认为不起诉的决定有错误的,可以向上一级人民检察院提请复议。

### 关联法规指引

**54.11《中华人民共和国监察法实施条例》(2021年9月20日)(节录)**

**第三十五条** 监察机关对涉嫌职务犯罪的人员,经调查认为犯罪事实清楚,证据确实、充分,需要追究刑事责任的,依法移送人民检察院审查起诉。

**第二百二十六条** 监察机关对于人民检察院依法退回补充调查的案件,应当向主要负责人报告,并积极开展补充调查工作。

**第二百二十七条** 对人民检察院退回补充调查的案件,经审批分别作出下列处理:

(一)认定犯罪事实的证据不够充分的,应当在补充证据后,制作补充调查报告书,连同相关材料一并移送人民检察院审查,对无法补充完善的证据,应当作出书面情况说明,并加盖监察机关或者承办部门公章;

(二)在补充调查中发现新的同案犯或者增加、变更犯罪事实,需要追究刑事责任的,应当重新提出处理意见,移送人民检察院审查;

(三)犯罪事实的认定出现重大变化,认为不应当追究被调查人刑事责任的,应当重新提出处理意见,将处理结果书面通知人民检察院并说明理由;

(四)认为移送起诉的犯罪事实清楚,证据确实、充分的,应当说明理由,移送人民检察院依法审查。

**第二百二十八条** 人民检察院在审查起诉过程中发现新的职务违法或者职务犯罪问题线索并移送监察机关的,监察机关应当依法处置。

**第二百二十九条** 在案件审判过程中,人民检察院书面要求监察机关补充提供证据,对证据进行补正、解释,或者协助人民检察院补充侦查的,监察机关应当予以配合。监察机关不能提供有关证据材料的,应当书面说明情况。

人民法院在审判过程中就证据收集合法性问题要求有关调查人员出庭说明情况时，监察机关应当依法予以配合。

**第二百三十条** 监察机关认为人民检察院不起诉决定有错误的，应当在收到不起诉决定书后三十日以内，依法向其上一级人民检察院提请复议。监察机关应当将上述情况及时向上一级监察机关书面报告。

**第二百三十一条** 对于监察机关移送起诉的案件，人民检察院作出不起诉决定，人民法院作出无罪判决，或者监察机关经人民检察院退回补充调查后不再移送起诉，涉及对被调查人已生效政务处分事实认定的，监察机关应当依法对政务处分决定进行审核。认为原政务处分决定认定事实清楚、适用法律正确的，不再改变；认为原政务处分决定确有错误或者不当的，依法予以撤销或者变更。

## 54.12《中华人民共和国刑事诉讼法》（2018年10月26日）（节录）

**第十六条** 有下列情形之一的，不追究刑事责任，已经追究的，应当撤销案件，或者不起诉，或者终止审理，或者宣告无罪：

（一）情节显著轻微、危害不大，不认为是犯罪的；

（二）犯罪已过追诉时效期限的；

（三）经特赦令免除刑罚的；

（四）依照刑法告诉才处理的犯罪，没有告诉或者撤回告诉的；

（五）犯罪嫌疑人、被告人死亡的；

（六）其他法律规定免予追究刑事责任的。

**第六十六条** 人民法院、人民检察院和公安机关根据案件情况，对犯罪嫌疑人、被告人可以拘传、取保候审或者监视居住。

**第六十七条** 人民法院、人民检察院和公安机关对有下列情形之一的犯罪嫌疑人、被告人，可以取保候审：

（一）可能判处管制、拘役或者独立适用附加刑的；

（二）可能判处有期徒刑以上刑罚，采取取保候审不致发生社会危险性的；

（三）患有严重疾病、生活不能自理，怀孕或者正在哺乳自己婴儿的妇女，采取取保候审不致发生社会危险性的；

（四）羁押期限届满，案件尚未办结，需要采取取保候审的。

取保候审由公安机关执行。

**第七十四条** 人民法院、人民检察院和公安机关对符合逮捕条件，有下列情形之一的犯罪嫌疑人、被告人，可以监视居住：

（一）患有严重疾病、生活不能自理的；

（二）怀孕或者正在哺乳自己婴儿的妇女；

（三）系生活不能自理的人的唯一扶养人；

（四）因为案件的特殊情况或者办理案件的需要，采取监视居住措施更为适宜的；

（五）羁押期限届满，案件尚未办结，需要采取监视居住措施的。

对符合取保候审条件，但犯罪嫌疑人、被告人不能提出保证人，也不交纳保证金的，可以监视居住。

监视居住由公安机关执行。

**第八十条** 逮捕犯罪嫌疑人、被告人，必须经过人民检察院批准或者人民法院决定，由公安机关执行。

**第八十一条** 对有证据证明有犯罪事实，可能判处徒刑以上刑罚的犯罪嫌疑人、被告人，采取取保候审尚不足以防止发生下列社会危险性的，应当予以逮捕：

（一）可能实施新的犯罪的；

（二）有危害国家安全、公共安全或者社

会秩序的现实危险的；

（三）可能毁灭、伪造证据，干扰证人作证或者串供的；

（四）可能对被害人、举报人、控告人实施打击报复的；

（五）企图自杀或者逃跑的。

批准或者决定逮捕，应当将犯罪嫌疑人、被告人涉嫌犯罪的性质、情节，认罪认罚等情况，作为是否可能发生社会危险性的考虑因素。

对有证据证明有犯罪事实，可能判处十年有期徒刑以上刑罚的，或者有证据证明有犯罪事实，可能判处徒刑以上刑罚，曾经故意犯罪或者身份不明的，应当予以逮捕。

被取保候审、监视居住的犯罪嫌疑人、被告人违反取保候审、监视居住规定，情节严重的，可以予以逮捕。

**第八十二条** 公安机关对于现行犯或者重大嫌疑分子，如果有下列情形之一的，可以先行拘留：

（一）正在预备犯罪、实行犯罪或者在犯罪后即时被发觉的；

（二）被害人或者在场亲眼看见的人指认他犯罪的；

（三）在身边或者住处发现有犯罪证据的；

（四）犯罪后企图自杀、逃跑或者在逃的；

（五）有毁灭、伪造证据或者串供可能的；

（六）不讲真实姓名、住址，身份不明的；

（七）有流窜作案、多次作案、结伙作案重大嫌疑的。

**第九十六条** 人民法院、人民检察院和公安机关如果发现对犯罪嫌疑人、被告人采取强制措施不当的，应当及时撤销或者变更。公安

机关释放被逮捕的人或者变更逮捕措施的，应当通知原批准的人民检察院。

**第一百七十条** 人民检察院对于监察机关移送起诉的案件，依照本法和监察法的有关规定进行审查。人民检察院经审查，认为需要补充核实的，应当退回监察机关补充调查，必要时可以自行补充侦查。

对于监察机关移送起诉的已采取留置措施的案件，人民检察院应当对犯罪嫌疑人先行拘留，留置措施自动解除。人民检察院应当在拘留后的十日以内作出是否逮捕、取保候审或者监视居住的决定。在特殊情况下，决定的时间可以延长一日至四日。人民检察院决定采取强制措施的期间不计入审查起诉期限。

**第一百七十一条** 人民检察院审查案件的时候，必须查明：

（一）犯罪事实、情节是否清楚，证据是否确实、充分，犯罪性质和罪名的认定是否正确；

（二）有无遗漏罪行和其他应当追究刑事责任的人；

（三）是否属于不应追究刑事责任的；

（四）有无附带民事诉讼；

（五）侦查活动是否合法。

**第一百七十六条** 人民检察院认为犯罪嫌疑人的犯罪事实已经查清，证据确实、充分，依法应当追究刑事责任的，应当作出起诉决定，按照审判管辖的规定，向人民法院提起公诉，并将案卷材料、证据移送人民法院。

犯罪嫌疑人认罪认罚的，人民检察院应当就主刑、附加刑、是否适用缓刑等提出量刑建议，并随案移送认罪认罚具结书等材料。

**第一百七十七条** 犯罪嫌疑人没有犯罪事实，或者有本法第十六条规定的情形之一的，人民检察院应当作出不起诉决定。

对于犯罪情节轻微，依照刑法规定不需要判处刑罚或者免除刑罚的，人民检察院可以作

出不起诉决定。

人民检察院决定不起诉的案件，应当同时对侦查中查封、扣押、冻结的财物解除查封、扣押、冻结。对被不起诉人需要给予行政处罚、处分或者需要没收其违法所得的，人民检察院应当提出检察意见，移送有关主管机关处理。有关主管机关应当将处理结果及时通知人民检察院。

**第一百七十九条** 对于公安机关移送起诉的案件，人民检察院决定不起诉的，应当将不起诉决定书送达公安机关。公安机关认为不起诉的决定有错误的时候，可以要求复议，如果意见不被接受，可以向上一级人民检察院提请复核。

## 第五十五条【被调查人逃匿、死亡案件违法所得没收程序】

监察机关在调查贪污贿赂、失职渎职等职务犯罪案件过程中，被调查人逃匿或者死亡，有必要继续调查的，应当继续调查并作出结论。被调查人逃匿，在通缉一年后不能到案，或者死亡的，由监察机关提请人民检察院依照法定程序，向人民法院提出没收违法所得的申请。

### 关联法规指引

**55.11《中华人民共和国监察法实施条例》（2021年9月20日）（节录）**

**第二百三十二条** 对于贪污贿赂、失职渎职等职务犯罪案件，被调查人逃匿，在通缉一年后不能到案，或者被调查人死亡，依法应当追缴其违法所得及其他涉案财产的，承办部门在调查终结后应当依法移送审理。

监察机关应当经集体审议，出具《没收违法所得意见书》，连同案卷材料、证据等，一并移送人民检察院依法提出没收违法所得的申请。

监察机关将《没收违法所得意见书》移送人民检察院后，在逃的被调查人自动投案或者被抓获的，监察机关应当及时通知人民检察院。

**55.12《中华人民共和国刑事诉讼法》（2018年10月26日）（节录）**

**第二百九十八条** 对于贪污贿赂犯罪、恐怖活动犯罪等重大犯罪案件，犯罪嫌疑人、被告人逃匿，在通缉一年后不能到案，或者犯罪嫌疑人、被告人死亡，依照刑法规定应当追缴其违法所得及其他涉案财产的，人民检察院可以向人民法院提出没收违法所得的申请。

公安机关认为有前款规定情形的，应当写出没收违法所得意见书，移送人民检察院。

没收违法所得的申请应当提供与犯罪事实、违法所得相关的证据材料，并列明财产的种类、数量、所在地及查封、扣押、冻结的情况。

人民法院在必要的时候，可以查封、扣押、冻结申请没收的财产。

**第二百九十九条** 没收违法所得的申请，由犯罪地或者犯罪嫌疑人、被告人居住地的中级人民法院组成合议庭进行审理。

人民法院受理没收违法所得的申请后，应当发出公告。公告期间为六个月。犯罪嫌疑人、被告人的近亲属和其他利害关系人有权申请参加诉讼，也可以委托诉讼代理人参加诉讼。

人民法院在公告期满后对没收违法所得的申请进行审理。利害关系人参加诉讼的，人民法院应当开庭审理。

**第三百条** 人民法院经审理，对经查证属于违法所得及其他涉案财产，除依法返还被害人的以外，应当裁定予以没收；对不属于应当追缴的财产的，应当裁定驳回申请，解除查封、扣押、冻结措施。

对于人民法院依照前款规定作出的裁定，犯罪嫌疑人、被告人的近亲属和其他利害关系人或者人民检察院可以提出上诉、抗诉。

**第三百零一条** 在审理过程中，在逃的犯罪嫌疑人、被告人自动投案或者被抓获的，人民法院应当终止审理。

没收犯罪嫌疑人、被告人财产确有错误的，应当予以返还、赔偿。

## 55.121 最高人民法院《关于适用〈中华人民共和国刑事诉讼法〉的解释》（2021年3月1日）（节录）

**第六百零九条** 刑事诉讼法第二百九十八条规定的"贪污贿赂犯罪、恐怖活动犯罪等"犯罪案件，是指下列案件：

（一）贪污贿赂、失职渎职等职务犯罪案件；

（二）刑法分则第二章规定的相关恐怖活动犯罪案件，以及恐怖活动组织、恐怖活动人员实施的杀人、爆炸、绑架等犯罪案件；

（三）危害国家安全、走私、洗钱、金融诈骗、黑社会性质组织、毒品犯罪案件；

（四）电信诈骗、网络诈骗犯罪案件。

**第六百一十条** 在省、自治区、直辖市或者全国范围内具有较大影响的犯罪案件，或者犯罪嫌疑人、被告人逃匿境外的犯罪案件，应当认定为刑事诉讼法第二百九十八条第一款规定的"重大犯罪案件"。

## 55.13《人民检察院刑事诉讼规则》（2019年12月30日）（节录）

**第五百一十二条** 对于贪污贿赂犯罪、恐怖活动犯罪等重大犯罪案件，犯罪嫌疑人、被告人逃匿，在通缉一年后不能到案，依照刑法规定应当追缴其违法所得及其他涉案财产的，人民检察院可以向人民法院提出没收违法所得的申请。

对于犯罪嫌疑人、被告人死亡，依照刑法规定应当追缴其违法所得及其他涉案财产的，人民检察院也可以向人民法院提出没收违法所得的申请。

**第五百一十三条** 犯罪嫌疑人、被告人为逃避侦查和刑事追究潜逃、隐匿，或者在刑事诉讼过程中脱逃的，应当认定为"逃匿"。

犯罪嫌疑人、被告人因意外事故下落不明满二年，或者因意外事故下落不明，经有关机关证明其不可能生存的，按照前款规定处理。

**第五百一十八条** 人民检察院审查监察机关或者公安机关移送的没收违法所得意见书，向人民法院提出没收违法所得的申请以及对违法所得没收程序中调查活动、审判活动的监督，由负责捕诉的部门办理。

**第五百二十一条** 监察机关或者公安机关向人民检察院移送没收违法所得意见书，应当由有管辖权的人民检察院的同级监察机关或者公安机关移送。

**第五百二十二条** 人民检察院审查监察机关或者公安机关移送的没收违法所得意见书，应当审查下列内容：

（一）是否属于本院管辖；

（二）是否符合刑事诉讼法第二百九十八条第一款规定的条件；

（三）犯罪嫌疑人基本情况，包括姓名、性别、国籍、出生年月日、职业和单位等；

（四）犯罪嫌疑人涉嫌犯罪的事实和相关证据材料；

（五）犯罪嫌疑人逃匿、下落不明、被通缉或者死亡的情况，通缉令或者死亡证明是否随案移送；

（六）违法所得及其他涉案财产的种类、数量、所在地以及查封、扣押、冻结的情况，查封、扣押、冻结的财产清单和相关法律手续是否随案移送；

（七）违法所得及其他涉案财产的相关事实和证据材料；

（八）有无近亲属和其他利害关系人以及利害关系人的姓名、身份、住址、联系方式。

对于与犯罪事实、违法所得及其他涉案财产相关的证据材料，不宜移送的，应当审查证据的清单、复制件、照片或者其他证明文件是否随案移送。

**第五百二十三条** 人民检察院应当在接到监察机关或者公安机关移送的没收违法所得意见书后三十日以内作出是否提出没收违法所得申请的决定。三十日以内不能作出决定的，可以延长十五日。

对于监察机关或者公安机关移送的没收违法所得案件，经审查认为不符合刑事诉讼法第二百九十八条第一款规定条件的，应当作出不提出没收违法所得申请的决定，并向监察机关或者公安机关书面说明理由；认为需要补充证据的，应当书面要求监察机关或者公安机关补充证据，必要时也可以自行调查。

监察机关或者公安机关补充证据的时间不计入人民检察院办案期限。

**第五百二十六条** 在审查监察机关或者公安机关移送的没收违法所得意见书的过程中，在逃的犯罪嫌疑人、被告人自动投案或者被抓获的，人民检察院应当终止审查，并将案卷退回监察机关或者公安机关处理。

**第五百二十八条** 在人民检察院审查起诉过程中，犯罪嫌疑人死亡，或者贪污贿赂犯罪、恐怖活动犯罪等重大犯罪案件的犯罪嫌疑人逃匿，在通缉一年后不能到案，依照刑法规定应当追缴其违法所得及其他涉案财产的，人民检察院可以直接提出没收违法所得的申请。

在人民法院审理案件过程中，被告人死亡而裁定终止审理，或者被告人脱逃而裁定中止审理，人民检察院可以依法另行向人民法院提出没收违法所得的申请。

### 55.14《最高人民法院、最高人民检察院关于适用犯罪嫌疑人、被告人逃匿、死亡案件违法所得没收程序若干问题的规定》（2017年1月5日）（节录）

**第一条** 下列犯罪案件，应当认定为刑事诉讼法第二百八十条第一款规定的"犯罪案件"：

（一）贪污、挪用公款、巨额财产来源不明、隐瞒境外存款、私分国有资产、私分罚没财物犯罪案件；

（二）受贿、单位受贿、利用影响力受贿、行贿、对有影响力的人行贿、对单位行贿、介绍贿赂、单位行贿犯罪案件；

（三）组织、领导、参加恐怖组织，帮助恐怖活动，准备实施恐怖活动，宣扬恐怖主义、极端主义、煽动实施恐怖活动，利用极端主义破坏法律实施，强制穿戴宣扬恐怖主义、极端主义服饰、标志，非法持有宣扬恐怖主义、极端主义物品犯罪案件；

（四）危害国家安全、走私、洗钱、金融诈骗、黑社会性质的组织、毒品犯罪案件。

电信诈骗、网络诈骗犯罪案件，依照前款

规定的犯罪案件处理。

第二条 在省、自治区、直辖市或者全国范围内具有较大影响，或者犯罪嫌疑人、被告人逃匿境外的，应当认定为刑事诉讼法第二百八十条第一款规定的"重大"。

第三条 犯罪嫌疑人、被告人为逃避侦查和刑事追究潜逃、隐匿，或者在刑事诉讼过程中脱逃的，应当认定为刑事诉讼法第二百八十条第一款规定的"逃匿"。

犯罪嫌疑人、被告人因意外事故下落不明满二年，或者因意外事故下落不明，经有关机关证明其不可能生存的，依照前款规定处理。

第四条 犯罪嫌疑人、被告人死亡，依照刑法规定应当追缴其违法所得及其他涉案财产的，人民检察院可以向人民法院提出没收违法所得的申请。

第五条 公安机关发布通缉令或者公安部通过国际刑警组织发布红色国际通报，应当认定为刑事诉讼法第二百八十条第一款规定的"通缉"。

第六条 通过实施犯罪直接或者间接产生、获得的任何财产，应当认定为刑事诉讼法第二百八十条第一款规定的"违法所得"。

违法所得已经部分或者全部转变、转化为其他财产的，转变、转化后的财产应当视为前款规定的"违法所得"。

来自违法所得转变、转化后的财产收益，或者来自已经与违法所得相混合财产中违法所得相应部分的收益，应当视为第一款规定的"违法所得"。

第十条 同时具备以下情形的，应当认定为本规定第九条规定的"有证据证明有犯罪事实"：

（一）有证据证明发生了犯罪事实；

（二）有证据证明该犯罪事实是犯罪嫌疑人、被告人实施的；

（三）证明犯罪嫌疑人、被告人实施犯罪行为的证据真实、合法。

## 第五十六条【复审、复核】

监察对象对监察机关作出的涉及本人的处理决定不服的，可以在收到处理决定之日起一个月内，向作出决定的监察机关申请复审，复审机关应当在一个月内作出复审决定；监察对象对复审决定仍不服的，可以在收到复审决定之日起一个月内，向上一级监察机关申请复核，复核机关应当在二个月内作出复核决定。复审、复核期间，不停止原处理决定的执行。复核机关经审查，认定处理决定有错误的，原处理机关应当及时予以纠正。

---关联法规指引---

56.11《中华人民共和国监察法实施条例》（2021年9月20日）（节录）

第二百一十条 监察对象对监察机关作出的涉及本人的处理决定不服的，可以在收到处理决定之日起一个月以内，向作出决定的监察机关申请复审。复审机关应当依法受理，并在受理后一个月以内作出复审决定。监察对象对复审决定仍不服的，可以在收到复审决定之日起一个月以内，向上一级监察机关申请复核。复核机关应当依法受理，并在受理后二个月以内作出复核决定。

上一级监察机关的复核决定和国家监察委员会的复审、复核决定为最终决定。

**第二百一十一条** 复审、复核机关承办部门应当成立工作组，调阅原案卷宗，必要时可以进行调查取证。承办部门应当集体研究，提出办理意见，经审批作出复审、复核决定。决定应当送达申请人，抄送相关单位，并在一定范围内宣布。

复审、复核期间，不停止原处理决定的执行。复审、复核机关经审查认定处理决定有错误或者不当的，应当依法撤销、变更原处理决定，或者责令原处理机关及时予以纠正。复审、复核机关经审查认定处理决定事实清楚、适用法律正确的，应当予以维持。

坚持复审复核与调查审理分离，原案调查、审理人员不得参与复审复核。

## 56.12《中华人民共和国公职人员政务处分法》（2020年7月1日）（节录）

**第五十五条** 公职人员对监察机关作出的涉及本人的政务处分决定不服的，可以依法向作出决定的监察机关申请复审；公职人员对复审决定仍不服的，可以向上一级监察机关申请复核。

监察机关发现本机关或者下级监察机关作出的政务处分决定确有错误的，应当及时予以纠正或者责令下级监察机关及时予以纠正。

**第五十六条** 复审、复核期间，不停止原政务处分决定的执行。

公职人员不因提出复审、复核而被加重政务处分。

**第五十七条** 有下列情形之一的，复审、复核机关应当撤销原政务处分决定，重新作出决定或者责令原作出决定的监察机关重新作出决定：

（一）政务处分所依据的违法事实不清或者证据不足的；

（二）违反法定程序，影响案件公正处理的；

（三）超越职权或者滥用职权作出政务处分决定的。

**第五十八条** 有下列情形之一的，复审、复核机关应当变更原政务处分决定，或者责令原作出决定的监察机关予以变更：

（一）适用法律、法规确有错误的；

（二）对违法行为的情节认定确有错误的；

（三）政务处分不当的。

**第五十九条** 复审、复核机关认为政务处分决定认定事实清楚，适用法律正确的，应当予以维持。

**第六十条** 公职人员的政务处分决定被变更，需要调整该公职人员的职务、职级、衔级、级别、岗位和职员等级或者薪酬待遇等的，应当按照规定予以调整。政务处分决定被撤销的，应当恢复该公职人员的级别、薪酬待遇，按照原职务、职级、衔级、岗位和职员等级安排相应的职务、职级、衔级、岗位和职员等级，并在原政务处分决定公布范围内为其恢复名誉。没收、追缴财物错误的，应当依法予以返还、赔偿。

公职人员因有本法第五十七条、第五十八条规定的情形被撤销政务处分或者减轻政务处分的，应当对其薪酬待遇受到的损失予以补偿。

## 56.13《中华人民共和国公务员法》（2019年6月1日）（节录）

**第九十五条** 公务员对涉及本人的下列人事处理不服的，可以自知道该人事处理之日起三十日内向原处理机关申请复核；对复核结果不服的，可以自接到复核决定之日起十五日内，按照规定向同级公务员主管部门或者作出该人事处理的机关的上一级机关提出申诉；也可以不经复核，自知道该人事处理之日起三十日内直接提出申诉：

（一）处分；

（二）辞退或者取消录用；

（三）降职；

（四）定期考核定为不称职；

（五）免职；

（六）申请辞职、提前退休未予批准；

（七）不按照规定确定或者扣减工资、福利、保险待遇；

（八）法律、法规规定可以申诉的其他情形。

对省级以下机关作出的申诉处理决定不服的，可以向作出处理决定的上一级机关提出再申诉。

受理公务员申诉的机关应当组成公务员申诉公正委员会，负责受理和审理公务员的申诉案件。

公务员对监察机关作出的涉及本人的处理决定不服向监察机关申请复审、复核的，按照有关规定办理。

**第九十六条** 原处理机关应当自接到复核申请书后的三十日内作出复核决定，并以书面形式告知申请人。受理公务员申诉的机关应当自受理之日起六十日内作出处理决定；案情复杂的，可以适当延长，但是延长时间不得超过三十日。

复核、申诉期间不停止人事处理的执行。

公务员不因申请复核、提出申诉而被加重处理。

**第九十七条** 公务员申诉的受理机关审查认定人事处理有错误的，原处理机关应当及时予以纠正。

**第九十八条** 公务员认为机关及其领导人员侵犯其合法权益的，可以依法向上级机关或者监察机关提出控告。受理控告的机关应当按照规定及时处理。

**第九十九条** 公务员提出申诉、控告，应当尊重事实，不得捏造事实，诬告、陷害他人。对捏造事实，诬告、陷害他人的，依法追究法律责任。

### 56.14《事业单位人事管理条例》（2014年7月1日）（节录）

**第三十八条** 事业单位工作人员对涉及本人的考核结果、处分决定等不服的，可以按照国家有关规定申请复核、提出申诉。

**第四十条** 对事业单位人事管理工作中的违法违纪行为，任何单位或者个人可以向事业单位人事综合管理部门、主管部门或者监察机关投诉、举报，有关部门和机关应当及时调查处理。

### 56.15《公务员申诉规定》（2022年3月19日）（节录）

**第一条** 为了依法处理公务员申诉，保障公务员合法权益，建设信念坚定、为民服务、勤政务实、敢于担当、清正廉洁的高素质专业化公务员队伍，根据《中华人民共和国公务员法》等有关法律法规，制定本规定。

**第二条** 公务员对涉及本人的人事处理不服，可以依照本规定申请复核或者提出申诉。

法律法规对监察官、法官、检察官的申诉另有规定的，从其规定。

领导成员公务员的申诉，按照有关规定办理。

**第三条** 公务员申诉工作坚持以马克思列宁主义、毛泽东思想、邓小平理论、"三个代表"重要思想、科学发展观、习近平新时代中国特色社会主义思想为指导，贯彻落实新时代党的组织路线和干部工作方针政策，完善机关

内部监督机制,促进机关依法行使职权,规范公务员依法维权,坚持下列原则:

(一)依法依规、有错必纠;

(二)公平公正、处理恰当;

(三)稳慎及时、注重沟通。

第四条　复核、申诉期间,人事处理继续执行。

公务员不因申请复核或者提出申诉而被加重处理。

第五条　受理公务员申诉的机关应当组成公务员申诉公正委员会,负责对案件事实、适用法律法规、工作程序等进行审议,向受理机关提出审理意见。

公务员申诉公正委员会实行一案一委员会制,一般由受理机关的人员组成,可以吸收其他机关的有关人员参加。公务员申诉公正委员会组成人数为单数,设主任委员一名,负责案件审理的组织工作。

第六条　公务员对本人所在机关作出的人事处理不服的申诉,由同级公务员主管部门管辖。

省级以下机关公务员对公务员主管部门作出的申诉处理决定不服的再申诉,由同级党委或者上一级公务员主管部门管辖。其中,对省、自治区、直辖市公务员主管部门作出的申诉处理决定不服的再申诉,由省、自治区、直辖市党委管辖。地方党委受理的再申诉,由党委指定的部门负责组建公务员申诉公正委员会开展案件审理工作。

第七条　县级以下机关公务员对经县级党委批准或者乡镇党委作出的人事处理不服的申诉,由上一级公务员主管部门管辖。

第八条　中央垂直管理部门省级以下机关公务员对人事处理不服的申诉,由上一级机关管辖。对申诉处理决定不服的再申诉,由作出申诉处理决定的机关的上一级机关管辖。

第九条　实行双重领导并以上级单位领导为主的部门省级以下机关、省以下垂直管理部门公务员申诉的管辖,参照本规定第八条的规定执行。对省垂直管理机关作出的申诉处理决定不服的再申诉,由省、自治区、直辖市党委管辖。

第十条　公务员对监察机关作出的涉及本人的处理决定不服的,向监察机关申请复审、复核。

第十一条　公务员对涉及本人的下列人事处理不服,可以申请复核或者提出申诉:

(一)处分;

(二)辞退或者取消录用;

(三)降职;

(四)定期考核定为不称职;

(五)免职;

(六)申请辞职、提前退休未予批准;

(七)不按照规定确定或者扣减工资、福利、保险待遇;

(八)法律、法规规定可以申诉的其他情形。

第十二条　公务员申请复核,应当自知道该人事处理之日起30日内向原人事处理机关提交书面申请。在复核决定作出前,申请复核的公务员不得提出申诉。复核决定逾期未作出的,申请复核的公务员可以在复核期满之日起15日内提出申诉。

第十三条　公务员对复核结果不服的,可以自接到复核决定之日起15日内提出申诉;也可以不经复核,自知道人事处理之日起30日内直接提出申诉。

公务员对申诉处理决定不服的,可以自接到申诉处理决定之日起30日内提出再申诉。

第十四条　公务员提出申诉和再申诉,应当提交申诉书等材料,提出再申诉的,还应当提交申诉处理决定复印件。

申诉书应当载明下列内容:

(一)申诉人的姓名、单位、职务职级、

联系方式、住址及其他基本情况；

（二）被申诉机关的名称及作出的人事处理决定和复核的情况；

（三）申诉的事项、理由及要求；

（四）提出申诉的日期。

**第十五条** 因不可抗力等正当理由超过规定的期限申请复核或者提出申诉、再申诉的，经受理机关批准可以提出申请。

**第十六条** 复核、申诉、再申诉应当由受到人事处理的公务员本人提出；如本人丧失行为能力或者死亡，可以由其配偶、父母、子女、兄弟姐妹等近亲属代为提出。

**第十七条** 受理机关应当对申请人提出的申诉、再申诉是否符合受理条件进行审查，在接到申诉书之日起 30 日内，作出受理或者不予受理的决定，并以书面形式通知申请人。不予受理的，应当说明理由。

**第十八条** 符合以下条件的申诉、再申诉，应予受理：

（一）申请人符合本规定第十六条的规定；

（二）申诉、再申诉事项属于本规定第十一条规定的受理范围；

（三）在规定的期限内提出；

（四）属于受理机关管辖；

（五）申诉材料齐备。

凡不符合上述条件之一的申诉、再申诉，不予受理。

申诉材料不齐备的，应当及时一次性告知申请人，限期 15 日内补正。审查期限自收到全部补正材料后的次日起算。

**第十九条** 对于决定受理的申诉案件，受理机关自决定受理之日起 7 日内向被申诉机关送达应诉通知书和申诉书副本。

被申诉机关接到应诉通知书之日起 15 日内提交答辩书，并提供作出该人事处理决定的依据和证据。

受理机关收到答辩书后，经审核符合答辩要求的，在 7 日内将副本送达申诉人，申诉人在接到答辩书副本 7 日内可以提出书面意见。

**第二十条** 处理决定作出前，申请人可以书面提出撤回复核、申诉和再申诉的申请。受理机关在接到申请后终结处理工作，并书面告知申请人和被申诉机关。

申请人撤回复核、申诉和再申诉后，如无正当理由，不得再以同一事由提出。

**第二十一条** 原人事处理机关在接到复核申请书后，应当对人事处理认定的事实、依据和工作程序等进行全面核查，在 30 日内作出维持、撤销或者变更原人事处理的复核决定，并书面通知申请人。

**第二十二条** 受理申诉和再申诉的机关应当自决定受理之日起 60 日内作出处理决定。案情复杂的，可以适当延长，但是延长时间不得超过 30 日。

**第二十三条** 受理机关对公务员申诉、再申诉涉及事项，应当调查核实。调查应当由 2 名以上工作人员进行。接受调查的机关和个人应当如实提供情况。

调查人员应当充分听取申诉人、被申诉机关和相关人员的意见，加强沟通协调，做好政策解释和矛盾调处工作。

**第二十四条** 受理机关应当将申诉案件材料和调查材料提交公务员申诉公正委员会进行全面审阅。必要时，公务员申诉公正委员会可以听取申诉人和被申诉机关当面陈述申辩。

**第二十五条** 公务员申诉公正委员会根据调查情况对下列事项进行审议：

（一）原人事处理认定的事实是否存在、清楚，证据是否确凿、充分；

（二）原人事处理适用法律、法规、规章和有关规定是否正确；

（三）原人事处理的程序是否符合规定；

（四）原人事处理是否显失公正；

（五）被申诉机关有无超越职权或者滥用职权的情形；

（六）其他需要审议的事项。

在审理对复核决定、申诉处理决定不服的申诉、再申诉时，还应当对复核决定和申诉处理决定进行审议。

第二十六条　公务员申诉公正委员会应当按照少数服从多数的原则提出明确审理意见，并向受理机关提交审理报告。审议中的不同意见应当如实记入审理报告。

第二十七条　对于事实清楚、规定明确的申诉案件，调查、审理程序可以适当简化。

第二十八条　受理机关应当根据公务员申诉公正委员会的审理意见，区别不同情况，作出下列申诉处理决定：

（一）原人事处理认定事实清楚，适用法律、法规、规章和有关规定正确，处理恰当、程序合法的，维持原人事处理。

（二）原人事处理认定事实不存在的，按照管理权限责令原人事处理机关撤销或者直接撤销原人事处理。

（三）原人事处理认定事实清楚，但适用法律、法规、规章和有关规定有误，或者处理明显不当的，按照管理权限责令原人事处理机关变更或者直接变更原人事处理。

（四）原人事处理认定事实不清，证据不足，或者违反规定程序和权限的，责令原人事处理机关重新处理。

再申诉处理决定应当参照前款规定作出。

受理机关在作出申诉处理决定的同时，可以就申诉案件向原人事处理机关提出人事管理有关意见。

第二十九条　申诉处理决定作出后，要制作申诉处理决定书。申诉处理决定书应当载明下列内容：

（一）申诉人的姓名、单位、职务职级及其他基本情况；

（二）被申诉机关的名称，原人事处理和复核决定所认定的事实、理由及适用的法律、法规、规章和有关规定；

（三）申诉的事项、理由及要求；

（四）公务员申诉公正委员会认定的事实、理由及适用的法律、法规、规章和有关规定；

（五）申诉处理决定；

（六）作出决定的日期；

（七）其他需要载明的内容。

再申诉处理决定书除前款规定内容外，还应当载明申诉处理决定的内容和作出申诉处理决定的日期。

申诉处理决定书和再申诉处理决定书应当加盖受理机关或者公务员申诉公正委员会的印章。

第三十条　申诉处理决定书应当在作出处理决定之日起7日内送达申诉人和原人事处理机关。再申诉处理决定书还应当送达作出处理决定的机关。

第三十一条　原人事处理机关应当将复核决定书、申诉处理决定书、再申诉处理决定书存入受处理公务员个人档案。

申诉处理机关应当自作出处理决定之日起60日内，将申诉案件处理和执行等情况按照管理权限向上一级公务员主管部门或者上一级机关备案。

第三十二条　公务员申诉公正委员会委员和受理机关工作人员与案件当事人存在利害关系、可能影响案件公正处理的，本人应当自行回避。申诉人和被申诉机关也可以申请相关人员回避，受理机关在收到回避申请之日起3个工作日内作出决定。回避决定作出前，相关人员暂停参与调查和审理。

第三十三条　案件审理期间，因不可抗力等原因导致无法审理的，受理机关可以决定中止审理工作，待有关情形消除后，再恢复审理工作。

**第三十四条** 公务员申诉公正委员会委员和受理机关工作人员，对工作中涉及的国家秘密、工作秘密、商业秘密和个人隐私应当保密。

**第三十五条** 申诉处理决定在发生效力后执行。

下列处理决定是发生效力的决定：

（一）已过法定期限没有提出再申诉的申诉处理决定；

（二）中央公务员主管部门作出的申诉处理决定；

（三）中央垂直管理机关作出的申诉处理决定；

（四）再申诉处理决定。

**第三十六条** 原人事处理机关在申诉处理决定生效后30日内执行，并将执行情况书面告知作出申诉处理决定的机关。

**第三十七条** 非因违反规定程序和权限，被责令重新处理的，原人事处理机关不得以同一事实和理由作出与原处理决定相同或者基本相同的处理决定。

公务员对重新作出的人事处理决定不服，可以提出申诉、再申诉。

**第三十八条** 原人事处理错误的，应当及时予以纠正；造成名誉损害的，应当赔礼道歉、恢复名誉、消除影响；造成经济损失的，依法给予赔偿，并视情况对作出错误处理的责任人进行处理。

**第三十九条** 机关不执行发生效力的申诉处理决定，或者对申诉人打击报复的，对负有责任的领导人员和直接责任人员，受理申诉的机关可以向有关机关提出给予其处理处分的建议；构成犯罪的，依法追究刑事责任。

**第四十条** 公务员在复核、申诉中捏造事实，诬告、陷害他人的，根据情节轻重，给予批评教育或者处分；给他人造成名誉损害的，

应当赔礼道歉、恢复名誉、消除影响；构成犯罪的，依法追究刑事责任。

**第四十一条** 公务员申诉公正委员会委员和受理机关工作人员，不按本规定处理公务员复核、申诉的，根据情节轻重，给予批评教育或者处分；构成犯罪的，依法追究刑事责任。

## 56.21《中国共产党党员权利保障条例》（2020年12月25日）（节录）

**第三十七条** 党组织应当认真处理党员的申诉，并给予负责的答复。对于党员的申诉，有关党组织应当按照规定进行复议、复查，不得扣压。上级党组织认为必要时，可以直接或者指定有关党组织进行复议、复查。

经复议、复查或者审查决定，对于全部或者部分纠正的案件，重新作出的决定应当在一定范围内宣布。对于处理正确而本人拒不接受的，给予批评教育；对于无正当理由反复申诉的，有关党组织应当正式通知本人不再受理并在适当范围内宣布。

党员对党组织给予其他党员的处理、处分或者鉴定、审查结论提出的意见，有关党组织应当认真研究处理。

## 56.22《纪检监察机关处理检举控告工作规则》（2020年1月21日）（节录）

**第三十八条** 被检举控告人享有以下权利：

……

（三）申请反馈核查处理结论；

（四）对所受处理、处分不服的，可以申诉或者申请复审；

……

## 56.23《中国共产党纪律检查机关监督执纪工作规则》（2019年1月1日）（节录）

**第五十九条** 对不服处分决定的申诉，由

批准或者决定处分的党委（党组）或者纪检监察机关受理；需要复议复查的，由纪检监察机关相关负责人批准后受理。

申诉办理部门成立复查组，调阅原案案卷，必要时可以进行取证，经集体研究后，提出办理意见，报纪检监察机关相关负责人批准或者纪委常委会会议研究决定，作出复议复查决定。决定应当告知申诉人，抄送相关单位，并在一定范围内宣布。

坚持复议复查与审查审理分离，原案审查、审理人员不得参与复议复查。

复议复查工作应当在3个月内办结。

## 56.24《中共中央纪律检查委员会关于审理党员违纪案件工作程序的规定》（1991年7月13日）（节录）

第二十三条　对党员的申诉，一般情况下，由原来作出处分决定的党组织进行复查或复议；原办案单位如已撤销，由申诉人现在单位复查复议。

第二十四条　对于上级党委、纪委交办复查或复议的案件，下级纪委应及时办理，并报告处理结果。如果决定撤销或改变原处分决定或结论，应作出书面决定，并报请原来批准给予处分的党组织审批。

"文化大革命"前经中央或中央监委批准处理的案件，经过复查或复议需要改变原结论和处分的，报中央纪委审批，由中央纪委中央备案；原经中央局批准处理的案件，由有关省、自治区、直辖市党委或纪委审批，报中央纪委备案。各地区、各部门处理的，按各地区、各部门的有关规定办理。

第二十五条　报送复查案件，应具备下列材料：

（一）呈报审批的请示；

（二）复查报告和主要证据材料；

（三）复查处理决定及有关党组织的意见；

（四）受处分党员对复查处理决定的意见和党组织对其意见的说明；

（五）原处分决定、错误事实材料、调查报告和主要证据材料。

第二十六条　审理复查案件除按审理违纪案件的要求进行外，还应注意审阅原处理案卷材料。对照原处分决定和证据，审核改变处理的依据是否充分。如果原证据和复查时取得的证据有矛盾，应认真鉴别。

第二十七条　对案件的复查复议决定，经原批准处分的机关批准后，申诉人对复查复议结论仍不服的，原批准处分的机关应将本人申诉和复查复议材料一并报上一级党委或纪委审查决定。一经上级党委、纪委审查决定后，申诉人仍然不服，继续申诉的，一般不再受理。

# 第六章　反腐败国际合作

## 第五十七条【国家监察委员会的反腐败国际合作职责】

国家监察委员会统筹协调与其他国家、地区、国际组织开展的反腐败国际交流、合作，组织反腐败国际条约实施工作。

---- 关联法规指引 ----

**57.11《中华人民共和国监察法实施条例》（2021年9月20日）（节录）**

第二百三十四条　国家监察委员会统筹协调与其他国家、地区、国际组织开展反腐败国际交流、合作。

国家监察委员会组织《联合国反腐败公约》等反腐败国际条约的实施以及履约审议等工作，承担《联合国反腐败公约》司法协助中央机关有关工作。

国家监察委员会组织协调有关单位建立集中统一、高效顺畅的反腐败国际追逃追赃和防逃协调机制，统筹协调、督促指导各级监察机关反腐败国际追逃追赃等涉外案件办理工作，具体履行下列职责：

（一）制定反腐败国际追逃追赃和防逃工作计划，研究工作中的重要问题；

（二）组织协调反腐败国际追逃追赃等重大涉外案件办理工作；

（三）办理由国家监察委员会管辖的涉外案件；

（四）指导地方各级监察机关依法开展涉外案件办理工作；

（五）汇总和通报全国职务犯罪外逃案件信息和追逃追赃工作信息；

（六）建立健全反腐败国际追逃追赃和防逃合作网络；

（七）承担监察机关开展国际刑事司法协助的主管机关职责；

（八）承担其他与反腐败追逃追赃等涉外案件办理工作相关的职责。

**57.12《中华人民共和国国际刑事司法协助法》（2018年10月26日）（节录）**

第六条　国家监察委员会、最高人民法院、最高人民检察院、公安部、国家安全部等部门是开展国际刑事司法协助的主管机关，按照职责分工，审核向外国提出的刑事司法协助请求，审查处理对外联系机关转递的外国提出的刑事司法协助请求，承担其他与国际刑事司法协助相关的工作。在移管被判刑人案件中，司法部按照职责分工，承担相应的主管机关职责。

办理刑事司法协助相关案件的机关是国际刑事司法协助的办案机关，负责向所属主管机关提交需要向外国提出的刑事司法协助请求、执行所属主管机关交办的外国提出的刑事司法协助请求。

## 第五十八条【反腐败方面的司法执法等国际合作】

国家监察委员会会同有关单位加强与有关国家、地区、国际组织在反腐败方面开展引渡、移管被判刑人、遣返、联合调查、调查取证、资产追缴和信息交流等执法司法合作和司法协助。

### 关联法规指引

**58.11《中华人民共和国监察法实施条例》（2021年9月20日）（节录）**

**第二百三十五条** 地方各级监察机关在国家监察委员会领导下，统筹协调、督促指导本地区反腐败国际追逃追赃等涉外案件办理工作，具体履行下列职责：

（一）落实上级监察机关关于反腐败国际追逃追赃和防逃工作部署，制定工作计划；

（二）按照管辖权限或者上级监察机关指定管辖，办理涉外案件；

（三）按照上级监察机关要求，协助配合其他监察机关开展涉外案件办理工作；

（四）汇总和通报本地区职务犯罪外逃案件信息和追逃追赃工作信息；

（五）承担本地区其他与反腐败国际追逃追赃等涉外案件办理工作相关的职责。

省级监察委员会应当会同有关单位，建立健全本地区反腐败国际追逃追赃和防逃协调机制。

国家监察委员会派驻或者派出的监察机构、监察专员统筹协调、督促指导本部门反腐败国际追逃追赃等涉外案件办理工作，参照第一款规定执行。

**第二百四十五条** 监察机关对依法应当留置或者已经决定留置的外逃人员，需要申请发布国际刑警组织红色通报的，应当逐级报送国家监察委员会审核。国家监察委员会审核后，依法通过公安部向国际刑警组织提出申请。

需要延期、暂停、撤销红色通报的，申请发布红色通报的监察机关应当逐级报送国家监察委员会审核，由国家监察委员会依法通过公安部联系国际刑警组织办理。

**第二百四十六条** 地方各级监察机关通过引渡方式办理相关涉外案件的，应当按照引渡法、相关双边及多边国际条约等规定准备引渡请求书及相关材料，逐级报送国家监察委员会审核。由国家监察委员会依法通过外交等渠道向外国提出引渡请求。

**第二百四十七条** 地方各级监察机关通过刑事司法协助方式办理相关涉外案件的，应当按照国际刑事司法协助法、相关双边及多边国际条约等规定准备刑事司法协助请求书及相关材料，逐级报送国家监察委员会审核。由国家监察委员会依法直接或者通过对外联系机关等渠道，向外国提出刑事司法协助请求。

国家监察委员会收到外国提出的刑事司法协助请求书及所附材料，经审查认为符合有关规定的，作出决定并交由省级监察机关执行，或者转交其他有关主管机关。省级监察机关应当立即执行，或者交由下级监察机关执行，并将执行结果或者妨碍执行的情形及时报送国家监察委员会。在执行过程中，需要依法采取查询、调取、查封、扣押、冻结等措施或者需要返还涉案财物的，根据我国法律规定和国家监察委员会的执行决定办理有关法律手续。

**第二百四十八条** 地方各级监察机关通过执法合作方式办理相关涉外案件的，应当将合作事项及相关材料逐级报送国家监察委员会审核。由国家监察委员会依法直接或者协调有关单位，向有关国家（地区）相关机构提交并开展合作。

**第二百四十九条** 地方各级监察机关通过境外追诉方式办理相关涉外案件的，应当提供外逃人员相关违法线索和证据，逐级报送国家监察委员会审核。由国家监察委员会依法直接或者协调有关单位向有关国家（地区）相关机构提交，请其依法对外逃人员调查、起诉和审判，并商有关国家（地区）遣返外逃人员。

**第二百五十条** 监察机关对依法应当追缴的境外违法所得及其他涉案财产，应当责令涉案人员以合法方式退赔。涉案人员拒不退赔的，可以依法通过下列方式追缴：

（一）在开展引渡等追逃合作时，随附请求有关国家（地区）移交相关违法所得及其他涉案财产；

（二）依法启动违法所得没收程序，由人民法院对相关违法所得及其他涉案财产作出冻结、没收裁定，请有关国家（地区）承认和执行，并予以返还；

（三）请有关国家（地区）依法追缴相关违法所得及其他涉案财产，并予以返还；

（四）通过其他合法方式追缴。

## 58.12 《中华人民共和国国际刑事司法协助法》（2018年10月26日）（节录）

**第九条** 办案机关需要向外国请求刑事司法协助的，应当制作刑事司法协助请求书并附相关材料，经所属主管机关审核同意后，由对外联系机关及时向外国提出请求。

**第十条** 向外国的刑事司法协助请求书，应当依照刑事司法协助条约的规定提出；没有条约或者条约没有规定的，可以参照本法第十三条的规定提出；被请求国有特殊要求的，在不违反中华人民共和国法律的基本原则的情况下，可以按照被请求国的特殊要求提出。

请求书及所附材料应当以中文制作，并附有被请求国官方文字的译文。

**第十一条** 被请求国就执行刑事司法协助请求提出附加条件，不损害中华人民共和国的主权、安全和社会公共利益的，可以由外交部作出承诺。被请求国明确表示对外联系机关作出的承诺充分有效的，也可以由对外联系机关作出承诺。对于限制追诉的承诺，由最高人民检察院决定；对于量刑的承诺，由最高人民法院决定。

在对涉案人员追究刑事责任时，有关机关应当受所作出的承诺的约束。

**第十二条** 对外联系机关收到外国的有关通知或者执行结果后，应当及时转交或者转告有关主管机关。

外国就其提供刑事司法协助的案件要求通报诉讼结果的，对外联系机关转交有关主管机关办理。

**第十六条** 主管机关收到对外联系机关转交的刑事司法协助请求书及所附材料后，应当进行审查，并分别作出以下处理：

（一）根据本法和刑事司法协助条约的规定认为可以协助执行的，作出决定并安排有关办案机关执行；

（二）根据本法第四条、第十四条或者刑事司法协助条约的规定，认为应当全部或者部分拒绝协助的，将请求书及所附材料退回对外联系机关并说明理由；

（三）对执行请求有保密要求或者有其他附加条件的，通过对外联系机关向外国提出，在外国接受条件并且作出书面保证后，决定附条件执行；

（四）需要补充材料的，书面通知对外联系机关要求请求国在合理期限内提供。

执行请求可能妨碍中华人民共和国有关机关正在进行的调查、侦查、起诉、审判或者执行的，主管机关可以决定推迟协助，并将推迟协助的决定和理由书面通知对外联系机关。

外国对执行其请求有保密要求或者特殊程序要求的，在不违反中华人民共和国法律的基本原则的情况下，主管机关可以按照其要求安排执行。

**第十七条** 办案机关收到主管机关交办的外国刑事司法协助请求后，应当依法执行，并将执行结果或者妨碍执行的情形及时报告主管机关。

办案机关在执行请求过程中，应当维护当事人和其他相关人员的合法权益，保护个人信息。

**第十八条** 外国请求将通过刑事司法协助取得的证据材料用于请求针对的案件以外的其他目的的，对外联系机关应当转交主管机关，由主管机关作出是否同意的决定。

**第十九条** 对外联系机关收到主管机关的有关通知或者执行结果后，应当及时转交或者转告请求国。

对于中华人民共和国提供刑事司法协助的案件，主管机关可以通过对外联系机关要求外国通报诉讼结果。

外国通报诉讼结果的，对外联系机关收到相关材料后，应当及时转交或者转告主管机关，涉及对中华人民共和国公民提起刑事诉讼的，还应当通知外交部。

## 58.13《联合国反腐败公约》（2005年10月27日）（节录）[①]

**第四十三条** 国际合作

一、缔约国应当依照本公约第四十四条至第五十条的规定在刑事案件中相互合作。在适当而且符合本国法律制度的情况下，缔约国应当考虑与腐败有关的民事和行政案件调查和诉讼中相互协助。

二、在国际合作事项中，凡将双重犯罪视为一项条件的，如果协助请求中所指的犯罪行为在两个缔约国的法律中均为犯罪，则应当视为这项条件已经得到满足，而不论被请求缔约国和请求缔约国的法律是否将这种犯罪列入相同的犯罪类别或者是否使用相同的术语规定这种犯罪的名称。

**第四十四条** 引渡

一、当被请求引渡人在被请求缔约国领域内时，本条应当适用于根据本公约确立的犯罪，条件是引渡请求所依据的犯罪是按请求缔约国和被请求缔约国本国法律均应当受到处罚的犯罪。

二、尽管有本条第一款的规定，但缔约国本国法律允许的，可以就本公约所涵盖但依照本国法律不予处罚的任何犯罪准予引渡。

三、如果引渡请求包括几项独立的犯罪，其中至少有一项犯罪可以依照本条规定予以引渡，而其他一些犯罪由于其监禁期的理由而不可以引渡但却与根据本公约确立的犯罪有关，则被请求缔约国也可以对这些犯罪适用本条的规定。

四、本条适用的各项犯罪均应当视为缔约国之间现行任何引渡条约中的可以引渡的犯罪。缔约国承诺将这种犯罪作为可以引渡的犯罪列入它们之间将缔结的每一项引渡条约。在

---

[①] 我国第十届全国人民代表大会常务委员会第十八次会议于2005年10月27日通过《全国人大常委会关于批准〈联合国反腐败公约〉的决定》："……批准于2003年10月31日在第58届联合国大会上通过的《联合国反腐败公约》；同时声明：中华人民共和国不受《联合国反腐败公约》第六十六条第二款的约束。"

以本公约作为引渡依据时，如果缔约国本国法律允许，根据本公约确立的任何犯罪均不应当视为政治犯罪。

五、以订有条约为引渡条件的缔约国如果接到未与之订有引渡条约的另一缔约国的引渡请求，可以将本公约视为对本条所适用的任何犯罪予以引渡的法律依据。

六、以订有条约为引渡条件的缔约国应当：

（一）在交存本公约批准书、接受书、核准书或者加入书时通知联合国秘书长，说明其是否将把本公约作为与本公约其他缔约国进行引渡合作的法律依据；

（二）如果其不以本公约作为引渡合作的法律依据，则在适当情况下寻求与本公约其他缔约国缔结引渡条约，以执行本条规定。

七、不以订有条约为引渡条件的缔约国应当承认本条所适用的犯罪为它们之间可以相互引渡的犯罪。

八、引渡应当符合被请求缔约国本国法律或者适用的引渡条约所规定的条件，其中包括关于引渡的最低限度刑罚要求和被请求缔约国可以据以拒绝引渡的理由等条件。

九、对于本条所适用的任何犯罪，缔约国应当在符合本国法律的情况下，努力加快引渡程序并简化与之有关的证据要求。

十、被请求缔约国在不违背本国法律及其引渡条约规定的情况下，可以在认定情况必要而且紧迫时，根据请求缔约国的请求，拘留被请求缔约国领域内的被请求引渡人，或者采取其他适当措施，确保该人在进行引渡程序时在场。

十一、如果被指控罪犯被发现在某一缔约国而该国仅以该人为本国国民为理由不就本条所适用的犯罪将其引渡，则该国有义务在寻求引渡的缔约国提出请求时将该案提交本国主管机关以便起诉，而不得有任何不应有的延误。

这些机关应当以与根据本国法律针对性质严重的其他任何犯罪所采用的相同方式作出决定和进行诉讼程序。有关缔约国应当相互合作，特别是在程序和证据方面，以确保这类起诉的效率。

十二、如果缔约国本国法律规定，允许引渡或者移交其国民须以该人将被送还本国，按引渡或者移交请求所涉审判、诉讼中作出的判决服刑为条件，而且该缔约国和寻求引渡该人的缔约国也同意这一选择以及可能认为适宜的其他条件，则这种有条件引渡或者移交即足以解除该缔约国根据本条第十一款所承担的义务。

十三、如果为执行判决而提出的引渡请求由于被请求引渡人为被请求缔约国的国民而遭到拒绝，被请求缔约国应当在其本国法律允许并且符合该法律的要求的情况下，根据请求缔约国的请求，考虑执行根据请求缔约国本国法律判处的刑罚或者尚未服满的刑期。

十四、在对任何人就本条所适用的任何犯罪进行诉讼时，应当确保其在诉讼的所有阶段受到公平待遇，包括享有其所在国本国法律所提供的一切权利和保障。

十五、如果被请求缔约国有充分理由认为提出引渡请求是为了以某人的性别、种族、宗教、国籍、族裔或者政治观点为理由对其进行起诉或者处罚，或者按请求执行将使该人的地位因上述任一原因而受到损害，则不得对本公约的任何条款作规定了被请求国引渡义务的解释。

十六、缔约国不得仅以犯罪也被视为涉及财税事项为由而拒绝引渡。

十七、被请求缔约国在拒绝引渡前应当在适当情况下与请求缔约国磋商，以使其有充分机会陈述自己的意见和提供与其陈述有关的资料。

十八、缔约国应当力求缔结双边和多边

协定或者安排,以执行引渡或者加强引渡的有效性。

**第四十五条** 被判刑人的移管

缔约国可以考虑缔结双边或多边协定或者安排,将因实施根据本公约确立的犯罪而被判监禁或者其他形式剥夺自由的人移交其本国服满刑期。

**第四十六条** 司法协助

一、缔约国应当在对本公约所涵盖的犯罪进行的侦查、起诉和审判程序中相互提供最广泛的司法协助。

二、对于请求缔约国中依照本公约第二十六条可能追究法人责任的犯罪所进行的侦查、起诉和审判程序,应当根据被请求缔约国有关的法律、条约、协定和安排,尽可能充分地提供司法协助。

三、可以为下列任何目的而请求依照本条给予司法协助:

(一)向个人获取证据或者陈述;

(二)送达司法文书;

(三)执行搜查和扣押并实行冻结;

(四)检查物品和场所;

(五)提供资料、物证以及鉴定结论;

(六)提供有关文件和记录的原件或者经核证的副本,其中包括政府、银行、财务、公司或者商业记录;

(七)为取证目的而辨认或者追查犯罪所得、财产、工具或者其他物品;

(八)为有关人员自愿在请求缔约国出庭提供方便;

(九)不违反被请求缔约国本国法律的任何其他形式的协助;

(十)根据本公约第五章的规定辨认、冻结和追查犯罪所得;

(十一)根据本公约第五章的规定追回资产。

四、缔约国主管机关如果认为与刑事事项有关的资料可能有助于另一国主管机关进行或者顺利完成调查和刑事诉讼程序,或者可以促成其根据本公约提出请求,则在不影响本国法律的情况下,可以无须事先请求而向该另一国主管机关提供这类资料。

五、根据本条第四款的规定提供这类资料,不应当影响提供资料的主管机关本国所进行的调查和刑事诉讼程序。接收资料的主管机关应当遵守对资料保密的要求,即使是暂时保密的要求,或者对资料使用的限制。但是,这不应当妨碍接收缔约国在其诉讼中披露可以证明被控告人无罪的资料。在这种情况下,接收缔约国应当在披露前通知提供缔约国,而且如果提供缔约国要求,还应当与其磋商。如果在特殊情况下不可能事先通知,接收缔约国应当毫不迟延地将披露一事通告提供缔约国。

六、本条各项规定概不影响任何其他规范或者将要规范整个或部分司法协助问题的双边或多边条约所规定的义务。

七、如果有关缔约国无司法协助条约的约束,则本条第九款至第二十九款应当适用于根据本条提出的请求。如果有关缔约国有这类条约的约束,则适用条约的相应条款,除非这些缔约国同意代之以适用本条第九款至第二十九款。大力鼓励缔约国在这几款有助于合作时予以适用。

八、缔约国不得以银行保密为理由拒绝提供本条所规定的司法协助。

九、(一)被请求缔约国在并非双重犯罪情况下对于依照本条提出的协助请求作出反应时,应当考虑到第一条所规定的本公约宗旨。

(二)缔约国可以以并非双重犯罪为理由拒绝提供本条所规定的协助。然而,被请求缔约国应当在符合其法律制度基本概念的情况下提供不涉及强制性行动的协助。如果请求所涉事项极为轻微或者寻求合作或协助的事项可以依照本公约其他条款获得,被请求缔约国可以拒绝这类协助。

（三）各缔约国均可以考虑采取必要的措施，以使其能够在并非双重犯罪的情况下提供比本条所规定的更为广泛的协助。

十、在一缔约国领域内被羁押或者服刑的人，如果被要求到另一缔约国进行辨认、作证或者提供其他协助，以便为就与本公约所涵盖的犯罪有关的侦查、起诉或者审判程序取得证据，在满足下列条件的情况下，可以予以移送：

（一）该人在知情后自由表示同意；

（二）双方缔约国主管机关同意，但须符合这些缔约国认为适当的条件。

十一、就本条第十款而言：

（一）该人被移送前往的缔约国应当有权力和义务羁押被移送人，除非移送缔约国另有要求或者授权；

（二）该人被移送前往的缔约国应当毫不迟延地履行义务，按照双方缔约国主管机关事先达成的协议或者其他协议，将该人交还移送缔约国羁押；

（三）该人被移送前往的缔约国不得要求移送缔约国为该人的交还而启动引渡程序；

（四）该人在被移送前往的国家的羁押时间应当折抵在移送缔约国执行的刑期。

十二、除非依照本条第十款和第十一款的规定移送某人的缔约国同意，否则，不论该人国籍为何，均不得因其在离开移送国领域前的作为、不作为或者定罪而在被移送前往的国家领域使其受到起诉、羁押、处罚或者对其人身自由进行任何其他限制。

十三、各缔约国均应当指定一个中央机关，使其负责和有权接收司法协助请求并执行请求或将请求转交主管机关执行。如果缔约国有实行单独司法协助制度的特区或者领域，可以另指定一个对该特区或者领域具有同样职能的中央机关。中央机关应当确保所收到的请求迅速而妥善地执行或者转交。中央机关在将请求转交某一主管机关执行时，应当鼓励该主管机关迅速而妥善地执行请求。各缔约国均应当在交存本公约批准书、接受书、核准书或者加入书时，将为此目的指定的中央机关通知联合国秘书长。司法协助请求以及与之有关的任何联系文件均应当递交缔约国指定的中央机关。这项规定不得影响缔约国要求通过外交渠道以及在紧急和可能的情况下经有关缔约国同意通过国际刑事警察组织向其传递这种请求和联系文件的权利。

十四、请求应当以被请求缔约国能够接受的语文以书面形式提出，或者在可能情况下以能够生成书面记录的任何形式提出，但须能够使该缔约国鉴定其真伪。各缔约国均应当在其交存本公约批准书、接受书、核准书或者加入书时，将其所能够接受的语文通知联合国秘书长。在紧急情况下，如果经有关缔约国同意，请求可以以口头方式提出，但应当立即加以书面确认。

十五、司法协助请求书应当包括下列内容：

（一）提出请求的机关；

（二）请求所涉及的侦查、起诉或者审判程序的事由和性质，以及进行该项侦查、起诉或者审判程序的机关的名称和职能；

（三）有关事实的概述，但为送达司法文书提出的请求例外；

（四）对请求协助的事项和请求缔约国希望遵循的特定程序细节的说明；

（五）可能时，任何有关人员的身份、所在地和国籍；

（六）索取证据、资料或者要求采取行动的目的。

十六、被请求缔约国可以要求提供按照其本国法律执行该请求所必需或者有助于执行该请求的补充资料。

十七、请求应当根据被请求缔约国的本国法律执行。在不违反被请求缔约国本国法律的情况下，如有可能，应当按照请求书中列明的程序执行。

十八、当在某一缔约国领域内的某人需作为证人或者鉴定人接受另一缔约国司法机关询问，而且该人不可能或者不宜到请求国领域出庭时，被请求缔约国可以依该另一缔约国的请求，在可能而且符合本国法律基本原则的情况下，允许以电视会议方式进行询问。缔约国可以商定由请求缔约国司法机关进行询问，询问时应当有被请求缔约国司法机关人员在场。

十九、未经被请求缔约国事先同意，请求缔约国不得将被请求缔约国提供的资料或者证据转交或者用于请求书所述以外的侦查、起诉或者审判程序。本款规定不妨碍请求缔约国在其诉讼中披露可以证明被告人无罪的资料或者证据。就后一种情形而言，请求缔约国应当在披露之前通知被请求缔约国，并依请求与被请求缔约国磋商。如果在特殊情况下不可能事先通知，请求缔约国应当毫不迟延地将披露一事通告被请求缔约国。

二十、请求缔约国可以要求被请求缔约国对其提出的请求及其内容保密，但为执行请求所必需的除外。如果被请求缔约国不能遵守保密要求，应当立即通知请求缔约国。

二十一、在下列情况下可以拒绝提供司法协助：

（一）请求未按本条的规定提出；

（二）被请求缔约国认为执行请求可能损害其主权、安全、公共秩序或者其他基本利益；

（三）如果被请求缔约国的机关依其管辖权对任何类似犯罪进行侦查、起诉或者审判程序时，其本国法律已经规定禁止对这类犯罪采取被请求的行动；

（四）同意这项请求将违反被请求缔约国关于司法协助的法律制度。

二十二、缔约国不得仅以犯罪也被视为涉及财税事项为理由而拒绝司法协助请求。

二十三、拒绝司法协助时应当说明理由。

二十四、被请求缔约国应当尽快执行司法协助请求，并应尽可能充分地考虑到请求缔约国提出的、最好在请求中说明了理由的任何最后期限。请求缔约国可以合理要求被请求缔约国提供关于为执行这一请求所采取措施的现况和进展情况的信息。被请求缔约国应当依请求缔约国的合理要求，就其处理请求的现况和进展情况作出答复。请求国应当在其不再需要被请求国提供所寻求的协助时迅速通知被请求缔约国。

二十五、被请求缔约国可以以司法协助妨碍正在进行的侦查、起诉或者审判程序为理由而暂缓进行。

二十六、被请求缔约国在根据本条第二十一款拒绝某项请求或者根据本条第二十五款暂缓执行请求事项之前，应当与请求缔约国协商，以考虑是否可以在其认为必要的条件下给予协助。请求缔约国如果接受附有条件限制的协助，则应当遵守有关的条件。

二十七、在不影响本条第十二款的适用的情况下，对于依请求缔约国请求而同意到请求缔约国领域就某项诉讼作证或者为某项侦查、起诉或者审判程序提供协助的证人、鉴定人或者其他人员，不应当因其离开被请求缔约国领域之前的作为、不作为或者定罪而在请求缔约国领域内对其起诉、羁押、处罚，或者使其人身自由受到任何其他限制。如该证人、鉴定人或者其他人员已经得到司法机关不再需要其到场的正式通知，在自通知之日起连续十五天内或者在缔约国所商定的任何期限内，有机会离开但仍自愿留在请求缔约国领域内，或者在离境后又自愿返回，这种安全保障即不再有效。

二十八、除非有关缔约国另有协议，执行

请求的一般费用应当由被请求缔约国承担。如果执行请求需要或者将需要支付巨额或者异常费用，则应当由有关缔约国进行协商，以确定执行该请求的条件以及承担费用的办法。

二十九、被请求缔约国：

（一）应当向请求缔约国提供其所拥有的根据其本国法律可以向公众公开的政府记录、文件或者资料；

（二）可以自行斟酌决定全部或部分地或者按其认为适当的条件向请求缔约国提供其所拥有的根据其本国法律不向公众公开的任何政府记录、文件或者资料。

三十、缔约国应当视需要考虑缔结有助于实现本条目的、具体实施或者加强本条规定的双边或多边协定或者安排的可能性。

**第四十七条** 刑事诉讼的移交

缔约国如果认为相互移交诉讼有利于正当司法，特别是在涉及数国管辖权时，为了使起诉集中，应当考虑相互移交诉讼的可能性，以便对根据本公约确立的犯罪进行刑事诉讼。

**第四十八条** 执法合作

一、缔约国应当在符合本国法律制度和行政管理制度的情况下相互密切合作，以加强打击本公约所涵盖的犯罪的执法行动的有效性。缔约国尤其应当采取有效措施，以便：

（一）加强并在必要时建立各国主管机关、机构和部门之间的联系渠道，以促进安全、迅速地交换有关本公约所涵盖的犯罪的各个方面的情报，在有关缔约国认为适当时还可以包括与其他犯罪活动的联系的有关情报；

（二）同其他缔约国合作，就下列与本公约所涵盖的犯罪有关的事项进行调查：

1. 这类犯罪嫌疑人的身份、行踪和活动，或者其他有关人员的所在地点；

2. 来自这类犯罪的犯罪所得或者财产的去向；

3. 用于或者企图用于实施这类犯罪的财产、设备或者其他工具的去向；

（三）在适当情况下提供必要数目或者数量的物品以供分析或者侦查之用；

（四）与其他缔约国酌情交换关于为实施本公约所涵盖的犯罪而采用的具体手段和方法的资料，包括利用虚假身份、经变造、伪造或者假冒的证件和其他旨在掩饰活动的手段的资料；

（五）促进各缔约国主管机关、机构和部门之间的有效协调，并加强人员和其他专家的交流，包括根据有关缔约国之间的双边协定和安排派出联络官员；

（六）交换情报并协调为尽早查明本公约所涵盖的犯罪而酌情采取的行政和其他措施。

二、为实施本公约，缔约国应当考虑订立关于其执法机构间直接合作的双边或多边协定或者安排，并在已经有这类协定或者安排的情况下考虑对其进行修正。如果有关缔约国之间尚未订立这类协定或者安排，这些缔约国可以考虑以本公约为基础，进行针对本公约所涵盖的任何犯罪的相互执法合作。缔约国应当在适当情况下充分利用各种协定或者安排，包括利用国际或者区域组织，以加强缔约国执法机构之间的合作。

三、缔约国应当努力在力所能及的范围内开展合作，以便对借助现代技术实施的本公约所涵盖的犯罪作出反应。

**第四十九条** 联合侦查

缔约国应当考虑缔结双边或多边协定或者安排，以便有关主管机关可以据以就涉及一国或多国侦查、起诉或者审判程序事由的事宜建立联合侦查机构。如无这类协定或者安排，可以在个案基础上商定进行这类联合侦查。有关缔约国应当确保拟在其领域内开展这种侦查的缔约国的主权受到充分尊重。

**第五十条** 特殊侦查手段

一、为有效地打击腐败，各缔约国均应当

在其本国法律制度基本原则许可的范围内并根据本国法律规定的条件在其力所能及的情况下采取必要措施，允许其主管机关在其领域内酌情使用控制下交付和在其认为适当时使用诸如电子或者其他监视形式和特工行动等其他特殊侦查手段，并允许法庭采信由这些手段产生的证据。

二、为侦查本公约所涵盖的犯罪，鼓励缔约国在必要情况下为在国际一级合作时使用这类特殊侦查手段而缔结适当的双边或多边协定或者安排。这类协定或者安排的缔结和实施应当充分遵循各国主权平等原则，执行时应当严格遵守这类协定或者安排的条款。

三、在无本条第二款所述协定或者安排的情况下，关于在国际一级使用这种特殊侦查手段的决定，应当在个案基础上作出，必要时还可以考虑到有关缔约国就行使管辖权所达成的财务安排或者谅解。

四、经有关缔约国同意，关于在国际一级使用控制下交付的决定，可以包括诸如拦截货物或者资金以及允许其原封不动地继续运送或将其全部或者部分取出或者替换之类的办法。

**第五十一条** 一般规定

按照本章返还资产是本公约的一项基本原则，缔约国应当在这方面相互提供最广泛的合作和协助。

**第五十二条** 预防和监测犯罪所得的转移

一、在不影响本公约第十四条的情况下，各缔约国均应当根据本国法律采取必要的措施，以要求其管辖范围内的金融机构核实客户身份，采取合理步骤确定存入大额账户的资金的实际受益人身份，并对正在或者曾经担任重要公职的个人及其家庭成员和与其关系密切的人或者这些人的代理人所要求开立或者保持的账户进行强化审查。对这种强化审查应当作合理的设计，以监测可疑交易从而向主管机关报告，而不应当将其理解为妨碍或者禁止金融机构与任何合法客户的业务往来。

二、为便利本条第一款所规定措施的实施，各缔约国均应当根据其本国法律和参照区域、区域间和多边组织的有关反洗钱举措：

（一）就本国管辖范围内的金融机构应当对哪类自然人或者法人的账户实行强化审查，对哪类账户和交易应当予以特别注意，以及就这类账户的开立、管理和记录应当采取哪些适当的措施，发出咨询意见；

（二）对于应当由本国管辖范围内的金融机构对其账户实行强化审查的特定自然人或者法人的身份，除这些金融机构自己可以确定的以外，还应当酌情将另一缔约国所请求的或者本国自行决定的通知这些金融机构。

三、在本条第二款第（一）项情况下，各缔约国均应当实行措施，以确保其金融机构在适当期限内保持涉及本条第一款所提到人员的账户和交易的充分记录，记录中应当至少包括与客户身份有关的资料，并尽可能包括与实际受益人身份有关的资料。

四、为预防和监测根据本公约确立的犯罪的所得的转移，各缔约国均应当采取适当而有效的措施，以在监管机构的帮助下禁止设立有名无实和并不附属于受监管金融集团的银行。此外，缔约国可以考虑要求其金融机构拒绝与这类机构建立或者保持代理银行关系，并避免与外国金融机构中那些允许有名无实和并不附属于受监管金融集团的银行使用其账户的金融机构建立关系。

五、各缔约国均应当考虑根据本国法律对有关公职人员确立有效的财产申报制度，并应当对不遵守制度的情形规定适当的制裁。各缔约国还应当考虑采取必要的措施，允许本国的主管机关在必要时与其他国家主管机关交换这种资料，以便对根据本公约确立的犯罪的所得进行调查、主张权利并予以追回。

六、各缔约国均应当根据本国法律考虑采

取必要的措施，要求在外国银行账户中拥有利益、对该账户拥有签名权或者其他权力的有关公职人员向有关机关报告这种关系，并保持与这种账户有关的适当记录。这种措施还应当对违反情形规定适当的制裁。

**第五十三条** 直接追回财产的措施

各缔约国均应当根据本国法律：

（一）采取必要的措施，允许另一缔约国在本国法院提起民事诉讼，以确立对通过实施根据本公约确立的犯罪而获得的财产的产权或者所有权；

（二）采取必要的措施，允许本国法院命令实施了根据本公约确立的犯罪的人向受到这种犯罪损害的另一缔约国支付补偿或者损害赔偿；

（三）采取必要的措施，允许本国法院或者主管机关在必须就没收作出决定时，承认另一缔约国对通过实施根据本公约确立的犯罪而获得的财产所主张的合法所有权。

**第五十四条** 通过没收事宜的国际合作追回资产的机制

一、为依照本公约第五十五条就通过或者涉及实施根据本公约确立的犯罪所获得的财产提供司法协助，各缔约国均应当根据其本国法律：

（一）采取必要的措施，使其主管机关能够执行另一缔约国法院发出的没收令；

（二）采取必要的措施，使拥有管辖权的主管机关能够通过对洗钱犯罪或者对可能发生在其管辖范围内的其他犯罪作出判决，或者通过本国法律授权的其他程序，下令没收这类外国来源的财产；

（三）考虑采取必要的措施，以便在因为犯罪人死亡、潜逃或者缺席而无法对其起诉的情形或者其他有关情形下，能够不经过刑事定罪而没收这类财产。

二、为就依照本公约第五十五条第二款提出的请求提供司法协助，各缔约国均应当根据其本国法律：

（一）采取必要的措施，在收到请求缔约国的法院或者主管机关发出的冻结令或者扣押令时，使本国主管机关能够根据该冻结令或者扣押令对该财产实行冻结或者扣押，但条件是该冻结令或者扣押令须提供合理的根据，使被请求缔约国相信有充足理由采取这种行动，而且有关财产将依照本条第一款第（一）项按没收令处理；

（二）采取必要的措施，在收到请求时使本国主管机关能够对该财产实行冻结或者扣押，条件是该请求须提供合理的根据，使被请求缔约国相信有充足理由采取这种行动，而且有关财产将依照本条第一款第（一）项按没收令处理；

（三）考虑采取补充措施，使本国主管机关能够保全有关财产以便没收，例如基于与获取这种财产有关的、外国实行的逮捕或者提出的刑事指控。

**第五十五条** 没收事宜的国际合作

一、缔约国在收到对根据本公约确立的犯罪拥有管辖权的另一缔约国关于没收本公约第三十一条第一款所述的、位于被请求缔约国领域内的犯罪所得、财产、设备或者其他工具的请求后，应当在本国法律制度的范围内尽最大可能：

（一）将这种请求提交其主管机关，以便取得没收令并在取得没收令时予以执行；

（二）将请求缔约国领域内的法院依照本公约第三十一条第一款和第五十四条第一款第（一）项发出的没收令提交本国主管机关，以便按请求的范围予以执行，只要该没收令涉及第三十一条第一款所述的、位于被请求缔约国领域内的犯罪所得、财产、设备或者其他工具。

二、对根据本公约确立的一项犯罪拥有管

辖权的缔约国提出请求后，被请求缔约国应当采取措施，辨认、追查和冻结或者扣押本公约第三十一条第一款所述的犯罪所得、财产、设备或者其他工具，以便由请求缔约国下令或者根据本条第一款所述请求由被请求缔约国下令予以没收。

三、本公约第四十六条的规定以经过适当变通适用于本条。除第四十六条第十五款规定提供的资料以外，根据本条所提出的请求还应当包括下列内容：

（一）与本条第一款第（一）项有关的请求，应当有关于应当予以没收财产的说明，尽可能包括财产的所在地和相关情况下的财产估计价值，以及关于请求缔约国所依据的事实的充分陈述，以便被请求缔约国能够根据本国法律取得没收令；

（二）与本条第一款第（二）项有关的请求，应当有请求缔约国发出的据以提出请求的法律上可以采信的没收令副本、关于事实和对没收令所请求执行的范围的说明、关于请求缔约国为向善意第三人提供充分通知并确保正当程序而采取的措施的具体陈述，以及关于该没收令为已经生效的没收令的陈述；

（三）与本条第二款有关的请求，应当有请求缔约国所依据的事实陈述和对请求采取的行动的说明；如有据以提出请求的法律上可以采信的没收令副本，应当一并附上。

四、被请求缔约国依照本条第一款和第二款作出的决定或者采取的行动，应当符合并遵循其本国法律及程序规则的规定或者可能约束其与请求缔约国关系的任何双边或多边协定或者安排的规定。

五、各缔约国均应当向联合国秘书长提供有关实施本条的任何法律法规以及这类法律法规随后的任何修订或者修订说明。

六、缔约国以存在有关条约作为采取本条第一款和第二款所述措施的条件时，应当将本公约视为必要而充分的条约依据。

七、如果被请求缔约国未收到充分和及时的证据，或者如果财产的价值极其轻微，也可以拒绝给予本条规定的合作，或者解除临时措施。

八、在解除依照本条规定采取的任何临时措施之前，如果有可能，被请求缔约国应当给请求缔约国以说明继续保持该措施的理由的机会。

九、不得对本条规定作损害善意第三人权利的解释。

**第五十六条** 特别合作

在不影响本国法律的情况下，各缔约国均应当努力采取措施，以便在认为披露根据本公约确立的犯罪的所得的资料可以有助于接收资料的缔约国启动或者实行侦查、起诉或者审判程序时，或者在认为可能会使该缔约国根据本章提出请求时，能够在不影响本国侦查、起诉或者审判程序的情况下，无须事先请求而向该另一缔约国转发这类资料。

**第五十七条** 资产的返还和处分

一、缔约国依照本公约第三十一条或者第五十五条没收的财产，应当由该缔约国根据本公约的规定和本国法律予以处分，包括依照本条第三款返还其原合法所有人。

二、各缔约国均应当根据本国法律的基本原则，采取必要的立法和其他措施，使本国主管机关在另一缔约国请求采取行动时，能够在考虑到善意第三人权利的情况下，根据本公约返还所没收的财产。

三、依照本公约第四十六条和第五十五条及本条第一款和第二款：

（一）对于本公约第十七条和第二十三条所述的贪污公共资金或者对所贪污公共资金的洗钱行为，被请求缔约国应当在依照第五十五条实行没收后，基于请求缔约国的生效判决，将没收的财产返还请求缔约国，被请求缔约国也可以放弃对生效判决的要求；

（二）对于本公约所涵盖的其他任何犯罪的所得，被请求缔约国应当在依照本公约第五十五条实行没收后，基于请求缔约国的生效判决，在请求缔约国向被请求缔约国合理证明其原对没收的财产拥有所有权时，或者当被请求缔约国承认请求缔约国受到的损害是返还所没收财产的依据时，将没收的财产返还请求缔约国，被请求缔约国也可以放弃对生效判决的要求；

（三）在其他所有情况下，优先考虑将没收的财产返还请求缔约国、返还其原合法所有人或者赔偿犯罪被害人；

四、在适当的情况下，除非缔约国另有决定，被请求缔约国可以在依照本条规定返还或者处分没收的财产之前，扣除为此进行侦查、起诉或者审判程序而发生的合理费用。

五、在适当的情况下，缔约国还可以特别考虑就所没收财产的最后处分逐案订立协定或者可以共同接受的安排。

第五十八条　金融情报机构

缔约国应当相互合作，以预防和打击根据本公约确立的犯罪而产生的所得的转移，并推广追回这类所得的方式方法。为此，缔约国应当考虑设立金融情报机构，由其负责接收、分析和向主管机关转递可疑金融交易的报告。

第五十九条　双边和多边协定和安排

缔约国应当考虑缔结双边或多边协定或者安排，以便增强根据公约本章规定开展的国际合作的有效性。

第六十条　培训和技术援助

一、各缔约国均应当在必要的情况下为本国负责预防和打击腐败的人员启动、制定或者改进具体培训方案。这些培训方案可以涉及以下方面：

（一）预防、监测、侦查、惩治和控制腐败的有效措施，包括使用取证和侦查手段；

（二）反腐败战略性政策制定和规划方面的能力建设；

（三）对主管机关进行按本公约的要求提出司法协助请求方面的培训；

（四）评估和加强体制、公职部门管理、包括公共采购在内的公共财政管理，以及私营部门；

（五）防止和打击根据本公约确立的犯罪的所得转移和追回这类所得；

（六）监测和冻结根据本公约确立的犯罪的所得的转移；

（七）监控根据本公约确立的犯罪的所得的流动情况以及这类所得的转移、窝藏或者掩饰方法；

（八）便利返还根据本公约确立的犯罪所得的适当而有效的法律和行政机制及方法；

（九）用以保护与司法机关合作的被害人和证人的方法；

（十）本国和国际条例以及语言方面的培训。

二、缔约国应当根据各自的能力考虑为彼此的反腐败计划和方案提供最广泛的技术援助，特别是向发展中国家提供援助，包括本条第一款中提及领域内的物质支持和培训，以及为便利缔约国之间在引渡和司法协助领域的国际合作而提供培训和援助以及相互交流有关的经验和专门知识。

三、缔约国应当在必要时加强努力，在国际组织和区域组织内并在有关的双边和多边协定或者安排的框架内最大限度地开展业务和培训活动。

四、缔约国应当考虑相互协助，根据请求对本国腐败行为的类型、根源、影响和代价进行评价、分析和研究，以便在主管机关和社会的参与下制定反腐败战略和行动计划。

五、为便利追回根据本公约确立的犯罪的所得，缔约国可以开展合作，互相提供可以协助实现这一目标的专家的名单。

六、缔约国应当考虑利用分区域、区域和国际性的会议和研讨会促进合作和技术援助，并推动关于共同关切的问题的讨论，包括关于发展中国家和经济转型期国家的特殊问题和需要的讨论。

七、缔约国应当考虑建立自愿机制，以便通过技术援助方案和项目对发展中国家和经济转型期国家适用本公约的努力提供财政捐助。

八、各缔约国均应当考虑向联合国毒品和犯罪问题办事处提供自愿捐助，以便通过该办事处促进发展中国家为实施本公约而开展的方案和项目。

**第六十一条** 有关腐败的资料的收集、交流和分析

一、各缔约国均应当考虑在同专家协商的情况下，分析其领域内腐败方面的趋势以及腐败犯罪实施的环境。

二、缔约国应当考虑为尽可能拟订共同的定义、标准和方法而相互并通过国际和区域组织发展和共享统计数字、有关腐败的分析性专门知识和资料，以及有关预防和打击腐败的最佳做法的资料。

三、各缔约国均应当考虑对其反腐败政策和措施进行监测，并评估其效力和效率。

**第六十二条** 其他措施：通过经济发展和技术援助实施公约

一、缔约国应当通过国际合作采取有助于最大限度优化本公约实施的措施，同时应当考虑到腐败对社会，尤其是对可持续发展的消极影响。

二、缔约国应当相互协调并同国际和区域组织协调，尽可能作出具体努力：

（一）加强同发展中国家在各级的合作，以提高发展中国家预防和打击腐败的能力；

（二）加强财政和物质援助，以支持发展中国家为有效预防和打击腐败而作出的努力，并帮助它们顺利实施本公约；

（三）向发展中国家和经济转型期国家提供技术援助，以协助它们满足在实施本公约方面的需要。为此，缔约国应当努力向联合国筹资机制中为此目的专门指定的账户提供充分的经常性自愿捐款。缔约国也可以根据其本国法律和本公约的规定，特别考虑向该账户捐出根据本公约规定没收的犯罪所得或者财产中一定比例的金钱或者相应价值；

（四）酌情鼓励和争取其他国家和金融机构参与根据本条规定所作的努力，特别是通过向发展中国家提供更多的培训方案和现代化设备，以协助它们实现本公约的各项目标。

三、这些措施应当尽量不影响现有对外援助承诺或者其他双边、区域或者国际一级的金融合作安排。

四、缔约国可以缔结关于物资和后勤援助的双边或多边协定或者安排，同时考虑到为使本公约所规定的国际合作方式行之有效和预防、侦查与控制腐败所必需的各种金融安排。

## 58.14《联合国打击跨国有组织犯罪公约》（2003年8月27日）（节录）[①]

**第十三条** 没收事宜的国际合作

一、缔约国在收到对本公约所涵盖的一项犯罪拥有管辖权的另一缔约国关于没收本公约第十二条第一款所述的、位于被请求国领土

---

[①] 第十届全国人民代表大会常务委员会第四次会议于2003年8月27日通过《全国人民代表大会常务委员会关于批准〈联合国打击跨国有组织犯罪公约〉的决定》："……批准2000年11月15日第55届联合国大会通过、同年12月12日中国政府签署的《联合国打击跨国有组织犯罪公约》；同时声明：一、中华人民共和国对本公约第三十五条第二款予以保留，不受该款约束。二、在中华人民共和国政府另行通知前，本公约暂不适用于中华人民共和国香港特别行政区。"2006年9月7日，国务院发布《关于决定〈联合国打击跨国有组织犯罪公约〉适用于香港特别行政区的批复》。

内的犯罪所得、财产、设备或其他工具的请求后，应在本国国内法律制度的范围内尽最大可能：

（一）将此种请求提交其主管当局，以便取得没收令并在取得没收令时予以执行；

（二）将请求缔约国领土内的法院根据本公约第十二条第一款签发的没收令提交主管当局，以便按请求的范围予以执行，只要该没收令涉及第十二条第一款所述的、位于被请求缔约国领土内的犯罪所得、财产、设备或其他工具。

二、对本公约所涵盖的一项犯罪拥有管辖权的另一缔约国提出请求后，被请求缔约国应采取措施，辨认、追查和冻结或扣押本公约第十二条第一款所述犯罪所得、财产、设备或其他工具，以便由请求缔约国或根据本条第一款所述请求由被请求缔约国下令最终予以没收。

三、本公约第十八条的规定可经适当变通适用于本条。除第十八条第十五款规定提供的资料以外，根据本条所提出的请求还应包括：

（一）与本条第一款（一）项有关的请求，应有关于拟予没收的财产的说明以及关于请求缔约国所依据的事实的充分陈述，以便被请求缔约国能够根据本国法律取得没收令；

（二）与本条第一款（二）项有关的请求，应有请求缔约国据以签发请求的、法律上可接受的没收令副本、事实陈述和关于请求执行没收令的范围的资料；

（三）与本条第二款有关的请求，应有请求缔约国所依据的事实陈述以及对请求采取的行动的说明。

四、被请求缔约国根据本条第一款和第二款作出的决定或采取的行动，应符合并遵循其本国法律及程序规则的规定或可能约束其与请求缔约国关系的任何双边或多边条约、协定或安排的规定。

五、各缔约国均应向联合国秘书长提供有关实施本条的任何法律和法规以及这类法律和法规随后的任何修改的副本或说明。

六、如果某一缔约国以存在有关条约作为采取本条第一款和第二款所述措施的条件，则该缔约国应将本公约视为必要而充分的条约依据。

七、如果请求中所涉犯罪并非本公约所涵盖的犯罪，缔约国可拒绝提供本条所规定的合作。

八、不得对本条规定作损害善意第三人权利的解释。

九、缔约国应考虑缔结双边或多边条约、协定或安排，以增强根据本条开展的国际合作的有效性。

**第十四条** 没收的犯罪所得或财产的处置

一、缔约国依照本公约第十二条或第十三条第一款没收的犯罪所得或财产应由该缔约国根据其本国法律和行政程序予以处置。

二、根据本公约第十三条的规定应另一缔约国请求采取行动的缔约国，应在本国法律许可的范围内，根据请求优先考虑将没收的犯罪所得或财产交还请求缔约国，以便其对犯罪被害人进行赔偿，或者将这类犯罪所得或财产归还合法所有人。

三、一缔约国应另一缔约国请求按照本公约第十二条和第十三条规定采取行动时，可特别考虑就下述事项缔结协定或安排：

（一）将与这类犯罪所得或财产价值相当的款项，或变卖这类犯罪所得或财产所获款项，或这类款项的一部分捐给根据本公约第三十条第二款（三）项所指定的账户和专门从事打击有组织犯罪工作的政府间机构；

（二）根据本国法律或行政程序，经常地或逐案地与其他缔约国分享这类犯罪所得或财产或变卖这类犯罪所得或财产所获款项。

**第十五条** 管辖权

一、各缔约国在下列情况下应采取必要措施，以确立对根据本公约第五条、第六条、第八条和第二十三条确立犯罪的管辖权：

（一）犯罪发生在该缔约国领域内；

（二）犯罪发生在犯罪时悬挂该缔约国国旗的船只或已根据该缔约国法律注册的航空器内。

二、在不违反本公约第四条规定的情况下，缔约国在下列情况下还可对任何此种犯罪确立其管辖权：

（一）犯罪系针对该缔约国国民；

（二）犯罪者为该缔约国国民或在其境内有惯常居所的无国籍人；

（三）该犯罪系：

1、发生在本国领域以外的、根据本公约第五条第一款确立的犯罪，目的是在本国领域内实施严重犯罪；

2、发生在本国领域以外的、根据本公约第六条第一款（二）项2目确立的犯罪，目的是在其领域内进行本公约第六条第一款（一）项1目或2目或（二）项1目确立的犯罪。

三、为了本公约第十六条第十款的目的，各缔约国应采取必要措施，在被指控人在其领域内而其仅因该人系其本国国民而不予引渡时，确立其对本公约所涵盖的犯罪的管辖权。

四、各缔约国还可采取必要措施，在被指控人在其领域内而其不引渡该人时确立其对本公约所涵盖的犯罪的管辖权。

五、如果根据本条第一款或第二款行使其管辖权的缔约国被告知或通过其他途径获悉另一个或数个缔约国正在对同一行为进行侦查、起诉或审判程序，这些国家的主管当局应酌情相互磋商，以便协调行动。

六、在不影响一般国际法准则的情况下，本公约不排除缔约国行使其依据本国法律确立的任何刑事管辖权。

### 第十六条 引渡

一、本条应适用于本公约所涵盖的犯罪，或第三条第一款（一）项或（二）项所述犯罪涉及有组织犯罪集团且被请求引渡人位于被请求缔约国境内的情况，条件是引渡请求所依据的犯罪是按请求缔约国和被请求缔约国本国法律均应受到处罚的犯罪。

二、如果引渡请求包括几项独立的严重犯罪，其中某些犯罪不在本条范围之内，被请求缔约国也可对这些犯罪适用本条的规定。

三、本条适用的各项犯罪均应视为缔约国之间现行的任何引渡条约中的可引渡的犯罪。各缔约国承诺将此种犯罪作为可引渡的犯罪列入它们之间拟缔结的每一项引渡条约。

四、以订有条约为引渡条件的缔约国如接到未与之订有引渡条约的另一缔约国的引渡请求，可将本公约视为对本条所适用的任何犯罪予以引渡的法律依据。

五、以订有条约为引渡条件的缔约国应：

（一）在交存本公约批准书、接受书、核准书或加入书时通知联合国秘书长，说明其是否将把本公约作为与本公约其他缔约国进行引渡合作的法律依据；

（二）如其不以本公约作为引渡合作的法律依据，则在适当情况下寻求与本公约其他缔约国缔结引渡条约，以执行本条规定。

六、不以订有条约为引渡条件的缔约国应承认本条所适用的犯罪为它们之间可相互引渡的犯罪。

七、引渡应符合被请求缔约国本国法律或适用的引渡条约所规定的条件，其中特别包括关于引渡的最低限度刑罚要求和被请求缔约国可据以拒绝引渡的理由等条件。

八、对于本条所适用的任何犯罪，缔约国应在符合本国法律的情况下，努力加快引渡程序并简化与之有关的证据要求。

九、在不违背本国法律及其引渡条约规定的情况下，被请求缔约国可在认定情况必要而且紧迫时，应请求缔约国的请求，拘留其境内的被请求引渡人或采取其他适当措施，以确保该人在进行引渡程序时在场。

十、被指控人所在的缔约国如果仅以罪犯系本国国民为由不就本条所适用的犯罪将其引渡，则有义务在要求引渡的缔约国提出请求时，将该案提交给其主管当局以便起诉，而不得有任何不应有的延误。这些当局应以与根据本国法律针对性质严重的其他任何犯罪所采用的方式相同的方式作出决定和进行诉讼程序。有关缔约国应相互合作，特别是在程序和证据方面，以确保这类起诉的效果。

十一、如果缔约国本国法律规定，允许引渡或移交其国民须以该人将被送还本国，就引渡或移交请求所涉审判、诉讼中作出的判决服刑为条件，且该缔约国和寻求引渡该人的缔约国也同意这一选择以及可能认为适宜的其他条件，则此种有条件引渡或移交即足以解除该缔约国根据本条第十款所承担的义务。

十二、如为执行判决而提出的引渡请求由于被请求引渡人为被请求缔约国的国民而遭到拒绝，被请求国应在其本国法律允许并且符合该法律的要求的情况下，根据请求国的请求，考虑执行按请求国本国法律作出的判刑或剩余刑期。

十三、在对任何人就本条所适用的犯罪进行诉讼时，应确保其在诉讼的所有阶段受到公平待遇，包括享有其所在国本国法律所提供的一切权利和保障。

十四、如果被请求缔约国有充分理由认为提出该请求是为了以某人的性别、种族、宗教、国籍、族裔或政治观点为由对其进行起诉或处罚，或按该请求行事将使该人的地位因上述任一原因而受到损害，则不得对本公约的任何规定作规定了被请求国的引渡义务的解释。

十五、缔约国不得仅以犯罪也被视为涉及财政事项为由而拒绝引渡。

十六、被请求缔约国在拒绝引渡前应在适当情况下与请求缔约国磋商，以使其有充分机会陈述自己的意见和介绍与其指控有关的资料。

十七、各缔约国均应寻求缔结双边和多边协定或安排，以执行引渡或加强引渡的有效性。

**第十七条** 被判刑人员的移交

缔约国可考虑缔结双边或多边协定或安排，将因犯有本公约所涉犯罪而被判监禁或其他形式剥夺自由的人员移交其本国服满刑期。

**第十八条** 司法协助

一、缔约国应在对第三条规定的本公约所涵盖的犯罪进行的侦查、起诉和审判程序中相互提供最大程度的司法协助；在请求缔约国有合理理由怀疑第三条第一款（一）项或（二）项所述犯罪具有跨国性时，包括怀疑此种犯罪的被害人、证人、犯罪所得、工具或证据位于被请求缔约国而且该项犯罪涉及一有组织犯罪集团时，还应对等地相互给予类似协助。

二、对于请求缔约国根据本公约第十条可能追究法人责任的犯罪所进行的侦查、起诉和审判程序，应当根据被请求缔约国的有关的法律、条约、协定和安排，尽可能充分地提供司法协助。

三、可为下列任何目的请求依据本条给予司法协助：

（一）向个人获取证据或陈述；

（二）送达司法文书；

（三）执行搜查和扣押并实行冻结；

（四）检查物品和场所；

（五）提供资料、物证以及鉴定结论；

（六）提供有关文件和记录的原件或经核证的副本，其中包括政府、银行、财务、公司或营业记录；

（七）为取证目的而辨认或追查犯罪所得、财产、工具或其他物品；

（八）为有关人员自愿在请求缔约国出庭提供方便；

（九）不违反被请求缔约国本国法律的任何其他形式的协助。

四、缔约国主管当局如认为与刑事事项有关的资料可能有助于另一国主管当局进行或顺利完成调查和刑事诉讼程序，或可促成其根据本公约提出请求，则在不影响本国法律的情况下，可无须事先请求而向该另一国主管当局提供这类资料。

五、根据本条第四款提供这类资料，不应影响提供资料的主管当局本国所进行的调查和刑事诉讼程序。接收资料的主管当局应遵守对资料保密的要求，即使是暂时保密的要求，或对资料使用的限制。但是，这不应妨碍接收缔约国在其诉讼中披露可证明被控告人无罪或罪轻的资料。在这种情况下，接收缔约国应在披露前通知提供缔约国，而且如果提供缔约国要求，还应与其磋商。如果在例外情况下不可能事先通知，接收缔约国应毫不迟延地将披露一事通告提供缔约国。

六、本条各项规定概不影响任何其他规范或将要规范整个或部分司法协助问题的双边或多边条约所规定的义务。

七、如果有关缔约国无司法协助条约的约束，则本条第九至二十九款应适用于根据本条提出的请求。如果有关缔约国有这类条约的约束，则适用条约的相应条款，除非这些缔约国同意代之以适用本条第九至二十九款。大力鼓励缔约国在这些款有助于合作时予以适用。

八、缔约国不得以银行保密为由拒绝提供本条所规定的司法协助。

九、缔约国可以非双重犯罪为由拒绝提供本条所规定的司法协助。但是，被请求缔约国可在其认为适当时在其斟酌决定的范围内提供协助，而不论该行为按被请求缔约国本国法律是否构成犯罪。

十、在一缔约国境内羁押或服刑的人，如果被要求到另一缔约国进行辨认、作证或提供其他协助，以便为就与本公约所涵盖的犯罪有关的侦查、起诉或审判程序取得证据，在满足以下条件的情况下，可予移送：

（一）该人在知情后自由表示同意；

（二）双方缔约国主管当局同意，但须符合这些缔约国认为适当的条件。

十一、就本条第十款而言：

（一）该人被移送前往的缔约国应有权力和义务羁押被移送人，除非移送缔约国另有要求或授权；

（二）该人被移送前往的缔约国应毫不迟延地履行义务，按照双方缔约国主管当局事先达成的协议或其他协议，将该人交还移送缔约国羁押；

（三）该人被移送前往的缔约国不得要求移送缔约国为该人的交还启动引渡程序；

（四）该人在被移送前往的国家的羁押时间应折抵在移送缔约国执行的刑期。

十二、除非按照本条第十款和第十一款移送该人的缔约国同意，无论该人国籍为何，均不得因其在离开移送国国境前的作为、不作为或定罪而在被移送前往的国家境内使其受到起诉、羁押、处罚或对其人身自由实行任何其他限制。

十三、各缔约国均应指定一中心当局，使其负责和有权接收司法协助请求并执行请求或将请求转交主管当局执行。如缔约国有实行单独司法协助制度的特区或领土，可另指定一个对该特区或领土具有同样职能的中心当局。中心当局应确保所收到的请求的迅速而妥善执行或转交。中心当局在将请求转交某一主管当局执行时，应鼓励该主管当局迅速而妥善地执行请求。各缔约国应在交存本公约批准书、接受书、核准书或加入书时将为此目的指定的中心当局通知联合国秘书长。司法协助请求以及与之有关的任何联系文件均应递交缔约国指定的中心当局。此项规定不得损害缔约国要求通过外交渠道以及在紧急和可能的情况下经有关缔约国同意通过国际刑事警察组织向其传递这种请求和联系文件的权利。

十四、请求应以被请求缔约国能接受的语文以书面形式提出，或在可能情况下以能够生成书面记录的任何形式提出，但须能使该缔约国鉴定其真伪。各缔约国应在其交存本公约批准书、接受书、核准书或加入书时将其所能接受的语文通知联合国秘书长。在紧急情况下，如经有关缔约国同意，请求可以口头方式提出，但应立即加以书面确认。

十五、司法协助请求书应载有：

（一）提出请求的当局；

（二）请求所涉的侦查、起诉或审判程序的事由和性质，以及进行此项侦查、起诉或审判程序的当局的名称和职能；

（三）有关事实的概述，但为送达司法文书提出的请求例外；

（四）对请求协助的事项和请求缔约国希望遵循的特定程序细节的说明；

（五）可能时，任何有关人员的身份、所在地和国籍；

（六）索取证据、资料或要求采取行动的目的。

十六、被请求缔约国可要求提供按照其本国法律执行该请求所必需或有助于执行该请求的补充资料。

十七、请求应根据被请求缔约国本国法律执行。在不违反被请求缔约国本国法律的情况下，如有可能，应遵循请求书中列明的程序执行。

十八、当在某一缔约国境内的某人需作为证人或鉴定人接受另一缔约国司法当局询问，且该人不可能或不愿到请求国出庭，则前一个缔约国可应该另一缔约国的请求，在可能且符合本国法律基本原则的情况下，允许以电视会议方式进行询问，缔约国可商定由请求缔约国司法当局进行询问且询问时应有被请求缔约国司法当局在场。

十九、未经被请求缔约国事先同意，请求缔约国不得将被请求缔约国提供的资料或证据转交或用于请求书所述以外的侦查、起诉或审判程序。本款规定不妨碍请求缔约国在其诉讼中披露可证明被告人无罪或罪轻的资料或证据。就后一种情形而言，请求缔约国应在披露之前通知被请求缔约国，并依请求与被请求缔约国磋商。如在例外情况下不可能事先通知时，请求缔约国应毫不迟延地将披露一事通告被请求缔约国。

二十、请求缔约国可要求被请求缔约国对其提出的请求及其内容保密，但为执行请求所必需时除外。如果被请求缔约国不能遵守保密要求，应立即通知请求缔约国。

二十一、在下列情况下可拒绝提供司法协助：

（一）请求未按本条的规定提出；

（二）被请求缔约国认为执行请求可能损害其主权、安全、公共秩序或其他基本利益；

（三）假如被请求缔约国当局依其管辖权对任何类似犯罪进行侦查、起诉或审判程序时，其本国法律将会禁止其对此类犯罪采取被请求的行动；

（四）同意此项请求将违反被请求国关于司法协助的法律制度。

二十二、缔约国不得仅以犯罪又被视为涉及财政事项为由拒绝司法协助请求。

二十三、拒绝司法协助时应说明理由。

二十四、被请求缔约国应尽快执行司法协助请求，并应尽可能充分地考虑到请求缔约国提出的、最好在请求中说明了理由的任何最后期限。被请求缔约国应依请求缔约国的合理要求就其处理请求的进展情况作出答复。请求国应在其不再需要被请求国提供所寻求的协助时迅速通知被请求缔约国。

二十五、被请求缔约国可以司法协助妨碍正在进行的侦查、起诉或审判为由而暂缓进行。

二十六、在根据本条第二十一款拒绝某项请求或根据本条第二十五款暂缓执行请求事项之前，被请求缔约国应与请求缔约国协商，以考虑是否可在其认为必要的条件下给予协助。请求缔约国如果接受附有条件限制的协助，则应遵守有关的条件。

二十七、在不影响本条第十二款的适用的情况下，应请求缔约国请求而同意到请求缔约国就某项诉讼作证或为某项侦查、起诉或审判程序提供协助的证人、鉴定人或其他人员，不应因其离开被请求缔约国领土之前的作为、不作为或定罪而在请求缔约国领土内被起诉、羁押、处罚，或在人身自由方面受到任何其他限制。如该证人、鉴定人或其他人员已得到司法当局不再需要其到场的正式通知，在自通知之日起连续十五天内或在缔约国所商定的任何期限内，有机会离开但仍自愿留在请求缔约国境内，或在离境后又自愿返回，则此项安全保障即不再有效。

二十八、除非有关缔约国另有协议，执行请求的一般费用应由被请求缔约国承担。如执行请求需要或将需要支付巨额或特殊性质的费用，则应由有关缔约国进行协商，以确定执行该请求的条件以及承担费用的办法。

二十九、被请求缔约国：

（一）应向请求缔约国提供其所拥有的根据其本国法律可向公众公开的政府记录、文件或资料的副本；

（二）可自行斟酌决定全部或部分地或按其认为适当的条件向请求缔约国提供其所拥有的根据其本国法律不向公众公开的任何政府记录、文件或资料的副本。

三十、缔约国应视需要考虑缔结有助于实现本条目的、具体实施或加强本条规定的双边或多边协定或安排的可能性。

### 第十九条　联合调查

缔约国应考虑缔结双边或多边协定或安排，以便有关主管当局可据以就涉及一国或多国刑事侦查、起诉或审判程序事由的事宜建立联合调查机构。如无这类协定或安排，则可在个案基础上商定进行这类联合调查。有关缔约国应确保拟在其境内进行该项调查的缔约国的主权受到充分尊重。

### 第二十条　特殊侦查手段

一、各缔约国均应在其本国法律基本原则许可的情况下，视可能并根据本国法律所规定的条件采取必要措施，允许其主管当局在其境内适当使用控制下交付并在其认为适当的情况下使用其他特殊侦查手段，如电子或其他形式的监视和特工行动，以有效地打击有组织犯罪。

二、为侦查本公约所涵盖的犯罪，鼓励缔约国在必要时为在国际一级合作时使用这类特殊侦查手段而缔结适当的双边或多边协定或安排。此类协定或安排的缔结和实施应充分遵循各国主权平等原则，执行时应严格遵守这类协定或安排的条件。

三、在无本条第二款所列协定或安排的情况下，关于在国际一级使用这种特殊侦查手段的决定，应在个案基础上作出，必要时还可考虑到有关缔约国就行使管辖权所达成的财务安排或谅解。

四、经各有关缔约国同意，关于在国际一级使用控制下交付的决定，可包括诸如拦截货物后允许其原封不动地或将其全部或部分取出替换后继续运送之类的办法。

### 第二十一条　刑事诉讼的移交

缔约国如认为相互移交诉讼有利于正当司法，特别是在涉及数国管辖权时，为了使起诉集中，应考虑相互移交诉讼的可能性，以便对本公约所涵盖的某项犯罪进行刑事诉讼。

**第二十六条** 加强与执法当局合作的措施

一、各缔约国均应采取适当措施，鼓励参与或曾参与有组织犯罪集团的个人：

（一）为主管当局的侦查和取证提供有用信息，例如：

1、有组织犯罪集团的身份、性质、组成情况、结构、所在地或活动；

2、与其他有组织犯罪集团之间的联系，包括国际联系；

3、有组织犯罪集团所实施或可能实施的犯罪；

（二）为主管当局提供可能有助于剥夺有组织犯罪集团的资源或犯罪所得的切实而具体的帮助。

二、对于在本公约所涵盖的任何犯罪的侦查或起诉中提供了实质性配合的被指控者，各缔约国均应考虑规定在适当情况下减轻处罚的可能性。

三、对于本公约所涵盖的犯罪的侦查或起诉中予以实质性配合者，各缔约国均应考虑根据其本国法律基本原则规定允许免于起诉的可能性。

四、应按本公约第二十四条的规定为此类人员提供保护。

五、如果本条第一款所述的、位于一缔约国的人员能给予另一缔约国主管当局以实质性配合，有关缔约国可考虑根据其本国法律订立关于由对方缔约国提供本条第二款和第三款所列待遇的协定或安排。

**第二十七条** 执法合作

一、缔约国应在符合本国法律和行政管理制度的情况下相互密切合作，以加强打击本公约所涵盖的犯罪的执法行动的有效性。各缔约国尤其应采取有效措施，以便：

（一）加强并在必要时建立各国主管当局、机构和部门之间的联系渠道，以促进安全、迅速地交换有关本公约所涵盖犯罪的各个方面的情报，有关缔约国认为适当时还可包括与其他犯罪活动的联系的有关情报；

（二）同其他缔约国合作，就以下与本公约所涵盖的犯罪有关的事项进行调查：

1、涉嫌这类犯罪的人的身份、行踪和活动，或其他有关人员的所在地点；

2、来自这类犯罪的犯罪所得或财产的去向；

3、用于或企图用于实施这类犯罪的财产、设备或其他工具的去向；

（三）在适当情况下提供必要数目或数量的物品以供分析或调查之用；

（四）促进各缔约国主管当局、机构和部门之间的有效协调，并加强人员和其他专家的交流，包括根据有关缔约国之间的双边协定和安排派出联络官员；

（五）与其他缔约国交换关于有组织犯罪集团采用的具体手段和方法的资料，视情况包括关于路线和交通工具，利用假身份、经变造或伪造的证件或其他掩盖其活动的手段的资料；

（六）交换情报并协调为尽早查明本公约所涵盖的犯罪而酌情采取的行政和其他措施。

二、为实施本公约，缔约国应考虑订立关于其执法机构间直接合作的双边或多边协定或安排，并在已有这类协定或安排的情况下考虑对其进行修正。如果有关缔约国之间尚未订立这类协定或安排，缔约国可考虑以本公约为基础，进行针对本公约所涵盖的任何犯罪的相互执法合作。缔约国应在适当情况下充分利用各种协定或安排，包括国际或区域组织，以加强缔约国执法机构之间的合作。

三、缔约国应努力在力所能及的范围内开展合作，以便对借助现代技术实施的跨国有组织犯罪作出反应。

**第二十八条** 收集、交流和分析关于有组织犯罪的性质的资料

一、各缔约国均应考虑在同科技和学术界协商的情况下，分析其领域内的有组织犯罪的趋势、活动环境以及所涉及的专业团体和技术。

二、缔约国应考虑相互并通过国际和区域组织研究和分享与有组织犯罪活动有关的分析性专门知识。为此目的，应酌情制定和适用共同的定义、标准和方法。

三、各缔约国均应考虑对其打击有组织犯罪的政策和实际措施进行监测，并对这些政策和措施的有效性和效果进行评估。

**第二十九条** 培训和技术援助

一、各缔约国均应在必要时为其执法人员，包括检察官、进行调查的法官和海关人员及其他负责预防、侦查和控制本公约所涵盖的犯罪的人员开展、拟订或改进具体的培训方案。这类方案可包括人员借调和交流。这类方案应在本国法律所允许的范围内特别针对以下方面：

（一）预防、侦查和控制本公约所涵盖的犯罪的方法；

（二）涉嫌参与本公约所涵盖的犯罪的人所使用的路线和手段，包括在过境国使用的路线和手段，以及适当的对策；

（三）对违禁品走向的监测；

（四）侦查和监测犯罪所得、财产、设备或其他工具的去向和用于转移、隐瞒或掩饰此种犯罪所得、财产、设备或其他工具的手法，以及用以打击洗钱和其他金融犯罪的方法；

（五）收集证据；

（六）自由贸易区和自由港中的控制手段；

（七）现代化执法设备和技术，包括电子监视、控制下交付和特工行动；

（八）打击借助于计算机、电信网络或其他形式现代技术所实施的跨国有组织犯罪的方法；

（九）保护被害人和证人的方法。

二、缔约国应相互协助，规划并实施旨在分享本条第一款所提及领域专门知识的研究和培训方案，并应为此目的酌情利用区域和国际会议和研讨会，促进对共同关心的问题，包括过境国的特殊问题和需要的合作和讨论。

三、缔约国应促进有助于引渡和司法协助的培训和技术援助。这种培训和技术援助可包括对中心当局或负有相关职责的机构的人员进行语言培训、开展借调和交流。

四、在有双边和多边协定的情况下，缔约国应加强必要的努力，在国际组织和区域组织的范围内以及其他有关的双边和多边协定或安排的范围内，最大限度地开展业务及培训活动。

**第三十条** 其他措施：通过经济发展和技术援助执行公约

一、缔约国应通过国际合作采取有助于最大限度优化本公约执行的措施，同时应考虑到有组织犯罪对社会，尤其是对可持续发展的消极影响。

二、缔约国应相互协调并同国际和区域组织协调，尽可能作出具体努力：

（一）加强其同发展中国家在各级的合作，以提高发展中国家预防和打击跨国有组织犯罪的能力；

（二）加强财政和物质援助，支持发展中国家同跨国有组织犯罪作有效斗争的努力，并帮助它们顺利执行本公约；

（三）向发展中国家和经济转型期国家提供技术援助，以协助它们满足在执行本公约方面的需要。为此，缔约国应努力向联合国筹资机制中为此目的专门指定的账户提供充分的经常性自愿捐款。缔约国还可根据其本国法律和本公约规定，特别考虑向上述账户捐出根据本公约规定没收的犯罪所得或财产中一定比例的金钱或相应的价值；

（四）根据本条规定视情况鼓励和争取其他国家和金融机构与其一道共同努力，特别是向发展中国家提供更多的培训方案和现代化设备，以协助它们实现本公约的各项目标。

三、这些措施应尽量不影响现有对外援助承诺或其他多边、区域或国际一级的财政合作安排。

四、缔约国可缔结关于物资和后勤援助的双边或多边协议或安排，同时考虑到为使本公约所规定的国际合作方式行之有效和预防、侦查与控制跨国有组织犯罪所必需的各种财政安排。

## 第五十九条【追逃追赃和防逃规定】

国家监察委员会加强对反腐败国际追逃追赃和防逃工作的组织协调，督促有关单位做好相关工作：

（一）对于重大贪污贿赂、失职渎职等职务犯罪案件，被调查人逃匿到国（境）外，掌握证据比较确凿的，通过开展境外追逃合作，追捕归案；

（二）向赃款赃物所在国请求查询、冻结、扣押、没收、追缴、返还涉案资产；

（三）查询、监控涉嫌职务犯罪的公职人员及其相关人员进出国（境）和跨境资金流动情况，在调查案件过程中设置防逃程序。

### 关联法规指引

**59.11《中华人民共和国监察法实施条例》（2021年9月20日）（节录）**

**第二百三十六条** 国家监察委员会国际合作局归口管理监察机关反腐败国际追逃追赃等涉外案件办理工作。地方各级监察委员会应当明确专责部门，归口管理本地区涉外案件办理工作。

国家监察委员会派驻或者派出的监察机构、监察专员和地方各级监察机关办理涉外案件中有关执法司法国际合作事项，应当逐级报送国家监察委员会审批。由国家监察委员会依法直接或者协调有关单位与有关国家（地区）相关机构沟通，以双方认可的方式实施。

**第二百三十七条** 监察机关应当建立追逃追赃和防逃工作内部联络机制。承办部门在调查过程中，发现被调查人或者重要涉案人员外逃、违法所得及其他涉案财产被转移到境外的，可以请追逃追赃部门提供工作协助。监察机关将案件移送人民检察院审查起诉后，仍有重要涉案人员外逃或者未追缴的违法所得及其他涉案财产的，应当由追逃追赃部门继续办理，或者由追逃追赃部门指定协调有关单位办理。

**第二百三十八条** 监察机关应当将防逃工作纳入日常监督内容，督促相关机关、单位建立健全防逃责任机制。

监察机关在监督、调查工作中，应当根据情况制定对监察对象、重要涉案人员的防逃方案，防范人员外逃和资金外流风险。监察机关应当会同同级组织人事、外事、公安、移民管理等单位健全防逃预警机制，对存在外逃风险的监察对象早发现、早报告、早处置。

**第二百三十九条** 监察机关应当加强与同级人民银行、公安等单位的沟通协作，推动预防、打击利用离岸公司和地下钱庄等向境外转移违法所得及其他涉案财产，对涉及职务违法和职务犯罪的行为依法进行调查。

**第二百四十条** 国家监察委员会派驻或者派出的监察机构、监察专员和地方各级监察委员会发现监察对象出逃、失踪、出走，或者违法所得及其他涉案财产被转移至境外的，应当在二十四小时以内将有关信息逐级报送至国家监察委员会国际合作局，并迅速开展相关工作。

**第二百四十一条** 监察机关追逃追赃部门统一接收巡视巡察机构、审计机关、行政执法部门、司法机关等单位移交的外逃信息。

监察机关对涉嫌职务违法和职务犯罪的外逃人员，应当明确承办部门，建立案件档案。

**第二百四十二条** 监察机关应当依法全面收集外逃人员涉嫌职务违法和职务犯罪证据。

**第二百四十三条** 开展反腐败国际追逃追赃等涉外案件办理工作，应当把思想教育贯穿始终，落实宽严相济刑事政策，依法适用认罪认罚从宽制度，促使外逃人员回国投案或者配合调查、主动退赃。开展相关工作，应当尊重所在国家（地区）的法律规定。

**第二百四十四条** 外逃人员归案、违法所得及其他涉案财产被追缴后，承办案件的监察机关应当将情况逐级报送国家监察委员会国际合作局。监察机关应当依法对涉案人员和违法所得及其他涉案财产作出处置，或者请有关单位依法处置。对不需要继续采取相关措施的，应及时解除或者撤销。

## 59.21《中国共产党纪律处分条例》（2024年1月1日）（节录）

**第九十条** 违反有关规定取得外国国籍或者获取国（境）外永久居留资格、长期居留许可的，给予撤销党内职务、留党察看或者开除党籍处分。

**第九十一条** 违反有关规定办理因私出国（境）证件、前往港澳通行证，或者未经批准出入国（边）境，情节较轻的，给予警告或者严重警告处分；情节较重的，给予撤销党内职务或者留党察看处分；情节严重的，给予开除党籍处分。

虽经批准因私出国（境）但存在擅自变更路线、无正当理由超期未归等超出批准范围出国（境）行为，情节较重的，给予警告或者严重警告处分；情节严重的，给予撤销党内职务处分。

**第九十二条** 驻外机构或者临时出国（境）团（组）中的党员擅自脱离组织，或者从事外事、机要、军事等工作的党员违反有关规定同国（境）外机构、人员联系和交往的，给予警告、严重警告或者撤销党内职务处分。

**第九十三条** 驻外机构或者临时出国（境）团（组）中的党员，脱离组织出走时间不满六个月又自动回归的，给予撤销党内职务或者留党察看处分；脱离组织出走时间超过六个月的，按照自行脱党处理，党内予以除名。

故意为他人脱离组织出走提供方便条件的，给予警告、严重警告或者撤销党内职务处分。

## 59.22《领导干部报告个人有关事项规定》（2017年2月8日）（节录）

**第三条** 领导干部应当报告下列本人婚姻和配偶、子女移居国（境）外、从业等事项：

（一）本人的婚姻情况；

（二）本人持有普通护照以及因私出国的

情况;

（三）本人持有往来港澳通行证、因私持有大陆居民往来台湾通行证以及因私往来港澳、台湾的情况;

（四）子女与外国人、无国籍人通婚的情况;

（五）子女与港澳以及台湾居民通婚的情况;

（六）配偶、子女移居国（境）外的情况，或者虽未移居国（境）外，但连续在国（境）外工作、生活一年以上的情况;

（七）配偶、子女及其配偶的从业情况，含受聘担任私营企业的高级职务，在外商独资企业、中外合资企业、境外非政府组织在境内设立的代表机构中担任由外方委派、聘任的高级职务，以及在国（境）外的从业情况和职务情况;

（八）配偶、子女及其配偶被司法机关追究刑事责任的情况。

本规定所称"子女"，包括领导干部的婚生子女、非婚生子女、养子女和有抚养关系的继子女。

本规定所称"移居国（境）外"，是指取得外国国籍或者获取国（境）外永久居留资格、长期居留许可。

**第四条**　领导干部应当报告下列收入、房产、投资等事项：

（一）本人的工资及各类奖金、津贴、补贴等;

（二）本人从事讲学、写作、咨询、审稿、书画等劳务所得;

（三）本人、配偶、共同生活的子女为所有权人或者共有人的房产情况，含有单独产权证书的车库、车位、储藏间等（已登记的房产，面积以不动产权证、房屋所有权证记载的为准，未登记的房产，面积以经备案的房屋买卖合同记载的为准）;

（四）本人、配偶、共同生活的子女投资或者以其他方式持有股票、基金、投资型保险等的情况;

（五）配偶、子女及其配偶经商办企业的情况，包括投资非上市股份有限公司、有限责任公司，注册个体工商户、个人独资企业、合伙企业等，以及在国（境）外注册公司或者投资入股等的情况;

（六）本人、配偶、共同生活的子女在国（境）外的存款和投资情况。

本规定所称"共同生活的子女"，是指领导干部不满18周岁的未成年子女和由其抚养的不能独立生活的成年子女。

本规定所称"股票"，是指在上海证券交易所、深圳证券交易所、全国中小企业股份转让系统等发行、交易或者转让的股票。所称"基金"，是指在我国境内发行的公募基金和私募基金。所称"投资型保险"，是指具有保障和投资双重功能的保险产品，包括人身保险投资型保险和财产保险投资型保险。

# 第七章　对监察机关和监察人员的监督

## 第六十条【人大监督】

各级监察委员会应当接受本级人民代表大会及其常务委员会的监督。

各级人民代表大会常务委员会听取和审议本级监察委员会的专项工作报告，组织执法检查。

县级以上各级人民代表大会及其常务委员会举行会议时，人民代表大会代表或者常务委员会组成人员可以依照法律规定的程序，就监察工作中的有关问题提出询问或者质询。

---

### 关联法规指引

**60.11《中华人民共和国监察法实施条例》（2021年9月20日）（节录）**

**第二百五十一条**　监察机关和监察人员必须自觉坚持党的领导，在党组织的管理、监督下开展工作，依法接受本级人民代表大会及其常务委员会的监督，接受民主监督、司法监督、社会监督、舆论监督，加强内部监督制约机制建设，确保权力受到严格的约束和监督。

**第二百五十二条**　各级监察委员会应当按照监察法第五十三条第二款规定，由主任在本级人民代表大会常务委员会全体会议上报告专项工作。

在报告专项工作前，应当与本级人民代表大会有关专门委员会沟通协商，并配合开展调查研究等工作。各级人民代表大会常务委员会审议专项工作报告时，本级监察委员会应当根据要求派出领导成员列席相关会议，听取意见。

各级监察委员会应当认真研究办理本级人民代表大会常务委员会反馈的审议意见，并按照要求书面报告办理情况。

**第二百五十三条**　各级监察委员会应当积极接受、配合本级人民代表大会常务委员会组织的执法检查。对本级人民代表大会常务委员会的执法检查报告，应当认真研究处理，并向其报告处理情况。

**第二百五十四条**　各级监察委员会在本级人民代表大会常务委员会会议审议与监察工作有关的议案和报告时，应当派相关负责人到会听取意见，回答询问。

监察机关对依法交由监察机关答复的质询案应当按照要求进行答复。口头答复的，由监察机关主要负责人或者委派相关负责人到会答复。书面答复的，由监察机关主要负责人签署。

**60.12《中华人民共和国宪法》（2018年3月11日）（节录）**

**第三条**

……

国家行政机关、监察机关、审判机关、检

察机关都由人民代表大会产生,对它负责,受它监督。

……

**第六十二条** 全国人民代表大会行使下列职权:

……

(七)选举国家监察委员会主任;

……

**第六十三条** 全国人民代表大会有权罢免下列人员:

……

(四)国家监察委员会主任;

……

**第六十七条** 全国人民代表大会常务委员会行使下列职权:

……

(六)监督国务院、中央军事委员会、国家监察委员会、最高人民法院和最高人民检察院的工作;

……

(十一)根据国家监察委员会主任的提请,任免国家监察委员会副主任、委员;

……

**第一百零一条**

……

县级以上的地方各级人民代表大会选举并且有权罢免本级监察委员会主任、本级人民法院院长和本级人民检察院检察长。选出或者罢免人民检察院检察长,须报上级人民检察院检察长提请该级人民代表大会常务委员会批准。

**第一百零四条** 县级以上的地方各级人民代表大会常务委员会讨论、决定本行政区域内各方面工作的重大事项;监督本级人民政府、监察委员会、人民法院和人民检察院的工作;撤销本级人民政府的不适当的决定和命令;撤销下一级人民代表大会的不适当的决议;依照法律规定的权限决定国家机关工作人员的任免;在本级人民代表大会闭会期间,罢免和补选上一级人民代表大会的个别代表。

**第一百二十六条** 国家监察委员会对全国人民代表大会和全国人民代表大会常务委员会负责。地方各级监察委员会对产生它的国家权力机关和上一级监察委员会负责。

## 60.13《中华人民共和国全国人民代表大会组织法》(2021年3月12日)(节录)

**第四十六条** 全国人民代表大会代表向全国人民代表大会或者全国人民代表大会常务委员会提出的对各方面工作的建议、批评和意见,由全国人民代表大会常务委员会办事机构交由有关机关、组织研究办理并负责答复。

对全国人民代表大会代表提出的建议、批评和意见,有关机关、组织应当与代表联系沟通,充分听取意见,介绍有关情况,认真研究办理,及时予以答复。

全国人民代表大会有关专门委员会和常务委员会办事机构应当加强对办理工作的督促检查。常务委员会办事机构每年向常务委员会报告代表建议、批评和意见的办理情况,并予以公开。

## 第六十一条【外部监督】

监察机关应当依法公开监察工作信息,接受民主监督、社会监督、舆论监督。

### 关联法规指引

**61.11《中华人民共和国监察法实施条例》(2021年9月20日)(节录)**

第二百五十五条 各级监察机关应当通过互联网政务媒体、报刊、广播、电视等途径,向社会及时准确公开下列监察工作信息:

(一)监察法规;

(二)依法应当向社会公开的案件调查信息;

(三)检举控告地址、电话、网站等信息;

(四)其他依法应当公开的信息。

第二百五十六条 各级监察机关可以根据工作需要,按程序选聘特约监察员履行监督、咨询等职责。特约监察员名单应当向社会公布。

监察机关应当为特约监察员依法开展工作提供必要条件和便利。

**61.12《中华人民共和国宪法》(2018年3月11日)(节录)**

第二十七条

……

一切国家机关和国家工作人员必须依靠人民的支持,经常保持同人民的密切联系,倾听人民的意见和建议,接受人民的监督,努力为人民服务。

……

第四十一条 中华人民共和国公民对于任何国家机关和国家工作人员,有提出批评和建议的权利;对于任何国家机关和国家工作人员的违法失职行为,有向有关国家机关提出申诉、控告或者检举的权利,但是不得捏造或者歪曲事实进行诬告陷害。

对于公民的申诉、控告或者检举,有关国家机关必须查清事实,负责处理。任何人不得压制和打击报复。

……

**61.13《中华人民共和国监察官法》(2022年1月1日)(节录)**

第七条 监察机关应当建立健全对监察官的监督制度和机制,确保权力受到严格约束。

监察官应当自觉接受组织监督和民主监督、社会监督、舆论监督。

第四十五条 监察委员会根据工作需要,按照规定从各方面代表中聘请特约监察员等监督人员,对监察官履行职责情况进行监督,提出加强和改进监察工作的意见、建议。

**61.21《中国共产党党务公开条例(试行)》(2017年12月20日)(节录)**

第十六条 党的组织应当根据党务公开的内容和范围,选择适当的公开方式。

在党内公开的,一般采取召开会议、制

发文件、编发简报、在局域网发布等方式。向社会公开的，一般采取发布公报、召开新闻发布会、接受采访，在报刊、广播、电视、互联网、新媒体、公开栏发布等方式，优先使用党报党刊、电台电视台、重点新闻网站等党的媒体进行发布。

党的中央纪律检查机关、党中央有关工作机关，县级以上地方党委以及地方纪律检查机关、地方党委有关工作机关应当建立和完善党委新闻发言人制度，逐步建立例行发布制度，及时准确发布重要党务信息。

**第二十一条** 党的组织应当将党务公开工作情况作为履行全面从严治党政治责任的重要内容，对下级组织及其主要负责人进行考核。

党的组织应当每年向有关党员和群众通报党务公开情况，并纳入党员民主评议范围，主动听取群众意见。

### 61.22《中国共产党工作机关条例（试行）》（2017年3月1日）（节录）

**第二十四条** 党的工作机关领导班子应当自觉接受党内监督和群众监督。领导班子成员应当如实向党组织报告个人有关事项、述职述廉述德，接受组织监督。

### 61.23《中国共产党党内监督条例》（2016年10月27日）（节录）

**第三十四条** 加强对纪律检查机关的监督。发现纪律检查机关及其工作人员有违反纪律问题的，必须严肃处理。各级纪律检查机关必须加强自身建设，健全内控机制，自觉接受党内监督、社会监督、群众监督，确保权力受到严格约束。

**第三十八条** 中国共产党同各民主党派长期共存、互相监督、肝胆相照、荣辱与共。各级党组织应当支持民主党派履行监督职能，重视民主党派和无党派人士提出的意见、批评、

建议，完善知情、沟通、反馈、落实等机制。

**第三十九条** 各级党组织和党的领导干部应当认真对待、自觉接受社会监督，利用互联网技术和信息化手段，推动党务公开、拓宽监督渠道，虚心接受群众批评。新闻媒体应当坚持党性和人民性相统一，坚持正确导向，加强舆论监督，对典型案例进行剖析，发挥警示作用。

### 61.24《中国共产党纪律检查机关控告申诉工作条例》（1993年9月1日）（节录）

**第三十八条** 受理机关及其工作人员，在坚持原则、执行政策、秉公执纪、廉洁奉公、遵纪守法、工作作风等方面，必须接受党内外群众的监督。

**第三十九条** 各级纪律检查机关的领导对重要的检举、控告、申诉，应亲自阅批、接谈，进行处理；要支持承办人员履行职责，保护他们的合法权益不受侵害。

### 61.25《中国共产党纪律检查机关监督执纪工作规则》（2019年1月1日）（节录）

**第六十条** 纪检监察机关应当严格依照党内法规和国家法律，在行使权力上慎之又慎，在自我约束上严之又严，强化自我监督，健全内控机制，自觉接受党内监督、社会监督、群众监督，确保权力受到严格约束，坚决防止"灯下黑"。

纪检监察机关应当加强对监督执纪工作的领导，切实履行自身建设主体责任，严格教育、管理、监督，使纪检监察干部成为严守纪律、改进作风、拒腐防变的表率。

### 61.26《国家监察委员会特约监察员工作办法》（2018年8月24日）（节录）

**第九条** 特约监察员履行下列职责：

（一）对纪检监察机关及其工作人员履行

职责情况进行监督，提出加强和改进纪检监察工作的意见、建议；

（二）对制定纪检监察法律法规、出台重大政策、起草重要文件、提出监察建议等提供咨询意见；

（三）参加国家监察委员会组织的调查研究、监督检查、专项工作；

（四）宣传纪检监察工作的方针、政策和成效；

（五）办理国家监察委员会委托的其他事项。

第十条 特约监察员履行职责享有下列权利：

（一）了解国家监察委员会和各省、自治区、直辖市监察委员会开展监察工作、履行监察职责情况，提出意见、建议和批评；

（二）根据履职需要并按程序报批后，查阅、获得有关文件和资料；

（三）参加或者列席国家监察委员会组织的有关会议；

（四）参加国家监察委员会组织的有关业务培训；

（五）了解、反映有关行业、领域廉洁从政从业情况及所提意见建议办理情况；

（六）受国家监察委员会委托开展工作时，享有与受托工作相关的法定权限。

第十一条 特约监察员应当履行下列义务：

（一）模范遵守宪法和法律，保守国家秘密、工作秘密以及因履行职责掌握的商业秘密和个人隐私，廉洁自律、接受监督；

（二）学习、掌握有关纪检监察法律法规和业务；

（三）参加国家监察委员会组织的活动，遵守国家监察委员会有关工作制度，按照规定的权限和程序认真履行职责；

（四）履行特约监察员职责过程中，遇有利益冲突情形时主动申请回避；

（五）未经国家监察委员会同意，不得以特约监察员身份发表言论、出版著作，参加有关社会活动；

（六）不得以特约监察员身份谋取任何私利和特权。

第十二条 国家监察委员会为特约监察员依法开展对监察机关及其工作人员监督等工作提供必要的工作条件和便利。

第十三条 特约监察员因履行本办法规定职责所支出的相关费用，由国家监察委员会按规定核报。

特约监察员履行本办法规定职责所需经费，列入国家监察委员会业务经费保障范围。

## 第六十二条【特约监察员】

监察机关根据工作需要，可以从各方面代表中聘请特约监察员。特约监察员按照规定对监察机关及其工作人员履行职责情况实行监督。

**关联法规指引**

**62.11《中华人民共和国监察法实施条例》（2021年9月20日）（节录）**

**第二百五十六条** 各级监察机关可以根据工作需要，按程序选聘特约监察员履行监督、咨询等职责。特约监察员名单应当向社会公布。

监察机关应当为特约监察员依法开展工作提供必要条件和便利。

**62.12《中华人民共和国监察官法》（2022年1月1日）（节录）**

**第四十五条** 监察委员会根据工作需要，按照规定从各方面代表中聘请特约监察员等监督人员，对监察官履行职责情况进行监督，提出加强和改进监察工作的意见、建议。

**62.21《国家监察委员会特约监察员工作办法》（2018年8月24日）**

**第一条** 为深化国家监察体制改革，充分发挥中央纪律检查委员会和国家监察委员会合署办公优势，推动监察机关依法接受民主监督、社会监督、舆论监督，规范特约监察员工作，根据《中华人民共和国监察法》，制定本办法。

**第二条** 特约监察员是国家监察委员会根据工作需要，按照一定程序优选聘请，以兼职形式履行监督、咨询等相关职责的公信人士。

特约监察员主要从全国人大代表中优选聘请，也可以从全国政协委员、中央和国家机关有关部门工作人员，各民主党派成员、无党派人士，企业、事业单位和社会团体代表，专家学者，媒体和文艺工作者，以及一线代表和基层群众中优选聘请。

**第三条** 特约监察员工作应当坚持以习近平新时代中国特色社会主义思想为指导，聚焦中央纪律检查委员会和国家监察委员会中心工作，专注服务于全面从严治党、党风廉政建设和反腐败工作大局，着重发挥对监察机关及其工作人员的监督作用，着力发挥参谋咨询、桥梁纽带、舆论引导作用。

**第四条** 特约监察员应当具备下列条件：

（一）坚持中国共产党领导和拥护党的路线、方针、政策，走中国特色社会主义道路，遵守中华人民共和国宪法和法律、法规，具有中华人民共和国国籍；

（二）有较高的业务素质，具备与履行职责相应的专业知识和工作能力，在各自领域有一定代表性和影响力；

（三）热心全面从严治党、党风廉政建设和反腐败工作，有较强的责任心，认真履行职责，热爱特约监察员工作；

（四）坚持原则、实事求是，密切联系群众，公正廉洁、作风正派，遵守职业道德和社会公德；

（五）身体健康。

第五条　受到党纪处分、政务处分、刑事处罚的人员，以及其他不适宜担任特约监察员的人员，不得聘请为特约监察员。

第六条　特约监察员的聘请由国家监察委员会依照下列程序进行：

（一）根据工作需要，会同有关部门、单位提出特约监察员推荐人选，并征得被推荐人所在单位及本人同意；

（二）会同有关部门、单位对特约监察员推荐人选进行考察；

（三）经中央纪委国家监委对考察情况进行研究，确定聘请特约监察员人选；

（四）聘请人选名单及意见抄送特约监察员所在单位及推荐单位，并在中央纪委国家监委组织部备案；

（五）召开聘请会议，颁发聘书，向社会公布特约监察员名单。

第七条　特约监察员在国家监察委员会领导班子产生后换届，每届任期与本届领导班子任期相同，连续任职一般不得超过两届。

特约监察员受聘期满自然解聘。

第八条　特约监察员具有下列情形之一的，国家监察委员会商推荐单位予以解聘，由推荐单位书面通知本人及所在单位：

（一）受到党纪处分、政务处分、刑事处罚的；

（二）因工作调整、健康状况等原因不宜继续担任特约监察员的；

（三）本人申请辞任特约监察员的；

（四）无正当理由连续一年不履行特约监察员职责和义务的；

（五）有其他不宜继续担任特约监察员的情形的。

第九条　特约监察员履行下列职责：

（一）对纪检监察机关及其工作人员履行职责情况进行监督，提出加强和改进纪检监察工作的意见、建议；

（二）对制定纪检监察法律法规、出台重大政策、起草重要文件、提出监察建议等提供咨询意见；

（三）参加国家监察委员会组织的调查研究、监督检查、专项工作；

（四）宣传纪检监察工作的方针、政策和成效；

（五）办理国家监察委员会委托的其他事项。

第十条　特约监察员履行职责享有下列权利：

（一）了解国家监察委员会和各省、自治区、直辖市监察委员会开展监察工作、履行监察职责情况，提出意见、建议和批评；

（二）根据履职需要并按程序报批后，查阅、获得有关文件和资料；

（三）参加或者列席国家监察委员会组织的有关会议；

（四）参加国家监察委员会组织的有关业务培训；

（五）了解、反映有关行业、领域廉洁从政从业情况及所提意见建议办理情况；

（六）受国家监察委员会委托开展工作时，享有与受托工作相关的法定权限。

第十一条　特约监察员应当履行下列义务：

（一）模范遵守宪法和法律，保守国家秘密、工作秘密以及因履行职责掌握的商业秘密和个人隐私，廉洁自律、接受监督；

（二）学习、掌握有关纪检监察法律法规和业务；

（三）参加国家监察委员会组织的活动，遵守国家监察委员会有关工作制度，按照规定的权限和程序认真履行职责；

（四）履行特约监察员职责过程中，遇有

利益冲突情形时主动申请回避；

（五）未经国家监察委员会同意，不得以特约监察员身份发表言论、出版著作，参加有关社会活动；

（六）不得以特约监察员身份谋取任何私利和特权。

**第十二条** 国家监察委员会为特约监察员依法开展对监察机关及其工作人员监督等工作提供必要的工作条件和便利。

**第十三条** 特约监察员因履行本办法规定职责所支出的相关费用，由国家监察委员会按规定核报。

特约监察员履行本办法规定职责所需经费，列入国家监察委员会业务经费保障范围。

**第十四条** 国家监察委员会负责特约监察员工作的办事机构设在办公厅，履行下列职责：

（一）统筹协调特约监察员相关工作，完善工作机制，制定工作计划，对国家监察委员会相关部门落实特约监察员工作机制和计划情况进行督促检查，总结、报告特约监察员年度工作情况；

（二）组织开展特约监察员聘请、解聘等工作；

（三）组织特约监察员参加有关会议或者活动，定期开展走访，通报工作、交流情况，听取意见、建议；

（四）受理、移送、督办特约监察员提出的意见、建议和批评，并予以反馈；

（五）协调有关部门，定期向特约监察员提供有关刊物、资料，组织开展特约监察员业务培训；

（六）承担监察机关特约监察员工作的联系和指导，组织经验交流，加强和改进特约监察员工作；

（七）对特约监察员进行动态管理和考核；

（八）加强与特约监察员所在单位及推荐单位的沟通联系，了解特约监察员工作情况，反馈特约监察员履职情况，并征求意见、建议；

（九）办理其他相关工作。

**第十五条** 特约监察员不脱离本职工作岗位，工资、奖金、福利待遇由所在单位负责。

## 第五章 附 则

**第十六条** 本办法由国家监察委员会负责解释。

**第十七条** 本办法自2018年8月24日起施行。2013年10月10日原监察部公布的《监察机关特邀监察员工作办法》同时废止。

## 第六十三条【内部监督】

监察机关通过设立内部专门的监督机构等方式,加强对监察人员执行职务和遵守法律情况的监督,建设忠诚、干净、担当的监察队伍。

**关联法规指引**

**63.11《中华人民共和国监察法实施条例》(2021年9月20日)(节录)**

第二百五十八条　监察机关应当建立监督检查、调查、案件监督管理、案件审理等部门相互协调制约的工作机制。

监督检查和调查部门实行分工协作、相互制约。监督检查部门主要负责联系地区、部门、单位的日常监督检查和对涉嫌一般违法问题线索处置。调查部门主要负责对涉嫌严重职务违法和职务犯罪问题线索进行初步核实和立案调查。

案件监督管理部门负责对监督检查、调查工作全过程进行监督管理,做好线索管理、组织协调、监督检查、督促办理、统计分析等工作。案件监督管理部门发现监察人员在监督检查、调查中有违规办案行为的,及时督促整改;涉嫌违纪违法的,根据管理权限移交相关部门处理。

第二百五十九条　监察机关应当对监察权运行关键环节进行经常性监督检查,适时开展专项督查。案件监督管理、案件审理等部门应当按照各自职责,对问题线索处置、调查措施使用、涉案财物管理等进行监督检查,建立常态化、全覆盖的案件质量评查机制。

第二百六十条　监察机关应当加强对监察人员执行职务和遵纪守法情况的监督,按照管理权限依法对监察人员涉嫌违法犯罪问题进行调查处置。

第二百六十一条　监察机关及其监督检查、调查部门负责人应当定期检查调查期间的录音录像、谈话笔录、涉案财物登记资料,加强对调查全过程的监督,发现问题及时纠正并报告。

第二百六十五条　上级监察机关应当通过专项检查、业务考评、开展复查等方式,强化对下级监察机关及监察人员执行职务和遵纪守法情况的监督。

第二百六十六条　监察机关应当对监察人员有计划地进行政治、理论和业务培训。培训应当坚持理论联系实际、按需施教、讲求实效,突出政治机关特色,建设高素质专业化监察队伍。

**63.12《中华人民共和国监察官法》(2022年1月1日)(节录)**

第四十二条　监察机关应当规范工作流程,加强内部监督制约机制建设,强化对监察官执行职务和遵守法律情况的监督。

**63.21《中国共产党党内监督条例》(2016年10月27日)(节录)**

第三十四条　加强对纪律检查机关的监督。发现纪律检查机关及其工作人员有违反纪律问题的,必须严肃处理。各级纪律检查机关必须加强自身建设，健全内控机制，自觉接受党内监督、社会监督、群众监督，确保权力受到严格约束。

### 63.22《中国共产党纪律检查机关监督执纪工作规则》（2019年1月1日）（节录）

**第六十条** 纪检监察机关应当严格依照党内法规和国家法律，在行使权力上慎之又慎，在自我约束上严之又严，强化自我监督，健全内控机制，自觉接受党内监督、社会监督、群众监督，确保权力受到严格约束，坚决防止"灯下黑"。

纪检监察机关应当加强对监督执纪工作的领导，切实履行自身建设主体责任，严格教育、管理、监督，使纪检监察干部成为严守纪律、改进作风、拒腐防变的表率。

**第六十三条** 纪检监察机关应当加强干部队伍作风建设，树立依规依法、纪律严明、作风深入、工作扎实、谦虚谨慎、秉公执纪的良好形象，力戒形式主义、官僚主义，力戒特权思想，力戒口大气粗、颐指气使，不断提高思想政治水平和把握政策能力，建设让党放心、人民信赖的纪检监察干部队伍。

### 63.23《中国共产党党内法规和规范性文件备案审查规定》（2019年8月30日）（节录）

**第六条** 中央纪律检查委员会、党中央（决策）议事协调机构以及党中央工作机关、党中央直属事业单位、党中央批准设立的党组（党委），各省、自治区、直辖市党委应当向党中央报备党内法规和规范性文件。

向地方党委报备规范性文件的党组织范围，参照前款规定。

**第七条** 中央纪律检查委员会以及党中央工作机关、有关中央国家机关部门党组（党委）可以根据工作需要，依照本规定精神建立系统内备案制度。

……

### 63.24《干部选拔任用工作监督检查和责任追究办法》（2019年5月13日）（节录）

**第三十四条** 对违规选人用人问题，党委（党组）负全面领导责任，领导班子主要负责人和直接主管的班子成员承担主要领导责任，参与决策的领导班子其他成员承担领导责任。组织（人事）部门、纪检监察机关、干部考察组有关负责人和其他责任人员在各自职责范围内承担相应责任。

**第三十七条** 干部选拔任用工作有下列情形之一，应当追究纪检监察机关有关负责人和其他责任人员的责任：

（一）不如实回复拟任人选廉洁自律情况并提出结论性意见的；

（二）对收到的反映拟任人选问题线索具体、有可查性的信访举报不按照规定调查核实，或者对相关违纪违法问题不按照规定调查处理的；

（三）不按照规定履行干部选拔任用工作监督职责造成严重后果的；

（四）其他应当追究的失职失责情形。

## 第六十四条【禁闭措施】

监察人员涉嫌严重职务违法或者职务犯罪，为防止造成更为严重的后果或者恶劣影响，监察机关经依法审批，可以对其采取禁闭措施。禁闭的期限不得超过七日。

被禁闭人员应当配合监察机关调查。监察机关经调查发现被禁闭人员符合管护或者留置条件的，可以对其采取管护或者留置措施。

本法第五十条的规定，适用于禁闭措施。

## 第六十五条【监察人员素能要求】

监察人员必须模范遵守宪法和法律，忠于职守、秉公执法，清正廉洁、保守秘密；必须具有良好的政治素质，熟悉监察业务，具备运用法律、法规、政策和调查取证等能力，自觉接受监督。

### 关联法规指引

**65.11《中华人民共和国监察法实施条例》（2021年9月20日）（节录）**

第二百五十七条 监察机关实行严格的人员准入制度，严把政治关、品行关、能力关、作风关、廉洁关。监察人员必须忠诚坚定、担当尽责、遵纪守法、清正廉洁。

**65.12《中华人民共和国监察官法》（2022年1月1日）（节录）**

第四条 监察官应当忠诚坚定、担当尽责、清正廉洁，做严格自律、改进作风、拒腐防变的表率。

第五条 监察官应当维护宪法和法律的尊严和权威，以事实为根据，以法律为准绳，客观公正地履行职责，保障当事人的合法权益。

第六条 监察官应当严格按照规定的权限和程序履行职责，坚持民主集中制，重大事项集体研究。

第七条 监察机关应当建立健全对监察官的监督制度和机制，确保权力受到严格约束。

监察官应当自觉接受组织监督和民主监督、社会监督、舆论监督。

第八条 监察官依法履行职责受法律保护，不受行政机关、社会团体和个人的干涉。

**65.21《党的纪律检查机关案件审理工作条例》（1987年7月14日）（节录）**

第三十条 案件审理工作人员应具有的党性原则和工作作风：

（一）要有坚强的党性和高度的责任感，

坚持原则，刚正不阿，秉公办案，不徇私情，敢于同一切违反党纪国法的行为作坚决斗争。

（二）坚持实事求是，一切从实际出发，不主观臆断；坚持调查研究，走群众路线，不偏听偏信，善于听取不同意见。

（三）注意总结经验，努力提高工作质量和效率。

（四）模范地遵守党纪国法，严格遵守保密制度，不得向无关人员泄露所办案件的情况。

（五）认真学习党的各项方针政策、党规党法和国家的法律法规，不断提高自己的政策思想水平和政策、业务水平。

## 65.22《中国共产党纪律检查机关监督执纪工作规则》（2019年1月1日）（节录）

**第六十一条** 纪检监察机关应当严格干部准入制度，严把政治安全关，纪检监察干部必须忠诚坚定、担当尽责、遵纪守法、清正廉洁，具备履行职责的基本条件。

**第六十二条** 纪检监察机关应当加强党的政治建设、思想建设、组织建设，突出政治功能，强化政治引领。审查调查组有正式党员3人以上的，应当设立临时党支部，加强对审查调查组成员的教育、管理、监督，开展政策理论学习，做好思想政治工作，及时发现问题、进行批评纠正，发挥战斗堡垒作用。

**第六十三条** 纪检监察机关应当加强干部队伍作风建设，树立依规依法、纪律严明、作风深入、工作扎实、谦虚谨慎、秉公执纪的良好形象，力戒形式主义、官僚主义，力戒特权思想，力戒口大气粗、颐指气使，不断提高思想政治水平和把握政策能力，建设让党放心、人民信赖的纪检监察干部队伍。

## 第六十六条【监察人员职业规范】

对于监察人员打听案情、过问案件、说情干预的，办理监察事项的监察人员应当及时报告。有关情况应当登记备案。

发现办理监察事项的监察人员未经批准接触被调查人、涉案人员及其特定关系人，或者存在交往情形的，知情人应当及时报告。有关情况应当登记备案。

### 关联法规指引

### 66.11《中华人民共和国监察法实施条例》（2021年9月20日）（节录）

**第二百六十二条** 对监察人员打听案情、过问案件、说情干预的，办理监察事项的监察人员应当及时向上级负责人报告。有关情况应当登记备案。

发现办理监察事项的监察人员未经批准接触被调查人、涉案人员及其特定关系人，或者存在交往情形的，知情的监察人员应当及时向上级负责人报告。有关情况应当登记备案。

### 66.12《中华人民共和国监察官法》（2022年1月1日）（节录）

**第四十六条** 监察官不得打听案情、过问案件、说情干预。对于上述行为，办理监察事项的监察官应当及时向上级报告。有关情况应当登记备案。

办理监察事项的监察官未经批准不得接触被调查人、涉案人员及其特定关系人，或者与其进行交往。对于上述行为，知悉情况的监察官应当及时向上级报告。有关情况应当登记备案。

### 66.21《中国共产党纪律处分条例》（2024年1月1日）（节录）

**第一百四十二条** 违反有关规定干预和插手司法活动、执纪执法活动，向有关地方或者部门打听案情、打招呼、说情，或者以其他方式对司法活动、执纪执法活动施加影响，情节较轻的，给予严重警告处分；情节较重的，给予撤销党内职务或者留党察看处分；情节严重的，给予开除党籍处分。

违反有关规定干预和插手公共财政资金分配、项目立项评审、功勋荣誉表彰奖励等活动，造成重大损失或者不良影响的，依照前款规定处理。

### 66.211《非法干预查处渎职侵权违法犯罪案件违纪行为适用〈中国共产党纪律处分条例〉若干问题的解释》（2012年10月29日）①

一、本解释所称非法干预查处渎职侵权违法犯罪案件违纪行为，是指违反法律、法规、规章、政策性规定或者议事规则，利用职权或者职务上的影响，向办案机关或者有关人员以指示、授意等方式提出要求，或者采取其他方式干扰、阻碍渎职侵权违法犯罪案件依法调查和处理的行为。

二、党和国家机关中的共产党员，有非法干预查处渎职侵权违法犯罪案件违纪行为的，依照本解释处理。

人民团体、事业单位、国有和国有控股企业（含国有和国有控股金融企业）及其分支机构中的共产党员，有非法干预查处渎职侵权违法犯罪案件违纪行为的，参照本解释处理。

三、党组织负责人对本地区本部门本单位发现的渎职侵权违法犯罪案件，隐瞒不报，纵容、袒护，给党、国家和人民利益以及公共财产造成较大损失的，依照《中国共产党纪律处分条例》第一百二十八条的规定处理。

四、有下列情形之一的，对有关责任人员，按照《中国共产党纪律处分条例》第一百四十条的规定处理：

（一）私自扣押、销毁检举控告材料，或者指使他人扣押、销毁检举、控告材料的；

（二）故意将检举人、控告人信息或者检举、控告材料泄露给被检举人、被控告人的；

（三）对检举人、控告人、证人进行阻挠、压制、打击报复，或者指使他人进行阻挠、压制、打击报复的。

五、在执纪、行政执法和司法工作中有下列情形之一的，对有关责任人员，依照《中国共产党纪律处分条例》第一百三十四条的规定处理：

（一）捏造事实、隐瞒真相，袒护、包庇被调查人、犯罪嫌疑人和被告人的；

（二）对依照规定应当移交纪检监察机关或者检察机关的渎职侵权违法犯罪案件不移交的；

（三）拒绝履行勘验、检查、鉴定、认定职责，或者拒绝出具勘验、检查、鉴定、认定报告，或者出具虚假勘验、检查、鉴定、认定报告的。

六、有下列情形之一的，对有关责任人员，依照《中国共产党纪律处分条例》第

---

① 《中国共产党纪律处分条例》于2023年12月8日中共中央政治局会议第三次修订，相关内容参见现行规定。

一百六十三条的规定处理：

（一）采取提供虚假情况说明或者其他违纪违法方式，为被调查人、犯罪嫌疑人、被告人开脱责任，要求从轻、减轻或者免除处罚处分的；

（二）单位负责人为被调查人、犯罪嫌疑人、被告人说情，妨碍办案活动正常进行的；

（三）隐匿、毁灭证据，拒不提供书证、物证、视听资料和电子数据等有关证据材料，或者指令他人隐匿、毁灭证据，拒不提供书证、物证、视听资料和电子数据等有关证据材料的；

（四）煽动、组织他人围攻办案机关和办案人员的；

（五）强行将被调查人员、犯罪嫌疑人和被告人带离办案场所，致使办案活动无法继续进行，或者抢夺、盗窃案件材料的；

（六）在案件查办过程中，以威胁、侵犯人身安全、财产安全或者利用职权在职务晋升、岗位安排、评级考核方面进行刁难、压制、歧视等方式，打击报复办案人员的；

（七）采取威胁、贿赂、许诺给予好处等手段，干扰证人、知情人如实反映情况、提供证据的。

七、违反规定强令终止案件调查处理，或者作出违背事实的处理结论的，对有关责任人员，依照《中国共产党纪律处分条例》第一百三十六条的规定处理。

八、非法干预处渎职侵权违法犯罪案件的违纪行为，有关责任人员受到党纪追究后，需要给予行政处分或者其他纪律处分，以及涉嫌犯罪的，依照《中国共产党纪律处分条例》第三十二条的规定处理。

九、纪检机关和检察机关在处理非法干预查处渎职侵权违纪违法案件时，应当加强协作配合。

纪检机关对于检察机关移送的非法干预查处渎职侵权违纪违法案件的线索，应当及时调查，作出处理决定，并将处理情况通报移送材料的检察机关。

检察机关对于纪检机关移送的涉嫌渎职侵权违法犯罪案件，应当及时进行审查和处理，并将审查处理结果通报移送材料的纪检机关。

## 66.22《中国共产党纪律检查机关案件检查工作条例》（1994年5月1日）（节录）

第四十五条　办案人员应当遵守以下纪律：

（一）不准对被调查人或有关人员采取违犯党章或国家法律的手段；

（二）不准泄露案情，扩散证据材料；

（三）不准伪造、篡改、隐匿、销毁证据，故意夸大或缩小案情；

（四）不准接受与案件有关人员的财物和其他利益。

## 66.23《中国共产党纪律检查机关监督执纪工作规则》（2019年1月1日）（节录）

第六十四条　对纪检监察干部打听案情、过问案件、说情干预的，受请托人应当向审查调查组组长和监督检查、审查调查部门主要负责人报告并登记备案。

发现审查调查组成员未经批准接触被审查调查人、涉案人员及其特定关系人，或者存在交往情形的，应当及时向审查调查组组长和监督检查、审查调查部门主要负责人直至纪检监察机关主要负责人报告并登记备案。

## 66.24《领导干部干预司法活动、插手具体案件处理的记录、通报和责任追究规定》（2015年3月18日）（节录）

第二条　各级领导干部应当带头遵守宪法法律，维护司法权威，支持司法机关依法独立公正行使职权。任何领导干部都不得要求司法机关违反法定职责或法定程序处理案件，都不得要求司法机关做有碍司法公正的事情。

第三条　对司法工作负有领导职责的机关，因履行职责需要，可以依照工作程序了解案件情况，组织研究司法政策，统筹协调依法处理工作，督促司法机关依法履行职责，为司法机关创造公正司法的环境，但不得对案件的证据采信、事实认定、司法裁判等作出具体决定。

第四条　司法机关依法独立公正行使职权，不得执行任何领导干部违反法定职责或法定程序、有碍司法公正的要求。

第五条　对领导干部干预司法活动、插手具体案件处理的情况，司法人员应当全面、如实记录，做到全程留痕，有据可查。

以组织名义向司法机关发文发函对案件处理提出要求的，或者领导干部身边工作人员、亲属干预司法活动、插手具体案件处理的，司法人员均应当如实记录并留存相关材料。

第六条　司法人员如实记录领导干部干预司法活动、插手具体案件处理情况的行为，受法律和组织保护。领导干部不得对司法人员打击报复。非因法定事由，非经法定程序，不得将司法人员免职、调离、辞退或者作出降级、撤职、开除等处分。

第七条　司法机关应当每季度对领导干部干预司法活动、插手具体案件处理情况进行汇总分析，报送同级党委政法委和上级司法机关。必要时，可以立即报告。

党委政法委应当及时研究领导干部干预司法活动、插手具体案件处理的情况，报告同级党委，同时抄送纪检监察机关、党委组织部门。干预司法活动、插手具体案件处理的领导干部属于上级党委或者其他党组织管理的，应当向上级党委报告或者向其他党组织通报情况。

第八条　领导干部有下列行为之一的，属于违法干预司法活动，党委政法委按程序报经批准后予以通报，必要时可以向社会公开：

（一）在线索核查、立案、侦查、审查起诉、审判、执行等环节为案件当事人请托说情的；

（二）要求办案人员或办案单位负责人私下会见案件当事人或其辩护人、诉讼代理人、近亲属以及其他与案件有利害关系的人的；

（三）授意、纵容身边工作人员或者亲属为案件当事人请托说情的；

（四）为了地方利益或者部门利益，以听取汇报、开协调会、发文件等形式，超越职权对案件处理提出倾向性意见或者具体要求的；

（五）其他违法干预司法活动、妨碍司法公正的行为。

第九条　领导干部有本规定第八条所列行为之一，造成后果或者恶劣影响的，依照《中国共产党纪律处分条例》、《行政机关公务员处分条例》、《检察人员纪律处分条例（试行）》、《人民法院工作人员处分条例》、《中国人民解放军纪律条令》等规定给予纪律处分；造成冤假错案或者其他严重后果，构成犯罪的，依法追究刑事责任。

领导干部对司法人员进行打击报复的，依照《中国共产党纪律处分条例》、《行政机关公务员处分条例》、《检察人员纪律处分条例（试行）》、《人民法院工作人员处分条例》、《中国人民解放军纪律条令》等规定给予纪律处分；构成犯罪的，依法追究刑事责任。

第十条　司法人员不记录或者不如实记录领导干部干预司法活动、插手具体案件处理情况的，予以警告、通报批评；有两次以上不记录或者不如实记录情形的，依照《中国共产党纪律处分条例》、《行政机关公务员处分条例》、《检察人员纪律处分条例（试行）》、《人民法院工作人员处分条例》、《中国人民解放军纪律条令》等规定给予纪律处分。主管领导授意不记录或者不如实记录的，依纪依法追究主管领导责任。

**第十一条** 领导干部干预司法活动、插手具体案件处理的情况，应当纳入党风廉政建设责任制和政绩考核体系，作为考核干部是否遵守法律、依法办事、廉洁自律的重要依据。

## 第六十七条【回避】

办理监察事项的监察人员有下列情形之一的，应当自行回避，监察对象、检举人及其他有关人员也有权要求其回避：

（一）是监察对象或者检举人的近亲属的；

（二）担任过本案的证人的；

（三）本人或者其近亲属与办理的监察事项有利害关系的；

（四）有可能影响监察事项公正处理的其他情形的。

---- 关联法规指引 ----

**67.11《中华人民共和国监察法实施条例》（2021年9月20日）（节录）**

**第二百六十三条** 办理监察事项的监察人员有监察法第五十八条所列情形之一的，应当自行提出回避；没有自行提出回避的，监察机关应当依法决定其回避，监察对象、检举人及其他有关人员也有权要求其回避。

选用借调人员、看护人员、调查场所，应当严格执行回避制度。

**第二百六十四条** 监察人员自行提出回避，或者监察对象、检举人及其他有关人员要求监察人员回避的，应当书面或者口头提出，并说明理由。口头提出的，应当形成记录。

监察机关主要负责人的回避，由上级监察机关主要负责人决定；其他监察人员的回避，由本级监察机关主要负责人决定。

**67.12《中华人民共和国监察官法》（2022年1月1日）（节录）**

**第二十三条** 监察官担任县级、设区的市级监察委员会主任的，应当按照有关规定实行地域回避。

**第二十四条** 监察官之间有夫妻关系、直系血亲关系、三代以内旁系血亲以及近姻亲关系的，不得同时担任下列职务：

（一）同一监察委员会的主任、副主任、委员，上述人员和其他监察官；

（二）监察委员会机关同一部门的监察官；

（三）同一派驻机构、派出机构或者其他监察机构的监察官；

（四）上下相邻两级监察委员会的主任、副主任、委员。

**第四十七条** 办理监察事项的监察官有下列情形之一的，应当自行回避，监察对象、检举人、控告人及其他有关人员也有权要求其回避；没有主动申请回避的，监察机关应当依法决定其回避：

（一）是监察对象或者检举人、控告人的近亲属的；

（二）担任过本案的证人的；

（三）本人或者其近亲属与办理的监察事项有利害关系的；

（四）有可能影响监察事项公正处理的其他情形的。

### 67.13《中华人民共和国公职人员政务处分法》（2020年7月1日）（节录）

**第四十七条** 参与公职人员违法案件调查、处理的人员有下列情形之一的，应当自行回避，被调查人、检举人及其他有关人员也有权要求其回避：

（一）是被调查人或者检举人的近亲属的；

（二）担任过本案的证人的；

（三）本人或者其近亲属与调查的案件有利害关系的；

（四）可能影响案件公正调查、处理的其他情形。

**第四十八条** 监察机关负责人的回避，由上级监察机关决定；其他参与违法案件调查、处理人员的回避，由监察机关负责人决定。

监察机关或者上级监察机关发现参与违法案件调查、处理人员有应当回避情形的，可以直接决定该人员回避。

### 67.14《中华人民共和国公务员法》（2019年6月1日）（节录）

**第七十四条** 公务员之间有夫妻关系、直系血亲关系、三代以内旁系血亲关系以及近姻亲关系的，不得在同一机关双方直接隶属于同一领导人员的职位或者有直接上下级领导关系的职位工作，也不得在其中一方担任领导职务的机关从事组织、人事、纪检、监察、审计和财务工作。

……

**第七十六条** 公务员执行公务时，有下列情形之一的，应当回避：

（一）涉及本人利害关系的；

（二）涉及与本人有本法第七十四条第一款所列亲属关系人员的利害关系的；

（三）其他可能影响公正执行公务的。

**第七十七条** 公务员有应当回避情形的，本人应当申请回避；利害关系人有权申请公务员回避。其他人员可以向机关提供公务员需要回避的情况。

机关根据公务员本人或者利害关系人的申请，经审查后作出是否回避的决定，也可以不经申请直接作出回避决定。

**第七十八条** 法律对公务员回避另有规定的，从其规定。

### 67.15 最高人民法院《关于适用〈中华人民共和国刑事诉讼法〉的解释》（2021年3月1日（节录）

**第二十九条** 参与过本案调查、侦查、审查起诉工作的监察、侦查、检察人员，调至人民法院工作的，不得担任本案的审判人员。

……

### 67.21《中国共产党纪律检查机关案件检查工作条例》（1994年5月1日）（节录）

**第四十六条** 办案人员有下列情形之一的，应当自行回避，被调查人、检举人及其他与案件有关的人员也有权要求回避：

（一）是本案被调查人的近亲属；

（二）是本案的检举人、主要证人；

（三）本人或近亲属与本案有利害关系的；

（四）与本案有其他关系，可能影响公正查处案件的。

办案人员的回避，由纪检机关有关负责人

决定。

对办案人员的回避作出决定前,办案人员不停止对案件的调查。

### 67.22 《党的纪律检查机关案件审理工作条例》(1987年7月14日)(节录)

**第八条** 审查处理违犯党的纪律的案件的人员,需要回避的,经批准后实行回避。

### 67.23 《中国共产党纪律检查机关监督执纪工作规则》(2019年1月1日)(节录)

**第六十五条** 严格执行回避制度。审查调查审理人员是被审查调查人或者检举人近亲属、本案证人、利害关系人,或者存在其他可能影响公正审查调查审理情形的,不得参与相关审查调查审理工作,应当主动申请回避,被审查调查人、检举人以及其他有关人员也有权要求其回避。选用借调人员、看护人员、审查场所,应当严格执行回避制度。

### 67.24 《中共中央纪律检查委员会关于审理党员违纪案件工作程序的规定》(1991年7月13日)(节录)

**第五条** 审理案件的人员是本案的当事人,或者是当事人的近亲属,或者与本案有利害关系的,应当回避,犯错误的党员也有权要求他们回避。审理案件人员的回避须经批准,未经批准之前不得停止对案件的审理。

案件审理部门负责人的回避,由本级纪委分管案件审理工作的常委决定;其他案件审理人员的回避,由审理部门负责人决定。

## 第六十八条【脱密期管理和从业限制】

监察机关涉密人员离岗离职后,应当遵守脱密期管理规定,严格履行保密义务,不得泄露相关秘密。

监察人员辞职、退休三年内,不得从事与监察和司法工作相关联且可能发生利益冲突的职业。

### 关联法规指引

### 68.11 《中华人民共和国监察法实施条例》(2021年9月20日)(节录)

**第二百六十七条** 监察机关应当严格执行保密制度,控制监察事项知悉范围和时间。监察人员不准私自留存、隐匿、查阅、摘抄、复制、携带问题线索和涉案资料,严禁泄露监察工作秘密。

监察机关应当建立健全检举控告保密制度,对检举控告人的姓名(单位名称)、工作单位、住址、电话和邮箱等有关情况以及检举控告内容必须严格保密。

**第二百六十八条** 监察机关涉密人员离岗离职后,应当遵守脱密期管理规定,严格履行保密义务,不得泄露相关秘密。

**第二百六十九条** 监察人员离任三年以内,不得从事与监察和司法工作相关联且可能发生利益冲突的职业。

监察人员离任后,不得担任原任职监察机

关办理案件的诉讼代理人或者辩护人，但是作为当事人的监护人或者近亲属代理诉讼或者进行辩护的除外。

### 68.12《中华人民共和国监察官法》（2022年1月1日）（节录）

**第四十八条** 监察官应当严格执行保密制度，控制监察事项知悉范围和时间，不得私自留存、隐匿、查阅、摘抄、复制、携带问题线索和涉案资料，严禁泄露监察工作秘密。

监察官离岗离职后，应当遵守脱密期管理规定，严格履行保密义务，不得泄露相关秘密。

**第四十九条** 监察官离任三年内，不得从事与监察和司法工作相关联且可能发生利益冲突的职业。

监察官离任后，不得担任原任职监察机关办理案件的诉讼代理人或者辩护人，但是作为当事人的监护人或者近亲属代理诉讼、进行辩护的除外。

监察官被开除后，不得担任诉讼代理人或者辩护人，但是作为当事人的监护人或者近亲属代理诉讼、进行辩护的除外。

### 68.13《中华人民共和国公务员法》（2019年6月1日）（节录）

**第八十六条** 公务员有下列情形之一的，不得辞去公职：

……

（二）在涉及国家秘密等特殊职位任职或者离开上述职位不满国家规定的脱密期限的；

……

**第一百零七条** 公务员辞去公职或者退休的，原系领导成员、县处级以上领导职务的公务员在离职三年内，其他公务员在离职两年内，不得到与原工作业务直接相关的企业或者其他营利性组织任职，不得从事与原工作业务直接相关的营利性活动。

公务员辞去公职或者退休后有违反前款规定行为的，由其原所在机关的同级公务员主管部门责令限期改正；逾期不改正的，由县级以上市场监管部门没收该人员从业期间的违法所得，责令接收单位将该人员予以清退，并根据情节轻重，对接收单位处以被处罚人员违法所得一倍以上五倍以下的罚款。

### 68.21《中国共产党纪律处分条例》（2024年1月1日）（节录）

**第一百零五条** 离职或者退（离）休后违反有关规定接受原任职务管辖的地区和业务范围内或者与原工作业务直接相关的企业和中介机构等单位的聘用，或者个人从事与原任职务管辖业务或者与原工作业务直接相关的营利活动，情节较轻的，给予警告或者严重警告处分；情节较重的，给予撤销党内职务处分；情节严重的，给予留党察看处分。

党员领导干部离职或者退（离）休后违反有关规定担任上市公司、基金管理公司独立董事、独立监事等职务，情节较轻的，给予警告或者严重警告处分；情节较重的，给予撤销党内职务处分；情节严重的，给予留党察看处分。

### 68.22《中国共产党纪律检查机关监督执纪工作规则》（2019年1月1日）（节录）

**第六十七条** 监督执纪人员应当严格执行保密制度，控制审查调查工作事项知悉范围和时间，不准私自留存、隐匿、查阅、摘抄、复制、携带问题线索和涉案资料，严禁泄露审查调查工作情况。

审查调查组成员工作期间，应当使用专用手机、电脑、电子设备和存储介质，实行编号管理，审查调查工作结束后收回检查。

汇报案情、传递审查调查材料应当使用加密

设施，携带案卷材料应当专人专车、卷不离身。

**第六十八条** 纪检监察机关相关涉密人员离岗离职后，应当遵守脱密期管理规定，严格履行保密义务，不得泄露相关秘密。

监督执纪人员辞职、退休3年内，不得从事与纪检监察和司法工作相关联、可能发生利益冲突的职业。

**68.23《关于党政领导干部辞职从事经营活动有关问题的意见》（2004年4月8日）（节录）**

三、领导干部辞去公职后从业应有必要限制

党政领导干部辞去公职后三年内，不得到原任职务管辖的地区和业务范围内的企业、经营性事业单位和社会中介组织任职，不得从事或者代理与原工作业务直接相关的经商、办企业活动。担任县级以上地方党委、人大常委会、政府、政协领导职务的领导干部以及具有审批、执法监督等职能部门的领导干部辞职，要按照上述精神从严管理。以上规定，也适用于提前退休的领导干部。领导干部离职后要自觉遵守这些规定。各地组织部门要与有关部门密切配合，制定相应措施，保证规定的执行和落实。

## 第六十九条【被调查人及其近亲属的申诉】

监察机关及其工作人员有下列行为之一的，被调查人及其近亲属、利害关系人有权向该机关申诉：

（一）采取强制到案、责令候查、管护、留置或者禁闭措施法定期限届满，不予以解除或者变更的；

（二）查封、扣押、冻结与案件无关或者明显超出涉案范围的财物的；

（三）应当解除查封、扣押、冻结措施而不解除的；

（四）贪污、挪用、私分、调换或者违反规定使用查封、扣押、冻结的财物的；

（五）利用职权非法干扰企业生产经营或者侵害企业经营者人身权利、财产权利和其他合法权益的；

（六）其他违反法律法规、侵害被调查人合法权益的行为。

受理申诉的监察机关应当在受理申诉之日起一个月内作出处理决定。申诉人对处理决定不服的，可以在收到处理决定之日起一个月内向上一级监察机关申请复查，上一级监察机关应当在收到复查申请之日起二个月内作出处理决定，情况属实的，及时予以纠正。

## 关联法规指引

### 69.11《中华人民共和国监察法实施条例》（2021年9月20日）（节录）

**第二百七十二条** 被调查人及其近亲属认为监察机关及监察人员存在监察法第六十条第一款规定的有关情形，向监察机关提出申诉的，由监察机关案件监督管理部门依法受理，并按照法定的程序和时限办理。

### 69.21《中国共产党党员权利保障条例》（2020年12月25日）（节录）

**第十八条** 党员有党内申诉权，对于党组织给予本人的处理、处分或者作出的鉴定、审查结论不服的，有权按照规定程序逐级向本人所在党组织、上级党组织直至中央提出申诉。

党员认为党组织给予其他党员的处理、处分或者作出的鉴定、审查结论不当的，有权按照规定程序逐级向党组织直至中央提出意见。

**第十九条** 党员有党内控告权，合法权益受到党组织或者其他党员侵害的，有权向本人所在党组织、上级党组织直至中央提出控告，要求对侵害其合法权益的行为依规依纪进行处理。

**第三十五条** 在对党员进行监督执纪中应当充分保障党员权利，严格依规依纪依法开展工作，不得使用违反党章党规党纪和法律法规的手段、措施。对于本人的说明和申辩、其他党员所作的证明和辩护，应当认真听取、如实记录、及时核实，合理的予以采纳；不予采纳的，应当说明理由。党员实事求是的申辩、作证和辩护，应当受到保护。

处理、处分所依据的事实材料应当同本人见面。处理、处分的决定应当向本人宣布，并写明党员的申诉权以及受理申诉的组织等内容。事实材料和决定应当由本人签署意见，对签署不同意见或者拒不签署意见的，应当作出说明或者注明情况。

**第三十七条** 党组织应当认真处理党员的申诉，并给予负责的答复。对于党员的申诉，有关党组织应当按照规定进行复议、复查，不得扣压。上级党组织认为必要时，可以直接或者指定有关党组织进行复议、复查。

经复议、复查或者审查决定，对于全部或者部分纠正的案件，重新作出的决定应当在一定范围内宣布。对于处理正确而本人拒不接受的，给予批评教育；对于无正当理由反复申诉的，有关党组织应当正式通知本人不再受理并在适当范围内宣布。

党员对党组织给予其他党员的处理、处分或者鉴定、审查结论提出的意见，有关党组织应当认真研究处理。

### 69.22《中国共产党纪律检查机关控告申诉工作条例》（1993年9月1日）（节录）

**第二十五条** 在控告申诉工作中，各级纪律检查机关的责任是：按照规定的范围受理检举、控告和申诉，从中了解党风党纪情况和违纪案件线索；直接办理或向下级纪律检查机关和有关党组织交办检举、控告和申诉；指导和协助下级纪律检查机关做好控告申诉工作。

**第二十六条** 各级纪律检查委员会的控告申诉工作部门承担处理检举、控告和申诉的日常工作，遵照本级纪律检查委员会的决定和有关规章制度，履行下列职责：

（一）通过处理群众来信和接待群众来访，受理检举、控告和申诉；

（二）向本级纪律检查委员会反映检举、控告和申诉的情况和问题；

（三）承办上级和本级纪律检查委员会交办的检举、控告、申诉和其他事项；

（四）向本级纪律检查委员会有关部门移送或向下级纪律检查机关、有关党组织交办检举、控告和申诉，向有关部门转办不属于纪律检查机关职责范围的信访问题；

（五）调查研究控告申诉工作情况，拟订控告申诉工作的规章制度，对下级纪律检查机关的控告申诉工作进行业务指导；

（六）协调处理信访问题，疏导上访群众，维护正常的工作秩序和社会秩序。

第二十七条 各级纪律检查机关对受理的检举、控告和申诉，应及时办理，不得延误。对应由上级处理的问题，应迅速报告上级处理；对应由本级处理的问题，本级有关领导或有关部门应及时处理；对应由下级处理的问题，应迅速转交下级处理。

第二十八条 对于上级纪律检查机关要求报告调查处理结果的检举、控告、申诉案件，承办的纪律检查机关或有关党组织一般应在三个月内报告结果；不能如期报告时，要说明理由和办理情况。对于没有要求报告结果的检举、控告、申诉，也应及时调查处理，不得置之不理或敷衍塞责。

第三十条 上级纪律检查委员会对下级纪律检查委员会或有关党组织上报的调查处理结果审核后，对处理正确的要及时结案；对处理不当的，要及时提出意见或建议。上下级纪律检查委员会如果在重要问题上有不同意见，由上级纪律检查委员会决定；如果下级纪律检查委员会的处理确有错误又坚持不改的，上级纪律检查委员会有权改变下级纪律检查委员会对案件所作的决定。

第三十一条 对检举、控告和申诉调查处理完毕后，承办单位、交办单位应按档案工作的规定，及时立卷归档。

第三十二条 维护当事人的合法权利。对检举、控告人及检举、控告内容，应当保密。不准将检举、控告材料转给被检举、控告人；不得对检举、控告、申诉人歧视、刁难、压制。对打击报复检举、控告、申诉人的，必须追究责任，严肃处理。

第三十三条 对如实检举、控告或反映情况的，应予以支持、鼓励。对检举、控告不完全属实的，除对不属实的部分予以解释说明外，对属实的部分应予以处理。对检举、控告不实的，必须分清是错告还是诬告：如属错告，应在一定范围内澄清是非，消除对被错告者造成的影响，并教育错告者；如属诬告，必须对诬告者追究责任，严肃处理。

第三十四条 认定诬告，必须经过地、市级以上（含地、市级）党的委员会或纪律检查委员会批准。

第三十五条 对于党员、党组织对党纪处分或纪律检查机关所作的其他处理不服的申诉，必须按照全错全纠、部分错部分纠、不错不纠的原则，实事求是地处理。凡属冤假错案，不管是哪一级组织、哪一个领导人定的和批的，都要实事求是地纠正。

第三十六条 发现党的组织或负责人对党员或党组织的申诉不认真复议、复查和对冤假错案坚持不纠，对受理的检举、控告不负责任，无故拖延不办，或为违纪者说情开脱，予以包庇的，都要给予批评教育，情节严重的，必须追究责任。

第三十七条 对检举、控告、申诉的问题已经得到正确处理，当事人仍无理纠缠，影响工作秩序的，应当进行批评教育；对不听劝告、屡教不改的，可请公安部门协助处理。

第三十八条 受理机关及其工作人员，在坚持原则、执行政策、秉公执纪、廉洁奉公、遵纪守法、工作作风等方面，必须接受党内外群众的监督。

第三十九条 各级纪律检查机关的领导对重要的检举、控告、申诉，应亲自阅批、接谈，进行处理；要支持承办人员履行职责，保护他们的合法权益不受侵害。

第四十条 检举、控告、申诉人在检举、控告、申诉活动中有下列权利：

（一）对党员、党组织违法乱纪的行为有权提出检举、控告。

（二）党员对所受党纪处分或纪律检查机关所作的其他处理不服，有权提出申诉，要求复议、复查。

（三）提出检举、控告、申诉后，在一定期限内得不到答复时，有权向受理机关提出询问，要求给予负责的答复。

（四）有权要求与检举、控告、申诉案情有关或有牵连的承办人员回避。

（五）对受理机关及承办人员的失职行为和其他违纪行为有权提出检举、控告。

（六）因进行检举、控告、申诉，其合法权利受到威胁或侵害时，有权要求受理机关给予保护。

**第四十一条** 检举、控告、申诉人在检举、控告、申诉活动中，必须履行下列义务：

（一）对所检举、控告、申诉的事实的真实性负责。接受调查、询问时，应如实提供情况和证据。如有诬陷、制造假证行为，须承担纪律责任。

（二）遵守党的纪律和控告申诉工作的有关规定，维护社会秩序和工作秩序。如有违犯，须接受教育，劝告，直至承担纪律责任。

（三）接受党组织的正确处理意见，不得提出党章、制度、政策规定以外的要求。

**第四十二条** 被检举、控告人在党组织处理对他的检举、控告过程中有下列权利：

（一）对被检举、控告的问题有权进行说明解释。

（二）基层党组织讨论决定对他的党纪处分或其他处理时，有权参加和进行申辩。

（三）有权要求党组织将调查处理结论同本人见面。

（四）对党组织认定本人所犯错误的事实、性质和所作处理决定有不同意见时，有权向上级党组织直至中央提出申诉。

（五）对受理机关及承办人员的失职行为和其他违纪行为有权提出检举、控告。

（六）当合法权利受到威胁或侵害时，有权要求受理机关给予保护。

## 第七十条【"一案双查"和错案责任追究】

对调查工作结束后发现立案依据不充分或者失实，案件处置出现重大失误，监察人员严重违法的，应当追究负有责任的领导人员和直接责任人员的责任。

### 关联法规指引

**70.11《中华人民共和国监察法实施条例》（2021年9月20日）（节录）**

**第二百七十三条** 监察机关在维护监督执法调查工作纪律方面失职失责的，依法追究责任。监察人员涉嫌严重职务违法、职务犯罪或者对案件处置出现重大失误的，既应当追究直接责任，还应当严肃追究负有责任的领导人员责任。

监察机关应当建立办案质量责任制，对滥用职权、失职失责造成严重后果的，实行终身责任追究。

### 70.12《中华人民共和国监察官法》（2022年1月1日）（节录）

**第五十二条** 监察官有下列行为之一的，依法给予处理；构成犯罪的，依法追究刑事责任：

（一）贪污贿赂的；

（二）不履行或者不正确履行监督职责，应当发现的问题没有发现，或者发现问题不报告、不处置，造成恶劣影响的；

（三）未经批准、授权处置问题线索，发现重大案情隐瞒不报，或者私自留存、处理涉案材料的；

（四）利用职权或者职务上的影响干预调查工作、以案谋私的；

（五）窃取、泄露调查工作信息，或者泄露举报事项、举报受理情况以及举报人信息的；

（六）隐瞒、伪造、变造、故意损毁证据、案件材料的；

（七）对被调查人或者涉案人员逼供、诱供，或者侮辱、打骂、虐待、体罚、变相体罚的；

（八）违反规定采取调查措施或者处置涉案财物的；

（九）违反规定发生办案安全事故，或者发生安全事故后隐瞒不报、报告失实、处置不当的；

（十）其他职务违法犯罪行为。

监察官有其他违纪违法行为，影响监察官队伍形象，损害国家和人民利益的，依法追究相应责任。

### 70.21《中国共产党党员权利保障条例》（2020年12月25日）（节录）

**第四十五条** 党组织和领导干部有下列侵犯党员权利情形之一的，应当依规依纪追究责任：

……

（六）违规违法使用审查调查措施，侵犯党员合法权益；

……

**第四十七条** 对于有侵犯党员权利行为的党组织，上级党组织应当责令改正；情节较重的，按照规定追究纪律责任。

对于有侵犯党员权利行为的党员，其所在党组织或者上级党组织可以采取责令停止侵权行为、责令赔礼道歉，以及批评教育、责令检查、诫勉等方式给予处理；情节较重的，按照规定给予组织调整或者组织处理、党纪处分。

### 70.22《中国共产党纪律处分条例》（2024年1月1日）（节录）

**第五条** 深化运用监督执纪"四种形态"，经常开展批评和自我批评，及时进行谈话提醒、批评教育、责令检查、诫勉，让"红红脸、出出汗"成为常态；党纪轻处分、组织调整成为违纪处理的大多数；党纪重处分、重大职务调整的成为少数；严重违纪涉嫌犯罪追究刑事责任的成为极少数。

**第一百四十九条** 在党的纪律检查、组织、宣传、统一战线工作以及机关工作等其他工作中，不履行或者不正确履行职责，造成损失或者不良影响的，应当视具体情节给予警告直至开除党籍处分。

### 70.23《中国共产党纪律检查机关控告申诉工作条例》（1993年9月1日）（节录）

**第三十六条** 发现党的组织或负责人对党员或党组织的申诉不认真复议、复查和对冤假错案坚持不纠，对受理的检举、控告不负责任，无故拖延不办，或为违纪者说情开脱，予以包庇的，都要给予批评教育，情节严重的，必须追究责任。

**70.24《中国共产党纪律检查机关监督执纪工作规则》（2019年1月1日）（节录）**

**第七十一条** 对纪检监察干部越权接触相关地区、部门、单位党委（党组）负责人，私存线索、跑风漏气、违反安全保密规定，接受请托、干预审查调查、以案谋私、办人情案，侮辱、打骂、虐待、体罚或者变相体罚被审查调查人，以违规违纪违法方式收集证据，截留挪用、侵占私分涉案财物，接受宴请和财物等行为，依规依纪严肃处理；涉嫌职务违法、职务犯罪的，依法追究法律责任。

**第七十二条** 纪检监察机关在维护监督执纪工作纪律方面失职失责的，予以严肃问责。

**第七十三条** 对案件处置出现重大失误，纪检监察干部涉嫌严重违纪或者职务违法、职务犯罪的，开展"一案双查"，既追究直接责任，还应当严肃追究有关领导人员责任。

建立办案质量责任制，对滥用职权、失职失责造成严重后果的，实行终身问责。

# 第八章　法律责任

### 第七十一条【监察处理决定、监察建议的法律责任】

有关单位拒不执行监察机关作出的处理决定，或者无正当理由拒不采纳监察建议的，由其主管部门、上级机关责令改正，对单位给予通报批评；对负有责任的领导人员和直接责任人员依法给予处理。

──── 关联法规指引 ────

**71.11《中华人民共和国监察法实施条例》（2021年9月20日）（节录）**

第二百七十四条　有关单位拒不执行监察机关依法作出的下列处理决定的，应当由其主管部门、上级机关责令改正，对单位给予通报批评，对负有责任的领导人员和直接责任人员依法给予处理：

（一）政务处分决定；

（二）问责决定；

（三）谈话提醒、批评教育、责令检查，或者予以诫勉的决定；

（四）采取调查措施的决定；

（五）复审、复核决定；

（六）监察机关依法作出的其他处理决定。

**71.12《中华人民共和国公职人员政务处分法》（2020年7月1日）（节录）**

第六十一条　有关机关、单位无正当理由拒不采纳监察建议的，由其上级机关、主管部门责令改正，对该机关、单位给予通报批评，对负有责任的领导人员和直接责任人员依法给予处理。

**71.21《中国共产党纪律处分条例》（2024年1月1日）（节录）**

第一百三十六条　党组织有下列行为之一，对直接责任者和领导责任者，情节较重的，给予警告或者严重警告处分；情节严重的，给予撤销党内职务或者留党察看处分：

（一）党员被立案审查期间，擅自批准其出差、出国（境）、辞职，或者对其交流、提拔职务、晋升职级、进一步使用、奖励，或者办理退休手续；

（二）党员被依法追究刑事责任后，不按照规定给予党纪处分，或者对党员违反国家法律法规的行为，应当给予党纪处分而不处分；

（三）党纪处分决定或者申诉复查决定作出后，不按照规定落实决定中关于被处分人党籍、职务、职级、待遇等事项；

（四）党员受到党纪处分后，不按照干部管理权限和组织关系对受处分党员开展日常教育、管理和监督工作。

## 第七十二条【违反监察法行为的法律责任】

有关人员违反本法规定，有下列行为之一的，由其所在单位、主管部门、上级机关或者监察机关责令改正，依法给予处理：

（一）不按要求提供有关材料，拒绝、阻碍调查措施实施等拒不配合监察机关调查的；

（二）提供虚假情况，掩盖事实真相的；

（三）串供或者伪造、隐匿、毁灭证据的；

（四）阻止他人揭发检举、提供证据的；

（五）其他违反本法规定的行为，情节严重的。

### 关联法规指引

**72.11《中华人民共和国公职人员政务处分法》（2020年7月1日）（节录）**

第六十二条 有关机关、单位、组织或者人员有下列情形之一的，由其上级机关、主管部门、任免机关、单位或者监察机关责令改正，依法给予处理：

（一）拒不执行政务处分决定的；

（二）拒不配合或者阻碍调查的；

（三）对检举人、证人或者调查人员进行打击报复的；

（四）诬告陷害公职人员的；

（五）其他违反本法规定的情形。

**72.21《中国共产党纪律处分条例》（2024年1月1日）（节录）**

第六十三条 对抗组织审查，有下列行为之一的，给予警告或者严重警告处分；情节较重的，给予撤销党内职务或者留党察看处分；情节严重的，给予开除党籍处分：

（一）串供或者伪造、销毁、转移、隐匿证据；

（二）阻止他人揭发检举、提供证据材料；

（三）包庇同案人员；

（四）向组织提供虚假情况，掩盖事实；

（五）其他对抗组织审查行为。

## 第七十三条【报复陷害行为的法律责任】

监察对象对控告人、检举人、证人或者监察人员进行报复陷害的；控告人、检举人、证人捏造事实诬告陷害监察对象的，依法给予处理。

### 关联法规指引

**73.11《中华人民共和国监察法实施条例》（2021年9月20日）（节录）**

第二百七十五条 监察对象对控告人、申诉人、批评人、检举人、证人、监察人员进行打击、压制等报复陷害的，监察机关应当依法给予政务处分。构成犯罪的，依法追究刑事责任。

第二百七十六条 控告人、检举人、证人采取捏造事实、伪造材料等方式诬告陷害的，监察机关应当依法给予政务处分，或者移送有关机关处理。构成犯罪的，依法追究刑事责任。

监察人员因依法履行职责遭受不实举报、诬告陷害、侮辱诽谤，致使名誉受到损害的，监察机关应当会同有关部门及时澄清事实，消除不良影响，并依法追究相关单位或者个人的责任。

**73.12《中华人民共和国监察官法》（2022年1月1日）（节录）**

第五十七条 监察官的职业尊严和人身安全受法律保护。

任何单位和个人不得对监察官及其近亲属打击报复。

对监察官及其近亲属实施报复陷害、侮辱诽谤、暴力侵害、威胁恐吓、滋事骚扰等违法犯罪行为的，应当依法从严惩治。

第五十八条 监察官因依法履行职责遭受不实举报、诬告陷害、侮辱诽谤，致使名誉受到损害的，监察机关应当会同有关部门及时澄清事实，消除不良影响，并依法追究相关单位或者个人的责任。

**73.13《中华人民共和国公务员法》（2019年6月1日）（节录）**

第九十九条 公务员提出申诉、控告，应当尊重事实，不得捏造事实，诬告、陷害他人。对捏造事实，诬告、陷害他人的，依法追究法律责任。

**73.21《中国共产党章程》（2022年10月22日）（节录）**

第四十条 党的纪律主要包括政治纪律、组织纪律、廉洁纪律、群众纪律、工作纪律、生活纪律。

坚持惩前毖后、治病救人，执纪必严、违纪必究，抓早抓小、防微杜渐，按照错误性质和情节轻重，给以批评教育、责令检查、诫勉直至纪律处分。运用监督执纪"四种形态"，让"红红脸、出出汗"成为常态，党纪处分、组织调整成为管党治党的重要手段，严重违纪、严重触犯刑律的党员必须开除党籍。

党内严格禁止用违反党章和国家法律的手段对待党员，严格禁止打击报复和诬告陷害。

违反这些规定的组织或个人必须受到党的纪律和国家法律的追究。

**73.22《关于新形势下党内政治生活的若干准则》（2016年10月27日）（节录）**

七、……党员有权向党负责地揭发、检举党的任何组织和任何党员违纪违法的事实，提倡实名举报。党员有权在党的会议上有根据地批评党的任何组织和任何党员。党组织既要严肃处理对举报者的歧视、刁难、压制行为特别是打击报复行为，又要严肃追查处理诬告陷害行为。对受到诽谤、诬告、严重失实举报的党员，党组织要及时为其澄清和正名。要保障党员申辩、申诉等权利。对执纪中的过错或违纪行为，要依规及时纠正、消除影响并追究有关组织和人员的责任。

十一、……对涉及违纪违法行为的举报，对党员反映的问题，任何组织和领导干部都不准隐瞒不报、拖延不办。涉及所反映问题的领导干部应该回避，不准干预或插手组织调查。

党员、干部反映他人的问题，应该出于党性，通过党内正常渠道实名进行，不准散布小道消息，不准散发匿名信，不准诬告陷害等。对通过正常渠道反映问题的党员，任何组织和个人都不准打击报复，不准擅自进行追查，不准采取调离工作岗位、降格使用等惩罚措施。

坚持授权者要负责监督，发现问题要及时处置。强化上级组织对下级组织特别是主要领导干部行使权力的监督，防止权力失控和滥用。

……

**73.23《中国共产党党员权利保障条例》（2020年12月25日）（节录）**

第十一条 党员有党内监督权，有权在党的会议上以口头或者书面方式有根据地批评党的任何组织和任何党员，揭露、要求纠正工作中存在的缺点和问题，在民主评议中指出领导干部和其他党员的缺点错误；有权向党组织反映对本人所在党组织、领导干部、其他党员的意见。党员以书面方式提出的批评意见应当按照规定送被批评者或者有关党组织。

党员有权向党组织负责地揭发、检举党的任何组织和任何党员的违纪违法事实，提出处理、处分有违纪违法行为党组织和党员的要求。

党员进行批评、揭发、检举以及提出处理、处分要求，应当通过组织渠道，不得随意扩散传播、网络散布，不得夸大和歪曲事实，更不得捏造事实、诬告陷害。

**73.24《中国共产党纪律处分条例》（2024年1月1日）（节录）**

第八十八条 有下列行为之一的，对直接责任者和领导责任者，给予警告或者严重警告处分；情节较重的，给予撤销党内职务或者留党察看处分；情节严重的，给予开除党籍处分：

（一）对批评、检举、控告进行阻挠、压制，或者将批评、检举、控告材料私自扣压、销毁，或者故意将其泄露给他人；

（二）对党员的申辩、辩护、作证等进行压制，造成不良后果；

（三）压制党员申诉，造成不良后果，或者不按照有关规定处理党员申诉；

（四）其他侵犯党员权利行为，造成不良后果。

对批评人、检举人、控告人、证人及其他人员打击报复的，从重或者加重处分。

**73.25《中国共产党纪律检查机关案件检查工作条例》（1994年5月1日）（节录）**

第三十五条 调查中，发现检举人确属诬

告或证人出具伪证等妨碍案件检查的行为，应予追究。

**第三十六条** 要保护办案人、检举人、证人。对上述人员进行诬告陷害、打击报复的，应予追究。

### 73.26《中国共产党纪律检查机关控告申诉工作条例》（1993年9月1日）（节录）

**第三十二条** 维护当事人的合法权利。对检举、控告人及检举、控告内容，应当保密。不准将检举、控告材料转给被检举、控告人；不得对检举、控告、申诉人歧视、刁难、压制。对打击报复检举、控告、申诉人的，必须追究责任，严肃处理。

**第三十三条** 对如实检举、控告或反映情况的，应予以支持、鼓励。对检举、控告不完全属实的，除对不属实的部分予以解释说明外，对属实的部分应予以处理。对检举、控告不实的，必须分清是错告还是诬告：如属错告，应在一定范围内澄清是非，消除对被错告者造成的影响，并教育错告者；如属诬告，必须对诬告者追究责任，严肃处理。

**第三十四条** 认定诬告，必须经过地、市级以上（含地、市级）党的委员会或纪律检查委员会批准。

### 73.27《中共中央纪律检查委员会、中华人民共和国监察部关于保护检举、控告人的规定》（1996年1月19日）（节录）

**第二条** 任何单位和个人有权向纪检监察机关检举、控告党组织、党员以及国家行政机关、国家公务员和国家行政机关任命的其他人员违纪违法的行为。

任何单位和个人不得以任何借口阻拦、压制检举、控告人依法进行的检举、控告。

**第三条** 检举、控告人应据实检举、控告，不得捏造事实、制造假证、诬告陷害他人。

纪检监察机关对如实检举、控告的，应给予支持、鼓励。对检举、控告有功的，应给予奖励。对检举、控告不实的，必须分清是错告还是诬告。对错告的，应澄清事实；对诬告的，应依照有关规定予以处理。

**第七条** 任何单位和个人不得擅自追查检举、控告人。对确属诬告陷害，需要追查诬告陷害者的，必须经地、市级以上（含地、市级）党的委员会、政府或纪检监察机关批准。

**第十条** 任何单位和个人不得以任何借口和手段打击报复检举、控告人及其亲属或假想检举、控告人。

指使他人打击报复的，或者被指使人、被指使单位的主要负责人和直接责任人员明知实施的行为是打击报复的，以打击报复论处。

**第十一条** 打击报复检举、控告人的，纪检监察机关应分别不同情况予以处理：

（一）对于正在实施的打击报复行为，纪检监察机关应在其职权范围内采取措施及时制止，并予以处理，或者及时移送有关部门予以处理。

（二）检举、控告人因被打击报复而受到错误处理的，纪检监察机关应在其职权范围内依照有关规定予以纠正，或者建议有关部门予以纠正。

（三）检举、控告人因被打击报复而造成人身伤害及名誉损害、财产损失的，纪检监察机关应在其职权范围内负责处理，或者移送有关部门予以处理。

### 第七十四条【监察机关及其工作人员的法律责任】

监察机关及其工作人员有下列行为之一的，对负有责任的领导人员和直接责任人员依法给予处理：

（一）未经批准、授权处置问题线索，发现重大案情隐瞒不报，或者私自留存、处理涉案材料的；

（二）利用职权或者职务上的影响干预调查工作、以案谋私的；

（三）违法窃取、泄露调查工作信息，或者泄露举报事项、举报受理情况以及举报人信息的；

（四）对被调查人或者涉案人员逼供、诱供，或者侮辱、打骂、虐待、体罚或者变相体罚的；

（五）违反规定处置查封、扣押、冻结的财物的；

（六）违反规定发生办案安全事故，或者发生安全事故后隐瞒不报、报告失实、处置不当的；

（七）违反规定采取强制到案、责令候查、管护、留置或者禁闭措施，或者法定期限届满，不予以解除或者变更的；

（八）违反规定采取技术调查、限制出境措施，或者不按规定解除技术调查、限制出境措施的；

（九）利用职权非法干扰企业生产经营或者侵害企业经营者人身权利、财产权利和其他合法权益的；

（十）其他滥用职权、玩忽职守、徇私舞弊的行为。

#### 关联法规指引

**74.11《中华人民共和国监察法实施条例》（2021年9月20日）（节录）**

第二百七十七条 监察机关应当建立健全办案安全责任制。承办部门主要负责人和调查组组长是调查安全第一责任人。调查组应当指定专人担任安全员。

地方各级监察机关履行管理、监督职责不力发生严重办案安全事故的，或者办案中存在严重违规违纪违法行为的，省级监察机关主要负责人应当向国家监察委员会作出检讨，并予以通报、严肃追责问责。

案件监督管理部门应当对办案安全责任制

落实情况组织经常性检查和不定期抽查，发现问题及时报告并督促整改。

**第二百七十八条** 监察人员在履行职责中有下列行为之一的，依法严肃处理；构成犯罪的，依法追究刑事责任：

（一）贪污贿赂、徇私舞弊的；

（二）不履行或者不正确履行监督职责，应当发现的问题没有发现，或者发现问题不报告、不处置，造成严重影响的；

（三）未经批准、授权处置问题线索，发现重大案情隐瞒不报，或者私自留存、处理涉案材料的；

（四）利用职权或者职务上的影响干预调查工作的；

（五）违法窃取、泄露调查工作信息，或者泄露举报事项、举报受理情况以及举报人信息的；

（六）对被调查人或者涉案人员逼供、诱供，或者侮辱、打骂、虐待、体罚或者变相体罚的；

（七）违反规定处置查封、扣押、冻结的财物的；

（八）违反规定导致发生办案安全事故，或者发生安全事故后隐瞒不报、报告失实、处置不当的；

（九）违反规定采取留置措施的；

（十）违反规定限制他人出境，或者不按规定解除出境限制的；

（十一）其他职务违法和职务犯罪行为。

**第二百七十九条** 对监察人员在履行职责中存在违法行为的，可以根据情节轻重，依法进行谈话提醒、批评教育、责令检查、诫勉，或者给予政务处分。构成犯罪的，依法追究刑事责任。

## 74.12《中华人民共和国监察官法》（2022年1月1日）（节录）

**第四十六条** 监察官不得打听案情、过问案件、说情干预。对于上述行为，办理监察事项的监察官应当及时向上级报告。有关情况应当登记备案。

办理监察事项的监察官未经批准不得接触被调查人、涉案人员及其特定关系人，或者与其进行交往。对于上述行为，知悉情况的监察官应当及时向上级报告。有关情况应当登记备案。

**第四十八条** 监察官应当严格执行保密制度，控制监察事项知悉范围和时间，不得私自留存、隐匿、查阅、摘抄、复制、携带问题线索和涉案资料，严禁泄露监察工作秘密。

监察官离岗离职后，应当遵守脱密期管理规定，严格履行保密义务，不得泄露相关秘密。

**第五十二条** 监察官有下列行为之一的，依法给予处理；构成犯罪的，依法追究刑事责任：

（一）贪污贿赂的；

（二）不履行或者不正确履行监督职责，应当发现的问题没有发现，或者发现问题不报告、不处置，造成恶劣影响的；

（三）未经批准、授权处置问题线索，发现重大案情隐瞒不报，或者私自留存、处理涉案材料的；

（四）利用职权或者职务上的影响干预调查工作、以案谋私的；

（五）窃取、泄露调查工作信息，或者泄露举报事项、举报受理情况以及举报人信息的；

（六）隐瞒、伪造、变造、故意损毁证据、案件材料的；

（七）对被调查人或者涉案人员逼供、诱供，或者侮辱、打骂、虐待、体罚、变相体罚的；

（八）违反规定采取调查措施或者处置涉案财物的；

（九）违反规定发生办案安全事故，或者发生安全事故后隐瞒不报、报告失实、处置不当的；

（十）其他职务违法犯罪行为。

监察官有其他违纪违法行为，影响监察官队伍形象，损害国家和人民利益的，依法追究相应责任。

第五十三条　监察官涉嫌违纪违法，已经被立案审查、调查、侦查，不宜继续履行职责的，按照管理权限和规定的程序暂时停止其履行职务。

第五十四条　实行监察官责任追究制度，对滥用职权、失职失责造成严重后果的，终身追究责任或者进行问责。

监察官涉嫌严重职务违法、职务犯罪或者对案件处置出现重大失误的，应当追究负有责任的领导人员和直接责任人员的责任。

### 74.13《中华人民共和国公职人员政务处分法》（2020年7月1日）（节录）

第六十三条　监察机关及其工作人员有下列情形之一的，对负有责任的领导人员和直接责任人员依法给予处理：

（一）违反规定处置问题线索的；

（二）窃取、泄露调查工作信息，或者泄露检举事项、检举受理情况以及检举人信息的；

（三）对被调查人或者涉案人员逼供、诱供，或者侮辱、打骂、虐待、体罚或者变相体罚的；

（四）收受被调查人或者涉案人员的财物以及其他利益的；

（五）违反规定处置涉案财物的；

（六）违反规定采取调查措施的；

（七）利用职权或者职务上的影响干预调查工作、以案谋私的；

（八）违反规定发生办案安全事故，或者发生安全事故后隐瞒不报、报告失实、处置不当的；

（九）违反回避等程序规定，造成不良影响的；

（十）不依法受理和处理公职人员复审、复核的；

（十一）其他滥用职权、玩忽职守、徇私舞弊的行为。

### 74.21《中国共产党纪律处分条例》（2024年1月1日）（节录）

第九十四条　党员干部必须正确行使人民赋予的权力，清正廉洁，反对特权思想和特权现象，反对任何滥用职权、谋求私利的行为。

利用职权或者职务上的影响为他人谋取利益，本人的配偶、子女及其配偶等亲属和其他特定关系人收受对方财物，情节较重的，给予警告或者严重警告处分；情节严重的，给予撤销党内职务、留党察看或者开除党籍处分。

第一百四十二条　违反有关规定干预和插手司法活动、执纪执法活动，向有关地方或者部门打听案情、打招呼、说情，或者以其他方式对司法活动、执纪执法活动施加影响，情节较轻的，给予严重警告处分；情节较重的，给予撤销党内职务或者留党察看处分；情节严重的，给予开除党籍处分。

违反有关规定干预和插手公共财政资金分配、项目立项评审、功勋荣誉表彰奖励等活动，造成重大损失或者不良影响的，依照前款规定处理。

第一百四十四条　泄露、扩散或者打探、窃取党组织关于干部选拔任用、纪律审查、巡视巡察等尚未公开事项或者其他应当保密的内容的，给予警告或者严重警告处分；情节较重的，给予撤销党内职务或者留党察看处分；情节严重的，给予开除党籍处分。

私自留存涉及党组织关于干部选拔任用、纪律审查、巡视巡察等方面资料，情节较重的，给予警告或者严重警告处分；情节严重的，给予撤销党内职务处分。

**第一百四十九条** 在党的纪律检查、组织、宣传、统一战线工作以及机关工作等其他工作中，不履行或者不正确履行职责，造成损失或者不良影响的，应当视具体情节给予警告直至开除党籍处分。

## 74.22《中国共产党纪律检查机关案件检查工作条例》（1994年5月1日）（节录）

**第四十五条** 办案人员应遵守以下纪律：

（一）不准对被调查人或有关人员采取违犯党章或国家法律的手段；

（二）不准泄露案情，扩散证据材料；

（三）不准伪造、篡改、隐匿、销毁证据，故意夸大或缩小案情；

（四）不准接受与案件有关人员的财物和其他利益。

## 74.23《中国共产党纪律检查机关监督执纪工作规则》（2019年1月1日）（节录）

**第七十条** 建立健全安全责任制，监督检查、审查调查部门主要负责人和审查调查组组长是审查调查安全第一责任人，审查调查组应当指定专人担任安全员。被审查调查人发生安全事故的，应当在24小时内逐级上报至中央纪委，及时做好舆论引导。

发生严重安全事故的，或者存在严重违规违纪违法行为的，省级纪检监察机关主要负责人应当向中央纪委作出检讨，并予以通报、严肃问责追责。

案件监督管理部门应当组织开展经常性检查和不定期抽查，发现问题及时报告并督促整改。

## 74.24《纪检监察机关办案工作保密规定》（1996年8月19日）（节录）

**第七条** 拟采取的调查手段、措施要严格控制知悉范围，不准向被调查人泄露；严禁泄露当事人提供的物证、书证、证人证言等证据。

**第八条** 外出调查一般不准携带案卷，如确需携带时必须经领导批准，并做到：两人专管，卷不离人，严防丢失；上下车、船、飞机时，要及时检查，相互提示。

**第九条** 不准在公共场所谈论案件内容，不准携带案卷和调查材料探亲访友、游览、购物等。

**第十条** 汇报案情及有关情况时，应使用加密传真，不得使用平信、明码电报和电话。传递办案材料，应通过机要部门。

**第十一条** 出境调查携带案件材料，应当按国家保密局、海关总署《关于禁止邮寄或非法携运国家秘密文件、资料和其他物品出境的规定》执行。

**第十二条** 移送审理的案件材料，要严格登记和履行交接手续。

**第十三条** 在审理案件过程中，案卷材料由承办人负责保管，审理结束后，按规定移送。

**第十四条** 阅卷笔录、审理讨论笔录等，未经批准，不得向无关人员提供。

**第十五条** 案件材料及办案请示、报告和其他有关文字材料，均应按《纪检监察工作中国家秘密及其密级具体范围的规定》划定密级和期限，并妥善加以保管。

**第十六条** 正在办理的案件，一般不对外宣传报道；需要宣传报道时，必须经主管领导同意并报同级纪检监察机关领导批准。

**第十七条** 办案中如发生泄密情况，要及时向主管领导和本单位保密委员会报告，同时采取有效措施尽力补救；事后要认真追查，严肃处理，并向上一级纪检监察机关保密委员会报告。

第十八条 违反本规定的，应依照党纪、政纪的有关规定给予党纪处分、行政处分或其他处理；构成犯罪的，移送司法机关依法追究刑事责任。

## 第七十五条【依法追究刑事责任】

违反本法规定，构成犯罪的，依法追究刑事责任。

### 关联法规指引

75.11《中华人民共和国刑法》（2024年3月1日）（节录）

第二百四十五条 非法搜查他人身体、住宅，或者非法侵入他人住宅的，处三年以下有期徒刑或者拘役。

……

第二百五十四条 国家机关工作人员滥用职权、假公济私，对控告人、申诉人、批评人、举报人实行报复陷害的，处二年以下有期徒刑或者拘役；情节严重的，处二年以上七年以下有期徒刑。

第二百七十七条 以暴力、威胁方法阻碍国家机关工作人员依法执行职务的，处三年以下有期徒刑、拘役、管制或者罚金。

……

第三百零八条 对证人进行打击报复的，处三年以下有期徒刑或者拘役；情节严重的，处三年以上七年以下有期徒刑。

第三百八十二条 国家工作人员利用职务上的便利，侵吞、窃取、骗取或者以其他手段非法占有公共财物的，是贪污罪。

受国家机关、国有公司、企业、事业单位、人民团体委托管理、经营国有财产的人员，利用职务上的便利，侵吞、窃取、骗取或者以其他手段非法占有国有财物的，以贪污论。

与前两款所列人员勾结，伙同贪污的，以共犯论处。

第三百八十四条 国家工作人员利用职务上的便利，挪用公款归个人使用，进行非法活动的，或者挪用公款数额较大、进行营利活动的，或者挪用公款数额较大、超过三个月未还的，是挪用公款罪，处五年以下有期徒刑或者拘役；情节严重的，处五年以上有期徒刑。挪用公款数额巨大不退还的，处十年以上有期徒刑或者无期徒刑。

……

第三百八十五条 国家工作人员利用职务上的便利，索取他人财物的，或者非法收受他人财物，为他人谋取利益的，是受贿罪。

国家工作人员在经济往来中，违反国家规定，收受各种名义的回扣、手续费，归个人所有的，以受贿论处。

第三百八十七条 国家机关、国有公司、企业、事业单位、人民团体，索取、非法收受他人财物，为他人谋取利益，情节严重的，对单位判处罚金，并对其直接负责的主管人员和其他直接责任人员，处三年以下有期徒刑或者拘役；情节特别严重的，处三年以上十年以下有期徒刑。

前款所列单位，在经济往来中，在帐外暗中收受各种名义的回扣、手续费的，以受贿论，依照前款的规定处罚。

**第三百八十八条** 国家工作人员利用本人职权或者地位形成的便利条件，通过其他国家工作人员职务上的行为，为请托人谋取不正当利益，索取请托人财物或者收受请托人财物的，以受贿论处。

**第三百八十八条之一** 国家工作人员的近亲属或者其他与该国家工作人员关系密切的人，通过该国家工作人员职务上的行为，或者利用该国家工作人员职权或者地位形成的便利条件，通过其他国家工作人员职务上的行为，为请托人谋取不正当利益，索取请托人财物或者收受请托人财物，数额较大或者有其他较重情节的，处三年以下有期徒刑或者拘役，并处罚金；数额巨大或者有其他严重情节的，处三年以上七年以下有期徒刑，并处罚金；数额特别巨大或者有其他特别严重情节的，处七年以上有期徒刑，并处罚金或者没收财产。

离职的国家工作人员或者其近亲属以及其他与其关系密切的人，利用该离职的国家工作人员原职权或者地位形成的便利条件实施前款行为的，依照前款的规定定罪处罚。

**第三百八十九条** 为谋取不正当利益，给予国家工作人员以财物的，是行贿罪。

在经济往来中，违反国家规定，给予国家工作人员以财物，数额较大的，或者违反国家规定，给予国家工作人员以各种名义的回扣、手续费的，以行贿论处。

因被勒索给予国家工作人员以财物，没有获得不正当利益的，不是行贿。

**第三百九十条之一** 为谋取不正当利益，向国家工作人员的近亲属或者其他与该国家工作人员关系密切的人，或者向离职的国家工作人员或者其近亲属以及其他与其关系密切的人行贿的，处三年以下有期徒刑或者拘役，并处罚金；情节严重的，或者使国家利益遭受重大损失的，处三年以上七年以下有期徒刑，并处罚金；情节特别严重的，或者使国家利益遭受特别重大损失的，处七年以上十年以下有期徒刑，并处罚金。

单位犯前款罪的，对单位判处罚金，并对其直接负责的主管人员和其他直接责任人员，处三年以下有期徒刑或者拘役，并处罚金。

**第三百九十一条** 为谋取不正当利益，给予国家机关、国有公司、企业、事业单位、人民团体以财物的，或者在经济往来中，违反国家规定，给予各种名义的回扣、手续费的，处三年以下有期徒刑或者拘役，并处罚金；情节严重的，处三年以上七年以下有期徒刑，并处罚金。

单位犯前款罪的，对单位判处罚金，并对其直接负责的主管人员和其他直接责任人员，依照前款的规定处罚。

**第三百九十二条** 向国家工作人员介绍贿赂，情节严重的，处三年以下有期徒刑或者拘役，并处罚金。

介绍贿赂人在被追诉前主动交待介绍贿赂行为的，可以减轻处罚或者免除处罚。

**第三百九十三条** 单位为谋取不正当利益而行贿，或者违反国家规定，给予国家工作人员以回扣、手续费，情节严重的，对单位判处罚金，并对其直接负责的主管人员和其他直接责任人员，处三年以下有期徒刑或者拘役，并处罚金；情节特别严重的，处三年以上十年以下有期徒刑，并处罚金。因行贿取得的违法所得归个人所有的，依照本法第三百八十九条、第三百九十条的规定定罪处罚。

**第三百九十四条** 国家工作人员在国内公务活动或者对外交往中接受礼物，依照国家规定应当交公而不交公，数额较大的，依照本法

第三百八十二条、第三百八十三条的规定定罪处罚。

**第三百九十五条** 国家工作人员的财产、支出明显超过合法收入，差额巨大的，可以责令该国家工作人员说明来源，不能说明来源的，差额部分以非法所得论，处五年以下有期徒刑或者拘役；差额特别巨大的，处五年以上十年以下有期徒刑。财产的差额部分予以追缴。

国家工作人员在境外的存款，应当依照国家规定申报。数额较大、隐瞒不报的，处二年以下有期徒刑或者拘役；情节较轻的，由其所在单位或者上级主管机关酌情给予行政处分。

**第三百九十六条** 国家机关、国有公司、企业、事业单位、人民团体，违反国家规定，以单位名义将国有资产集体私分给个人，数额较大的，对其直接负责的主管人员和其他直接责任人员，处三年以下有期徒刑或者拘役，并处或者单处罚金；数额巨大的，处三年以上七年以下有期徒刑，并处罚金。

司法机关、行政执法机关违反国家规定，将应当上缴国家的罚没财物，以单位名义集体私分给个人的，依照前款的规定处罚。

**第三百九十七条** 国家机关工作人员滥用职权或者玩忽职守，致使公共财产、国家和人民利益遭受重大损失的，处三年以下有期徒刑或者拘役；情节特别严重的，处三年以上七年以下有期徒刑。本法另有规定的，依照规定。

国家机关工作人员徇私舞弊，犯前款罪的，处五年以下有期徒刑或者拘役；情节特别严重的，处五年以上十年以下有期徒刑。本法另有规定的，依照规定。

**第三百九十八条** 国家机关工作人员违反保守国家秘密法的规定，故意或者过失泄露国家秘密，情节严重的，处三年以下有期徒刑或者拘役；情节特别严重的，处三年以上七年以下有期徒刑。

非国家机关工作人员犯前款罪的，依照前款的规定酌情处罚。

**第四百零二条** 行政执法人员徇私舞弊，对依法应当移交司法机关追究刑事责任的不移交，情节严重的，处三年以下有期徒刑或者拘役；造成严重后果的，处三年以上七年以下有期徒刑。

**第四百一十七条** 有查禁犯罪活动职责的国家机关工作人员，向犯罪分子通风报信、提供便利，帮助犯罪分子逃避处罚的，处三年以下有期徒刑或者拘役；情节严重的，处三年以上十年以下有期徒刑。

## 第七十六条【国家赔偿】

监察机关及其工作人员行使职权，侵犯公民、法人和其他组织的合法权益造成损害的，依法给予国家赔偿。

### 关联法规指引

**76.11《中华人民共和国监察法实施条例》（2021年9月20日）（节录）**

**第二百八十条** 监察机关及其工作人员在行使职权时，有下列情形之一的，受害人可以申请国家赔偿：

（一）采取留置措施后，决定撤销案件的；

（二）违法没收、追缴或者违法查封、扣押、冻结财物造成损害的；

（三）违法行使职权，造成被调查人、涉案人员或者证人身体伤害或者死亡的；

（四）非法剥夺他人人身自由的；

（五）其他侵犯公民、法人和其他组织合法权益造成损害的。

受害人死亡的，其继承人和其他有扶养关系的亲属有权要求赔偿；受害的法人或者其他组织终止的，其权利承受人有权要求赔偿。

**第二百八十一条** 监察机关及其工作人员违法行使职权侵犯公民、法人和其他组织的合法权益造成损害的，该机关为赔偿义务机关。申请赔偿应当向赔偿义务机关提出，由该机关负责复审复核工作的部门受理。

赔偿以支付赔偿金为主要方式。能够返还财产或者恢复原状的，予以返还财产或者恢复原状。

**76.12《中华人民共和国宪法》（2018年3月11日）（节录）**

**第四十一条**

……

由于国家机关和国家工作人员侵犯公民权利而受到损失的人，有依照法律规定取得赔偿的权利。

**76.13《中华人民共和国国家赔偿法》（2013年1月1日）（节录）**

**第二条** 国家机关和国家机关工作人员行使职权，有本法规定的侵犯公民、法人和其他组织合法权益的情形，造成损害的，受害人有依照本法取得国家赔偿的权利。

本法规定的赔偿义务机关，应当依照本法及时履行赔偿义务。

**第三条** 行政机关及其工作人员在行使行政职权时有下列侵犯人身权情形之一的，受害人有取得赔偿的权利：

（一）违法拘留或者违法采取限制公民人身自由的行政强制措施的；

（二）非法拘禁或者以其他方法非法剥夺公民人身自由的；

（三）以殴打、虐待等行为或者唆使、放纵他人以殴打、虐待等行为造成公民身体伤害或者死亡的；

（四）违法使用武器、警械造成公民身体伤害或者死亡的；

（五）造成公民身体伤害或者死亡的其他违法行为。

第四条　行政机关及其工作人员在行使行政职权时有下列侵犯财产权情形之一的，受害人有取得赔偿的权利：

（一）违法实施罚款、吊销许可证和执照、责令停产停业、没收财物等行政处罚的；

（二）违法对财产采取查封、扣押、冻结等行政强制措施的；

（三）违法征收、征用财产的；

（四）造成财产损害的其他违法行为。

第五条　属于下列情形之一的，国家不承担赔偿责任：

（一）行政机关工作人员与行使职权无关的个人行为；

（二）因公民、法人和其他组织自己的行为致使损害发生的；

（三）法律规定的其他情形。

第六条　受害的公民、法人和其他组织有权要求赔偿。

受害的公民死亡，其继承人和其他有扶养关系的亲属有权要求赔偿。

受害的法人或者其他组织终止的，其权利承受人有权要求赔偿。

第十六条　赔偿义务机关赔偿损失后，应当责令有故意或者重大过失的工作人员或者受委托的组织或者个人承担部分或者全部赔偿费用。

对有故意或者重大过失的责任人员，有关机关应当依法给予处分；构成犯罪的，应当依法追究刑事责任。

第十九条　属于下列情形之一的，国家不承担赔偿责任：

（一）因公民自己故意作虚伪供述，或者伪造其他有罪证据被羁押或者被判处刑罚的；

（二）依照刑法第十七条、第十八条规定不负刑事责任的人被羁押的；

（三）依照刑事诉讼法第十五条、第一百七十三条第二款、第二百七十三条第二款、第二百七十九条规定不追究刑事责任的人被羁押的；

（四）行使侦查、检察、审判职权的机关以及看守所、监狱管理机关的工作人员与行使职权无关的个人行为；

（五）因公民自伤、自残等故意行为致使损害发生的；

（六）法律规定的其他情形。

## 76.14《中华人民共和国公务员法》（2019年6月1日）（节录）

第一百一十条　机关因错误的人事处理对公务员造成名誉损害的，应当赔礼道歉、恢复名誉、消除影响；造成经济损失的，应当依法给予赔偿。

## 76.15《事业单位人事管理条例》（2014年7月1日）（节录）

第四十二条　对事业单位工作人员的人事处理违反本条例规定给当事人造成名誉损害的，应当赔礼道歉、恢复名誉、消除影响；造成经济损失的，依法给予赔偿。

# 第九章 附 则

## 第七十七条【军事监察工作规定】

中国人民解放军和中国人民武装警察部队开展监察工作,由中央军事委员会根据本法制定具体规定。

---- 关联法规指引 ----

《中华人民共和国立法法》(2023年3月15日)(节录)

第一百一十七条 中央军事委员会根据宪法和法律,制定军事法规。

中国人民解放军各战区、军兵种和中国人民武装警察部队,可以根据法律和中央军事委员会的军事法规、决定、命令,在其权限范围内,制定军事规章。

军事法规、军事规章在武装力量内部实施。

军事法规、军事规章的制定、修改和废止办法,由中央军事委员会依照本法规定的原则规定。

## 第七十八条【实施日期和废止日期】

本法自公布之日起施行。《中华人民共和国行政监察法》同时废止。

---- 关联法规指引 ----

《中华人民共和国立法法》(2023年3月15日)(节录)

第一百零四条 法律、行政法规、地方性法规、自治条例和单行条例、规章不溯及既往,但为了更好地保护公民、法人和其他组织的权利和利益而作的特别规定除外。

## 附 监察委管辖罪名立案（定罪量刑）标准图解

### 一、贪污贿赂犯罪（19个罪名）

| 序号 | 罪名 | 刑法规定 | 立案（定罪量刑）标准 |
|---|---|---|---|
| 1 | 贪污罪 | 第三百八十二条 国家工作人员利用职务上的便利，侵吞、窃取、骗取或者以其他手段非法占有公共财物的，是贪污罪。<br>受国家机关、国有公司、企业、事业单位、人民团体委托管理、经营国有财产的人员，利用职务上的便利，侵吞、窃取、骗取或者以其他手段非法占有国有财物的，以贪污论。<br>与前两款所列人员勾结，伙同贪污的，以共犯论。 | 《最高人民法院、最高人民检察院关于办理贪污贿赂刑事案件适用法律若干问题的解释》（2016年4月18日）<br>（参见第一条、第二条、第三条、第四条）<br>1. 贪污数额在三万元以上不满二十万元的，或者贪污数额在一万元以上不满三万元且具有六种情形①之一的，依法判处三年以下有期徒刑或者拘役，并处罚金；<br>2. 贪污数额在二十万元以上不满三百万元的，或者贪污数额在十万元以上不满二十万元且具有上述六种情形之一的，依法判处三年以上十年以下有期徒刑，并处罚金或者没收财产； |

① 六种情形为：
(1) 贪污救灾、抢险、防汛、优抚、扶贫、移民、救济、防疫、社会捐助等特定款物的；
(2) 曾因贪污、受贿、挪用公款受过党纪、行政处分的；
(3) 曾因故意犯罪受过刑事追究的；
(4) 赃款赃物用于非法活动的；
(5) 拒不交待赃款赃物去向或者拒不配合追缴工作，致使无法追缴的；
(6) 造成恶劣影响或者其他严重后果的。

附　监察委管辖罪名立案（定罪量刑）标准图解　221

**第三百八十三条第一款**　对犯贪污罪的，根据情节轻重，分别依照下列规定处罚：（一）贪污数额较大或者有其他较重情节的，处三年以下有期徒刑或者拘役，并处罚金。（二）贪污数额巨大或者有其他严重情节的，处三年以上十年以下有期徒刑，并处罚金或者没收财产。（三）贪污数额特别巨大或者有其他特别严重情节的，处十年以上有期徒刑或者无期徒刑，并处罚金或者没收财产；数额特别巨大，并使国家和人民利益遭受特别重大损失的，处无期徒刑或者死刑，并处没收财产。

**第三百九十四条**　国家工作人员在国内公务活动或者对外交往中接受礼物，依照国家规定应当交公而不交公，数额较大的，依照本法第三百八十二条、第三百八十三条的规定罪处罚。

**第二百七十一条第二款**　国有公司、企业或者其他国有单位中从事公务的人员和国有公司、企业或者其他国有单位委派到非国有公司、企业以及其他单位从事公务的人员有前款行为的，依照本法第三百八十二条、第三百八十三条的规定定罪处罚。

**第一百八十三条第二款**　国有保险公司工作人员和国有保险公司委派到非国有保险公司从事公务的人员有前款行为的，依照本法第三百八十二条、第三百八十三条的规定定罪处罚。

3. 贪污数额在三百万元以上的，或者贪污数额在一百五十万元以上不满三百万元且具有上述六种情形之一的，依法判处十年以上有期徒刑、无期徒刑或者死刑，并处罚金或者没收财产。

4. 贪污数额特别巨大，犯罪情节特别严重、社会影响特别恶劣，给国家和人民利益造成特别重大损失的，可以判处死刑。

符合前述规定的情形，但具有自首、立功、如实供述自己罪行、真诚悔罪、积极退赃，避免、减少损害结果的发生等情节，不足以立即执行的，可以判处死刑缓期二年执行。

符合第一款规定情形的，根据犯罪情节等情况可以判处死刑缓期二年执行，同时裁判决定在其死刑缓期执行二年期满依法减为无期徒刑后，终身监禁，不得减刑、假释。

| | | | |
|---|---|---|---|
| 2 | 挪用公款罪 | 第三百八十四条 国家工作人员利用职务上的便利，挪用公款归个人使用，进行非法活动的，或者挪用公款数额较大、进行营利活动的，或者挪用公款数额较大、超过三个月未还的，是挪用公款罪，处五年以下有期徒刑或者拘役；情节严重的，处五年以上有期徒刑。挪用公款数额巨大不退还的，处十年以上有期徒刑或者无期徒刑。<br>挪用用于救灾、抢险、防汛、优抚、扶贫、移民、救济款物归个人使用的，从重处罚。 | 《最高人民法院、最高人民检察院关于办理贪污贿赂刑事案件适用法律若干问题的解释》（2016年4月18日）<br>（参见第五条、第六条）<br>1. 挪用公款数额在三万元以上，进行非法活动，数额在三万元以上的，或者挪用公款归个人使用，进行营利活动或者超过三个月未还，数额在五万元以上的，处五年以下有期徒刑或者拘役；<br>2. 挪用公款归个人使用，进行非法活动，具有四种情形①之一的，或者挪用公款超过三个月未还，进行营利活动，具有四种情形②之一的，处五年以上有期徒刑； |

---

① 四种情形为：
（1）挪用公款数额在一百万元以上的；
（2）挪用救灾、抢险、防汛、优抚、扶贫、移民、救济特定款物，数额在十万元以上不满一百万元的；
（3）挪用公款不退还，数额在五十万元以上不满一百万元的；
（4）其他严重的情节。

② 四种情形为：
（1）挪用公款数额在二百万元以上的；
（2）挪用救灾、抢险、防汛、优抚、扶贫、移民、救济特定款物，数额在一百万元以上不满二百万元的；
（3）挪用公款不退还，数额在一百万元以上不满二百万元的；
（4）其他严重的情节。

| | |
|---|---|
| **第一百八十五条第二款** 国有商业银行、证券交易所、期货交易所、证券公司、期货经纪公司、保险公司或者其他国有金融机构的工作人员和国有商业银行、证券交易所、期货交易所、证券公司、期货经纪公司、保险公司或者其他国有金融机构中的非国有金融机构从事公务的人员有前款行为的,依照本法第三百八十四条的规定定罪处罚。<br>**第二百七十二条第二款** 国有公司、企业或者其他国有公司、企业或者其他国有单位中从事公务的人员和国有公司、企业以及其他单位委派到非国有公司、企业以及其他单位从事公务的人员有单位委派到非国有公司、企业以及其他单位从事公务的人员有前款行为的,依照本法第三百八十四条的规定定罪处罚。 | 3. 挪用公款归个人使用,进行非法活动,数额在三百万元以上的,或者挪用公款归个人使用,进行营利活动或者超过三个月未还,数额在五百万元以上的,挪用后不退还的,处十年以上有期徒刑或者无期徒刑。 |

| 3 | 受贿罪 | 第三百八十五条 国家工作人员利用职务上的便利，索取他人财物的，或者非法收受他人财物，为他人谋取利益的，是受贿罪。<br>国家工作人员在经济往来中，违反国家规定，收受各种名义的回扣、手续费，归个人所有的，以受贿论处。<br>第三百八十六条 对犯受贿罪的，根据受贿所得数额及情节，依照本法第三百八十三条的规定处罚。索贿的从重处罚。<br>第三百八十八条 国家工作人员利用本人职权或者地位形成的便利条件，通过其他国家工作人员职务上的行为，为请托人谋取不正当利益，索取请托人财物或者收受请托人财物的，以受贿论处。<br>第三百六十三条第三款 国有公司、企业或者其他国有单位中从事公务的人员和国有公司、企业以及其他公务的人员有前两款行为的，依照本法第三百八十五条、第三百八十六条的规定定罪处罚。 | **《最高人民法院、最高人民检察院关于办理贪污贿赂刑事案件适用法律若干问题的解释》（2016年4月18日）**<br>（参见第一条、第二条、第三条、第四条）<br>1. 受贿数额在三万元以上不满二十万元的，或者受贿数额在一万元以上不满三万元且具有八种情形①之一的，依法判处三年以下有期徒刑或者拘役，并处罚金；<br>2. 受贿数额在二十万元以上不满三百万元的，或者受贿数额在十万元以上不满二十万元且具有上述八种情形之一的，依法判处三年以上十年以下有期徒刑，并处罚金或者没收财产；<br>3. 受贿数额在三百万元以上的，或者受贿数额在一百五十万元以上不满三百万元且具有上述六种情形之一的，依法判处十年以上有期徒刑、无期徒刑或者死刑，并处罚金或者没收财产。 |

---

① 八种情形为：
(1) 曾因贪污、受贿、挪用公款受过党纪、行政处分的；
(2) 曾因故意犯罪受过刑事追究的；
(3) 赃款赃物用于非法活动的；
(4) 拒不交待赃款赃物去向或者拒不配合追缴工作，致使无法追缴的；
(5) 造成恶劣影响或者其他严重后果的；
(6) 多次索贿的；
(7) 为他人谋取不正当利益，致使公共财产、国家和人民利益遭受损失的；
(8) 为他人谋取职务提拔、调整的。

附 监察委管辖罪名立案（定罪量刑）标准图解 225

| | | | |
|---|---|---|---|
| | | 第一百八十四条第二款 国有金融机构工作人员和国有金融机构委派到非国有金融机构从事公务的人员有前款行为的，依照本法第三百八十五条、第三百八十六条的规定定罪处罚。 | 4. 受贿数额特别巨大，犯罪情节特别严重，社会影响特别恶劣，给国家和人民利益造成特别重大损失的，可以判处死刑。<br>符合前述规定的情形，但具有自首、立功，如实供述自己罪行，积极退赃，真诚悔罪，或者避免、减少损害结果的发生等情节，不是必须立即执行的，可以判处死刑缓期二年执行。<br>符合第一款规定情形的，根据犯罪情节等情况可以判处死刑缓期二年执行，同时裁判决定在其死刑缓期执行二年期满依法减为无期徒刑后，终身监禁，不得减刑、假释。 |
| 4 | 单位受贿罪 | 第三百八十七条 国家机关、国有公司、企业、事业单位、人民团体，索取、非法收受他人财物，为他人谋取利益，情节严重的，对单位判处罚金，并对其直接负责的主管人员和其他直接责任人员，处三年以下有期徒刑或者拘役；情节特别严重的，处三年以上十年以下有期徒刑。<br>前款所列单位，在经济往来中，在帐外暗中收受各种名义的回扣、手续费的，以受贿论，依照前款的规定处罚。 | 《最高人民检察院关于人民检察院直接受理立案侦查案件立案标准的规定（试行）》（1999年9月16日）<br>涉嫌下列情形之一的，应予立案：<br>1. 单位受贿数额在十万元以上的；<br>2. 单位受贿数额不满十万元，但具有下列情形之一的：<br>（1）故意刁难、要挟有关单位、个人，造成恶劣影响的；<br>（2）强行索取财物的；<br>（3）致使国家或者社会利益遭受重大损失的。 |

| | | | |
|---|---|---|---|
| 5 | 利用影响力受贿罪 | 第三百八十八条之一　国家工作人员的近亲属或者其他与该国家工作人员关系密切的人，通过该国家工作人员职务上的行为，或者利用该国家工作人员职权或者地位形成的便利条件，通过其他国家工作人员职务上的行为，为请托人谋取不正当利益，索取请托人财物或者收受请托人财物，数额较大或者有其他较重情节的，处三年以下有期徒刑或者拘役，并处罚金；数额巨大或者有其他严重情节的，处三年以上七年以下有期徒刑，并处罚金；数额特别巨大或者有其他特别严重情节的，处七年以上有期徒刑，并处罚金或者没收财产。<br>离职的国家工作人员或者其近亲属以及其他与其关系密切的人，利用该离职的国家工作人员原职权或者地位形成的便利条件实施前款行为的，依照前款的规定定罪处罚。 | 《最高人民法院、最高人民检察院关于办理贪污贿赂刑事案件适用法律若干问题的解释》（2016年4月18日）<br>（第十条第一款）<br>利用影响力受贿罪的定罪量刑适用标准，参照《最高人民法院、最高人民检察院关于办理贪污贿赂刑事案件适用法律若干问题的解释》关于受贿罪的规定执行。 |

附　监察委管辖罪名立案（定罪量刑）标准图解　227

| | | | |
|---|---|---|---|
| 6 | 行贿罪 | 第三百八十九条　为谋取不正当利益，给予国家工作人员以财物的，是行贿。<br>在经济往来中，违反国家规定，给予国家工作人员以财物，数额较大的，或者违反国家规定，给予国家工作人员以各种名义的回扣、手续费的，以行贿论处。<br>因被勒索给予国家工作人员以财物，没有获得不正当利益的，不是行贿。<br>第三百九十条　对犯行贿罪的，处三年以下有期徒刑或者拘役，并处罚金；因行贿谋取不正当利益，情节严重的，或者使国家利益遭受重大损失的，处三年以上十年以下有期徒刑，并处罚金；情节特别严重的，或者使国家利益遭受特别重大损失的，处十年以上有期徒刑或者无期徒刑，并处罚金或者没收财产。<br>有下列情形之一的，从重处罚：<br>（一）多次行贿或者向多人行贿的；<br>（二）国家工作人员行贿的；<br>（三）在国家重点工程、重大项目中行贿的； | 《最高人民法院、最高人民检察院关于办理贪污贿赂刑事案件适用法律若干问题的解释》（2016年4月18日）<br>（参见第七条、第八条、第九条）<br>1. 为谋取不正当利益，向国家工作人员行贿，数额在三万元以上的，或者行贿数额在一万元以上不满三万元且具有六种情形①之一的，应当以行贿罪追究刑事责任。<br>2. 犯行贿罪，具有下列情形之一的，属于刑法第三百九十条第一款规定的"情节严重"：<br>（1）行贿数额在一百万元以上不满五百万元的；<br>（2）行贿数额在五十万元以上不满一百万元，并具有前述1中（1）至（5）规定的情形之一的；<br>（3）其他严重的情节。<br>为谋取不正当利益，向国家工作人员行贿，造成经济损失数额在一百万元以上不满五百万元的，属于刑法第三百九十条第一款规定的"使国家利益遭受重大损失"。 |

① 六种情形为：
（1）向三人以上行贿的；
（2）将违法所得用于行贿的；
（3）通过行贿谋取职务提拔、调整的；
（4）向负有食品、药品、安全生产、环境保护等监督管理职责的国家工作人员行贿，实施非法活动的；
（5）向司法工作人员行贿，影响司法公正的；
（6）造成经济损失数额在五十万元以上不满一百万元的。

| | | | |
|---|---|---|---|
| 7 | | (四)为谋取职务、职级晋升、调整行贿的;<br>(五)对监察、行政执法、司法工作人员行贿的;<br>(六)在生态环境、财政金融、教育、医疗等领域行贿,实施防灾救灾、社会保障、安全生产、食品药品、违法犯罪活动的;<br>(七)将违法所得用于行贿的。<br>行贿人在被追诉前主动交待行贿行为的,可以从轻或者减轻处罚。其中,犯罪较轻的,对侦查突破,侦破重大案件起关键作用的,或者有重大立功表现的,可以减轻或者免除处罚。<br>**第三百九十条之一** 为谋取不正当利益,向国家工作人员的近亲属或者其他与该国家工作人员关系密切的人,或者向离职的国家工作人员或者其近亲属以及其他与其关系密切的人行贿的,处三年以下有期徒刑或者拘役,并处罚金;情节严重的,或者使国家利益遭受重大损失的,处三年以上七年以下有期徒刑,并处罚金;情节特别严重的,或者使国家利益遭受特别重大损失的,处七年以上十年以下有期徒刑,并处罚金。<br>单位犯前款罪的,对单位判处罚金,并对其直接负责的主管人员和其他直接责任人员,处三年以下有期徒刑或者拘役,并处罚金。 | 3.犯行贿罪,具有下列情形之一的,属于刑法第三百九十条第一款规定的"情节特别严重":<br>(1)行贿数额在五百万元以上的;<br>(2)行贿数额在二百五十万元以上不满五百万元,并具有前述1中(1)至(5)规定的情形之一的;<br>(3)其他特别严重的情节。<br>为谋取不正当利益,向国家工作人员行贿,造成经济损失数额在五百万元以上的,属于刑法第三百九十条第一款规定的"使国家利益遭受特别重大损失"。<br>《最高人民法院、最高人民检察院关于办理贪污贿赂刑事案件适用法律若干问题的解释》(2016年4月18日)<br>(参见第十条第二款)<br>对有影响力的人行贿罪的定罪量刑适用标准,参照《最高人民法院、最高人民检察院关于办理贪污贿赂刑事案件适用法律若干问题的解释》关于行贿罪的规定执行。 |
| | 对有影响力的行贿罪 | | |

附　监察委管辖罪名立案（定罪量刑）标准图解　229

| | | | |
|---|---|---|---|
| 8 | 对单位行贿罪 | 第三百九十一条　为谋取不正当利益，给予国家机关、国有公司、企业、事业单位、人民团体以财物的，或者在经济往来中，违反国家规定，给予各种名义的回扣、手续费的，处三年以下有期徒刑或者拘役，并处罚金；情节严重的，处三年以上七年以下有期徒刑，并处罚金。<br>单位犯前款罪的，对单位判处罚金，并对其直接负责的主管人员和其他直接责任人员，依照前款的规定处罚。 | 《最高人民检察院关于行贿罪立案标准的规定》（2000年12月22日）<br>涉嫌下列情形之一的，应予立案：<br>1.个人行贿数额在十万元以上，单位行贿数额在二十万元以上的；<br>2.个人行贿数额不满十万元、单位行贿数额在十万元以上不满二十万元，但具有下列情形而行贿的：<br>（1）为谋取非法利益而行贿的；<br>（2）向三个以上单位行贿的；<br>（3）向党政机关、司法机关、行政执法机关行贿的；<br>（4）致使国家或者社会利益遭受重大损失的。 |
| 9 | 介绍贿赂罪 | 第三百九十二条　向国家工作人员介绍贿赂，情节严重的，处三年以下有期徒刑或者拘役，并处罚金。<br>介绍贿赂人在被追诉前主动交待介绍贿赂行为的，可以减轻处罚或者免除处罚。 | 《最高人民检察院关于人民检察院直接受理立案侦查案件立案标准的规定（试行）》（1999年9月16日）<br>涉嫌下列情形之一的，应予立案：<br>1.介绍个人向国家工作人员行贿，数额在二万元以上的；介绍单位向国家工作人员行贿，数额在二十万元以上的；<br>2.介绍贿赂数额不满上述标准，但具有下列情形之一的：<br>（1）为使行贿人获取非法利益而介绍贿赂的；<br>（2）三次以上或者为三人以上介绍贿赂的；<br>（3）向党政领导、司法工作人员、行政执法人员介绍贿赂的；<br>（4）致使国家或者社会利益遭受重大损失的。 |

| | 罪名 | 法条 | 立案标准 |
|---|---|---|---|
| 10 | 单位行贿罪 | 第三百九十三条 单位为谋取不正当利益而行贿，或者违反国家规定，给予国家工作人员以回扣、手续费，情节严重的，对单位判处罚金，并对其直接负责的主管人员和其他直接责任人员，处三年以下有期徒刑或者拘役，并处罚金；情节特别严重的，处三年以上十年以下有期徒刑，并处罚金。因行贿取得的违法所得归个人所有的，依照本法第三百八十九条、第三百九十条的规定定罪处罚。 | 《最高人民检察院关于人民检察院直接受理立案侦查案件立案标准的规定（试行）》（1999年9月16日）涉嫌单位行贿，有下列情形之一的，应予立案：1. 单位行贿数额在二十万元以上的；2. 单位为谋取不正当利益而行贿，数额在十万元以上不满二十万元，但具有下列情形之一的：（1）为谋取非法利益而行贿的；（2）向三人以上行贿的；（3）向党政领导、司法工作人员、行政执法人员行贿的；（4）致使国家或者社会利益遭受重大损失的。 |
| 11 | 巨额财产来源不明罪 | 第三百九十五条第一款 国家工作人员的财产、支出明显超过合法收入，差额巨大的，可以责令该国家工作人员说明来源，不能说明来源的，差额部分以非法所得论，处五年以下有期徒刑或者拘役；差额特别巨大的，处五年以上十年以下有期徒刑。财产的差额部分予以追缴。 | 《最高人民检察院关于人民检察院直接受理立案侦查案件立案标准的规定（试行）》（1999年9月16日）涉嫌巨额财产来源不明，数额在三十万元以上的，应予立案。 |
| 12 | 隐瞒境外存款罪（第395条第2款） | 第三百九十五条第二款 国家工作人员在境外的存款，应当依照国家规定申报。数额较大、隐瞒不报的，处二年以下有期徒刑或者拘役；情节较轻的，由其所在单位或者上级主管机关酌情给予行政处分。 | 《最高人民检察院关于人民检察院直接受理立案侦查案件立案标准的规定（试行）》（1999年9月16日）涉嫌隐瞒境外存款，折合人民币数额在三十万元以上的，应予立案。 |

| | | | |
|---|---|---|---|
| 13 | 私分国有资产罪 | 第三百九十六条第一款　国家机关，国有公司、企业、事业单位、人民团体，违反国家规定，以单位名义将国有资产集体私分给个人，数额较大的，对其直接负责的主管人员和其他直接责任人员，处三年以下有期徒刑、拘役，并处或者单处罚金；数额巨大的，处三年以上七年以下有期徒刑，并处罚金。 | 《最高人民检察院关于人民检察院直接受理立案侦查案件标准的规定（试行）》（1999 年 9 月 16 日）<br>涉嫌私分国有资产，累计数额在十万元以上的，应予立案。 |
| 14 | 私分罚没财物罪 | 第三百九十六条第二款　司法机关、行政执法机关违反国家规定，将应当上缴国家的罚没财物，以单位名义集体私分给个人的，依照前款的规定处罚。 | 《最高人民检察院关于人民检察院直接受理立案侦查案件标准的规定（试行）》（1999 年 9 月 16 日）<br>涉嫌私分罚没财物，累计数额在十万元以上的，应予立案。 |
| 15 | 职务侵占罪 | 第二百七十一条第一款　公司、企业或者其他单位的工作人员，利用职务上的便利，将本单位财物非法占为己有，数额较大的，处三年以下有期徒刑或者拘役，并处罚金；数额巨大的，处三年以上十年以下有期徒刑，并处罚金；数额特别巨大的，处十年以上有期徒刑或者无期徒刑，并处罚金。 | 《最高人民检察院、公安部关于公安机关管辖的刑事案件立案追诉标准的规定（二）》（2022 年 5 月 15 日）<br>（第七十六条）<br>公司、企业或者其他单位的人员，利用职务上的便利，将本单位财物非法占为己有，数额在三万元以上的，应予立案追诉。 |

| | | |
|---|---|---|
| 16 | 挪用资金罪 | 第二百七十二条第一款 公司、企业或者其他单位的工作人员，利用职务上的便利，挪用本单位资金归个人使用或者借贷给他人，数额较大、超过三个月未还的，或者虽未超过三个月，但数额较大、进行营利活动的，处三年以下有期徒刑或者拘役；挪用本单位资金数额巨大的，处三年以上七年以下有期徒刑；数额特别巨大的，处七年以上有期徒刑。 | 《最高人民检察院、公安部关于公安机关管辖的刑事案件立案追诉标准的规定（二）》（2022年5月15日）<br>（第七十七条）<br>公司、企业或者其他单位的工作人员，利用职务上的便利，挪用本单位资金归个人使用或者借贷给他人，涉嫌下列情形之一的，应予立案追诉：<br>1. 挪用本单位资金数额在五万元以上，超过三个月未还的；<br>2. 挪用本单位资金数额在五万元以上，进行营利活动的；<br>3. 挪用本单位资金数额在三万元以上，进行非法活动的。<br>具有下列情形之一的，属于本条规定的"归个人使用"：<br>1. 将本单位资金供本人、亲友或者其他自然人使用的；<br>2. 以个人名义将本单位资金供其他单位使用的；<br>3. 个人决定以单位名义将本单位资金供其他单位使用，谋取个人利益的。 |

| | | | |
|---|---|---|---|
| 17 | 对外国公职人员、国际公共组织官员行贿罪 | 第一百六十四条第二款　为谋取不正当商业利益，给予外国公职人员或者国际公共组织官员以财物的，依照前款的规定处罚。<br>第一百六十四条第三款　单位犯前两款罪的，对单位判处罚金，并对其直接负责的主管人员和其他直接责任人员，依照第一款的规定处罚。 | 《最高人民检察院、公安部关于公安机关管辖的刑事案件立案追诉标准的规定（二）》（2022年5月15日）<br>（第十二条）<br>为谋取不正当商业利益，给予外国公职人员或者国际公共组织官员以财物，个人行贿数额在三万元以上的，单位行贿数额在二十万元以上的，应予立案追诉。 |
| 18 | 非国家工作人员受贿罪 | 第一百六十三条　公司、企业或者其他单位的工作人员，利用职务上的便利，索取他人财物或者非法收受他人财物，为他人谋取利益，数额较大的，处三年以下有期徒刑或者拘役，并处罚金；数额巨大或者有其他严重情节的，处三年以上十年以下有期徒刑，并处罚金；数额特别巨大或者有其他特别严重情节的，处十年以上有期徒刑或者无期徒刑，并处罚金。<br>公司、企业或者其他单位的工作人员在经济往来中，利用职务上的便利，违反国家规定，收受各种名义的回扣、手续费，归个人所有的，依照前款的规定处罚。<br>国有公司、企业或者其他国有单位中从事公务的人员和国有公司、企业或者其他国有单位委派到非国有公司、企业以及其他单位从事公务的人员有前两款行为的，依照本法第三百八十五条、第三百八十六条的规定定罪处罚。 | 《最高人民检察院、公安部关于公安机关管辖的刑事案件立案追诉标准的规定（二）》（2022年5月15日）<br>（第十条）<br>公司、企业或者其他单位的工作人员利用职务上的便利，索取他人财物或者非法收受他人财物，为他人谋取利益，或者在经济往来中，利用职务上的便利，违反国家规定，收受各种名义的回扣、手续费，数额在三万元以上的，应予立案追诉。 |

| 序号 | 罪名 | 法条 | 立案追诉标准/司法解释 |
|---|---|---|---|
| 19 | 对非国家工作人员行贿罪 | 第一百六十四条第一款 为谋取不正当利益，给予公司、企业或者其他单位的工作人员以财物，数额较大的，处三年以下有期徒刑或者拘役，并处罚金；数额巨大的，处三年以上十年以下有期徒刑，并处罚金。<br>第一百六十四条第三款 单位犯前两款罪的，对单位判处罚金，并对其直接负责的主管人员和其他直接责任人员，依照第一款的规定处罚。 | 《最高人民检察院、公安部关于公安机关管辖的刑事案件立案追诉标准的规定（二）》（2022年5月15日）<br>（第十一条）<br>为谋取不正当利益，给予公司、企业或者其他单位的工作人员以财物，个人行贿数额在三万元以上的，单位行贿数额在二十万元以上的，应予立案追诉。 |

## 二、滥用职权犯罪（18个罪名）

| 序号 | 罪名 | 法条 | 立案追诉标准/司法解释 |
|---|---|---|---|
| 20 | 滥用职权罪 | 第三百九十七条 国家机关工作人员滥用职权……致使公共财产、国家和人民利益遭受重大损失的，处三年以下有期徒刑或者拘役；情节特别严重的，处三年以上七年以下有期徒刑。本法另有规定的，依照规定。<br>国家机关工作人员徇私舞弊，犯前款罪的，处五年以下有期徒刑或者拘役；情节特别严重的，处五年以上十年以下有期徒刑。本法另有规定的，依照规定。 | 《最高人民法院、最高人民检察院关于办理渎职刑事案件适用法律若干问题的解释（一）》（2013年1月9日）<br>（参见第一条）<br>国家机关工作人员滥用职权、国家和人民利益遭受重大损失，属于"致使公共财产、国家和人民利益遭受重大损失"，处三年以下有期徒刑或者拘役：<br>（1）造成死亡一人以上，或者重伤三人以上，或者轻伤九人以上，轻伤六人以上的；<br>（2）造成经济损失三十万元以上，或者重伤三人以上，轻伤六人以上的；<br>（3）造成恶劣社会影响的； |

(4)其他致使公共财产、国家和人民利益遭受重大损失的情形。

具有下列情形之一的,属于"情节特别严重",处三年以上七年以下有期徒刑:

(1)造成伤亡达到前述1中(1)规定的人数三倍以上的;

(2)造成经济损失一百五十万元以上的;

(3)造成前款规定的损失后果,不报、迟报、谎报或者授意、指使、强令他人不报、迟报、谎报事故情况,致使损失后果持续、扩大或者抢救工作延误的;

(4)造成特别恶劣社会影响的;

(5)其他特别严重的情节。

《最高人民法院、最高人民检察院关于办理与盗窃、抢劫、诈骗、抢夺机动车相关刑事案件具体应用法律若干问题的解释》(2007年5月11日)(第三条第一款、第三款、第四款)

国家机关工作人员滥用职权,具有下列情形之一,致使盗窃、抢劫、诈骗、抢夺的机动车被办理登记手续,数量达到三辆以上或者价值总额达到三十万元以上的,以滥用职权罪定罪,处三年以下有期徒刑或者拘役:

(1)明知登记手续不全或者不符合规定的机动车而办理登记手续的;

(2)指使他人为明知是登记手续不全或者不符合规定的机动车办理登记手续的;

（3）违规或者指使他人违规更改、调换车辆档案的；

（4）其他滥用职权的行为。

国家机关工作人员实施前款行为，致使盗窃、抢劫、诈骗、抢夺的机动车被办理登记手续，达到前款规定数量、数额标准五倍以上的，或者明知是盗窃、抢劫、诈骗、抢夺的机动车而办理登记手续的，属于"情节特别严重"，处三年以上七年以下有期徒刑。

国家机关工作人员徇私舞弊，实施上述行为，构成犯罪的，依照刑法第三百九十七条第二款的规定定罪处罚。

**《最高人民检察院关于渎职侵权犯罪案件立案标准的规定》（2006年7月26日）**

林业主管部门工作人员之外的国家机关工作人员，违反森林法的规定，滥用职权，致使林木被滥伐四十立方米以上或者幼树被滥伐二千株以上，或者致使防护林、特种用途林被滥伐十立方米以上或者幼树被滥伐四百株以上，或者致使珍贵树木被采伐、毁坏四立方米或者四株以上，或者致使国家重点保护的其他植物被采伐、毁坏后果严重的，或者致使国家严禁采伐的林木被采伐、毁坏情节恶劣的，按照刑法第三百九十七条的规定以滥用职权罪追究刑事责任。

附 监察委管辖罪名立案（定罪量刑）标准图解 237

| | | | |
|---|---|---|---|
| 21 | 国有公司、企业、事业单位人员滥用职权罪 | 第一百六十八条 国有公司、企业的工作人员……滥用职权，造成国家利益遭受重大损失，致使国家利益遭受特别重大损失的，处三年以上七年以下有期徒刑。<br>国有事业单位的工作人员有前款行为，致使国家利益遭受重大损失的，依照前款的规定处罚。<br>国有公司、企业、事业单位的工作人员，徇私舞弊，犯前两款罪的，依照第一款的规定从重处罚。 | |
| 22 | 滥用管理公司、证券职权罪 | 第四百零三条 国家有关主管部门的国家机关工作人员，徇私舞弊，滥用职权，对不符合法律规定条件的公司设立、登记申请或者股票、债券发行、上市申请，予以批准或者登记，致使公共财产、国家和人民利益遭受重大损失的，处五年以下有期徒刑或者拘役。<br>上级部门强令登记机关及其工作人员实施前款行为的，对其直接负责的主管人员，依照前款的规定处罚。 | **《最高人民检察院关于渎职侵权犯罪案件立案标准的规定》（2006年7月26日）**<br>涉嫌下列情形之一的，应予立案：<br>1. 造成直接经济损失五十万元以上的；<br>2. 工商行政管理部门的工作人员对不符合法律规定条件的公司设立、登记申请，违法予以批准、登记，严重扰乱市场秩序的；<br>3. 金融证券管理机构的工作人员对不符合法律规定条件的股票、债券发行、上市申请，违法予以批准，严重损害公众利益，或者严重扰乱金融秩序的；<br>4. 工商行政管理部门、金融证券管理机构的工作人员对不符合法律规定条件的公司设立、金融证券申请违法予以批准或者登记，债券发行、上市申请违法予以批准或者登记，致使犯罪行为得逞的； |

| | | |
|---|---|---|
| | | 5. 上级部门、当地政府直接负责的主管人员强令登记机关及其工作人员，对不符合法律规定条件的公司设立、登记或者登记，债券发行，上市申请予以批准或者申请，致使公共财产、国家或者人民利益遭受重大损失的； 6. 其他致使公共财产、国家和人民利益遭受重大损失的情形。 | 尚未有现行有效规范性文件规定具体的立案（定罪量刑）标准，可参照滥用职权、玩忽职守等相关罪名的标准。 |
| 23 | 食品监管渎职罪 | 第四百零八条之一　负有食品药品安全监督管理职责的国家机关工作人员，滥用职权或者玩忽职守，有下列情形之一，造成严重后果或者有其他严重情节的，处五年以下有期徒刑或者拘役；造成特别严重后果或者有其他特别严重情节的，处五年以上十年以下有期徒刑：<br>（一）瞒报、谎报食品安全事故、药品安全事件的；<br>（二）对发现的严重食品药品安全违法行为未按规定查处的；<br>（三）在药品和特殊食品审批审评过程中，对不符合条件的申请准予许可的；<br>（四）依法应当移交司法机关追究刑事责任不移交的；<br>（五）有其他滥用职权或者玩忽职守行为的。<br>徇私舞弊犯前款罪的，从重处罚。 | |

| | | | |
|---|---|---|---|
| 24 | 故意泄露国家秘密罪 | 第三百九十八条　国家机关工作人员违反保守国家秘密法的规定，故意或者过失泄露国家秘密，情节严重的，处三年以下有期徒刑或者拘役；情节特别严重的，处三年以上七年以下有期徒刑。<br>非国家机关工作人员犯前款罪的，依照前款的规定酌情处罚。<br>第三百零八条之一第一款　司法工作人员、辩护人、诉讼代理人或者其他诉讼参与人，泄露依法不公开审理的案件中不应当公开的信息，造成信息公开传播或者其他严重后果的，处三年以下有期徒刑、拘役或者管制，并处或者单处罚金。<br>第三百零八条之一第二款　有前款行为，泄露国家秘密的，依照本法第三百九十八条的规定定罪处罚。 | 《最高人民检察院关于渎职侵权犯罪案件立案标准的规定》（2006年7月26日）<br>国家机关工作人员涉嫌故意泄露国家秘密行为，涉嫌下列情形之一的，应予立案：<br>1. 泄露绝密级国家秘密一项（件）以上的；<br>2. 泄露机密级国家秘密二项（件）以上的；<br>3. 泄露秘密级国家秘密三项（件）以上的；<br>4. 向境外机构、组织、人员泄露国家秘密，造成或者可能造成危害社会稳定、经济发展、国防安全或者其他严重危害后果的；<br>5. 通过口头、书面或者网络等方式向公众散布、传播国家秘密的；<br>6. 利用职权指使或者强迫他人违反国家保守秘密法的规定泄露国家秘密的；<br>7. 以牟取私利为目的泄露国家秘密的；<br>8. 其他情节严重的情形。 |
| 25 | 报复陷害罪 | 第二百五十四条　国家机关工作人员滥用职权、假公济私，对控告人、申诉人、批评人、举报人实行报复陷害的，处二年以下有期徒刑或者拘役；情节严重的，处二年以上七年以下有期徒刑。 | 《最高人民检察院关于渎职侵权犯罪案件立案标准的规定》（2006年7月26日）<br>涉嫌下列情形之一的，应予立案：<br>1. 报复陷害，情节严重，导致控告人、申诉人、批评人、举报人或者其近亲属自杀、自残造成重伤、死亡，或者精神失常的；<br>2. 致使控告人、申诉人、批评人、举报人或者其近亲属的其他合法权利受到严重损害的；<br>3. 其他报复陷害应予追究刑事责任的情形。 |

| 序号 | 罪名 | 法条 | 立案标准 |
|---|---|---|---|
| 26 | 阻碍解救被拐卖、绑架妇女、儿童罪 | 第四百一十六条第二款 负有解救职责的国家机关工作人员利用职务阻碍解救的,处二年以上七年以下有期徒刑;情节较轻的,处二年以下有期徒刑或者拘役。 | 《最高人民检察院关于渎职侵权犯罪案件立案标准的规定》(2006年7月26日) 涉嫌下列情形之一的,应予立案:<br>1. 利用职权,禁止、阻止或者妨碍有关部门、人员解救被拐卖、绑架的妇女、儿童的;<br>2. 利用职务上的便利,向拐卖、绑架者或者收买者通风报信,妨碍解救工作正常进行的;<br>3. 其他利用职务阻碍解救被拐卖、绑架的妇女、儿童应予追究刑事责任的情形。 |
| 27 | 帮助犯罪分子逃避处罚罪 | 第四百一十七条 有查禁犯罪活动职责的国家机关工作人员,向犯罪分子通风报信、提供便利,帮助犯罪分子逃避处罚的,处三年以下有期徒刑或者拘役;情节严重的,处三年以上十年以下有期徒刑。 | 《最高人民检察院关于渎职侵权犯罪案件立案标准的规定》(2006年7月26日) 涉嫌下列情形之一的,应予立案:<br>1. 向犯罪分子泄漏有关部门查禁犯罪活动的部署、人员、措施、时间、地点等情况的;<br>2. 向犯罪分子提供钱物、交通工具、通讯设备、隐藏处所等便利条件的;<br>3. 向犯罪分子泄漏案情的;<br>4. 帮助、示意犯罪分子隐匿、毁灭、伪造证据,或者串供、翻供的;<br>5. 其他帮助犯罪分子逃避处罚应予追究刑事责任的情形。 |

| 28 | 违法发放林木采伐许可证罪 | **第四百零七条** 林业主管部门的工作人员违反森林法的规定，超过批准的年采伐限额发放林木采伐许可证或者违反规定滥发林木采伐许可证，情节严重，致使森林遭受严重破坏的，处三年以下有期徒刑或者拘役。 | 《最高人民检察院关于渎职侵权犯罪案件立案标准的规定》（2006年7月26日）<br><br>涉嫌下列情形之一的，应予立案：<br>1. 发放林木采伐许可证允许采伐数量累计超过批准的年采伐限额，导致林木被超限额采伐二十立方米以上的；<br>2. 滥发林木采伐许可证，导致林木被滥伐十立方米以上，或者导致幼树被滥伐一千株以上的；<br>3. 滥发林木采伐许可证，导致防护林、特种用途林被滥伐五立方米以上，或者幼树被滥伐二百株以上的；<br>4. 滥发林木采伐许可证，导致珍贵树木或者国家重点保护的其他树木被滥伐的；<br>5. 滥发林木采伐许可证，导致国家禁止采伐的林木被采伐的；<br>6. 其他情节严重，致使森林遭受严重破坏的情形。<br><br>林业主管部门的工作人员之外的国家机关工作人员，违反森林法的规定，滥用职权或者玩忽职守，致使林木被滥伐四十立方米以上或者幼树被滥伐二千株以上，特种用途林、防护林被滥伐十立方米以上或者幼树被滥伐四百株以上，或者致使珍贵树木被采伐、毁坏四立方米或者四百株以上，或者致使国家重点保护的其他植物被采伐、毁坏后果严重的，或者致使国家严禁采伐的林木被采伐、毁坏情节恶劣的，按照刑法第三百九十七条的规定以滥用职权罪或者玩忽职守罪追究刑事责任。 |

| | | | |
|---|---|---|---|
| 29 | 办理偷越国（边）境人员出入境证件罪 | 第四百二十五条　负责办理护照、签证以及其他出入境证件的国家机关工作人员，对明知是企图偷越国（边）境的人员，予以办理出入境证件，情节严重的，处三年以下有期徒刑或者拘役；情节特别严重的，处三年以上七年以下有期徒刑。 | **《最高人民检察院关于渎职侵权犯罪案件立案标准的规定》（2006年7月26日）**负责办理护照、签证以及其他出入境证件的国家机关工作人员，对明知是企图偷越国（边）境的人员而予以办理出入境证件的，应予立案。 |
| 30 | 放行偷越国（边）境人员罪 | 第四百二十五条　……边防、海关等国家机关工作人员，对明知是偷越国（边）境的人员，予以放行的，处三年以下有期徒刑或者拘役；情节严重的，处三年以上七年以下有期徒刑。 | **《最高人民检察院关于渎职侵权犯罪案件立案标准的规定》（2006年7月26日）**边防、海关等国家机关工作人员涉嫌在履行职务过程中，对明知是偷越国（边）境的人员而予以放行的，应予立案。 |
| 31 | 挪用特定款物罪 | 第二百七十三条　挪用用于救灾、抢险、防汛、优抚、扶贫、移民、救济款物，情节严重，致使国家和人民群众利益遭受重大损害的，对直接责任人员，处三年以下有期徒刑或者拘役；情节特别严重的，处三年以上七年以下有期徒刑。 | |
| 32 | 非法剥夺公民宗教信仰自由罪 | 第二百五十一条　国家机关工作人员非法剥夺公民的宗教信仰自由……情节严重的，处二年以下有期徒刑或者拘役。 | 尚未有现行有效规范性文件规定具体的立案（定罪量刑）标准。 |
| 33 | 侵犯少数民族风俗习惯罪 | 第二百五十一条　国家机关工作人员……侵犯少数民族风俗习惯，情节严重的，处二年以下有期徒刑或者拘役。 | 尚未有现行有效规范性文件规定具体的立案（定罪量刑）标准。 |

附　监察委管辖罪名立案（定罪量刑）标准图解　243

| | | | |
|---|---|---|---|
| 34 | 打击报复会计、统计人员罪 | 第二百五十五条 公司、企业、事业单位、机关、团体的领导人，对依法履行职责，抵制违反会计法、统计法行为的会计、统计人员实行打击报复，情节恶劣的，处三年以下有期徒刑或者拘役。 | 尚未有现行有效规范性文件规定具体的立案（定罪量刑）标准，可参照报复陷害罪立案标准。 |
| 35 | 非法拘禁罪（司法工作人员以外的公职人员利用职权的实施） | 第二百三十八条 非法拘禁他人或者以其他方法非法剥夺他人人身自由的，处三年以下有期徒刑、拘役、管制或者剥夺政治权利。具有殴打、侮辱情节的，从重处罚。<br>犯前款罪，致人重伤的，处三年以上十年以下有期徒刑；致人死亡的，处十年以上有期徒刑。使用暴力致人伤残、死亡的，依照本法第二百三十四条、第二百三十二条的规定定罪处罚。<br>为索取债务非法扣押、拘禁他人的，依照前两款的规定处罚。<br>国家机关工作人员利用职权犯前三款罪的，依照前三款的规定从重处罚。 | 《最高人民检察院关于渎职侵权犯罪案件立案标准的规定》（2006年7月26日）<br>国家机关工作人员利用职权非法拘禁，涉嫌下列情形之一的，应予立案：<br>1. 非法剥夺他人人身自由24小时以上的；<br>2. 非法剥夺他人人身自由，并使用械具捆绑等恶劣手段，或者实施殴打、侮辱、虐待行为的；<br>3. 非法拘禁，造成被拘禁人轻伤、重伤、死亡的；<br>4. 非法拘禁，情节严重，导致被拘禁人自杀、自残造成重伤、死亡，或者精神失常的；<br>5. 非法拘禁3人次以上的；<br>6. 司法工作人员对明知是没有违法犯罪事实的人而非法拘禁的；<br>7. 其他非法拘禁应予追究刑事责任的情形。 |

| | 罪名 | 法条 | 立案标准 |
|---|---|---|---|
| 36 | 虐待被监管人罪（司法工作人员以外的公职人员利用职权实施） | **第二百四十八条** 监狱、拘留所、看守所等监管机构的监管人员对被监管人进行殴打或者体罚虐待，情节严重的，处三年以下有期徒刑或者拘役；情节特别严重的，依照本法第二百三十四条、第二百三十二条的规定定罪从重处罚。致人伤残、死亡的，依照本法第二百三十四条、第二百三十二条的规定定罪从重处罚。监管人员指使被监管人殴打或者体罚虐待其他被监管人的，依照前款的规定处罚。 | **《最高人民检察院关于渎职侵权犯罪案件立案标准的规定》（2006年7月26日）** 涉嫌下列情形之一的，应予立案： 1. 以殴打、捆绑、违法使用械具等恶劣手段虐待被监管人的； 2. 以较长时间冻、饿、晒、烤等手段虐待被监管人，严重损害其身体健康的； 3. 虐待造成被监管人轻伤、重伤、死亡的； 4. 虐待被监管人，情节严重，导致被监管人自杀、自残造成重伤、死亡，或者精神失常的； 5. 殴打或者体罚虐待3人次以上的； 6. 指使他人殴打、体罚虐待其他被监管人，具有上述情形之一的； 7. 其他情节严重的情形。 |
| 37 | 非法搜查罪（司法工作人员以外的公职人员利用职权实施） | **第二百四十五条** 非法搜查他人身体、住宅……处三年以下有期徒刑或者拘役。司法工作人员滥用职权，犯前款罪的，从重处罚。 | **《最高人民检察院关于渎职侵权犯罪案件立案标准的规定》（2006年7月26日）** 国家机关工作人员利用职权非法搜查，涉嫌下列情形之一的，应予立案： 1. 非法搜查他人身体、住宅，并实施殴打、侮辱等行为的； 2. 非法搜查，情节严重，导致被搜查人或者其近亲属自杀、自残造成重伤、死亡，或者精神失常的； 3. 非法搜查，造成财物严重损坏的； 4. 非法搜查3人（户）次以上的； |

附　监察委管辖罪名立案（定罪量刑）标准图解　245

| | | 5. 司法工作人员对明知是与涉嫌犯罪无关的人身、住宅非法搜查的；<br>6. 其他非法搜查应予追究刑事责任的情形。 |
|---|---|---|
| | | **三、玩忽职守犯罪（11个罪名）** |
| 38 | 玩忽职守罪 | **第三百九十七条**　国家机关工作人员……玩忽职守，致使公共财产、国家和人民利益遭受重大损失的，处三年以下有期徒刑或者拘役；情节特别严重的，处三年以上七年以下有期徒刑。本法另有规定的，依照规定。<br>国家机关工作人员徇私舞弊，犯前款罪的，处五年以下有期徒刑或者拘役；情节特别严重的，处五年以上十年以下有期徒刑。本法另有规定的，依照规定。<br>**《最高人民法院、最高人民检察院关于办理渎职刑事案件适用法律若干问题的解释（一）》（2013年1月9日）**<br>（参见第一条）<br>国家机关工作人员玩忽职守，具有下列情形之一的，属于"致使公共财产、国家和人民利益遭受重大损失"，处三年以下有期徒刑或者拘役：<br>（1）造成死亡一人以上，或者重伤三人以上，或者轻伤九人以上，轻伤二人、重伤一人，轻伤六人以上的；<br>（2）造成经济损失30万元以上的；<br>（3）造成恶劣社会影响的；<br>（4）其他致使公共财产、国家和人民利益遭受重大损失的情形。<br>具有下列情形之一的，属于"情节特别严重"，处三年以上七年以下有期徒刑：<br>（1）造成伤亡达到前述1中（1）规定的人数三倍以上的；<br>（2）造成经济损失一百五十万元以上的； |

（3）造成前款规定的损失后果，不报、谎报、迟报、漏报事故情况或者授意、指使、强令他人不报、谎报、迟报、漏报，致使损失后果持续、扩大或者抢救工作延误的；

（4）造成特别恶劣社会影响的；

（5）其他特别严重的情节。

《最高人民法院、最高人民检察院关于办理盗窃、抢劫、诈骗、抢夺机动车相关刑事案件具体应用法律若干问题的解释》（2007年5月11日）（第三条第二款、第三款、第四款）

国家机关工作人员疏于审查或者审查不严，致使盗窃、抢劫、诈骗、抢夺的机动车被办理登记手续，数量达到五辆以上或者价值总额达到五十万元以上的，以玩忽职守罪定罪，处三年以下有期徒刑或者拘役。

国家机关工作人员实施前款行为，致使盗窃、抢劫、诈骗、抢夺的机动车被办理登记手续，达到前款规定数量、数额标准五倍以上的，或者明知是盗窃、抢劫、诈骗、抢夺的机动车而办理登记手续的，属于"情节特别严重"，处三年以上七年以下有期徒刑。

国家机关工作人员徇私舞弊，实施上述行为，构成犯罪的，依照刑法第三百九十七条第二款的规定定罪处罚。

附 监察委管辖罪名立案（定罪量刑）标准图解 247

| | | 《最高人民检察院关于渎职侵权犯罪案件立案标准的规定》（2006年7月26日）<br>林业主管部门工作人员之外的国家机关工作人员，违反森林法的规定，玩忽职守，致使林木被滥伐 40 立方米以上或者幼树被滥伐 2000 株以上，或者致使防护林、特种用途林被滥伐 10 立方米以上或者幼树被滥伐 400 株以上，特种用途林被滥伐 10 立方米以上或者幼树被滥伐 400 株以上，或者致使珍贵树木被采伐 4 立方米或者 4 株以上，或者致使国家重点保护的其他植物被采伐，毁坏后果严重的，或者致使国家严禁采伐的林木被采伐，毁坏情节恶劣的，按照刑法第 397 条的规定以玩忽职守罪追究刑事责任。 |
|---|---|---|
| 39 | 国有公司、企业、事业单位人员失职罪 | 第一百六十八条　国有公司、企业的工作人员，由于严重不负责任……造成国有公司、企业破产或者严重损失，致使国家利益遭受重大损失的，处三年以下有期徒刑或者拘役；致使国家利益遭受特别重大损失的，处三年以上七年以下有期徒刑。<br>国有事业单位的工作人员有前款行为，致使国家利益遭受重大损失的，依照前款的规定处罚。<br>国有公司、企业、事业单位的工作人员，徇私舞弊，犯前两款罪的，依照第一款的规定从重处罚。 |

| | | | |
|---|---|---|---|
| 40 | 签订、履行合同失职被骗罪 | 第一百六十七条 国有公司、企业、事业单位直接负责的主管人员，在签订、履行合同过程中，因严重不负责任被诈骗，致使国家利益遭受重大损失的，处三年以下有期徒刑或者拘役；致使国家利益遭受特别重大损失的，处三年以上七年以下有期徒刑。 | |
| 41 | 国家机关工作人员签订、履行合同失职被骗罪 | 第四百零六条 国家机关工作人员在签订、履行合同过程中，因严重不负责任被诈骗，致使国家利益遭受重大损失的，处三年以下有期徒刑或者拘役；致使国家利益遭受特别重大损失的，处三年以上七年以下有期徒刑。 | 《最高人民检察院关于渎职侵权犯罪案件立案标准的规定》（2006年7月26日）涉嫌下列情形之一的，应予立案：<br>1. 造成直接经济损失30万元以上，或者直接经济损失不满30万元，但间接经济损失150万元以上的；<br>2. 其他致使国家经济利益遭受重大损失的情形。<br>本规定中的"直接经济损失"，是指与行为有直接因果关系而造成的财产损毁、减少的实际价值；"间接经济损失"，是指由直接经济损失引起和牵连的其他损失，包括失去的在正常情况下可以获得的利益和为恢复正常的管理活动或者挽回所造成的损失所支付的各种开支、费用等。<br>有下列情形之一的，可以认定为已经造成了经济损失，虽然有债权存在，但已无法实现债权的：（1）债务人已经法定程序被宣告破产，且无法清偿债务；（2）债务人潜逃，去向不明；（3）因行为人责任，致使超过诉讼时效；（4）有指据证明债权无法实现的其他情况。 |

| | | | |
|---|---|---|---|
| | | | 直接经济损失和间接经济损失，是指立案时确已造成的经济损失。移送审查起诉前，犯罪嫌疑人及其亲友自行挽回的经济损失，以及由司法机关或者犯罪嫌疑人所在单位及其上级主管部门挽回的经济损失，不予扣减，但可作为对犯罪嫌疑人从轻处理的情节考虑。 |
| | | | 《最高人民检察院关于渎职侵权犯罪案件立案标准的规定》（2006年7月26日）<br>涉嫌下列情形之一的，应予立案：<br>1. 造成死亡1人以上，或者重伤3人以上，或者重伤2人、轻伤4人以上，或者重伤1人、轻伤7人以上，或者轻伤10人以上的；<br>2. 导致30人以上严重中毒的；<br>3. 造成个人财产直接经济损失15万元以上，或者直接经济损失不满15万元，但间接经济损失75万元以上的；<br>4. 造成公共财产，法人或者其他组织财产直接经济损失30万元以上，或者直接经济损失不满30万元，但间接经济损失150万元以上的；<br>5. 虽未达到3、4两项数额标准，但3、4两项合计直接经济损失30万元以上，或者合计直接经济损失150万元以上，但合计间接经济损失150万元以上的；<br>6. 造成基本农田或者防护林地、特种用途林地10亩以上，或者基本农田以外的耕地50亩以上，或者其他土地70亩以上被严重毁坏的； |
| 42 | 环境监管失职罪 | 第四百零八条  负有环境保护监督管理职责的国家机关工作人员严重不负责任，导致发生重大环境污染事故，致使公私财产遭受重大损失或者造成人身伤亡的严重后果的，处三年以下有期徒刑或者拘役。 | |

| | | |
|---|---|---|
| | | 7. 造成生活饮用水地表水水源和地下水水源严重污染的；
8. 其他致使公私财产遭受重大损失或者造成人身伤亡严重后果的情形。

**《最高人民检察院关于渎职侵权犯罪案件立案标准的规定》（2006年7月26日）**

涉嫌下列情形之一的，应予立案：
1. 导致甲类传染病传播的；
2. 导致乙类、丙类传染病流行的；
3. 因传染病传播或者流行，造成人员伤亡或者死亡的；
4. 因传染病传播或者流行，严重影响正常的生产、生活秩序的；
5. 在国家对突发传染病疫情等灾害采取预防、控制措施后，对发生突发传染病疫情等灾害的地区或者突发传染病病人、病原携带者、疑似发生传染病病人，未按照预防、控制突发传染病疫情等灾害工作规范的要求做好防疫、检疫、隔离、防护、救治等工作，或者采取的预防、控制措施不当，造成传染范围扩大或者疫情、灾情加重的；
6. 在国家对突发传染病疫情等灾害采取预防、控制措施后，隐瞒、缓报、谎报或者授意、指使、强令他人隐瞒、缓报、谎报疫情、灾情，造成传染范围扩大或者疫情、灾情加重的； |
| 43 | 传染病防治失职罪 | **第四百零九条** 从事传染病防治的政府卫生行政部门的工作人员严重不负责任，导致传染病传播或者流行，情节严重的，处三年以下有期徒刑或者拘役。 |

7. 在国家对突发传染病疫情等灾害采取预防、控制措施后，拒不执行突发传染病疫情等灾害应急处理指挥机构的决定、命令，造成传染范围扩大或者疫情、灾情加重的；

8. 其他情节严重的情形。

**《最高人民法院、最高人民检察院关于办理妨害预防、控制突发传染病疫情等灾害刑事案件具体应用法律若干问题的解释》（2003年5月15日）（第十六条）**

在预防、控制突发传染病疫情等灾害期间，从事传染病防治的政府卫生行政部门的工作人员，或者在受政府卫生行政部门委托代表政府卫生行政部门行使职权的组织中从事公务的人员，或者虽未列入政府卫生行政部门人员编制但在行政部门卫生行政部门行使职权时从事公务的人员，在代表政府卫生行政部门或者行政、严重不负责任，导致传染病传播或者流行，情节严重的，依照刑法第四百零九条的规定，以传染病防治失职罪定罪处罚。

在国家对突发传染病疫情等灾害采取预防、控制措施后，具有下列情形之一的，属于刑法规定的"情节严重"：

1. 对发生突发传染病疫情等灾害的地区或者突发传染病病人、病原携带者、疑似突发传染病病人，未按照预防、控制突发传染病疫情等灾害工作规范的要求做好预防、检疫、隔离、防护、救治等工作，或者采取的预防、控制、措施不当，造成传染范围扩大或者疫情、灾情加重的；

| | | |
|---|---|---|
| | | 2. 隐瞒、缓报、谎报或者授意、指使、强令他人隐瞒、缓报、谎报疫情、灾情，造成传染病范围扩大或者疫情、灾情加重的；<br>3. 拒不执行突发传染病疫情等灾害应急处理指挥机构的决定、命令，造成传染病范围扩大或者疫情、灾情加重的；<br>4. 具有其他严重情节的。<br><br>**《最高人民检察院关于渎职侵权犯罪案件立案标准的规定》（2006年7月26日）**<br>涉嫌下列情形之一的，应予立案：<br>1. 致使不合格的食品、药品、医疗器械等商品出入境，严重危害生命健康的；<br>2. 造成个人财产直接经济损失15万元以上，或者直接经济损失不满15万元，但间接经济损失75万元以上的；<br>3. 造成公共财产、法人或者其他组织财产直接经济损失30万元以上，或者直接经济损失不满30万元，但间接经济损失150万元以上的；<br>4. 未经检验，出具合格检验结果，致使国家禁止进口的固体废物、液态废物和气态废物等进入境内的；<br>5. 不检验或者延误检验出证，错误出证，引起国际经济贸易纠纷，严重影响国家对外经贸关系，或者严重损害国家声誉的；<br>6. 其他致使国家利益遭受重大损失的情形。 |
| 44 | 商检失职罪 | 第四百一十二条第二款 前款所列人员严重不负责任，对应当检验的物品不检验，或者延误检验，错误出证，致使国家利益遭受重大损失的，处三年以下有期徒刑或者拘役。 |

附　监察委管辖罪名立案（定罪量刑）标准图解

| 45 | 动植物检疫失职罪 | 第四百一十三条第二款　前款所列人员①严重不负责任，对应当检疫的检疫物不检疫，或者延误检疫出证、错误出证，致使国家利益遭受重大损失的，处三年以下有期徒刑或者拘役。 | 《最高人民检察院关于渎职侵权犯罪案件立案标准的规定》（2006年7月26日）<br>涉嫌下列情形之一的，应予立案：<br>1. 导致疫情发生，造成人员重伤或者死亡的；<br>2. 导致重大疫情发生，传播或疫情流行的；<br>3. 造成个人财产直接经济损失十五万元以上，或者直接经济损失不满十五万元，但间接经济损失七十五万元以上的；<br>4. 造成公共财产或者法人、其他组织财产直接经济损失三十万元以上，或者直接经济损失不满三十万元，但间接经济损失一百五十万元以上的；<br>5. 不检验或者延误检疫出证、错误出证，引起国际经济贸易纠纷，严重影响国家对外经贸关系，或者严重损害国家声誉的；<br>6. 其他致使国家利益遭受重大损失的情形。 |

---

① 编者注：动植物检疫机关的检疫人员。

| | | | |
|---|---|---|---|
| 46 | 不解救被拐卖、绑架妇女、儿童罪 | 第四百一十六条第一款 对被拐卖、绑架的妇女、儿童负有解救职责的国家机关工作人员，接到被拐卖、绑架的妇女、儿童又其家属的解救要求或者接到其他人的举报，而对被拐卖、绑架的妇女、儿童不进行解救，造成严重后果的，处五年以下有期徒刑或者拘役。 | 《最高人民检察院关于渎职侵权犯罪案件立案标准的规定》（2006年7月26日），应予立案：<br>涉嫌下列情形之一的，应予立案：<br>1. 导致被拐卖、绑架的妇女、儿童或者其家属重伤、死亡或者精神失常的；<br>2. 导致被拐卖、绑架的妇女、儿童被转移、隐匿、转卖，不能及时进行解救的；<br>3. 对被拐卖、绑架的妇女、儿童不进行解救三人次以上的；<br>4. 对被拐卖、绑架的妇女、儿童不进行解救，造成恶劣社会影响的；<br>5. 其他造成严重后果的情形。 |
| 47 | 失职造成珍贵文物损毁、流失罪 | 第四百一十九条 国家机关工作人员严重不负责任，造成珍贵文物损毁或者流失，后果严重的，处三年以下有期徒刑或者拘役。 | 《最高人民检察院关于渎职侵权犯罪案件立案标准的规定》（2006年7月26日），应予立案：<br>涉嫌下列情形之一的，应予立案：<br>1. 导致国家一、二、三级珍贵文物损毁或者流失的；<br>2. 导致全国重点文物保护单位或者省、自治区、直辖市级文物保护单位损毁的；<br>3. 其他后果严重的情形。 |

附 监察委管辖罪名立案（定罪量刑）标准图解 255

| | | |
|---|---|---|
| 48 | 过失泄露国家秘密罪 | 第三百九十八条 国家机关工作人员违反保守国家秘密法的规定……过失泄露国家秘密，情节严重的，处三年以下有期徒刑或者拘役；情节特别严重的，处三年以上七年以下有期徒刑。<br>非国家机关工作人员犯前款罪的，依照前款的规定酌情处罚。<br><br>《最高人民检察院关于渎职侵权犯罪案件立案标准的规定》（2006年7月26日）<br>涉嫌下列情形之一的，应予立案：<br>1. 泄露绝密级国家秘密一项（件）以上的；<br>2. 泄露机密级国家秘密三项（件）以上的；<br>3. 泄露秘密级国家秘密四项（件）以上的；<br>4. 违反保密规定，将涉及国家秘密的计算机或者计算机信息系统与互联网相连接，泄露国家秘密的；<br>5. 泄露国家秘密或者遗失国家秘密载体，隐瞒不报，不如实提供有关情况或者不采取补救措施的；<br>6. 其他情节严重的情形。 |

**四、徇私舞弊犯罪（15个罪名）**

| | | |
|---|---|---|
| 49 | 徇私舞弊低价折股、出售国有资产罪 | 第一百六十九条 国有公司、企业或者其上级主管部门直接负责的主管人员，徇私舞弊，将国有资产低价折股或者低价出售，致使国家利益遭受重大损失的，处三年以下有期徒刑或者拘役；致使国家利益遭受特别重大损失的，处三年以上七年以下有期徒刑。<br>其他公司、企业直接负责的主管人员，徇私舞弊，将公司、企业资产低价折股或者低价出售，致使公司、企业利益遭受重大损失的，依照前款的规定处罚。 |

| 50 | 非法批准征收、征用、占用土地罪 | 第四百一十条 国家机关工作人员徇私舞弊，违反土地管理法规，滥用职权，非法批准征收、征用、占用土地……情节严重的，处三年以下有期徒刑或者拘役；致使国家或者集体利益遭受特别重大损失的，处三年以上七年以下有期徒刑。 | 《最高人民法院关于审理破坏草原资源刑事案件应用法律若干问题的解释》（2012年11月22日）（第三条）<br>国家机关工作人员徇私舞弊，违反草原法等土地管理法规，具有下列情形之一的，应当认定为刑法第四百一十条规定的"情节严重"：<br>1. 非法批准征收、征用、占用草原四十亩以上的；<br>2. 非法批准征收、征用、占用草原，造成二十亩以上草原被毁坏的；<br>3. 非法批准征收、征用、占用草原，造成直接经济损失三十万元以上，或者具有其他恶劣情节的。<br>具有下列情形之一，应当认定为刑法第四百一十条规定的"致使国家或者集体利益遭受特别重大损失"：<br>1. 非法批准征收、征用、占用草原八十亩以上的；<br>2. 非法批准征收、征用、占用草原，造成四十亩以上草原被毁坏的；<br>3. 非法批准征收、征用、占用草原，造成直接经济损失六十万元以上，或者具有其他特别恶劣情节的。 |

## 附 监察委管辖罪名立案（定罪量刑）标准图解

| 《最高人民法院关于审理破坏土地资源刑事案件具体应用法律若干问题的解释》（2000年6月22日）（第四条、第五条） | 国家机关工作人员徇私舞弊，违反土地管理法规，滥用职权，非法批准征用、占用土地，具有下列情形之一的，属于刑法第四百一十条规定的"情节严重"，依照刑法第四百一十条的规定，以非法批准征用、占用土地罪定罪处罚：<br>1. 非法批准征用、占用基本农田十亩以上的；<br>2. 非法批准征用、占用基本农田以外的耕地三十亩以上的；<br>3. 非法批准征用、占用其他土地五十亩以上的；<br>4. 虽未达到上述数量标准，但非法批准征用、占用土地造成直接经济损失三十万元以上，造成耕地大量毁坏等恶劣情节的。<br>具有下列情形之一的，属于非法批准征用、占用土地"致使国家或者集体利益遭受特别重大损失"：<br>1. 非法批准征用、占用基本农田二十亩以上的；<br>2. 非法批准征用、占用基本农田以外的耕地六十亩以上的；<br>3. 非法批准征用、占用其他土地一百亩以上的；<br>4. 非法批准征用、占用土地，造成基本农田五亩以上，其他耕地十亩以上严重毁坏的；<br>5. 非法批准征用、占用土地造成直接经济损失五十万元以上等恶劣情节的。 |

| | | | |
|---|---|---|---|
| 51 | 非法低价出让国有土地使用权罪 | 第四百一十条 国家机关工作人员徇私舞弊，违反土地管理法规，滥用职权……非法低价出让国有土地使用权，情节严重的，处三年以下有期徒刑或者拘役；致使国家或者集体利益遭受特别重大损失的，处三年以上七年以下有期徒刑。 | 《最高人民检察院关于渎职侵权犯罪案件立案标准的规定》（2006年7月26日）<br>涉嫌下列情形之一的，应予立案：<br>1. 非法低价出让国有土地30亩以上，并且出让价额低于国家规定的最低价额标准的百分之六十的；<br>2. 造成国有土地资产流失价额30万元以上的；<br>3. 非法低价出让国有土地使用权，影响群众生产、生活，引起纠纷，造成恶劣影响或者其他严重后果的；<br>4. 非法低价出让林地合计30亩以上，并且出让价额低于国家规定的最低价额标准的百分之六十的；<br>5. 造成国有资产流失30万元以上的；<br>6. 其他情节严重的情形。 |
| 52 | 非法经营同类营业罪 | 第一百六十五条 国有公司、企业的董事、监事、高级管理人员，利用职务便利，自己经营或者为他人经营与其所任职公司、企业同类的营业，获取非法利益，数额巨大的，处三年以下有期徒刑或者拘役，并处或者单处罚金；数额特别巨大的，处三年以上七年以下有期徒刑，并处罚金。<br>其他公司、企业的董事、监事、高级管理人员违反法律、行政法规规定，实施前款行为，致使公司、企业利益遭受重大损失的，依照前款的规定处罚。 | |

| | | | |
|---|---|---|---|
| 53 | 为亲友非法牟利罪 | 第一百六十六条　国有公司、企业、事业单位的工作人员，利用职务便利，有下列情形之一，致使国家利益遭受重大损失的，处三年以下有期徒刑或者拘役，并处或者单处罚金；致使国家利益遭受特别重大损失的，处三年以上七年以下有期徒刑，并处罚金：<br>（一）将本单位的盈利业务交由自己的亲友进行经营的；<br>（二）以明显高于市场的价格从自己的亲友经营管理的单位采购商品、接受服务或者以明显低于市场的价格向自己的亲友经营管理的单位销售商品、提供服务的；<br>（三）从自己的亲友经营管理的单位采购、接受不合格商品、服务的。<br>其他公司、企业的工作人员违反法律、行政法规规定，实施前款行为，致使公司、企业利益遭受重大损失的，依照前款的规定处罚。 | 暂无具体标准，可参照滥用职权等相关罪名。 |
| 54 | 枉法仲裁罪 | 第三百九十九条之一　依法承担仲裁职责的人员，在仲裁活动中故意违背事实和法律作枉法裁决，情节严重的，处三年以下有期徒刑或者拘役；情节特别严重的，处三年以上七年以下有期徒刑。 | |

| 序号 | 罪名 | 法条 | 立案标准 |
|---|---|---|---|
| 55 | 徇私舞弊发售发票、抵扣税款、出口退税罪 | 第四百零五条第一款　税务机关的工作人员违反法律、行政法规的规定，在办理发售发票、抵扣税款、出口退税工作中，徇私舞弊，致使国家利益遭受重大损失的，处五年以下有期徒刑或者拘役；致使国家利益遭受特别重大损失的，处五年以上有期徒刑。 | 《最高人民检察院关于渎职侵权犯罪案件立案标准的规定》（2006年7月26日）<br>涉嫌下列情形之一的，应予立案：<br>1. 徇私舞弊，致使国家税收损失累计达十万元以上的；<br>2. 徇私舞弊，致使国家税收损失累计不满十万元，但发售增值税专用发票二十五份以上或者其他发票五十份以上或者增值税专用发票与其他发票合计五十份以上，或者具有索取、收受贿赂或者其他恶劣情节的；<br>3. 其他致使国家利益遭受重大损失的情形。 |
| 56 | 商检徇私舞弊罪 | 第四百一十二条第一款　国家商检部门、商检机构的工作人员徇私舞弊，伪造检验结果的，处五年以下有期徒刑或者拘役；造成严重后果的，处五年以上十年以下有期徒刑。 | 《最高人民检察院关于渎职侵权犯罪案件立案标准的规定》（2006年7月26日）<br>涉嫌下列情形之一的，应予立案：<br>1. 采取伪造、变造的手段对报检的商品的单证、印章、标志、封识、质量认证标志等作虚假证明或者出具不真实的证明结论的；<br>2. 将送检的合格商品检验为不合格，或者将不合格商品检验为合格的；<br>3. 对明知是不合格的商品，不检验而出具合格检验结果的；<br>4. 其他伪造检验结果应予追究刑事责任的情形。 |

附　监察委管辖罪名立案（定罪量刑）标准图解　261

| | | | |
|---|---|---|---|
| 57 | 动植物检疫徇私舞弊罪 | 第四百一十三条第一款　动植物检疫机关的检疫人员徇私舞弊，伪造检疫结果的，处五年以下有期徒刑或者拘役；造成严重后果的，处五年以上十年以下有期徒刑。 | 《最高人民检察院关于渎职侵权犯罪案件立案标准的规定》（2006年7月26日）<br>涉嫌下列情形之一的，应予立案：<br>1. 采取伪造、变造的手段对检疫对象出具不真实的结论的，封闭证件作虚假的证明或者变造的单证、印章、标志，封闭证件作虚假的证明的；<br>2. 将送检的合格动植物检疫为不合格，或者将不合格动植物检疫为合格的；<br>3. 对明知是不合格的动植物，不检疫而出具合格检疫结果的；<br>4. 其他伪造检疫结果应予追究刑事责任的情形。 |
| 58 | 放纵走私罪 | 第四百一十一条　海关工作人员徇私舞弊，放纵走私，情节严重的，处五年以下有期徒刑或者拘役；情节特别严重的，处五年以上有期徒刑。 | 《最高人民检察院关于渎职侵权犯罪案件立案标准的规定》（2006年7月26日）<br>涉嫌下列情形之一的，应予立案：<br>1. 放纵走私犯罪的；<br>2. 因放纵走私致使国家应收税额损失累计达十万元以上的；<br>3. 放纵走私行为三起次以上的；<br>4. 放纵走私行为，具有索取或者收受贿赂情节的；<br>5. 其他情节严重的情形。 |

| | | |
|---|---|---|
| 59 | 放纵制售伪劣商品犯罪行为罪 | **第四百一十四条** 对生产、销售伪劣商品犯罪行为负有追究责任的国家机关工作人员，徇私舞弊，不履行法律规定的追究职责，情节严重的，处五年以下有期徒刑或者拘役。 |
| | | **《最高人民检察院关于渎职侵权犯罪案件立案标准的规定》（2006年7月26日）**<br>涉嫌下列情形之一的，应予立案：<br>1. 放纵生产、销售假药或者有毒、有害食品犯罪行为的；<br>2. 放纵生产、销售伪劣农药、兽药、化肥、种子犯罪行为的；<br>3. 放纵依法可能判处三年有期徒刑以上刑的生产、销售伪劣商品犯罪行为的；<br>4. 对生产、销售伪劣商品犯罪行为不履行追究职责，致使生产、销售伪劣商品犯罪行为得以继续的；<br>5. 三次以上不履行追究职责，或者对三个以上有生产、销售伪劣商品犯罪行为不履行追究职责的单位或者个人不履行追究职责的；<br>6. 其他情节严重的情形。 |

# 附 监察委管辖罪名立案（定罪量刑）标准图解

| 序号 | 罪名 | 条文 | 立案标准 |
|---|---|---|---|
| 60 | 招收公务员、学生徇私舞弊罪 | 第四百一十八条 国家机关工作人员在招收公务员、学生工作中徇私舞弊，情节严重的，处三年以下有期徒刑或者拘役。 | 《最高人民检察院关于渎职侵权犯罪案件立案标准的规定》（2006年7月26日）<br>涉嫌下列情形之一的，应予立案：<br>1. 徇私舞弊，利用职务便利，伪造、变造人事、户口档案、考试成绩或者其他影响招收工作的有关资料，或者明知是伪造、变造的上述材料而予以认可的；<br>2. 徇私舞弊，利用职务便利，帮助五名以上考生作弊的；<br>3. 徇私舞弊招收不合格的公务员、学生三人次以上的；<br>4. 徇私舞弊招收不合格的公务员、学生，导致被排挤的合格人员或者其近亲属自杀、自残造成重伤、死亡，或者精神失常的；<br>5. 因徇私舞弊招收公务员、学生，导致该项招收工作重新进行的；<br>6. 其他情节严重的情形。 |

| | | | |
|---|---|---|---|
| 61 | 徇私舞弊不移交刑事案件罪 | **第四百零二条** 行政执法人员徇私舞弊，对依法应当移交司法机关追究刑事责任的不移交，情节严重的，处三年以下有期徒刑或者拘役；造成严重后果的，处三年以上七年以下有期徒刑。 | **《最高人民检察院关于渎职侵权犯罪案件立案标准的规定》（2006年7月26日）** 涉嫌下列情形之一的，应予立案： 1. 对依法可能判处三年以上有期徒刑、无期徒刑、死刑的犯罪案件不移交的； 2. 不移交刑事案件涉及三人以上的； 3. 司法机关提出意见后，无正当理由仍然不予移交的； 4. 以罚代刑，放纵犯罪嫌疑人，致使犯罪嫌疑人继续进行违法犯罪活动的； 5. 行政执法部门主管领导阻止移交的； 6. 隐瞒、毁灭证据，伪造材料，改变刑事案件性质的； 7. 直接负责的主管人员和其他直接责任人员为牟取本单位私利而不移交刑事案件，情节严重的； 8. 其他情节严重的情形。 |
| 62 | 违法提供出口退税凭证罪 | **第四百零五条第二款** 其他国家机关工作人员违反国家规定，在提供出口货物报关单、出口收汇核销单等出口退税凭证的工作中，徇私舞弊，致使国家利益遭受重大损失的，依照前款的规定处罚。 | **《最高人民检察院关于渎职侵权犯罪案件立案标准的规定》（2006年7月26日）** 涉嫌下列情形之一的，应予立案： 1. 徇私舞弊，致使国家税收损失累计达十万元以上的； 2. 徇私舞弊，致使国家税收损失累计不满十万元，但具有索取、收受贿赂或者其他恶劣情节的； 3. 其他致使国家利益遭受重大损失的情形。 |

附　监察委管辖罪名立案（定罪量刑）标准图解　265

| 63 | 徇私舞弊不征、少征税款罪 | 第四百零四条　税务机关的工作人员徇私舞弊，不征或者少征应征税款，致使国家税收遭受重大损失的，处五年以下有期徒刑或者拘役；造成特别重大损失的，处五年以上有期徒刑。 | 《最高人民检察院关于渎职侵权犯罪案件立案标准的规定》（2006年7月26日）<br>涉嫌下列情形之一的，应予立案：<br>1. 徇私舞弊不征、少征应征税款，致使国家税收损失累计达十万元以上的；<br>2. 上级主管部门工作人员指使税务机关工作人员徇私舞弊不征、少征应征税款，致使国家税收损失累计达十万元以上的；<br>3. 徇私舞弊不征、少征应征税款不满十万元，但具有索取或者收受贿赂或者其他恶劣情节的；<br>4. 其他致使国家税收遭受重大损失的情形。 |
|---|---|---|---|

### 五、责任事故犯罪（12个罪名）

| 64 | 重大责任事故罪 | 第一百三十四条第一款　在生产、作业中违反有关安全管理的规定，因而发生重大伤亡事故或者造成其他严重后果的，处三年以下有期徒刑或者拘役；情节特别恶劣的，处三年以上七年以下有期徒刑。 | 《最高人民法院、最高人民检察院关于办理危害生产安全刑事案件适用法律若干问题的解释》（2015年12月16日）<br>（第六条第一款）<br>具有下列情形之一的，应当认定为"发生重大伤亡事故或者造成其他严重后果"，对相关责任人员，处三年以下有期徒刑或者拘役：<br>1. 造成死亡一人以上，或者重伤三人以上的；<br>2. 造成直接经济损失一百万元以上的；<br>3. 其他造成严重后果或者重大安全事故的情形。 |
|---|---|---|---|

| 65 | 教育设施重大安全事故罪 | 第一百三十八条 明知校舍或者教育教学设施有危险，而不采取措施或者不及时报告，致使发生重大伤亡事故的，对直接责任人员，处三年以下有期徒刑或者拘役；后果特别严重的，处三年以上七年以下有期徒刑。 | （第七条第一款）具有下列情形之一的，对相关责任人员，处三年以上七年以下有期徒刑：<br>1. 造成死亡三人以上或者重伤十人以上，负事故主要责任的；<br>2. 造成直接经济损失五百万元以上，负事故主要责任的；<br>3. 其他造成特别严重后果、情节特别恶劣或者后果特别严重的情形。<br><br>《最高人民法院、最高人民检察院关于办理危害生产安全刑事案件适用法律若干问题的解释》（2015年12月16日）<br>（参见第六条第一款、第四款）<br>造成死亡一人以上，或者重伤三人以上的，应当认定为"发生重大伤亡事故"，对直接责任人员，处三年以下有期徒刑或者拘役。<br>（参见第六条第一款、第七条第四款）<br>具有下列情形之一的，对直接责任人员，处三年以上七年以下有期徒刑：<br>1. 造成死亡三人以上或者重伤十人以上，负事故主要责任的；<br>2. 造成直接经济损失五百万元以上，同时造成直接经济损失五百万元以上并负事故主要责任的，或者同时造成恶劣社会影响的。 |

附　监察委管辖罪名立案（定罪量刑）标准图解　267

| 66 | 消防责任事故罪 | 第一百三十九条　违反消防管理法规，经消防监督机构通知采取改正措施而拒绝执行，造成严重后果的，对直接责任人员，处三年以下有期徒刑或者拘役；后果特别严重的，处三年以上七年以下有期徒刑。 | 《最高人民法院、最高人民检察院关于办理危害生产安全刑事案件适用法律若干问题的解释》（2015年12月16日）<br>（参见第六条第一款）<br>具有下列情形之一的，应当认定为"造成严重后果"，对相关责任人员，处三年以下有期徒刑或者拘役：<br>1. 造成死亡一人以上，或者重伤三人以上的；<br>2. 造成直接经济损失一百万元以上的；<br>3. 其他造成严重后果或者重大安全事故的情形。<br>（参见第七条第一款）<br>具有下列情形之一的，对相关责任人员，处三年以上七年以下有期徒刑：<br>1. 造成死亡三人以上或者重伤十人以上，负事故主要责任的；<br>2. 造成直接经济损失五百万元以上，负事故主要责任的；<br>3. 其他造成特别严重后果，情节特别恶劣或者后果特别严重的情形。 |

| 67 | 重大劳动安全事故罪 | 第一百三十五条 安全生产设施或者安全生产条件不符合国家规定，因而发生重大伤亡事故或者造成其他严重后果的，对直接负有责任的主管人员和其他直接责任人员，处三年以下有期徒刑或者拘役；情节特别恶劣的，处三年以上七年以下有期徒刑。 | 《最高人民法院、最高人民检察院关于办理危害生产安全刑事案件适用法律若干问题的解释》（2015年12月16日）<br><br>（参见第六条第一款）<br>具有下列情形之一的，应当认定为"发生重大伤亡事故或者造成其他严重后果"，对相关责任人员，处三年以下有期徒刑或者拘役：<br>1. 造成死亡一人以上，或者重伤三人以上的；<br>2. 造成直接经济损失一百万元以上的；<br>3. 其他造成严重后果或者重大安全事故的情形。<br><br>（参见第七条第一款）<br>具有下列情形之一的，对相关责任人员，处三年以上七年以下有期徒刑：<br>1. 造成死亡三人以上或者重伤十人以上，负事故主要责任的；<br>2. 造成直接经济损失五百万元以上，负事故主要责任的；<br>3. 其他造成特别严重后果、情节特别恶劣或者后果特别严重的情形。 |

| 68 | 强令、组织他人违章冒险作业罪 | 第一百三十四条第二款 强令他人违章冒险作业,或者明知存在重大事故隐患而不排除,仍冒险组织作业,因而发生重大伤亡事故或者造成其他严重后果的,处五年以下有期徒刑或者拘役;情节特别恶劣的,处五年以上有期徒刑。 | 《最高人民法院、最高人民检察院关于办理危害生产安全刑事案件适用法律若干问题的解释》(2015年12月16日)<br><br>(参见第六条第一款、第二款)<br><br>具有下列情形之一的,应当认定为"发生重大伤亡事故或者造成其他严重后果",对相关责任人员,处五年以下有期徒刑或者拘役:<br>1. 造成死亡一人以上,或者重伤三人以上的;<br>2. 造成直接经济损失一百万元以上的;<br>3. 其他造成严重后果或者重大安全事故的情形。<br>实施刑法第一百三十四条第二款规定的行为,因而发生安全事故,具有本条第一款规定情形的,应当认定为"发生重大伤亡事故或者造成其他严重后果",对相关责任人员,处五年以下有期徒刑或者拘役。<br><br>(参见第七条第一款、第二款)<br><br>具有下列情形之一的,对相关责任人员,处五年以上有期徒刑:<br>1. 造成死亡三人以上或者重伤十人以上,负事故主要责任的;<br>2. 造成直接经济损失五百万元以上,负事故主要责任的;<br>3. 其他造成特别严重后果,情节特别恶劣或者后果特别严重的情形。<br>实施刑法第一百三十四条第二款规定的行为,因而发生安全事故,具有本条第一款规定情形的,对相关责任人员,处五年以上有期徒刑。 |

| | | | |
|---|---|---|---|
| 69 | 危险作业罪 | 第一百三十四条之一　在生产、作业中违反有关安全管理的规定，有下列情形之一，具有发生重大伤亡事故或者其他严重后果的现实危险的，处一年以下有期徒刑、拘役或者管制：<br>（一）关闭、破坏直接关系生产安全的监控、报警、防护、救生设备、设施，或者篡改、隐瞒、销毁其相关数据、信息的；<br>（二）因存在重大事故隐患被依法责令停产停业、停止施工、停止使用有关设备、设施、场所或者立即采取排除危险的整改措施，而拒不执行的；<br>（三）涉及安全生产的事项未经依法批准或者许可，擅自从事矿山开采、金属冶炼、建筑施工，以及危险物品生产、经营、储存等高度危险的生产作业活动的。 | 《刑法修正案（十一）》新增罪名，尚未有现行有效规范性文件规定具体的立案（定罪量刑）标准。 |
| 70 | 不报、谎报安全事故罪 | 第一百三十九条之一　在安全事故发生后，负有报告职责的人员不报或者谎报事故情况，贻误事故抢救，情节严重的，处三年以下有期徒刑或者拘役；情节特别严重的，处三年以上七年以下有期徒刑。 | 《最高人民检察院　公安部关于公安机关管辖的刑事案件立案追诉标准的规定（一）的补充规定》（2017年4月27日）<br>（参见第一条）<br>涉嫌下列情形之一的，应予立案追诉：<br>（一）导致事故后果扩大，增加死亡1人以上，或者增加重伤3人以上，或者增加直接经济损失100万元以上的；<br>（二）实施下列行为之一，致使不能及时有效开展事故抢救的： |

| | | |
|---|---|---|
| | | 1. 决定不报、迟报、谎报，谎报事故情况或者指使、串通有关人员不报、迟报、谎报事故情况的；<br>2. 在事故抢救期间擅离职守或者逃匿的；<br>3. 伪造、破坏事故现场，或者转移、藏匿、遇难人员尸体，或者转移、藏匿受伤人员的；<br>4. 毁灭、伪造、隐匿与事故有关的图纸、记录、计算机数据等资料以及其他证据的；<br>（三）其他不报、谎报安全事故情节严重的情形。<br>本条规定的"负有报告职责的人员"，是指负有组织、指挥或者管理职责的负责人、管理人员，实际控制人、投资人，以及其他负有报告职责的人员。<br>**《最高人民法院、最高人民检察院关于办理危害生产安全刑事案件适用法律若干问题的解释》（2015年12月16日）**<br>**（参见第六条第一款）**<br>具有下列情形之一的，应当认定为"造成严重后果"，对相关责任人员，处三年以下有期徒刑或者拘役：<br>1. 造成死亡一人以上，或者重伤三人以上的；<br>2. 造成直接经济损失一百万元以上的；<br>3. 其他造成严重后果或者重大安全事故的情形。<br>**（参见第七条第一款）**<br>具有下列情形之一的，对相关责任人员，处三年以上七年以下有期徒刑： |
| 71 | 铁路运营安全事故罪 | **第一百三十二条** 铁路职工违反规章制度，致使发生铁路运营安全事故，造成严重后果的，处三年以下有期徒刑或者拘役；造成特别严重后果的，处三年以上七年以下有期徒刑。 |

| | | | |
|---|---|---|---|
| 72 | 重大飞行事故罪 | 第一百三十一条　航空人员违反规章制度，致使发生重大飞行事故，造成严重后果的，处三年以下有期徒刑或者拘役；造成飞机坠毁或者人员死亡的，处三年以上七年以下有期徒刑。 | 1. 造成死亡三人以上或者重伤十人以上，负事故主要责任的；<br>2. 造成直接经济损失五百万元以上，负事故主要责任的；<br>3. 其他造成特别严重后果、情节特别恶劣或者后果特别严重的情形。<br>尚未有现行有效规范性文件规定具体的立案（定罪量刑）标准。 |
| 73 | 大型群众性活动重大安全事故罪 | 第一百三十五条之一　举办大型群众性活动违反安全管理规定，因而发生重大伤亡事故或者造成其他严重后果的，对直接负责的主管人员和其他直接责任人员，处三年以下有期徒刑或者拘役；情节特别恶劣的，处三年以上七年以下有期徒刑。 | 《最高人民法院、最高人民检察院关于办理危害生产安全刑事案件适用法律若干问题的解释》（2015年12月16日）<br>（参见第六条第一款）<br>员有下列情形之一的，应当认定为"发生重大伤亡事故或者造成其他严重后果"，对相关责任人员，处三年以下有期徒刑或者拘役：<br>1. 造成死亡一人以上，或者重伤三人以上的；<br>2. 造成直接经济损失一百万元以上的；<br>3. 其他造成重大伤亡后果或者重大安全事故的情形。<br>（参见第七条第一款）<br>员有下列情形之一的，对相关责任人员，处三年以上七年以下有期徒刑： |

| | | | |
|---|---|---|---|
| | | 1. 造成死亡三人以上或者重伤十人以上，负事故主要责任的；<br>2. 造成直接经济损失五百万元以上，负事故主要责任的；<br>3. 其他造成特别严重后果，情节特别恶劣或者后果特别严重的情形。 | 《最高人民法院、最高人民检察院关于办理危害生产安全刑事案件适用法律若干问题的解释》（2015年12月16日）<br>（参见第六条第一款）<br>具有下列情形之一的，应当认定为"造成严重后果"，对相关责任人员，处三年以下有期徒刑或者拘役：<br>1. 造成死亡一人以上，或者重伤三人以上的；<br>2. 造成直接经济损失一百万元以上的；<br>3. 其他造成严重后果或者重大安全事故的情形。<br>（参见第七条第一款）<br>具有下列情形之一的，对相关责任人员，处三年以上七年以下有期徒刑：<br>1. 造成死亡三人以上或者重伤十人以上，负事故主要责任的；<br>2. 造成直接经济损失五百万元以上，负事故主要责任的；<br>3. 其他造成特别严重后果，情节特别恶劣或者后果特别严重的情形。 |
| 74 | 危险物品肇事罪 | 第一百三十六条 违反爆炸性、易燃性、放射性、毒害性、腐蚀性物品的管理规定，在生产、储存、运输、使用中发生重大事故，造成严重后果的，处三年以下有期徒刑或者拘役；后果特别严重的，处三年以上七年以下有期徒刑。 | |

| 75 | 工程重大安全事故罪 | 第一百三十七条 建设单位、设计单位、施工单位、工程监理单位违反国家规定，降低工程质量标准，造成重大安全事故的，对直接责任人员，处五年以下有期徒刑或者拘役，并处罚金；后果特别严重的，处五年以上十年以下有期徒刑，并处罚金。 | 《最高人民法院、最高人民检察院关于办理危害生产安全刑事案件适用法律若干问题的解释》（2015年12月16日）<br>（参见第六条第一款、第三款）<br>具有下列情形之一的，应当认定为"造成重大安全事故"，对直接责任人员，处五年以下有期徒刑或者拘役，并处罚金：<br>1. 造成死亡一人以上，或者重伤三人以上的；<br>2. 造成直接经济损失一百万元以上的；<br>3. 其他造成严重后果或者重大安全事故的情形。<br>实施刑法第一百三十七条规定的行为，因而发生安全事故，具有本条第一款规定情形的，应当认定为"造成重大安全事故或者特别严重后果"，对直接责任人员，处五年以下有期徒刑或者拘役，并处罚金。<br>（参见第七条第一款、第三款）<br>具有下列情形之一的，对直接责任人员，处五年以上十年以下有期徒刑，并处罚金：<br>1. 造成死亡三人以上或者重伤十人以上，负事故主要责任的；<br>2. 造成直接经济损失五百万元以上，负事故主要责任的；<br>3. 其他造成特别严重后果，情节特别恶劣或者后果特别严重的情形。<br>实施刑法第一百三十七条第一款规定情形的，有本条第一款规定的行为，因而发生安全事故，处五年以上十年以下有期徒刑，并处罚金。 |

## 六、公职人员其他犯罪（17个罪名）

| | | | |
|---|---|---|---|
| 76 | 破坏选举罪 | 第二百五十六条 在选举各级人民代表大会代表和国家机关领导人员时，以暴力、威胁、欺骗、贿赂、伪造选举文件、虚报选举票数等手段破坏选举或者妨害选民和代表自由行使选举权和被选举权，情节严重的，处三年以下有期徒刑、拘役或者剥夺政治权利。 | 《最高人民检察院关于渎职侵权犯罪案件立案标准的规定》（2006年7月26日）<br>1. 以暴力、威胁、欺骗、贿赂等手段，妨害选民、各级人民代表大会代表自由行使选举权和被选举权，致使选举无法正常进行，或者选举无效，或者选举结果不真实的；<br>2. 以暴力破坏选举场所或者选举设备，致使选举无法正常进行的；<br>3. 伪造选民证、选票等选举文件，虚报选举票数，产生不真实的选举结果或者强行宣布合法选举无效，非法选举有效的；<br>4. 聚众冲击选举场所或者故意扰乱选举场所秩序，使选举工作无法进行的；<br>5. 其他情节严重的情形。 |

| 77 | 背信损害上市公司利益罪 | 第一百六十九条之一　上市公司的董事、监事、高级管理人员违背对公司的忠实义务，利用职务便利，操纵上市公司从事下列行为之一，致使上市公司利益遭受重大损失的，处三年以下有期徒刑或者拘役，并处或者单处罚金；致使上市公司利益遭受特别重大损失的，处三年以上七年以下有期徒刑，并处罚金：<br>（一）无偿向其他单位或者个人提供资金、商品、服务或者其他资产的；<br>（二）以明显不公平的条件，提供或者接受资金、商品、服务或者其他资产的；<br>（三）向明显不具有清偿能力的单位或者个人提供资金、商品、服务或者其他资产的；<br>（四）为明显不具有清偿能力的单位或者个人提供担保，或者无正当理由为其他单位或者个人提供担保的；<br>（五）无正当理由放弃债权、承担债务的；<br>（六）采用其他方式损害上市公司利益的。<br>上市公司的控股股东或者实际控制人，指使上市公司董事、监事、高级管理人员实施前款行为的，依照前款的规定处罚。<br>犯前款罪的上市公司的控股股东或者实际控制人是单位的，对单位判处罚金，并对其直接负责的主管人员和其他直接责任人员，依照第一款的规定处罚。 | 《最高人民检察院、公安部关于公安机关管辖的刑事案件立案追诉标准的规定（二）》（2022年5月15日）（第十三条）<br>上市公司的董事、监事、高级管理人员违背对公司的忠实义务，利用职务便利，操纵上市公司从事实施损害上市公司利益的行为，以及上市公司的控股股东或者实际控制人，指使上市公司董事、监事、高级管理人员实施损害上市公司利益的行为，涉嫌下列情形之一的，应予立案追诉：<br>1. 无偿向其他单位或者个人提供资金、商品、服务或者其他资产，致使上市公司直接经济损失数额在一百五十万元以上的；<br>2. 以明显不公平的条件，提供或者接受资金、商品、服务或者其他资产，致使上市公司直接经济损失数额在一百五十万元以上的；<br>3. 向明显不具有清偿能力的单位或者个人提供资金、商品、服务或者其他资产，致使上市公司直接经济损失数额在一百五十万元以上的；<br>4. 为明显不具有清偿能力的单位或者个人提供担保，或者无正当理由为其他单位或者个人提供担保，致使上市公司直接经济损失数额在一百五十万元以上的；<br>5. 无正当理由放弃债权、承担债务，致使上市公司直接经济损失数额在一百五十万元以上的； |

附　监察委管辖罪名立案（定罪量刑）标准图解　277

| | | | |
|---|---|---|---|
| 78 | 金融工作人员购买假币、以假币换取货币罪 | 第一百七十一条第二款　银行或者其他金融机构的工作人员利用职务上的便利，购买伪造的货币或者利用职务上的便利，以伪造的货币换取货币的，处三年以上十年以下有期徒刑，并处二万元以上二十万元以下罚金；数额巨大或者有其他严重情节的，处十年以上有期徒刑或者无期徒刑，并处二万元以上二十万元以下罚金或者没收财产；情节较轻的，处三年以下有期徒刑或者拘役，并处或者单处一万元以上十万元以下罚金。 | 6.致使公司、企业发行的股票或者公司、企业债券、存托凭证或者国务院依法认定的其他证券被终止上市交易的；<br>7.其他致使上市公司利益遭受重大损失的情形。<br><br>《最高人民检察院、公安部关于公安机关管辖的刑事案件立案追诉标准的规定（二）》（2022年5月15日）<br>（第十六条）<br>银行或者其他金融机构的工作人员利用职务上的便利，购买伪造的货币，或者利用职务上的便利，以伪造的货币换取货币，总面额在二千元以上或者币量在二百张（枚）以上的，应予立案追诉。 |
| 79 | 利用未公开信息交易罪 | 第一百八十条第四款　证券交易所、期货交易所、证券公司、期货经纪公司、基金管理公司、商业银行、保险公司等金融机构的从业人员以及有关监管部门或者行业协会的工作人员，利用因职务便利获取的内幕信息以外的其他未公开的信息，违反规定，从事与该信息相关的证券、期货交易活动，或者明示、暗示他人从事相关交易活动，情节严重的，依照第一款的规定处罚。 | 《最高人民检察院、公安部关于公安机关管辖的刑事案件立案追诉标准的规定（二）》（2022年5月15日）<br>第三十一条<br>证券交易所、期货交易所、证券公司、期货经纪公司、基金管理公司、商业银行、保险公司等金融机构的从业人员以及有关监管部门或者行业协会的工作人员，利用因职务便利获取的内幕信息以外的其他未公开的信息，违反规定，从事与该信息相关的证券、期货交易活动，暗示他人从事相关交易活动，涉嫌下列情形之一的，应予立案追诉： |

| | | |
|---|---|---|
| | | 1. 获利或者避免损失数额在一百万元以上的；<br>2. 二年内三次以上利用未公开信息交易的；<br>3. 明示、暗示三人以上从事相关交易活动的；<br>4. 具有其他严重情节的。<br>利用未公开信息交易，获利或者避免损失数额在五十万元以上，或者证券交易成交额或者期货交易占用保证金数额在一百万元以上，或者期货交易占用保证金数额在一百万元以上，同时涉嫌下列情形之一的，应予立案追诉：<br>1. 以出售或者变相出售未公开信息等方式，明示、暗示他人从事相关交易活动的；<br>2. 因证券、期货犯罪行为过受过刑事追究的；<br>3. 二年内因证券、期货违法行为受过行政处罚的；<br>4. 造成其他严重后果的。 |
| 80 | 诱骗投资者买卖证券、期货合约罪 | 第一百八十一条第二款 证券交易所、期货交易所、证券公司、期货经纪公司的从业人员，证券业协会、期货业协会或者证券期货监督管理部门的工作人员，故意提供虚假信息或者伪造、变造、销毁交易记录，诱骗投资者买卖证券、期货合约，造成严重后果的，处五年以下有期徒刑或者拘役，并处或者单处一万元以上十万元以下罚金；情节特别恶劣的，处五年以上十年以下有期徒刑，并处二万元以上二十万元以下罚金。<br><br>《最高人民检察院、公安部关于公安机关管辖的刑事案件立案追诉标准的规定（二）》（2022年5月15日）（第三十三条）<br>涉嫌下列情形之一的，应予立案追诉：<br>1. 获利或者避免损失数额在五万元以上的；<br>2. 造成投资者直接经济损失数额在五十万元以上的；<br>3. 虽未达到上述数额标准，但多次诱骗投资者买卖证券、期货合约的；<br>4. 致使交易价格或者交易量异常波动的；<br>5. 造成其他严重后果的。 |

附　监察委管辖罪名立案（定罪量刑）标准图解　279

| | | | |
|---|---|---|---|
| 81 | 背信运用受托财产罪 | 第一百八十五条之一第一款　商业银行、证券交易所、期货交易所、证券公司、期货经纪公司、保险公司或者其他金融机构，违背受托义务，擅自运用客户资金或者其他委托、信托的财产，情节严重的，对单位判处罚金，并对其直接负责的主管人员和其他直接责任人员，处三年以下有期徒刑或者拘役，并处三万元以上三十万元以下罚金；情节特别严重的，处三年以上十年以下有期徒刑，并处五万元以上五十万元以下罚金。 | 《最高人民检察院、公安部关于公安机关管辖的刑事案件立案追诉标准的规定（二）》（2022年5月15日）<br>（第三十五条）<br>涉嫌下列情形之一的，应予立案追诉：<br>1. 擅自运用客户资金或者其他委托、信托的财产数额在三十万元以上的；<br>2. 虽未达到上述数额标准，但多次擅自运用客户资金或者其他委托、信托的财产，或者擅自运用多个客户资金或者其他委托、信托的财产的；<br>3. 其他情节严重的情形。 |
| 82 | 违法运用资金罪 | 第一百八十五条之一第二款　社会保障基金管理机构、住房公积金管理机构等公众资金管理机构，以及保险公司、社保基金管理公司、证券投资基金管理公司，违反国家规定运用资金的，对其直接负责的主管人员和其他直接责任人员，依照前款的规定处罚。 | 《最高人民检察院、公安部关于公安机关管辖的刑事案件立案追诉标准的规定（二）》（2022年5月15日）<br>（第三十六条）<br>涉嫌下列情形之一的，应予立案追诉：<br>1. 违反国家规定运用资金数额在三十万元以上的；<br>2. 虽未达到上述数额标准，但多次违反国家规定运用资金的；<br>3. 其他情节严重的情形。 |

| | | | |
|---|---|---|---|
| 83 | 违法发放贷款罪 | 第一百八十六条　银行或者其他金融机构的工作人员违反国家规定发放贷款，数额巨大或者造成重大损失的，处五年以下有期徒刑或者拘役，并处一万元以上十万元以下罚金；数额特别巨大或者造成特别重大损失的，处五年以上有期徒刑，并处二万元以上二十万元以下罚金。<br>银行或者其他金融机构的工作人员违反国家规定，向关系人发放贷款的，依照前款的规定从重处罚。<br>单位犯前两款罪的，对单位判处罚金，并对其直接负责的主管人员和其他直接责任人员，依照前款的规定处罚。<br>关系人的范围，依照《中华人民共和国商业银行法》和有关金融法规确定。 | 《最高人民检察院、公安部关于公安机关管辖的刑事案件立案追诉标准的规定（二）》（2022年5月15日）<br>（第三十七条）<br>银行或者其他金融机构及其工作人员违反国家规定发放贷款，涉嫌下列情形之一的，应予立案追诉：<br>1.违法发放贷款，数额在二百万元以上的；<br>2.违法发放贷款，造成直接经济损失数额在五十万元以上的。 |
| 84 | 吸收客户资金不入账罪 | 第一百八十七条　银行或者其他金融机构的工作人员吸收客户资金不入账，数额巨大或者造成重大损失的，处五年以下有期徒刑或者拘役，并处二万元以上二十万元以下罚金；数额特别巨大或者造成特别重大损失的，处五年以上有期徒刑，并处五万元以上五十万元以下罚金。<br>单位犯前款罪的，对单位判处罚金，并对其直接负责的主管人员和其他直接责任人员，依照前款的规定处罚。 | 《最高人民检察院、公安部关于公安机关管辖的刑事案件立案追诉标准的规定（二）》（2022年5月15日）<br>（第三十八条）<br>银行或者其他金融机构及其工作人员吸收客户资金不入账，涉嫌下列情形之一的，应予立案追诉：<br>1.吸收客户资金不入账，数额在一百万元以上的；<br>2.吸收客户资金不入账，造成直接经济损失数额在五十万元以上的。 |

附 监察委管辖罪名立案（定罪量刑）标准图解 281

| | | | |
|---|---|---|---|
| 85 | 违规出具金融票证罪 | 第一百八十八条 银行或者其他金融机构的工作人员违反规定，为他人出具信用证或者其他保函、票据、存单、资信证明，情节严重的，处五年以下有期徒刑或者拘役；情节特别严重的，处五年以上有期徒刑。单位犯前款罪的，对单位判处罚金，并对其直接负责的主管人员和其他直接责任人员，依照前款的规定处罚。 | 《最高人民检察院、公安部关于公安机关管辖的刑事案件立案追诉标准的规定（二）》（2022年5月15日）<br>（第三十九条）<br>涉嫌下列情形之一的，应予立案追诉：<br>1. 违反规定为他人出具信用证或者其他保函、票据、存单、资信证明，数额在二百万元以上的；<br>2. 违反规定为他人出具信用证或者其他保函、票据、存单、资信证明，造成直接经济损失数额在五十万元以上的；<br>3. 多次违规出具信用证或者其他保函、票据、存单、资信证明的；<br>4. 接受贿赂违规出具信用证或者其他保函、票据、存单、资信证明的；<br>5. 其他情节严重的情形。 |
| 86 | 对违法票据承兑、付款、保证罪 | 第一百八十九条 银行或者其他金融机构的工作人员在票据业务中，对违反票据法规定的票据予以承兑、付款或者保证，造成重大损失的，处五年以下有期徒刑或者拘役；造成特别重大损失的，处五年以上有期徒刑。单位犯前款罪的，对单位判处罚金，并对其直接负责的主管人员和其他直接责任人员，依照前款的规定处罚。 | 《最高人民检察院、公安部关于公安机关管辖的刑事案件立案追诉标准的规定（二）》（2022年5月15日）<br>（第四十条）<br>银行或者其他金融机构及其工作人员在票据业务中，违反票据法规定的票据予以承兑、付款或者保证，造成直接经济损失数额在五十万元以上的，应予立案追诉。 |

| | | | |
|---|---|---|---|
| 87 | 非法转让、倒卖土地使用权罪 | 第二百二十八条 以牟利为目的，违反土地管理法规，非法转让、倒卖土地使用权，情节严重的，处三年以下有期徒刑或者拘役，并处或者单处非法转让、倒卖土地使用权价额百分之五以上百分之二十以下罚金；情节特别严重的，处三年以上七年以下有期徒刑，并处非法转让、倒卖土地使用权价额百分之五以上百分之二十以下罚金。 | 《最高人民检察院、公安部关于公安机关管辖的刑事案件立案追诉标准的规定（二）》（2022年5月15日）（第七十二条）<br>涉嫌下列情形之一的，应予立案追诉：<br>1. 非法转让、倒卖永久基本农田五亩以上的；<br>2. 非法转让、倒卖永久基本农田以外的耕地十亩以上的；<br>3. 非法转让、倒卖其他土地二十亩以上的；<br>4. 违法所得数额在五十万元以上的；<br>5. 虽未达到上述数额标准，但因非法转让、倒卖土地使用权受过行政处罚，又非法转让、倒卖土地的；<br>6. 其他情节严重的情形。 |
| 88 | 私自开拆、隐匿、毁弃邮件、电报罪 | 第二百五十三条第一款 邮政工作人员私自开拆或者隐匿、毁弃邮件、电报的，处二年以下有期徒刑或者拘役。 | 尚未有现行有效规范性文件规定具体的立案（定罪量刑）标准。 |

| | | | |
|---|---|---|---|
| 89 | 故意延误投递邮件罪 | 第三百零四条 邮政工作人员严重不负责任，故意延误投递邮件，致使公共财产、国家和人民利益遭受重大损失的，处二年以下有期徒刑或者拘役。 | 《最高人民检察院、公安部关于公安机关管辖的刑事案件立案追诉标准的规定（一）》（2008年6月25日）（第四十五条）涉嫌下列情形之一的，应予立案追诉：<br>1. 造成直接经济损失二万元以上的；<br>2. 延误投递或者其他重要邮件或者其他重要邮件投递，致使他人失去高校录取资格或者造成其他无法挽回的重大损失的；<br>3. 严重损害国家声誉或者造成恶劣社会影响的；<br>4. 其他致使公共财产、国家和人民利益遭受重大损失的情形。 |
| 90 | 泄露不应公开的案件信息罪 | 第三百零八条之一第一款 司法工作人员、辩护人、诉讼代理人或者其他诉讼参与人，泄露依法不公开审理的案件中不应当公开的信息，造成信息公开传播或者其他严重后果的，处三年以下有期徒刑、拘役或者管制，并处或者单处罚金。 | 尚未有现行有效规范性文件规定具体的立案（定罪量刑）标准。 |

| | | |
|---|---|---|
| 91 | 披露、报道不应公开的案件信息罪 | 第三百零八条之一第一款 司法工作人员、辩护人、诉讼代理人或者其他诉讼参与人，泄露依法不公开审理的案件中不应当公开的信息，造成信息公开传播或者其他严重后果的，处三年以下有期徒刑、拘役或者管制，并处或者单处罚金。<br>第三百零八条之一第三款 公开披露、报道第一款规定的案件信息，情节严重的，依照第一款的规定处罚。 | 尚未有现行有效规范性文件规定具体的立案（定罪量刑）标准。 |
| 92 | 接送不合格兵员罪 | 第三百七十四条 在征兵工作中徇私舞弊，接送不合格兵员，情节严重的，处三年以下有期徒刑或者拘役；造成特别严重后果的，处三年以上七年以下有期徒刑。 | 《最高人民检察院、公安部关于公安机关管辖的刑事案件立案追诉标准的规定（一）》（2008年6月25日）<br>（第九十三条）<br>涉嫌下列情形之一的，应予立案追诉：<br>1. 接送不合格特种兵员一名以上或者普通兵员三名以上的；<br>2. 发生在战时的；<br>3. 造成严重后果的；<br>4. 其他情节严重的情形。 |
| 七、司法工作人员实施的其他渎职侵权犯罪（9个罪名） ||||

附　监察委管辖罪名立案（定罪量刑）标准图解　285

| | | | |
|---|---|---|---|
| 93 | 刑讯逼供罪 | 第二百四十七条　司法工作人员对犯罪嫌疑人、被告人实行刑讯逼供……的，处三年以下有期徒刑或者拘役。致人伤残、死亡的，依照本法第二百三十四条、第二百三十二条的规定定罪从重处罚。 | 《最高人民检察院关于渎职侵权犯罪案件立案标准的规定》（2006年7月26日）<br>涉嫌下列情形之一的，应予立案：<br>1. 以殴打、捆绑、违法使用械具等恶劣手段逼取口供，严重损害犯罪嫌疑人、被告人身体健康的；<br>2. 以较长时间冻、饿、晒、烤等手段逼取口供的；<br>3. 刑讯逼供造成犯罪嫌疑人、被告人轻伤、重伤、死亡的；<br>4. 刑讯逼供，情节严重，导致犯罪嫌疑人、被告人自杀、自残造成重伤、死亡，或者精神失常的；<br>5. 刑讯逼供，造成错案的；<br>6. 刑讯逼供3人次以上的；<br>7. 纵容、授意、指使、强迫他人刑讯逼供，具有上述情形之一的；<br>8. 其他刑讯逼供应予追究刑事责任的情形。 |
| 94 | 暴力取证罪 | 第二百四十七条　司法工作人员对证人……使用暴力逼取证人证言的，处三年以下有期徒刑或者拘役。致人伤残、死亡的，依照本法第二百三十四条、第二百三十二条的规定定罪从重处罚。 | 《最高人民检察院关于渎职侵权犯罪案件立案标准的规定》（2006年7月26日）<br>涉嫌下列情形之一的，应予立案：<br>1. 以殴打、捆绑、违法使用械具等恶劣手段逼取人证言的；<br>2. 暴力取证造成人轻伤、重伤、死亡的； |

| | | |
|---|---|---|
| | | 3. 暴力取证，情节严重，导致证人自杀、重伤、死亡，或者精神失常的；<br>4. 暴力取证，造成错案的；<br>5. 暴力取证 3 人次以上的；<br>6. 纵容、授意、指使、强迫他人暴力取证，具有上述情形之一的；<br>7. 其他暴力取证应予追究刑事责任的情形。<br>**《最高人民检察院关于渎职侵权犯罪案件立案标准的规定》（2006 年 7 月 26 日）**<br>涉嫌下列情形之一的，应予立案：<br>1. 对明知是没有犯罪事实或者其依法不应当追究刑事责任的人，采取伪造、隐匿、毁灭证据或者其他隐瞒事实，违反法律的手段，以追究刑事责任为目的的立案、侦查、起诉、审判的；<br>2. 对明知是有犯罪事实需要追究刑事责任的人，采取伪造、隐匿、毁灭证据或者其他隐瞒事实，违反法律的手段，故意包庇使其不受立案、侦查、起诉、审判的；<br>3. 采取伪造、隐匿、毁灭证据或者其他隐瞒事实，违反法律的手段，故意使罪轻的人受重的追诉，或者使罪重的人受较轻的追诉的； |
| 95 | **徇私枉法罪** | **第三百九十九条第一款** 司法工作人员徇私枉法、徇情枉法，对明知是无罪的人而使他受追诉、对明知是有罪的人而故意包庇不使他受追诉，或者在刑事审判活动中故意违背事实和法律作枉法裁判的，处五年以下有期徒刑或者拘役；情节严重的，处五年以上十年以下有期徒刑；情节特别严重的，处十年以上有期徒刑。 | |

| | | |
|---|---|---|
| | | 4. 在立案后，采取伪造、隐匿、毁灭证据或者其他隐瞒事实、违反法律的手段，应当采取强制措施而不采取强制措施，或者虽然采取强制措施，但中断侦查或者超过法定期限不采取任何措施，实际放任不管，以及违法撤销、变更强制措施，致使犯罪嫌疑人、被告人实际脱离司法机关侦控的；<br>5. 在刑事审判活动中故意背事实和法律，作出枉法裁判，即有判无罪、无罪判有罪，或罪重判轻、罪轻判重的；<br>6. 其他徇私枉法应予追究刑事责任的情形。<br><br>《最高人民检察院关于渎职侵权犯罪案件立案标准的规定》（2006年7月26日）<br><br>涉嫌下列情形之一的，应予立案：<br>1. 枉法裁判，致使当事人或者其近亲属自杀、自残造成重伤、死亡，或者精神失常的；<br>2. 枉法裁判，造成个人财产直接经济损失10万元以上，或者直接经济损失不满10万元，但间接经济损失50万元以上的；<br>3. 枉法裁判，造成法人或者其他组织财产直接经济损失20万元以上，或者直接经济损失不满20万元，但间接经济损失100万元以上的；<br>4. 伪造、变造有关材料、证据，制造假案枉法裁判的； |
| 96 | 民事、行政枉法裁判罪 | 第三百九十九条第二款 在民事、行政审判活动中故意背事实和法律作枉法裁判，情节严重的，处五年以下有期徒刑或者拘役；情节特别严重的，处五年以上十年以下有期徒刑。 |

| | | |
|---|---|---|
| | | 5. 串通当事人制造伪证，毁灭证据或者篡改审判笔录而枉法裁判的；<br>6. 徇私情、私利，明知是伪造、变造的证据予以采信，或者故意对应当采信的证据不予采信，或者故意违反法定程序，或者故意错误适用法律而枉法裁判的；<br>7. 其他情节严重的情形。<br><br>《最高人民检察院关于渎职侵权犯罪案件立案标准的规定》（2006 年 7 月 26 日）涉嫌下列情形之一的，应予立案：<br>1. 致使当事人或者其近亲属自杀、自残造成重伤、死亡，或者精神失常的；<br>2. 造成个人财产直接经济损失 15 万元以上，或者直接经济损失不满 15 万元，但间接经济损失 75 万元以上的；<br>3. 造成法人或者其他组织财产直接经济损失 30 万元以上，或者直接经济损失不满 30 万元，但间接经济损失 150 万元以上的；<br>4. 造成公司、企业等停业、停产 1 年以上，或者破产的；<br>5. 其他致使当事人或者其他人的利益遭受重大损失的情形。 |
| 97 | 执行判决、裁定失职罪 | **第三百九十九条第三款** 在执行判决、裁定活动中，严重不负责任……不依法采取诉讼保全措施、不履行法定执行职责，或者违法采取诉讼保全措施、强制执行措施，致使当事人或者其他人的利益遭受重大损失的，处五年以下有期徒刑或者拘役；致使当事人或者其他人的利益遭受特别重大损失的，处五年以上十年以下有期徒刑。<br>**第三百九十九条第四款** 司法工作人员收受贿赂，有前三款行为的，同时又构成本法第三百八十五条规定之罪的，依照处罚较重的规定定罪处罚。 |

| | | | |
|---|---|---|---|
| 98 | 执行判决、裁定滥用职权罪 | 第三百九十九条第三款 在执行判决、裁定活动中……滥用职权，不依法采取诉讼保全措施，不履行法定执行职责，或者违法采取诉讼保全措施、强制执行措施，致使当事人或者其他人的利益遭受重大损失的，处五年以下有期徒刑或者拘役；致使当事人或者其他人的利益遭受特别重大损失的，处五年以上十年以下有期徒刑。<br>第三百九十九条第四款 司法工作人员收受贿赂，有前三款行为的，同时又构成本法第三百八十五条规定之罪的，依照处罚较重的规定定罪处罚。 | 《最高人民检察院关于渎职侵权犯罪案件立案标准的规定》（2006 年 7 月 26 日）涉嫌下列情形之一的，应予立案：<br>1. 致使当事人或者其近亲属自杀、自残造成重伤、死亡，或者精神失常的；<br>2. 造成个人财产直接经济损失 10 万元以上，或者直接经济损失不满 10 万元，但间接经济损失 50 万元以上的；<br>3. 造成法人或者其他组织财产直接经济损失 20 万元以上，或者直接经济损失不满 20 万元，但间接经济损失 100 万元以上的；<br>4. 造成公司、企业等单位停业、停产 6 个月以上，或者破产的；<br>5. 其他致使当事人或者其他人的利益遭受重大损失的情形。 |
| 99 | 私放在押人员罪 | 第四百条第一款 司法工作人员私放在押的犯罪嫌疑人、被告人或者罪犯的，处五年以下有期徒刑或者拘役；情节严重的，处五年以上十年以下有期徒刑；情节特别严重的，处十年以上有期徒刑。 | 《最高人民检察院关于渎职侵权犯罪案件立案标准的规定》（2006 年 7 月 26 日）涉嫌下列情形之一的，应予立案：<br>1. 私自将在押的犯罪嫌疑人、被告人、罪犯放走，或者授意、指使、强迫他人将在押的犯罪嫌疑人、被告人、罪犯放走的；<br>2. 伪造、变造有关法律文书、证明材料，以使在押的犯罪嫌疑人、被告人、罪犯逃跑或者被释放的； |

| | | |
|---|---|---|
| 100 | 失职致使在押人员脱逃罪 | 3. 为私放在押的犯罪嫌疑人、被告人、罪犯，故意向其通风报信、提供条件，致使该在押的犯罪嫌疑人、被告人、罪犯脱逃的；<br>4. 其他私放在押的犯罪嫌疑人、被告人、罪犯应予追究刑事责任的情形。<br><br>**《最高人民检察院关于渎职侵权犯罪案件立案标准的规定》（2006 年 7 月 26 日）**<br>涉嫌下列情形之一的，应予立案：<br>1. 致使依法可能判处或者已经判处 10 年以上有期徒刑、无期徒刑、死刑的犯罪嫌疑人、被告人、罪犯脱逃的；<br>2. 致使犯罪嫌疑人、被告人、罪犯脱逃 3 人次以上的；<br>3. 犯罪嫌疑人、被告人、罪犯脱逃以后，打击报复报案人、控告人、举报人、被害人、证人和司法工作人员等，或者继续犯罪的；<br>4. 其他致使在押的犯罪嫌疑人、被告人、罪犯脱逃，造成严重后果的情形。<br><br>**第四百条第二款** 司法工作人员由于严重不负责任，致使在押的犯罪嫌疑人、被告人或者罪犯脱逃，造成严重后果的，处三年以下有期徒刑或者拘役；造成特别严重后果的，处三年以上十年以下有期徒刑。 |

| | | | |
|---|---|---|---|
| 101 | 徇私舞弊减刑、假释、暂予监外执行罪 | **第四百零一条** 司法工作人员徇私舞弊，对不符合减刑、假释、暂予监外执行条件的罪犯，予以减刑、假释或者暂予监外执行的，处三年以下有期徒刑或者拘役；情节严重的，处三年以上七年以下有期徒刑。 | **《最高人民检察院关于渎职侵权犯罪案件立案标准的规定》（2006年7月26日）**<br><br>涉嫌下列情形之一的，应予立案：<br>1. 刑罚执行机关的工作人员对不符合减刑、假释、暂予监外执行条件的罪犯，捏造事实、伪造材料，违法报请减刑、假释、暂予监外执行的；<br>2. 审判人员对不符合减刑、假释、暂予监外执行条件的罪犯，徇私舞弊，违法裁定减刑、假释或者违法决定暂予监外执行的；<br>3. 监狱管理机关、公安机关的工作人员对不符合暂予监外执行条件的罪犯，徇私舞弊，违法批准暂予监外执行的；<br>4. 不具有报请、决定或者批准减刑、假释、暂予监外执行权的司法工作人员利用职务上的便利，伪造有关材料，导致不符合减刑、假释、暂予监外执行条件的罪犯被减刑、假释、暂予监外执行的；<br>5. 其他徇私舞弊减刑、假释、暂予监外执行应予追究刑事责任的情形。 |

图书在版编目（CIP）数据

监察法实用一本查 / 商浩文编. -- 北京 : 中国法治出版社, 2025. 5. -- ISBN 978-7-5216-5265-9

Ⅰ. D922.114

中国国家版本馆 CIP 数据核字第 20253TL530 号

策划编辑：杨智　　　责任编辑：吴权弟　　　封面设计：周黎明

**监察法实用一本查**
JIANCHAFA SHIYONG YIBENCHA

编者/商浩文
经销/新华书店
印刷/三河市紫恒印装有限公司
开本/880 毫米×1230 毫米　32 开　　　　　　印张 / 9.5　字数 / 274 千
版次/2025 年 5 月第 1 版　　　　　　　　　　2025 年 5 月第 1 次印刷

中国法治出版社出版
书号 ISBN 978-7-5216-5265-9　　　　　　　　　定价：48.00 元

北京市西城区西便门西里甲 16 号西便门办公区
邮政编码：100053　　　　　　　　　　　　传真：010-63141600
网址：http://www.zgfzs.com　　　　　　编辑部电话：010-63141733
市场营销部电话：010-63141793　　　　　印务部电话：010-63141606

（如有印装质量问题，请与本社印务部联系。）